完訳 7つの習慣

人格主義の回復

スティーブン・R・コヴィー 著

THE SEVEN HABITS OF HIGHLY EFFECTIVE PEOPLE

キングベアー出版

THE SEVEN HABITS OF HIGHLY EFFECTIVE PEOPLE

by Stephen R. Covey

Copyright©1989,2004 by Franklin Covey Co.

All Rights Reserved, including the right of reproduction in whole or in part in any form.

Japanese translation rights arranged with Franklin Covey Co.,
through Japan UNI Agency, Inc., in Tokyo.

All Rights Reserved. No part of this publication may be reproduced or used in any form or by any means — graphic, electronic, mechanical, or other means, including but not limited to photocopying, recording, taping, information storage and retrieval systems, or performance of the book for training purposes (whether or not for profit) — without written permission from the publisher.

はじめに

スティーブン・R・コヴィー

『7つの習慣　成功には原則があった！』の初版以降、世界は劇的に変化した。私たちの生活ははるかに複雑になり、より多くのことが要求され、ストレスは増す一方である。世の中は産業時代から情報・知識時代へと移行し、それによってもたらされた結果には深い意味がある。個人のレベルでも、家庭やさまざまな組織のレベルでも、ほんの一〇年前や二〇年前には考えられなかったような困難や問題にぶつかっている。かつてない規模であるばかりか、まったく新しいタイプのチャレンジに直面しているのである。

このような社会の劇的な変化、デジタル化するグローバル市場への移行が進む中、私はよくこのような質問を受ける。

「今の時代にも『7つの習慣』は有効なのだろうか？」

「一〇年後、二〇年後、五〇年後、一〇〇年後でも通用するのだろうか？」

この重要な問いに対して私は、「変化が大きいほど、困難なチャレンジであるほど、『7つの習慣』の持つ意味も大きくなる」と答えたい。私たちが抱えている問題、感じている痛みは普遍的なものであり、問題の数も、痛みの度合いも増している。しかしその解決方法は、歴史の中で長く繁栄した社会すべてに共通する原則、不変にして普遍の原則、自明の原則に基づいている。これらの原則は私が考え出したものではない。私はただ、これらの原則を明確にし、体系づけただけなのである。

私はこれまでに多くの教訓を学んできたが、その中でも特に興味深いのは、「自分の最高の望みを達成し、最大の困難を克服したいならば、自分が求める結果を支配している原則や自然の法則を知り、それを適用する」という教訓である。どのように原則を適用するかは、個々人の強みや才能、独創性などによって大きく変わってくるだろう。しかし突き詰めれば、いかなる成功も、その成功に結びついている原則に従って行動することによって手にできるのである。

ところが多くの人はこのようには考えない。少なくとも意識してはいない。逆に、原則に基づいた解決策はこの時代の常識や考え方とはまるで対照的だと感じるだろう。どのように対照的なのだろうか。私たちが今直面している困難を例に挙げて説明していこう。

恐れと不安

昨今、多くの人は何がしかの恐れにとらわれている。将来を恐れ、職場での自分の弱さを恐れ、職を失い家族を養えなくなるのではないかと恐れている。このように気弱になっていると、安定した生活を望み、職場や家庭でお互いにもたれ合う共依存関係になりがちだ。もたれ合いの共依存関係から抜け出すには、各々が自立する他ない。現代社会では、このような問題に対する一般的な解決策は「自立」とされているからだ。これは、「私は『自分自身と自分のもの』を大切にしよう。自分の仕事をきちんとこなし、本当の喜びは仕事以外に見出そう」という態度である。

自立は重要だ。それどころか不可欠であり、達成しなければならないものである。しかし私たちの社会は相互依存で成り立っているのだから、自立という土台の上に、相互依存の能力を身につけなくてはならない。何であれ重要な成果をあげるにはどのようなスキルにもまして、相互依存の能力が必要なのである。

今すぐ欲しい

人はモノを欲しがる。それもすぐに欲しがる。「もっとお金が欲しい。立派な家や車が欲しい。娯楽施設で楽しみたい。全部を手に入れたいし、全部手にして当然だ」と考える。クレジットカードが普及し、「今手に入れて支払いは後回し」というスタイルが当たり前になっている。しかし、経済的な問題はいずれ訪れる。自分の支払い能力を超えてモノを買ってはいけないことに後から気づき、痛い思いをすることもある。それに懲りて、もっと堅実に生活しようとしても、長続きしない。あるいは利息の請求がしつこくきまとい、いくら一生懸命働いても追いつかない羽目に陥ることもある。

テクノロジーがめまぐるしく変化し、市場や技術のグローバル化で競争が激化する時代にあっては、賢明に生活するだけでなく、常に自分を再教育し、自己改革していかなくてはならない。時代の波に乗り遅れないためにも、絶えず知性を磨いて研ぎ澄まし、自分の能力を伸ばすことに投資していなければならない。職場で上司から結果を求められるのは当然のことである。競争は熾烈であり、組織の生き残りがかかっているからだ。

そのような現実の中で、経営者は今日の成果を求める。しかし真の成功は持続性と成長である。たとえ四半

期の目標を達成できたとしても、その成功を一年、五年、一〇年という期間にわたって維持し、さらに増大させていくために必要な投資をしているか、と自問しなければならない。

ウォール街に代表されるような私たちの社会は、今すぐに結果を出せと叫んでいる。しかし、今日の結果を出す必要性と、明日の成功に結びつく能力に投資する必要性とのバランスをとらなければならないのだ。それと同じことは、自分の健康、結婚生活、家族の絆、自分が所属するコミュニティのニーズについても言える。

非難と被害者意識

人は何か問題にぶつかると、他者に責任を押しつける傾向がある。昨今は被害者ぶることが流行にでもなっているかのようだ。「もし上司があんなに無能でなければ……、もし貧乏な家に生まれていなければ……、もしもっと良い場所に住んでいれば……、もし父親の短気が遺伝していなければ……、もし子どもがこんなに反抗的でなければ……、もし他の部署が受注の間違いを繰り返さなければ……、もしこんな斜陽業界にいなければ……、もし社員がこれほど怠け者でなければ……、もし妻がもっと自分を理解してくれれば……、もし……、もし……」

こんなふうに、自分の抱えている問題や困難を他人や状況のせいにすることが当然のようになってしまっている。そうすれば一時的には痛みが和らぐかもしれない。しかし実際には、自分とその問題をつなぐ鎖を強くするだけなのである。謙虚な人は自分が置かれた状況を受け入れ、責任をとる。勇気ある人は、主体的に困難

はじめに

に取り組み、創造的に克服していく。こうした人たちは、自ら選択することによって大きな力を得るのである。

絶望

非難されてばかりいる子どもは、人に対する不信感と絶望感を内面に育ててしまう。置かれている状況で自分は被害者だと思ってしまったら、希望を失い、生きる意欲を失い、やがて諦めと停滞の状態に慣れていく。

「私はただの駒、操り人形だ。歯車の歯にすぎないのだから、自分ではどうすることもできない。何をすればいいのか指示してほしい」——聡明で有能でありながら、こんなふうに感じ、落胆と憂鬱の連鎖に陥っている人のなんと多いことか。多くの人たちは今の社会で生き残るために、「何かあったときに落胆しなくともすむように、人生に対する期待のハードルを最初から下げておけばいい」というような態度をとっている。しかしこれは、人間の長い歴史を通して見出された成長と希望の原則「自分の人生は自分で創造する」とは正反対の態度である。

バランスの欠如

携帯電話は私たちの生活をますます複雑にしている。より多くのことが要求され、ストレスは増し、本当に疲れさせられる。時間を管理して少しでも多くの成果をあげよう、現代のテクノロジーの驚異をうまく駆使し

て効率を高めよう、有能な人間になろうと、誰もが必死で努力している。それなのになぜ、ますます仕事に追われ、健康、家族、誠実さなど、自分にとってもっとも大切なものを仕事のために犠牲にしなければならないのだろう？

生活を維持するエンジンである仕事が問題なのではない。仕事の複雑化や早すぎる変化でもない。問題は、「もっと早く出勤し、もっと遅くまで残業しなさい。もっと効率的に働きなさい。今は忍耐あるのみ」という現代社会の要求である。だが実際には、こうした社会の求めにただ応じていたら、心の平和やバランスのよい生活は得られない。自分にとってもっとも重要な事柄を明らかにし、それを誠実に実行して初めて得られるのである。

「利己主義」

現代社会は、「人生で何かを得たいなら、一番を目指さなければならない」と教えている。「人生はゲームだ。レースだ。競争だ。だから勝たなければ意味がない」というわけである。同級生、職場の同僚、家族までもが競争相手に見え、彼らが勝てば勝つほど、自分の取り分が少なくなると感じる。もちろん外見上は他者の成功を応援する寛大な人間のように振る舞うが、内心では他人の成功を妬んでいる。

私たちの文明の歴史を振り返れば、偉大な業績の多くは、自立した個人の揺るぎない決意のもとで成し遂げられたことがわかる。しかしながら、この知識労働者時代においては、個人ではなく「私たち」という概念を

理解されたいという渇望

心から理解し、実践し、内面化した人こそが、最大の機会、無限の可能性を手にできる。すべての人に成功が行きわたってなお余りあると考える「豊かさマインド」を持つ人、他者を尊重し、お互いの利益のために無私の気持ちで働く人によってこそ、真の優れた業績はなされるのである。

人が持つ欲求の中で、他人から理解されたいという欲求ほど切実なものはないだろう。「私の声に耳を傾けてほしい」「私に敬意を払ってほしい」「大切にしてほしい」という欲求は、他者に対して影響力を持ちたいという欲求でもある。ほとんどの人は、影響力の鍵はコミュニケーション力にあると思っている。自分の言いたいことをわかりやすく、説得力を持って伝えられれば、他者に影響を与えられるはずだと考えている。

しかしわが身を振り返ってみてほしい。誰かと話をしているとき、相手の話を理解しようと真剣に聴くどころか、相手が話し終わった後のリアクションを考えながら聞いていないだろうか。あなたが相手に影響を与えられるのは、相手があなたに影響を与えていると感じたときからである。自分が理解されていると感じたとき、あなたが心を開いてくれたと相手が感じたとき初めて、その人に影響を与えられるようになるのである。

ところがほとんどの人は、感情的な未熟さゆえ他者の話を真剣に聴くことができず、自分の考えを伝えることばかり考え、相手を理解することに神経を集中しようとしない。現代社会においては、理解と影響力が大事

だと声高に叫ばれている。しかしながら影響力を与えるということは、たとえ一人でも真剣に聴いてくれる他者との相互理解という原則に基づくものなのである。

対立と相違

人間には多くの共通点がある。しかし同時に相違点も多い。人それぞれに考え方は異なるし、価値観やモチベーション、目的が相反することもある。こうした違いによって、自然と対立が引き起こされる。競争社会においては、お互いの考え方の違いから生じる対立を解決するとなると、どうしても「可能な限りたくさん勝ちとる」ことにエネルギーが向けられてしまう。

妥協は、両者がそれぞれの立場を明確にし、お互いに受け入れられる中間点まで歩み寄るという巧みな解決策と言えるかもしれないが、それでも双方ともに満足する解決策ではない。考え方が違うからといって、解決策を最低の共通点まで引き下げなければならないのは、何とももったいない話だ。妥協せず、創造的協力という原則に従えば、双方が最初に持っていた考え方を上回る素晴らしい解決策を生み出せるのだ。

私的停滞感

人間の本質には四つの側面がある。肉体、知性、心情、精神である。これら四つの本質に対する現代社会と

原則のアプローチの違いを見ていこう。

- **肉体**
  - 現代社会の傾向：生活習慣を改善せずに、健康上の問題は手術や薬で治療する。
  - 原則：健康に関して、すでに確立され受け入れられている普遍的な原則に沿ったライフスタイルによって、病気や健康上の問題を予防する。

- **知性**
  - 現代社会の傾向：テレビを見ながら娯楽にふける。
  - 原則：幅広く深く読書し、継続的に学ぶ。

- **心情**
  - 現代社会の傾向：私利私欲のために、他人を利用する。
  - 原則：敬意を払い、話を真剣に聴き、他者に仕えることが真の達成感と喜びをもたらす。

- **精神**
  - 現代社会の傾向：世俗主義と皮肉が増長する風潮に身を任せる。
  - 原則：人生を前向きにとらえることができるもの、人生に意味を見出そうとする基本的なニーズの源には原則があることを認識している。その自然の法則の源として私が個人的に信じているのは、神である。

あなた自身が抱える個人的な問題やニーズだけでなく、これまで挙げた社会における普遍的な問題も常に心に留めておくことを勧めたい。そうすれば、問題の解決策とそこに至るまでの道筋を見出せるだろうし、現代社会のアプローチと時を超えた不変の原則に基づくアプローチとの対比がはっきりと見えてくるはずである。

最後に、私がいつもセミナーなどで尋ねる質問をここでも投げかけてみたい。死の床で自分の人生を振り返ったとき、もっと多くの時間をオフィスで過ごせばよかった、あるいはテレビをもっと見ればよかったと悔やむ人は、果たしてどれくらいいるのだろうか。答えは簡単だ。一人としているわけがない。死の床にあって思うのは、家族や愛する者のことである。人は誰かのために生き、最期はその人たちのことを思うのだ。

偉大な心理学者のアブラハム・マズローも、人生を終えるとき、自分自身の自己実現欲求（マズローの説く「欲求の段階」の最終段階）よりも、子孫の幸福、達成、貢献を願ったという。彼はそれを自己超越と呼んでいた。

それは私にとっても同じである。「7つの習慣」に含まれている原則のもっとも大きな力、もっとも満足感を与えてくれる力は、自分の子や孫たちを思う気持ちから生まれるのである。

たとえば私の一九歳の孫娘シャノンは、あるきっかけから、ルーマニアの孤児のために仕えたいという気持ちを抱いた。ある日、病気の子どもがシャノンの目の前で嘔吐し、彼女に抱きつこうとした。シャノンはその瞬間、「私はこれ以上、自己中心的な人生を送りたくない。私は自分の人生を奉仕に使わなければいけない」と決意し、私と妻のサンドラに手紙を書いた。それから彼女はルーマニアに戻り、今でも同じ場所で奉仕活動をしている。

はじめに

私の子どもたちは皆結婚したが、彼らは配偶者とともに原則と奉仕を中心に据えたミッション・ステートメントを書いている。彼らがそのミッション・ステートメントを実践する姿を見るにつけ、私は自分の子孫たちから真の喜びを得ることができるのである。

これから『7つの習慣』を読み始めるあなたに、刺激に満ちた学びの冒険を約束しよう。あなたが学んだことを愛する人たちに教えてあげてほしい。そして何よりも、学んだことをすぐに実践してほしい。実行に移さなければ、本当に学んだとは言えない。知識を持っていてもそれを実行しないのは、知っていることにはならないのである。

私自身も「7つの習慣」を実践する努力を続けてきた。上達していくにつれて、スキー、テニス、ゴルフなどのスポーツと同じように、チャレンジの中身そのものが変わっていく。私は「7つの習慣」の原則を実践するために毎日真剣に奮闘している。この冒険にあなたもぜひ歩み出してほしい。

二〇〇四年ユタ州プロボ市にて

『完訳 7つの習慣』を推薦します

「Ask What You Can Do」(あなたが何ができるかを問おうではないか) とケネディ大統領が説いたように、企業も地域も国家も、すべては一人ひとりの力にかかっています。「自然現象と過去は変えることは出来ないが、未来と社会は人々の努力で変えられる」そして、その人生とは、自分が何者であり、何をやるべきなのかを問い続ける旅に違いない。世界中のリーダーに読み継がれて来た本書を、その旅の海図としていただきたい。しかし、旅をどのようなものにするかを決めるのも、あなた自身です。

経済産業大臣　茂木敏充

私のキーワードは「マグネット」です。磁石のように人を引き付けるチカラを持とうと常日頃から訴えています。「マグネット日本」「マグネット神奈川」「マグネット学校」「マグネット企業」…。この本は「マグネット人間」になるにはどうすればいいかを懇切丁寧に記したものです。きわめて実践的で、教則本的な内容です。ところが同時に、いつのまにか、心奪われ読み進んでしまう、魅力あふれる「マグネット本」でもあります。

神奈川県知事　黒岩祐治

一人ひとりが元気でなくて、国も社会も企業も元気になるわけがない。一度きりの人生を最大限に生かし、自分のため、家族のため、社会のために何かやってやろうというパッションこそが世界を変えるのだ。異なる結果を出したければ、自分の最終ゴールを再設計しなければならない。コヴィー博士が『7つの習慣』で説くように、自分の中に軸を確立し、常に基本原則に基づいて行動するべきだ。そして、二項対立に陥らず、さまざまな智恵を融合し、イノベーションによって新たな価値を創出することが、今こそあらゆるセクターに求められている。

一橋大学イノベーション研究センター教授　米倉誠一郎

リーダーシップを発揮できる人の基軸は、ぶれないこと。モチベーションを鼓舞できる人の基軸は、主体的に自らを鼓舞できること。自分なりの言葉で励みとなる持論を持つのが大事だが、まず『7つの習慣』を実践し、羅針盤が自分の中に存在する生活、原理原則に導かれた生活を味わおう。行動を導く「心の習慣」を若いときから身につけ始め、名リーダーになる頃には、それを基に自分の言葉で語る生き方、働き方の持論を持つ人間になってほしい。

神戸大学大学院経営学研究科教授　金井壽宏

地球環境、エネルギー、安全保障、少子高齢化、IT社会の進展といったさまざまな分野における急速かつ重大な変化を鑑みれば、現代は少なくとも過去の延長線上に単純に未来が来るような時代ではなくなっている。そんな単純系から複雑系に、確実性から不確実性へと混迷の度を深める世の中を生き抜くには、不動の座標軸を持たねばならない。コヴィー博士が人類の叡智を結晶させた本著を常に思考と行動の原点にしていただきたい。

千葉商科大学教授・政策情報学部長　宮崎 緑

もし、『7つの習慣』を世界中の大人の必読書とし、すべての子どもたちの教科書にしたなら、輝かしい未来を手に入れることができるだろう。人生のゴールとは自分で創るもの。そして、その幸せを追い求めるプロセスこそが充実した人生と言えるのだ。本書は、自分らしい幸せを獲得するためのアクションを引き出してくれる実用的な現代のリベラルアーツと言えるだろう。

明治大学大学院グローバルビジネス研究科教授　野田 稔

『完訳 7つの習慣』を推薦します

『7つの習慣』には、日本人が古より大切にしてきた和の精神とつながる、人類が共有すべき普遍的な思想がある。『古事記』『日本書記』に描かれた歴代の天皇が民のために大事業を成し遂げつつ、同時に家庭を大切にする姿とも相通じる。そして、自分がどうなるかより他者のためにいかに生きるかという、大震災をきっかけに呼び覚まされた、人と人の絆を尊ぶ我が国の美徳が底流に流れている。本書を自己を映す鏡、自らを護る玉とし、日々剣を研ぐことで、人生の「三種の神器」を手にしていただきたい。

作家・慶應義塾大学講師　竹田恒泰

科学者だった祖父の遺稿集に「吾人（ごじん）の任務」という言葉があった。つまり、「自分の任務とは何か？」という問いかけだ。個人も企業も社会もビジョンを明確にすることが何より肝要である。それを常に念頭に置きつつ、無限大の可能性を信じて、邁進し続けることが成功の要諦だ。『7つの習慣』は、そのための最適なガイドブックである。本書によって、心・技・体を陶冶し、人間力を養っていただきたい。そして、「世の中を変えたい」と本気で思う創造と変革の同志が一人でも多く、この国に現れんことを祈る。

グロービス経営大学院学長　堀義人

歴史上二〇〇年にわたる成功者の人生と人格に関する、コヴィー博士による研究の集大成である本書は人類全体の財産である。ここに示されている普遍的な原則は、読者をして、周囲の人々にプラスの効果を与える人間へと生まれ変わらせてくれるに違いない。お客様への心のこもったおもてなしと快適さを提供することをもっとも大切な使命と考える私どものホテルにおいても幹部研修の中心教材である。あらゆる方々に、ビジネス上はもちろんプライベートにおいても、人生の道標としていただきたい。

ザ・リッツ・カールトンホテル地域統括総支配人　マーク・レッテンビクラー

他人と過去は変えられないけど、自分と未来は変えられるのだ。プラス発想をすればプラスに人生に作用し、次々と良い出会いにつながって行く。良いときは感謝し、"難"が"有"るときは、それをひっくり返して"有り難う"と言う。そうすれば、ピンチもチャンスにできるのだ。あなたの夢は何だろう？　人生は夢に向かって行く過程こそが最も楽しいし幸せなのだ。夢は見るものじゃなくて叶えるもの。本書をあなたの夢が実現した世界に向かうパスポートにしよう！

ブリキのおもちゃ博物館館長　北原照久

『完訳 7つの習慣』を推薦します

どんなに波の高い大海原でも、目指すべき灯台を定め、それに向かって前進して行けば、決して航路は見失わない。目指すべき灯台となる人生の夢、目標を見つけられれば、進むべき筋道が必ずや見えてくる。達成期限とゴールを決め、そこを目指して、努力を積み重ね、諦めずに頑張り続ければ必ずや夢は叶う。本書はその人生の航海の心強いパートナーとなるに違いない。自分の人生の船長は自分自身なのだ。幸運をお祈りする。

GMOインターネット代表取締役会長兼社長・グループ代表　熊谷正寿

ITの進化はリーダーの役割を大きく広げようとしている。瞬時にさまざまな情報源からデータを集め、分析し、自ら学習する「コグニティブ（認知）コンピューティング」の時代が到来している。コンピューターは、リーダーにとって膨大な情報から価値ある洞察を発見する手助けとなる。直感や経験に依存しない、客観的での的確な判断が素早くできるようになるのだ。リーダーはこの変化を理解し、使いこなすスキルが求められている。

日本アイ・ビー・エム代表取締役社長　マーティン・イェッター

不確実性に満ちた時代を生き抜くためには「原則」が必要である。そして、それは人生を、社会を、そして未来を豊かにする。とりわけ「依存」から「自立」、そして「相互依存」へと進化する過程で人間は大きく成長を遂げる、とコヴィー博士は言う。この成長メカニズムについて深く知ることは、あるべき人間社会の理想郷を見通すうえでも、きわめて重要である。

スポーツジャーナリスト　二宮清純

偉大なスポーツ選手になるために、勝利を追求し勝ち取ることはとても重要なことだが、すべてではない。スポーツ選手の前に人間であり、人間力を高めることが、真の一流選手になる必須の条件だと思う。『7つの習慣』で紹介されているように、私が尊敬する偉大な選手は、例外なく高い人格と能力を兼ね備えていた。

ヤマト卓球株式会社 代表取締役社長　松下浩二

あなたにお勧めしたい本書の読み方がある。それは繰り返し、一〇〇回は読むことだ。「7つの習慣」は深く、正しく理解する以上に実践することに大きな価値がある。幾多の人生の成功者が、その歩みの手引としている習慣が実践として手に入れば、あなたの人生はあなた自身の手によってより良く導かれることを保証する。本書の一ページ目を開き、習慣を知識から実践に発展させる創造的な活動の一回目を始めよう。

株式会社パジャ・ポス 代表取締役／経営コンサルタント　池本克之

新しい世界に挑み、そして味わう厳しさの中で、何度もこの本に助けられた。心底、成長を願う者にとっては、内容を腑に落とすことができる一冊だ。

テラモーターズ株式会社 代表取締役社長　徳重徹

『7つの習慣』と出逢い、私の人生は大きく変わりました。未だに出会った頃の衝撃は冷めず、むしろ、毎日が新しい気づきの連続です。それほどまでに一人の人生を変え続ける本が、今回、新たな訳となり、多くの方の手に届くことを心から嬉しく思います。これからも『7つの習慣』は私の人生を大きく変え、また、多くの方の人生を変えてくれることでしょう。

『7つの習慣 小学校実践記』著者／公立小学校 教頭 渡邉尚久

『7つの習慣』で学んだことは時代の流れに左右されない。社会人になって間もない頃にむさぼり読んだが、そのエッセンスは今も夢を実現する指針となっている。『7つの習慣』は、自分自身と向き合い、変化の激しい時代をブレずに生きる人生のバイブルだ。社会が大きく変わろうが、農業経営者はもちろんビジネスパーソンにとっても、素晴らしい人生を送るための原理原則は変わらない。

株式会社みやじ豚 代表取締役社長／NPO法人農家のこせがれネットワーク代表理事 宮治勇輔

『7つの習慣』は、生きる原則を教えてくれます。本質的な問題の解決へと導く「7つの習慣」。あなたは本当になりたい自分を見出し、そこに向かうことができるでしょう。さあ、勇気を出して自らの扉を開けてください。

『7つの習慣』を一〇〇回読んだTOKYO油田（株式会社ユーズ 代表取締役社長）染谷ゆみ

私の人生の羅針盤です。読み返す度にそのときに必要な気づきを与えてくれます。学生から読むべき本を問われたとき、いつも『7つの習慣』を勧めています。なぜなら、自分の可能性に気づき、本来あるべきあなたになってほしいからです。充実したあなたらしい人生を歩んでほしいからです。

株式会社ジョブウェブ 代表取締役会長　佐藤孝治

「7つの習慣」は、人生において良いことを習慣化させ、人格を高め、対人関係を競争から協力のWin-Winの生き方にさせる。世界で三〇〇〇万人以上の人々に影響を与えたコヴィー博士の成功哲学の定本である『7つの習慣』を、さらにわかりやすく訳し直した「目と心と行動で読む人生の書」をぜひ座右の一冊に！

株式会社ハーレーダビッドソンジャパン株式会社 元社長　奥井俊史

一冊の本との出合いが人生を変えるとは本当のことだ。『7つの習慣』は読む者にレゾンデートル（生きる意味）を見出させてくれる覚醒の書である。人間とは習慣の束だ。日々の思考と行動によって人生はかたちづくられる。良き習慣をつけるも悪しき習慣をつけるも自分次第。本書を繰り返し紐解くことで、自らの心に一隅を照らす灯火を灯し続けよう！

マーケティングコンサルタント　西川りゅうじん

『完訳 7つの習慣』を推薦します

スティーブン・コヴィー氏は人間のあり方に関するすばらしい本を書いてくれた。誰もが内面に抱えている不安や心配を見抜き、巧みな文章で表現している。個人の生活にとっても、組織にとっても非常に有用な一冊である。私はこの本を知人全員にプレゼントしようと思う。

『本物のリーダーとは何か』著者　ウォレン・ベニス

スティーブン・コヴィーはアメリカのソクラテスである。価値観、家族、人間関係、コミュニケーション——これら「永遠なるもの」に、あなたの心の目を開かせることだろう。

作家、企業コンサルタント　ブライアン・トレーシー

マネジメント、組織、そして人間について、スティーブン・コヴィー氏ほど長きにわたり深く考え、探究している人はいないだろう。『7つの習慣』はハウツー本ではない。コヴィー氏自身の深く鋭い洞察を通して、自分自身の内面、他者に与える影響を見つめなおす機会を与えてくれる素晴らしい本である。あなたの人生を変える一冊になるだろう。

『エクセレント・カンパニー』著者　トム・ピータース

完訳 7つの習慣

人格主義の回復

CONTENTS

はじめに ……………………………………………… III

第一部 パラダイムと原則

インサイド・アウト ……………………………… 1
個性主義と人格主義 ……………………………… 3
第一の偉大さ、第二の偉大さ …………………… 8
パラダイムの力 …………………………………… 12
パラダイムシフトの力 …………………………… 15
見方＝あり方 ……………………………………… 23
原則中心のパラダイム …………………………… 26
成長と変化の原則 ………………………………… 28
問題の見方こそが問題である …………………… 32
新しいレベルの思考 ……………………………… 39 … 42

7つの習慣とは………………………………………………………
「習慣」の定義………………………………………………… 47
成長の連続体………………………………………………… 48
効果性の定義………………………………………………… 51
三つの資産とは……………………………………………… 57
組織の成果を生み出す能力………………………………… 59
この本の活用方法…………………………………………… 63
この本がもたらしてくれること…………………………… 67
　　　　　　　　　　　　　　　　　　　　　　　　 68

第二部 私的成功 ……………………………………………… 71

第1の習慣 主体的である ………………………………… 73

パーソナル・ビジョンの原則……………………………… 74
社会通念の鏡………………………………………………… 75
刺激と反応の間……………………………………………… 78
「主体性」の定義…………………………………………… 81

率先力を発揮する ... 87
自分から動くのか、動かされるのか ... 88
言葉に耳を傾ける ... 91
関心の輪/影響の輪 ... 95
直接的、間接的にコントロールできること、そしてコントロールできないこと ... 100
影響の輪を広げる ... 101
「持つ」と「ある」 ... 105
棒の反対側 ... 108
決意を守る ... 110
主体性:三〇日間テスト ... 111
第1の習慣:主体的である 実践編 ... 113

第2の習慣 終わりを思い描くことから始める ... 115

パーソナル・リーダーシップの原則
「終わりを思い描くことから始める」とは? ... 116
すべてのものは二度つくられる ... 117
描くか委ねるか ... 120

リーダーシップとマネジメント：二つの創造	123
脚本を書き直す：あなた自身の第一の創造者となる	126
個人のミッション・ステートメント	131
内面の中心にあるもの	136
さまざまな中心	139
あなたの中心を明らかにする	150
原則中心	155
個人のミッション・ステートメントを記し活用する	164
脳全体を使う	167
右脳を活用する二つの方法	168
役割と目標を特定する	175
家族のミッション・ステートメント	179
組織のミッション・ステートメント	181
第2の習慣：終わりを思い描くことから始める 実践編	190

第3の習慣 最優先事項を優先する ……191

パーソナル・マネジメントの原則

- 意志の力 …… 192
- 時間管理の四つの世代 …… 194
- 第Ⅱ領域 …… 197
- 「ノー」と言うためには …… 199
- 第Ⅱ領域に入るためには …… 208
- 第Ⅱ領域ツール …… 212
- 第Ⅱ領域をセルフ・マネジメントする …… 215
- 第Ⅱ領域に生きる …… 219
- 第四世代の利点 …… 224
- デリゲーション：PとPCを高めるために …… 229
- 使い走りのデリゲーション …… 231
- 全面的なデリゲーション …… 233
- 第Ⅱ領域のパラダイム …… 235
- 第3の習慣：最優先事項を優先する 実践編 …… 245, 246

第三部 公的成功

相互依存のパラダイム 251

相互依存の習慣 253
信頼口座 258
主な六つの預け入れ 261
愛の法則と人生の法則 276
Pの問題とPCを高める機会 282
相互依存の習慣 283

第4の習慣 Win−Win を考える

.... 285

人間関係におけるリーダーシップの原則
人間関係の六つのパラダイム 286
どのパラダイムがベストか？ 288
Win−Win or No Deal 297
Win−Win の五つの側面 301
.... 306

第4の習慣：Win-Winを考える 実践編 335

第5の習慣 まず理解に徹し、そして理解される 337

共感によるコミュニケーションの原則

人格によるコミュニケーション 338
共感による傾聴 340
処方する前に診断する 343
四つの自叙伝的反応 350
理解ととらえ方 353
そして理解される 368
一対一 371
第5の習慣：まず理解に徹し、そして理解される 実践編 375 379

第6の習慣 シナジーを創り出す 381

創造的協力の原則 382

第四部 再新再生

第7の習慣 刃を研ぐ ……………………… 421

シナジーを創り出すコミュニケーション …… 384
教室でのシナジー …………………………… 386
ビジネスでのシナジー ……………………… 391
シナジーとコミュニケーション …………… 394
第3の案を探す ……………………………… 397
ネガティブなシナジー ……………………… 402
違いを尊重する ……………………………… 407
力の場の分析 ………………………………… 411
自然界のすべてはシナジーである ………… 417
第6の習慣：シナジーを創り出す 実践編 … 419

バランスのとれた再新再生の原則 ………… 423
再新再生の四つの側面 ……………………… 424
………………………………………………… 425

肉体的側面	426
精神的側面	431
知的側面	436
社会・情緒的側面	439
他者への脚本づけ	444
再新再生のバランス	447
再新再生のシナジー	449
上向きの螺旋	452
第7の習慣：刃を研ぐ 実践編	456
再び、インサイド・アウト	457
世代を超えて生きる	465
流れを変える人になる	468
私信	472
私がよく受ける質問	474
付録	491
問題解決のための索引	510

THE SEVEN HABITS
OF HIGHLY
EFFECTIVE PEOPLE

第一部
パラダイムと原則
PARADIGMS AND PRINCIPLES

インサイド・アウト

正しい生き方なくして真の成功はありえない。

—— デビッド・スター・ジョーダン

私は二五年余にわたり、コンサルティングの仕事を通して、企業や大学、家庭生活などさまざまな場面で多くの人々と接する機会に恵まれてきた。こうして知り合った人の中には、社会的に大きな成功を遂げている人も大勢いたが、見た目の成功とは裏腹に、彼らは虚しさを覚え、本当の自分を探し求め、あるいは深く豊かな人間関係に飢えていた人が少なくなかった。

彼らが打ち明けてくれた悩みの一部を紹介しよう。あなたにも思い当たることがあるかもしれない。

- 仕事で達成したいと思っていた目標はすべて成し遂げました。ずいぶん出世しましたよ。ところが、それと引きかえに私生活と家族を犠牲にしてしまった。今じゃ妻も子どもたちも他人同然です。さらに自分のことすらわからなくなっている。私にとって大切なことは何なのだろう。まったく、今までやってきたことは何だったのだろう。

- またダイエットを始めました。今年に入ってもう五回目。ご覧の通り太っていますからね、何とかしたい

完訳 7つの習慣

んですよ。新しいダイエット本が出れば必ず読みます。減量の目標を立てて、「絶対にできる」と自分に言い聞かせ、やる気満々で始める。でも続かない。二〜三週間もすると、やる気はどこへやら。自分との約束をどうしても守れないんですよね。

● 管理職セミナーにはいくつも出ています。部下には大いに期待していますし、自分も気さくで公平な上司になろうと努力しています。しかしそれが部下には伝わらないのですよ。私が病気で会社を休んでもしたら、無駄話に花が咲くでしょうね。私がこれほど努力しても、彼らには責任感や自主性というものが育たない。見込みのある人間がどこかにいないものでしょうか。

● 高校生の息子がおります。反抗的で、ついにドラッグに手を出しました。私の言うことなんか聞きやしません。困り果てています。

● やらなければならないことが山積みだ。いつだって時間が足りない。一年三六五日、朝から晩まで時間に追われている。時間管理のセミナーも受講したし、システムやツールだっていくつも試した。多少役には立ったが、望んでいたようなバランスのよい生活を送っているとはとても思えない。

● 子どもたちに仕事の大切さを教えたいんですよね。でも、家の手伝いをさせるにしても文句たらたらで

4

嫌々やるって感じですし、私がいちいち指示しなくちゃいけません。自分でやったほうがよっぽど簡単ですよ。言われる前に進んでやったためしがありません。子どもというのはどうしてこうなんでしょう？

● 目が回るほど忙しい。こんなことをしていて将来のためになるのだろうかと不安になることがある。振り返ってみて意味のある人生だったと思いたい。自分の存在が何かの役に立ったと思いたいんですよ。

● 友人や親戚が成功したり何かで認められたりすると、笑顔でおめでとうと言うけれど、内心は嫉妬でおかしくなりそう。どうしてそんなふうに感じるのかしら？

● ええ、私は押しの強い人間です。だいたいは自分の意見を通せます。自分の思いどおりの結果になるように人を説得することもできます。もちろんその時どきの状況をよく考え、自分の案が誰にとってもベストだと確信できます。しかし何だかすっきりしません。周りの人たちが私や私の意見を内心ではどう思っているのか気になるんですよ。

● 私たちの結婚生活は破綻状態です。べつに喧嘩をするわけではないのですが、もうお互い愛情は感じていません。カウンセリングを受けたり、いろいろ努力はしましたが、昔のような気持ちは戻ってきそうにありません。

どれもこれも深刻な悩みだ。深く根を張った問題であり、応急処置で解消するような痛みではない。

数年前、私と妻のサンドラも同じような問題で悩んでいた。息子の一人が学校生活にうまくなじめず苦労していた。成績がふるわず、良い点数をとるどころか、答案の書き方の指示さえ理解できない。対人関係も未熟で、親友を困らせることもたびたびあった。背が低くやせっぽちで、運動もからきしだめ。ピッチャーの手からボールが離れる前にバットを振るありさまなのである。当然、皆の笑い者になっていた。

私たち夫婦は息子の力になろうと必死だった。私も妻も、人生において何で「成功」したいかと問われれば、親としての成功以外にはないと思っていた。だから、息子のためになるようにと、彼に対する自分たちの態度と行動を改めた。積極的な心構えというテクニックを駆使して、息子を励まそうとしたのだ。「頑張れ！おまえならきっとできる！バットをもう少し短く持って、ボールから目を離すな。いいぞ、ボールが近くにきたらバットを振るんだぞ」息子が少しでも上達するようにと、「もっと上達するように、もっと頑張れ」と励まし続けた。

他の子たちが笑おうものなら、「放っておいてくれ。からかうんじゃない。頑張っているところなんだから」と叱りつけた。すると息子は、「うまくなんかなりっこない。野球なんかもう嫌だ」と言って泣きだすのだった。息子はみるみる自信をなくしていた。励まし、手を差しのべ、前向きな態度で接したが、どれもこれも失敗に終わった。そしてようやく、一歩下がって違う観点から状況を見つめ始めたのである。

当時私は、国内のさまざまな企業にリーダーシップ開発の研修を行う仕事をしていた。その関係で二ヵ月に

一度、IBMの管理職能力開発セミナーで「コミュニケーションと認知」というテーマで講義をしていた。講義の準備をしていて、人は物事をどう認知し、それが行動をどのように支配するのか、ものの見方が行動にどう影響するのか、強い関心を持つようになった。そして期待理論や自己達成予言、「ピグマリオン効果（訳注：教師の期待が生徒の学力を伸ばすという教育心理学理論）」を調べていくうちに、ものの見方が人の内面の深いところで作用していることに気づいたのである。要するに、何を見るかというよりも、どのようなレンズを通して見ているかが問題であり、そのレンズこそが一人ひとりの世界観をつくっているのである。

IBMで教えていたこれらの考え方を妻に説明し、私たち夫婦が直面していた問題に当てはめて話し合った。そして、息子によかれと思ってやっていたことは、実は私たちのレンズを通して息子を見ていた結果なのだと気づいたのだ。私たちの心の奥底を正直に探ってみれば、「あの子は他の子たちよりも劣っている。何かが足りない」と思っていたことは明らかだった。自分たちの態度や行動を変え、どんなに言葉を尽くして励ましても、息子がそこから感じとるのは「おまえは劣っている。だからお父さんとお母さんが守ってやらなくてはならない」というメッセージだ。これではうまくいくはずがない。

状況を変えたければ、まず自分たちが変わらなくてはならないのだと、私たち夫婦は悟った。そして自分が本当に変わるには、ものの見方を変えなくてはならない。

個性主義と人格主義

私はその頃、ものの見方に関する研究と並行して、一七七六年のアメリカ合衆国独立宣言以来これまでに米国で出版された「成功に関する文献」の調査に夢中になっていた。自己啓発、一般向けの心理学、自助努力などに関するそれこそ何百もの本、論文、随筆に目を通し、ものによっては熟読した。自由にして民主的な国の人々が考える「成功の鍵」が書かれた文献を端から調べたのである。

成功をテーマにした書籍を二〇〇年さかのぼって調べていくうちに、はっきりとしたパターンが見えてきた。最近の五〇年間に出版された「成功に関する文献」はどれも表面的なのだ。それでは、私たち夫婦が息子のことで感じていた痛み、私自身がこれまでに経験してきた痛み、仕事で接してきた多くの人たちの痛みには、まるで効きそうにない。そこに書かれているのは、社交的なイメージのつくり方やその場しのぎのテクニックばかりだ。痛みに鎮痛剤や絆創膏で応急処置を施せば、たしかに痛みはみえるかもしれないが、根本にある慢性的な原因をほったらかしにしていたら、いずれ化膿して再発することになる。

これとはまるで対照的に、建国から約一五〇年間に書かれた「成功に関する文献」は、誠意、謙虚、誠実、勇気、正義、忍耐、勤勉、質素、節制、黄金律など、人間の内面にある人格的なことを成功の条件に挙げている。私はこれを**人格主義**と名づけた。中でもベンジャミン・フランクリンの自叙伝は圧巻で、特定の原則と習慣を深く内面化させる努力を続けた一人の人間の姿が綴られている。

この人格主義が説いているのは、実りのある人生には、それを支える基本的な原則を体得し、自分自身の人格に取り入れ内面化させて初めて、真の成功、永続的な幸福を得られるということである。

ところが、第一次世界大戦が終わるや人格主義は影をひそめ、成功をテーマにした書籍は、いわば**個性主義**一色になる。成功は、個性、社会的イメージ、態度・行動、スキル、テクニックなどによって、人間関係を円滑にすることから生まれると考えられるようになった。この個性主義のアプローチは大きく二つに分けられる。一つは人間関係と自己ＰＲのテクニック。もう一つは積極的な心構えである。こうした考えのいくつかは、「態度が成功をときには決める」「笑顔が友だちをつくる」「どんなことでも思い、信じれば達成できる」といった元気づける言葉やときには正当な格言となる。

しかし、個性をもてはやす数々の「成功に関する文献」では、人を操るテクニック、ひどいときには明らかに騙しのテクニックさえ紹介されていた。相手が自分を好きになるように仕向けたり、自分が欲しいものを得るために、相手の趣味に興味があるかのようなふりをしたり、はたまた高圧的な態度で怖がらせ、人を利用するテクニックである。

もちろん、個性主義の文献も人格を成功の要因と認めてはいるが、切っても切り離せない必須要因とみなしてはおらず、添え物的に扱っている文献がほとんどである。人格主義に触れるくだりがあったとしても、通り一遍である。これらの文献が強調しているのはあくまで、即効性のある影響力のテクニック、力を発揮する戦略、コミュニケーションスキル、ポジティブな姿勢なのである。

私は自分自身の個性主義に気づき始めた。私たち夫婦も無意識のうちに、息子にこの解決策を押しつけてい

たのだ。個性主義と人格主義の違いがわかって初めて、私も妻も、子どもの行いや成績で親としての社会的評価を得ようとしていたことを思い知らされたのである。そうしたレンズを通して見るならば、息子はどうしても「不合格」になってしまう。自分たちの目に映る自分たちの**姿**のほうが気になり、良い親と見られたいと思うあまり、息子を見る目が歪んでいたのだろう。世間の目に映る息子の**姿**よりも、世間の目に映る自分たちの**姿**のほうが気になり、良い親と見られたいと思うあまり、息子を見る目が歪んでいたのだろう。

問題に対する態度には、純粋に息子のためを思う親心よりもはるかに多くの事柄が潜んでいたのである。**私たち夫婦のものの見方**、妻と話し合っていて、私たち自身の人格と動機、息子に対する見方が彼にどれほど強い影響を及ぼしていたかに気づき、苦々しい思いだった。そもそも息子を他の子と比較するのは私たち夫婦の基本的な価値観とは相容れないはずだった。そんなことは条件つきで子どもを愛するようなものであり、息子の自尊心を傷つけるのは間違いない。そこで私と妻は、**自分自身**に目を向けることにした。テクニックを使うのではなく、心の奥底にある動機、息子に対する見方を変える決心をした。息子を変えようとせず、一歩離れて距離をおき、**彼**に対する**私たち**の見方から離れて、彼自身の本質、独自性、一人の人間としての彼本来の価値を感じとろうと努力した。

私たち夫婦は、深く考え、自らの信条を実践し、祈った。やがて息子の独自性が**見え始めた**。彼の内面に幾重にも潜んでいる可能性が**見えてきた**。それらの潜在能力は、彼自身のペースで発揮されるはずだ。気をもまず、息子が自分で独自性を表現できるよう、邪魔にならないようにしていこう、私たちはそう決心した。息子を肯定し、彼の価値を認め、成長を喜ぶことが、親の自然な役割なのだとわかった。さらに、自分たちの動機にも意識的に働きかけ、子どもたちが「良い子」であることに満足感を得ようとする態度を改め、自分自身

インサイド・アウト

の内面的な安定を育てる努力をした。

息子に対する以前の見方を捨て、彼本来の価値を大切にするようになると、私たち夫婦に新しい感情が芽生えてきた。他の子と比較して優劣を判断したりせず、息子と過ごす時間を心から楽しめるようになったのだ。私たちが勝手に思い描く子どものイメージに押しこめることも、世間の基準に照らして息子を判断することもやめた。親心からとはいえ、社会に受け入れられるかたちに息子を無理にはめ込もうとすることもやめた。息子は社会に十分適応して生きていけるとわかったから、他の子たちから笑われたときも、しゃしゃり出ることもなくなった。

守ってもらうことに慣れていた息子は、初めのころ親の庇護が突然なくなり禁断症状を起こした。私と妻は息子の苛立ちを理解は示したが、必ずしもそれに応えようとはしなかった。私たちのそのような態度は、「おまえを守ってやる必要はない。一人でも十分にやっていける」という息子への無言のメッセージだった。

数週間、数ヵ月と月日が経つにつれ、息子はひそかに自信を持ち始め、自分を認めるようになった。自分のペースで花を咲かせ始めた。学業成績、スポーツ、人間関係など社会的な基準からしても目を見張るほど成長した。それも、いわゆる自然の発達プロセスをはるかに上回るスピードで。後年、息子は学生団体のリーダー数人の一人に選出され、スポーツでは州を代表する選手になり、Ａがずらりと並ぶ成績表を持ち帰るようになった。誠実で人を引きつける性格が前面に出て、誰とでも打ち解けてつき合えるようになった。

息子が「社会的に得た高い評価」は、周囲の期待に応えようとしたからではなく、本来の自分を持ち帰るようにしたからに他ならない。私たち夫婦はかけがえのない経験をしたと思う。他の息子や娘たちに接するうえで誠実に表現

も、親以外の役割を果たすときにも大変役立った。成功に関わる「個性主義」と「人格主義」の決定的な違いを身をもって体験し、深く認識できたからである。私と妻の確信を代弁している聖書の一節を紹介しよう。

「油断することなく、あなたの心を守れ、命の泉は、これから流れ出るからである」

第一の偉大さ、第二の偉大さ

わが子で経験したこと、ものの見方に関する研究、成功に関する文献の調査、これらが私の頭の中でつながり、人生でめったにない「アハ体験」の瞬間が訪れた。個性主義の強烈なインパクトを一瞬にして理解し、私が真実だと確信していること──はるか昔の子どもの頃に教えられたことや自分自身の価値観の奥深くにあるもの──と、日々私を取り巻く応急処置的な考え方との違いがはっきり見えたのである。長年にわたり生活のあらゆる場面で多くの人々と接してきたが、私が教えてきたこと、効果的だと信じていたことが、昨今流行の個性主義の考え方とほとんど相容れない理由がよくわかったのだ。

私はなにも、個性を伸ばすこと、コミュニケーションスキルのトレーニング、他者に影響を及ぼす戦略、ポジティブ・シンキングといった個性主義のさまざまな要素が成功に不要だと言いたいわけではない。それどころか不可欠な場合もある。

私が言いたいことは、たしかに成功にはこれらの要素も必要だが、あくまで第一の要素ではない二次的な要素だということだ。人間は前の世代が築いた土台にさらに積み上げていく能力を与えられているというのに、

インサイド・アウト

その能力を使わず、自分の成功を支える土台のことを忘れてしまってはいないだろうか。成功を支える土台のことを忘れて、成功を支える土台のことだけに目を向け、種も蒔かずに刈り入れることだけを考えてきたせいで、種を蒔く必要すら忘れてしまってはいないだろうか。

二面性や不誠実など人格に根本的な欠陥がありながら、人に影響を及ぼす戦術やテクニックを使って自分の思いどおりに人を動かしたり、もっと仕事の成績を上げさせたり、士気を高めたり、自分を好きにさせたりしようとして一時的にはうまくいったとしても、長続きするわけがない。二面性はいずれ相手の不信感を招き、どれほど効果的な人間関係を築くテクニックを使ったところで、相手を操ろうとしているとしか見えないだろう。どんなに巧みな言葉を使っても、たとえ善意からだとしても、効果は望めない。信頼という土台がなければ、成功は長続きしないのだ。基礎となる人格の良さがあって初めて、テクニックも生きてくる。

テクニックだけを考えるのは、一夜漬けの勉強と似ている。一夜漬けで試験をうまく乗り切れることもあるだろうし、良い成績だってとれるかもしれない。だが、日々の積み重ねを怠っていたら、教科をしっかりと習得することはできないし、教養ある人間にはなれない。

農場に一夜漬けは通用しない。春に種蒔きを忘れ、夏は遊びたいだけ遊び、秋になってから収穫のために一夜漬けで頑張る。そんなことはありえない。農場は自然のシステムで動いている。必要な務めを果たし、定まった手順を踏まねばならない。種を蒔いたものしか刈り取れない。そこに近道はないのだ。

この原則は人の行動や人間関係にも当てはまる。人の行動も人間関係も、**農場の法則**が支配する自然のシステムなのである。学校のように人工的な社会システムの中では、人間が定めた「ゲームのルール」を学べば、

一時的にはうまくいくかもしれない。一回限りの、あるいは短い期間だけの付き合いなら、個性主義のテクニックをうまく使い、相手の趣味に興味があるふりをし、魅力をふりまいて良い印象を与えられるかもしれない。短期間だけ効き目のある手軽なテクニックなら、すぐにも身につけられるだろう。しかしそうした二次的要素だけでは、長続きする関係は築けない。真の誠実さや根本的な人格の強さがなければ、厳しい状況に直面したときに本当の動機が露わになり、関係が破綻し、結局のところ成功は短命に終わるのである。

第二の偉大さ（才能に対する社会的評価）に恵まれていても、**第一の偉大さ**（優れた人格を持つこと）を欠いている人は多いものである。人格こそが第一の偉大さであり、社会的評価はその次にくる第二の偉大さである。同僚や配偶者、友人、反抗期の子どもとの関係など、その場限りでは終わらない人間関係において第一の偉大さを欠いていれば、いずれ関係にヒビが入るのは避けられない。「耳元で大声で言われたら、何が言いたいのかわからない」とエマーソン（訳注：米国の思想家）も言っているように、無言の人格こそ雄弁なのである。

もちろん、人格は素晴らしいのに口下手で、思うように人間関係が築けない人もいる。しかしそうしたコミュニケーションスキル不足が及ぼす影響もまた、しょせん二次的なものにすぎない。

突き詰めれば、あるがままの自分、人格が、どんな言動よりもはるかに雄弁なのである。誰にでも、人格をよく知っているからという理由で一〇〇％信頼している人がいるだろう。雄弁であろうがなかろうが、人間関係のテクニックを知っていようがいまいが、信頼して一緒に仕事ができる人がいるはずだ。

ウィリアム・ジョージ・ジョーダン（訳注：米国のエッセイスト）は次のように述べている。「すべての人の手に、善または悪をなす巨大な力が委ねられている。その力とは、その人の人生が周りに与える無言の、無意識

の、見えざる影響である。見せかけではない真のあなた自身の影響が、常に周囲に放たれているのだ」

パラダイムの力

「7つの習慣」は、効果的に生きるための基本的な原則を具体的なかたちにしたものである。「7つの習慣」のどれもが基礎であり、第一の偉大さにつながるものである。これらの習慣を身につけるのは、継続的な幸福と成功の土台となる正しい原則を自分の内面にしっかりと植えつけることに他ならない。

しかし、「7つの習慣」を本当に理解するためには、まず自分のパラダイムを理解し、パラダイムシフトの方法を知らなければならない。

人格主義も個性主義も社会的パラダイムの一例である。

パラダイムという言葉はギリシャ語に由来している。もともとは科学用語だったが、昨今はモデルや理論、認識、既成概念、枠組みを意味する言葉として広く用いられている。平たく言えば物事の「見方」であり、物事をどう認識し、理解し、解釈しているかである。

パラダイムを理解するために、地図にたとえて考えてみよう。言うまでもないが、地図と現実の場所は同一ではない。地図は現実の場所のいくつかの要素を表したものである。パラダイムも同じだ。パラダイムとは、何らかの現実を表す理論、説明、あるいはモデルのことである。

シカゴ中心部のどこかに行きたいとしよう。シカゴの道路地図があればとても役立つが、その地図が間違っていたらどうだろう。地図には「シカゴ」と表示されているが、印刷ミスで実はデトロイトの地図だったら、

どうしても目的地にたどり着けず、イライラが募るばかりだろう。あなたはたぶん、自分の**行動**をどうにかしようとするだろう。もっと頑張ってスピードをあげるかもしれない。しかしそうまで努力したところで、間違った場所に早く到着するだけである。あるいは**態度**を変えるかもしれない。もっと前向きに考えようとするのだ。目的地にたどり着けなくとも気にしない。ポジティブになったあなたは、着いた場所がどこであっても満足できるというわけである。しかしどちらにしても、道に迷ってしまったことに変わりはない。根本的な問題は行動とも態度とも関係ない。地図が間違っていたことが、そもそもの原因なのである。

シカゴの正しい地図を持っていれば、努力が無駄になることはない。途中で癪にさわる障害物に出くわしても、態度次第でイライラせずにすむ。だが、何にせよ地図が正しいことが前提条件である。

人は皆それぞれ頭の中にたくさんの地図を持っている。これらの地図は二つに大別できる。「**あるがままの状態**」が記された地図（現実）、そして「**あるべき状態**」が記された地図（価値観）である。私たちは、経験することのすべてをこれらの地図を通して解釈している。地図が正確かどうかを疑うことはめったにない。地図を持っていることすら意識しないのが普通だ。ただ単純に、物事はこうなのだ、こうあるべきなのだと思い込んでいるだけなのである。

私たちの態度や行動は、こうした思い込みから生まれる。物事をどう見るかが、私たちの態度と行動を決めているのである。

話を先に進める前に、ここで興味深い体験をしていただきたい。一八ページの絵を数秒間見る。次に二〇

16

インサイド・アウト

ページの絵を見て、あなたが見たものを詳しく説明してほしい。女性の顔に見えただろうか。何歳くらいの女性で、どんな感じの人だろうか。服装はどうだろう。どういう立場の人に見えるだろう。

あなたはおそらく、二枚目の絵の女性は二五歳くらい、小さな鼻が愛らしい美人で、流行のファッションに身を包み、華やかさを感じさせる人だと描写するだろう。ファッション業界で働いているなら、モデルに採用したいと思うかもしれない。あなたが独身男性なら、デートに誘いたいような女性かもしれない。

しかし、あなたが受けた印象はことごとく間違っているかもしれない。その絵の女性が六〇歳から七〇歳くらいの悲しげな老婆で、鼻が大きく、とてもモデルにはなれそうもない女性だったらどうだろう。デートの相手どころか、道路を渡る手助けをしてあげなければならない。

もう一度、絵を見てほしい。お婆さんの顔が見えてきただろうか。見えてくるまで、絵とにらめっこしよう。大きなかぎ鼻やショールが見えるだろうか。

この絵を前にしてあなたと面と向かっていれば、自分に見えているものをお互いに納得がいくまで話し合えるだろう。

残念ながらそれはできないので、四六ページを開き、その絵をよく見てから、もう一度二〇ページの絵を見てほしい。今度は老婆に見えただろうか。この先を読む前に、老婆に見えるまで目を凝らして頑張ってほしい。

私はもう何年も前、ハーバード・ビジネス・スクールの授業で初めてこの認知実験を受けた。教授はこれと同じ絵を使い、二人の人間が同じ絵を見ながら意見が異なり、しかも両方の意見が正しいという状況があり

完訳 7つの習慣

教授は、大きなカードを一束、教室に持ってきた。カードの半分には一八ページの若い女性が描かれ、もう半分には四六ページの老婆が描かれていた。

教授は、学生の半分に若い女性の絵を、残り半分に老婆の絵を配り、カードを一〇秒間見させ、回収した。

次に、二枚の絵を合成した二〇ページの絵をスクリーンに映し、その絵が何に見えるかクラス全員に説明させた。最初に若い女性のカードを見ていた学生のほとんどは若い女性に見えると答え、老婆のカードを見ていた学生たちは老婆だと答えた。

それから教授は、それぞれ違うカードを見せられていた学生二人に、スクリーンの絵が何に見えるか相手に説明するよう指示した。お互いに説明を始めると、激しく意見がぶつかった。

「年寄りだなんて、ありえないだろう。せいぜい二〇歳か二二歳くらいだよ」

「まさか、冗談だろう。どう見ても七〇はいってる。八〇歳と言ってもおかしくない」

「おまえ、どうかしてるんじゃないか。目が見えないのか？ 彼女は若くてきれいだ。デートに誘いたいくらいの美人だよ」

「美人だって？ 婆さんじゃないか」

こんなふうに両者まったく譲らず、話は一向にかみ合わない。他の見方もありうること、二つの見方が両立することはすでに授業で学んでいたにもかかわらず、自分の意見が正しいと信じて疑わず、相手の意見を認めようとはしなかった。別の視点から絵を見ようとした学生はほとんどいなかった。

不毛な議論がしばらく続いてから、一方の学生が絵の中の線を指差して「若い女性のネックレスがある」と言った。すると相手の学生は「違うね。それは婆さんの口だよ」と応じた。そのうち二人は具体的な相違点を冷静に指摘し始め、二つのイメージがぴったり重なると、ようやく相手の見方を認識するに至った。冷静になって相手の意見を尊重し、具体的な事例を挙げてコミュニケーションを進めていくことで、教室にいた学生全員が相手の視点から絵を見られるようになった。しかしスクリーンからいったん視線を外し、最初に一〇秒間見せられていたカードの絵のほうに見えてしまうのである。

私はよく、講演やセミナーでこの認知実験の話をする。個人としての効果性、人間関係のあり方について多くのことを教えてくれるからである。まず、経験による条件づけが、私たちのものの見方（パラダイム）に強い影響を与えていることがわかる。わずか一〇秒の条件づけでさえ、見え方にあれほど影響するのだから、これまでの人生でたたきこまれてきた条件づけの影響たるや、どれほどだろうか。家庭、学校、教会、職場、友人関係、職業団体、そして個性主義などの社会通念等々、私たちの生活には多くの影響力が作用している。そのすべてが無意識のうちに私たちに影響を与え、私たちの頭の中の地図、ものの見方、すなわちパラダイムを形成しているのである。

この認知実験によって、態度と行動は自分が持っているパラダイムから生まれることもわかる。自分のパラダイムから外れた行動を、少しの葛藤もなく正直にできる人はいないだろう。自分の見方とは異なる言動で一貫性を保つのはまず不可能だ。最初に若い女性のカードを見せられ、それに条件づけられていたら、合成した絵も若い女性に見える人がほとんどである。あなたもその一人だとするなら、街で通りを渡ろうとする彼女に

出会っても、手を貸そうとはしないだろう。彼女に対するあなたの**態度と行動**は、彼女に対するあなたの**見方**と一致して当然なのである。

ここで個性主義の根本的な欠点の一つが浮かび上がる。態度と行動の源泉である自分のパラダイムを詳しく観察し、理解しなければ、個性主義のテクニックで態度や行動を変えようとしても、長続きしないということである。

この認知実験から得られるもう一つの教訓は、他者との接し方もパラダイムの影響を強く受けていることを気づかせてくれることである。自分は物事を客観的に、正確に見ていると思っていても、違う見方をしている相手もまた、話を聴けば同じように客観的に正確に見ていることがわかってくる。「視点は立ち位置で変わる」のである。

誰もが、自分は物事をあるがままに見ていると思いがちである。だが実際はそうではない。私たちは、**世界をあるがままに見ているのではなく、私たちのあるがままの**世界を見ているのである。何を見たか説明するとき、私たちが説明するのは、煎じ詰めれば自分自身のこと、自分のものの見方、自分のパラダイムなのである。相手と意見が合わないと、相手のほうが間違っていると瞬間的に思う。しかし例の認知実験でも、真面目で頭脳明晰な学生たちですら、自分自身の経験のレンズを通して見て、同じ絵に対して違う見方をする。

私はなにも正しい事実は存在しないと言っているのではない。認知実験では、最初にそれぞれ違う絵で条件づけされていた学生二人が、二枚の絵を合成した絵を見る。二人はこの合成した絵の中で黒いラインと白い余白という同一の事実を見ている。二人とも、それらが事実であることは認めている。しかしそれらの事実に対

する解釈は、それ以前の経験を反映したものになる。こうして、事実は意味を持たなくなり、それぞれの学生の解釈だけが残るのである。

自分の頭の中にある地図、思い込み、つまり基本的なパラダイムと、それによって受ける影響の程度を自覚し、理解するほど、自分のパラダイムに対して責任を持てるようになる。自分のパラダイムを見つめ、現実に擦り合わせ、他の人の意見に耳を傾け、その人のパラダイムを受け入れる。その結果、はるかに客観的で、より大きな絵が見えてくるのである。

パラダイムシフトの力

認知実験から得られるもっとも重要な洞察は、パラダイムシフトに関するものだろう。合成した絵がようやく違う絵（二〇ページ参照）に見え、「ああ、なるほど」と納得する瞬間、いわゆる「アハ体験」のことである。まるで頭の中に光が突然差し込んでくるような感じだ。最初のイメージに縛られている人ほど、アハ体験は強烈になる。

パラダイムシフトという言葉を初めて使ったのはトーマス・クーンという科学史家で、多大な影響を及ぼした画期的な著作『科学革命の構造』に出てくる。同書の中でクーンは、科学の分野における重要なブレークスルーのほとんどは、それまでの伝統、古い考え方、古いパラダイムとの決別から始まっていると述べている。

古代エジプトの天文学者プトレマイオスにとって、宇宙の中心は地球だった。しかしコペルニクスは、激し

い抵抗と迫害に遭いながらも中心は太陽だという視点からすべてが解釈されるようになる。

ニュートンの物理学モデルは正確なパラダイムであり、現在も工学の基礎である。しかしそれは部分的で不完全なものだった。後にアインシュタインは相対性理論を打ち出し、科学界に革命をもたらす。アインシュタインのこのパラダイムは、自然現象の予測と説明の精度を飛躍的に高めたのである。

細菌論が確立されるまで、出産時の母子死亡率の異常な高さの理由は誰にもわからなかった。戦場においても、前線で重傷を負った兵士より、小さな傷や病気で命を落とす兵士のほうが多かった。まったく新しいパラダイムである細菌論の登場によって、これらの現象が正確に理解でき、医学は目覚ましい進歩を遂げた。

今日あるアメリカ合衆国もまた、パラダイムシフトの結果である。何世紀にもわたり、国家統治の概念は絶対君主制、王権神授説だった。そこに、新しいパラダイムが登場する。「人民の、人民による、人民のための政治」である。こうして誕生した立憲民主主義国家は、人々の持つ計り知れない潜在能力を解き放ち、歴史上類をみない水準の生活、自由、影響力、希望を創出した。

パラダイムシフトはプラスの方向だけに働くとは限らない。前述したように、人格主義から個性主義へのパラダイムシフトが、真の成功と幸福を育む根っこを引き抜いてしまった。

しかし、パラダイムシフトがプラスに働こうが、あるいは一瞬にして起ころうが徐々に進行していこうが、一つのものの見方から別の見方に移行することは大きな変化を生む。正しくても間違っていても、私たちのパラダイムが態度と行動を決め、ひいては人間関係のあり方にも影響するのである。

ある日曜日の朝、ニューヨークの地下鉄で体験した小さなパラダイムシフトを、私は今も覚えている。乗客は皆黙って座っていた。新聞を読む人、物思いにふける人、目を閉じて休んでいる人。車内は静かで平和そのものだった。そこに突然、一人の男性が子どもたちを連れて乗り込んできた。子どもたちは大声で騒ぎだし、車内の平穏は一瞬にして破れた。男性は私の隣に座り、目を閉じていた。この状況にまったく気づいていないようだ。子どもたちは大声で言い争い、物を投げ、あげくに乗客の新聞まで奪いとるありさまだ。迷惑この上ない子どもたちの振る舞いに、男性は何もしようとしない。

私は苛立ちを抑えようにも抑えられなかった。自分の子どもたちの傍若無人ぶりを放っておき、親として何の責任も取ろうとしない彼の態度が信じられなかった。他の乗客たちもイライラしているようだった。私は精一杯穏やかに、「お子さんたちが皆さんの迷惑になっていますよ。少しおとなしくさせていただけませんか」と忠告した。

男性は目を開け、子どもたちの様子に初めて気づいたかのような表情を浮かべ、そして、言った。「ああ、そうですね。どうにかしないといけませんね……病院の帰りなんです。一時間ほど前、あの子たちの母親が亡くなって……これからどうしたらいいのか……あの子たちも動揺しているんでしょう……」

その瞬間の私の気持ちを想像できるだろうか。私のパラダイムは一瞬にしてシフトした。突然、子どもたちの様子がまったく違って**見えた**のだ。違って**見えた**から、**考え**も、**感情**も、**行動**も変化した。私の苛立ちは消えてなくなり、態度や行動を無理に抑える必要はなくなった。私は男性の苦しみに共感し、同情と哀れみの感情がとめどなくあふれ出た。「奥様が亡くなられたとは……お気の毒に。さしつかえなければ話していただけますか？ 何か私にできることはありませんか？」 すべてが一瞬にして変わったのである。

人生を揺るがす危機に直面し、物事の優先順位が突如として変わるとき、あるいは夫や妻、親、祖父母、管理職、リーダーなど新しい役割を引き受けるとき、多くの人は考え方が根本から変化するパラダイムシフトを体験している。

態度や行動を改善すべく、何週間、何ヵ月、何年も個性主義のテクニックを身につける努力を積んできたところで、物事が一瞬にして違って見えるパラダイムシフトの大きな変化には比べようもないだろう。生活の中で比較的小さな変化を起こしたいのであれば、私たちの態度や行動に対しフォーカスすれば良いだろう。しかし大きな変化、劇的な変化を望むなら、土台となるパラダイムを変えなくてはならない。

ソロー（訳注：米国の作家・思想家）は、「悪の葉っぱに斧を向ける人は千人いても、根っこに斧を向けるのは一人しかいない」と言っている。行動や態度という「葉っぱ」だけに斧を向けるのをやめ、パラダイムという「根っこ」を何とかしなければ、生活を大きく改善することはできないのである。

見方＝あり方

もちろん、すべてのパラダイムシフトが一瞬にして起こるわけではない。地下鉄での一瞬のパラダイムシフトと異なり、私と妻が息子のことで経験したパラダイムシフトは、ゆっくりと、困難にぶつかりながらも意図的なプロセスによってもたらされたものだった。私たち夫婦の息子に対する態度は、個性主義の経験と条件づけが長年蓄積された結果だった。良い親はこうあるべきだという思い込み、そして子どもたちの成功の尺度に

関して、自分の内面の奥深くに根づいていたパラダイムの影響を強く受けていたのである。これらの基本的なパラダイムを変え、物事を違った角度から見られるようになってようやく、自分自身にも、あの状況にも大きな変化をもたらすことができた。

息子をそれまでと違う目で**見る**ために、私も妻もあり**方**を変えなくてはならなかった。こうして自分自身の人格の向上と形成に投資した結果、私たちの新しいパラダイムが生まれたのである。パラダイムと人格を切り離すことはできない。人間においては、**あり方は見方に直結する**のであり、**どう見るかとどうあるか**は強い相関関係で結ばれているからだ。あり方を変えずに見方を変えることはできない。その逆もまたしかりだ。

地下鉄でのあの経験は、表面的には突然のパラダイムシフトに見えるが、あのとき私に訪れたパラダイムシフトは、私自身の基本的な人格の結果であり、それと同時に私の人格に制約されてもいた。

たとえば、事情を知ってからも、妻を亡くし打ちひしがれている男性にわずかな同情心を抱くだけで、あるいは何となく罪悪感を覚えるだけで、お悔やみの言葉もかけない人もいるだろう。逆に、あの親子のただならない様子に気づき、何か事情がありそうだと察して、私よりも早く手を差し伸べられる人もいるに違いない。パラダイムの力が強いのは、世界を見るレンズをつくるからである。パラダイムシフトは、瞬時に起こる場合でも、ゆっくりと意図的なプロセスで進んでいく場合でも、必ず劇的な変化を生み出す力になる。

原則中心のパラダイム

人格主義の土台となる考え方は、人間の有意義なあり方を支配する**原則**が存在するということである。自然界に存在する引力の法則などと同じように、人間社会にもまた、時間を超えて不変であり異論を挟む余地のない、普遍的にして絶対的な法則があるのだ。

実際にあったエピソードから、これらの原則の影響力を考えてみよう。米海軍協会が発行する雑誌『プロシーディングズ』に掲載された以下のフランク・コック隊員の体験談もまた、パラダイムシフトの一例である。

訓練艦隊所属の戦艦二隻が、悪天候の中、数日前から演習航海を続けていた。私は先頭の戦艦に乗っており、陽が沈んでから当番でブリッジに入った。あたりに霧が発生して視界が悪かったので、艦長もブリッジに残り状況を見守っていた。

暗くなって間もなく、ブリッジのウイングに立っていた見張りが報告に来た。

「右舷船首の進路に光が見えます」

「停止しているのか、後方に動いているのか」と艦長は聞いた。

「停止しています」と見張りは答えました。つまり、その船はこちらの進路上にあり、衝突の危険があるわけです。

艦長は信号手に「衝突の危険あり、進路を二〇度変更せよと、当該の船に信号を出せ」と命じた。

返ってきた信号はこうです。「そちらが二〇度進路変更せよ」

艦長は再度、信号手に指示した。「私は艦長だ。そちらが二〇度進路を変更せよと信号を送れ」

すると「こちらは二等水兵です。そちらが進路変更しなければなりません」という返事が返ってきた。

艦長はついに怒り、吐き出すように言った。「信号を送れ。こっちは戦艦だ。二〇度進路を変えろ」

返ってきた光の点滅は、「こちらは灯台である」だった。

我々は進路を変えた。

艦長が経験したパラダイムシフト、そしてこのエピソードを通して私たちが経験するパラダイムシフトは、その状況にまったく異なる光を当てるものである。視界が悪かったために艦長には見えなかった現実が、私たちにも見えてくる。霧の中を航行する戦艦の艦長だけでなく、私たちが日常生活においても理解しなければならない現実である。

原則は灯台にたとえることができる。それは破ることのできない自然の法則である。映画監督セシル・B・デミルは、代表作『十戒』の中で原則について次のように表現している。「神の律法（原則）を破ることはできない。それを破ろうとすれば自分自身が破れるだけだ」

誰でも、経験や条件づけから形成されたパラダイムや頭の中の地図を通して自分の生活や人間関係を見ているものである。この頭の中の地図は、現実の場所ではない。あくまで「主観的な現実」であって、現実の場所を表現しようとしているにすぎない。

「客観的な現実」、つまり現実の場所は、灯台の原則で成り立っている。それは人間の成長と幸福を左右する原

則であり、人類の歴史がたどってきたあらゆる文明社会に織り込まれ、長く繁栄した組織や家族の根っことなっている自然の法則である。私たちの頭の中の地図がどれほど正確であっても、社会の歴史のサイクルを深く調べ、思索している人からすれば、原則を変えることはできない。

このような原則、あるいは自然の法則は、社会の歴史のサイクルを深く調べ、思索している人からすれば、今さら言うまでもない明白なものである。これらの原則の正しさは、歴史の中で幾度となく証明されている。ある社会の人々が原則をどこまで理解し、どこまで従うかによって、その社会が存続と安定へ向かうのか、逆に分裂と滅亡に至るのかが決まるのである。

私の言う原則は、難解なものでもなければ、謎めいたものでもない。まして宗教的なものではない。この本で述べている原則は、私自身の宗教も含めて特定の宗教や信仰に固有のものは一つとしてない。これらの原則は、長く存続しているすべての主要な宗教、社会思想、倫理体系の一部に組み込まれている。自明のものであり、誰でも日常生活の中で有効性を確認できるものばかりである。

これらの原則あるいは自然の法則は、人間の条件、良心、自覚の一部となっていると言ってもいいだろう。社会的な条件づけが違っていても、すべての人間の内面に必ず存在している。もちろん、これらの原則に対する忠実さの度合いは人それぞれであろうし、条件づけされていたりすると、原則が見えず、感じとれないこともあるだろう。しかしそのような人でも、原則は内面のどこかに必ず潜んでいる。

たとえば、平等と正義という概念の土台となっているのは**公正**の原則である。たとえ公正とはまるで正反対の経験をしても、人が公正さの感覚を生まれながらに持っていることは小さな子の行動を見ればわかる。公正の定義や、公正さを実現するプロセスに大きな違いがあっても、時代や地域に関わらず、公正という概念そ

ものは誰もが理解できる。**誠実**と**正直**も例として挙げることができる。協力関係や長続きする人間関係、個人の成長に不可欠な信頼の土台となる原則だ。

人間の尊厳も原則である。アメリカ独立宣言の基本的な考え方は、「我々は以下の事実を自明なものとみなす。すべての人間は創造主によって平等につくられ、生命、自由、幸福の追求など、不可侵の権利を授かっている」という一節からもわかるように、人間の尊厳という原則を土台としている。

奉仕や**貢献**、あるいは**本質**、**美徳**という原則もある。

可能性という原則は、私たちは常に成長することができ、潜在する能力を発見し、発揮し、さらに多くの才能を開発できるという原則である。**成長**は**可能性**に関連する原則である。成長とは、潜在能力を発揮し、才能を開発するプロセスであり、これには**忍耐**や**養育**、**励まし**といった原則が必要になる。

原則は**手法**ではない。手法とは具体的な活動、行動である。ある状況で使えた手法が、別の状況にも通用するとは限らない。二番目の子を最初の子と同じように育てようとしたことのある親なら、よくわかると思う。

手法は個々の状況に応じて使い分けるものだが、原則は、あらゆる状況に普遍的に応用できる深い基本の真理である。個人にも、夫婦や家族にも、あらゆる民間・公的組織にも当てはめることができる。たとえば企業がこれらの真理を組織内に習慣として根づかせれば、社員は状況に応じて対処する多種多様な手法を自分で考え出すことができる。

原則は**価値観**とも異なる。強盗団には強盗団なりの価値観がある。しかしここで述べている基本の原則には

明らかに反している。価値観は地図であり、原則は現実の場所である。正しい原則に価値を置けば、真理を手にし、物事のあるがままの姿を知ることができる。

原則は人間の行動を導く指針であり、永続的な価値を持っていることは歴史が証明している。原則は基礎的なものであり、自明であるから議論の余地すらない。原則に反する価値観に従って充実した人生を送ろうとすることの愚かしさを考えれば、原則が自明の理であることはすぐにわかる。不正、詐欺、卑劣、無駄、凡庸、堕落が、長続きする幸福や成功の盤石な土台になると本気で思っている人などいないはずだ。原則の定義、実行の方法については議論があるにしても、人は生まれながらにして原則の存在を知り、意識しているのである。

私たちの頭の中の地図またはパラダイムをこれらの原則、自然の法則に近づけるほど、地図は正確になり、機能的に使えるようになる。正しい地図は、個人の効果性、人間関係の効果性に計り知れない影響を与える。態度や行動を変える努力をいくらしても追いつかないほど、大きな変化を遂げられるのである。

成長と変化の原則

今の社会には個性主義が蔓延している。人間の成長に求められる努力という自然のプロセスを踏まなくとも、個人の効果性、豊かで深い人間関係を手に入れ、充実した人生を手っ取り早く得られると示唆しているかのようなものだ。個性主義はうまくいくように思えるかもしれない。しかし、まやかしであることに変わりはない。しかしそれは絵空事である。「働かなくとも簡単に金持ちになれますよ」と、そそのかしているような

完訳 7つの習慣

32

個性主義は人を惑わし、欺く。個性主義のテクニックや応急処置的な手法で成功を手に入れようとするのは、デトロイトの地図でシカゴのどこかを目指すのと大差ない。

社会心理学者エーリッヒ・フロムは、個性主義の因果を鋭く指摘している。

今の時代の人々を見ると、まるでロボットかと思える。自分自身を知らず、理解しようともせず、唯一わかっているのは自分が社会から求められているイメージだけである。意思の疎通をはかるコミュニケーションは避けて無駄なおしゃべりに興じ、心から笑うことはせず、つくり笑いだけがうまくなり、本当の痛みを追いやり、鈍い絶望感でやり過ごそうとしている。こうした人間について言えることが二つある。一つは、治療の施しようがないほど自発性および自分らしさ欠乏症を患っていること。そしてもう一つは、地球上に今生きているほとんどの人間が、基本的にこれと変わらないということである。

すべての生命に、成長と発達のしかるべき順序がある。子どもはまず寝返りを覚えてから、座り、はいはいすることを学ぶ。その次に、歩き、走ることができるようになる。どの段階も重要であり、時間がかかる。省略できる段階は一つもない。

人生のさまざまな段階で能力を開発するのも同じである。ピアノが弾けるようになることも、同僚とうまくコミュニケーションをとれるようになることも、段階を踏まねばならない。これは個人にも、夫婦や家族にも、組織にも当てはまる原則である。

誰でも物理的な現象であればこの**プロセス**の原則は知っているし、受け入れている。しかし、感情や人間関係に当てはめるとなると簡単には腑に落ちない。人格となればなおさらわかりにくいし、実践するのはますます難しい。だから近道を探している人は少ない。たとえ理解できたとしても、それを受け入れ、プロセスの重要なステップを省略し、時間と労力を節約する個性主義のテクニックに引き寄せられてしまうのもわからなくはない。

しかし、成長と発達の自然のプロセスで近道をしようとしたらどうなるだろうか。仮にあなたがテニスの初心者で、格好良く見せたいがために上級者のようにプレーしようとしたらどうなるだろう。ポジティブ・シンキングだけでプロに太刀打ちできるだろうか。

ピアノを習い始めたばかりなのに、リサイタルを催せるほどの腕前だと友人たちに吹聴したらどうなるだろう。どんな分野にせよ、現在の能力レベルが一〇段階の二であるなら、五に達するためにはまず三になる努力をしなければならない。「千里の道も一歩から」始まる。何事も一歩ずつしか進めないのだ。

わからないところを教師に質問しなければ、教師はあなたの現在のレベルを把握できないのだから、あなたは何も学べず、成長できない。いつまでもごまかしきれるものではなく、いずれ馬脚を現すことになる。学習の第一歩は、自分の無知を認めることである。ソローの言葉を借りよう。「自分の知識をひけらかしてばかりいたら、成長にとって必要な自分の無知を自覚することなど、どうしてできるだろうか」

インサイド・アウト

ある日のことである。友人の娘二人がやってきて、父親が厳しく理解がなさすぎると泣きながら訴えた。正直な気持ちを父親に伝えたいが、何と言われるか怖い。それでも二人は、両親の愛情、理解、導きを切望していた。

私は彼女たちの父親と話してみた。彼は頭では状況を理解していた。自分は短気だと認めはしたものの、それに対して責任を取ろうともせず、情緒面の未熟さを改善しようとはしなかったのだ。プライドが邪魔をし、自分を変える第一歩を踏み出せずにいたのである。

妻、夫、子ども、友人、同僚と有意義な関係を築くためには、まず相手の話を聴けるようになることが第一歩だ。それには精神的な強さが要る。我慢強く心を開き続け、相手を理解したいという気持ちがなければ、人の話を本当に聴くことはできない。高い人格が要求される。つまり、人格ができていなければならないのだ。

感情のままに動き、相手のことは考えずにそれらしいアドバイスをするのは簡単である。しかしそれでは確かな人間関係は築けない。

テニスやピアノなどごまかしがきかないものであれば、成長のレベルは誰にでもわかる。しかし人格や情緒となるとそうはいかない。初めて会う人や同僚に対してであれば、格好をつけ、それらしく振る舞うことができる。できるふりをすることも可能だ。しばらくの間だけなら、少なくとも人前ではそれで何とかやっていけるだろう。自分を欺くことさえできるかもしれない。しかしほとんどの人は本当の自分を知っているものだし、一緒に暮らしている人や職場の同僚なら、真実の姿に気づく。

実業界でも、成長の自然のプロセスを無視して近道を行こうとする例は枚挙にいとまがない。経営陣は、厳

しい訓示、笑顔をつくるトレーニング、外部の介入、あるいはM&A、友好的買収や敵対的買収などによって、新しい企業文化を「購入」し、生産性、品質、社員の士気、顧客サービスを高めようとする。しかし、このような操作が職場の信頼の低下につながっていることに目を向けようとはしない。これらのテクニックがうまくいかなければ、別の個性主義的テクニックを探し始める。かくして、企業文化の土台となる信頼という原則とプロセスはいつまでも無視されるのである。

実は、もう何年も前のことになるが、私自身、この原則に反する行動をとってしまったことがある。ある日のことである。三歳になる娘のバースデーパーティのために仕事から帰ると、娘はリビングの隅に座り込み、プレゼントのオモチャを抱え込んで、他の子たちに使わせまいとしていた。私が最初に気づいたのは、娘のわがままぶりを見ていた他の子たちの親の視線だった。私は恥ずかしかった。しかも当時は大学で人間関係論を教えていたのだから、まるで立場がない。私がどんな対応をするのかと、親たちは期待しているようだった。

部屋の中は険悪な雰囲気だった。子どもたちは娘の周りに集まり、自分たちの親があげたプレゼントのオモチャで遊びたいと手を差し出している。ところが娘は頑として聞かない。私は自分に言い聞かせた——分かち合いを娘に教えなくてはならない。分かち合いは社会生活の基本的な価値の一つなのだから。

まず、ストレートに頼んでみた。「みんなからもらったオモチャを貸してあげようよ」

「やだ」娘はにべもない。

次の手として、少しばかり理を説くことにした。

「自分の家でお友だちにオモチャを貸してあげれば、お友だちの家に遊びに行ったときに、オモチャを貸してもらえるよ」

「やだ！」またしても即座に拒否。

娘をどうすることもできない自分をさらけ出してしまい、穴があったら入りたい気分だった。三番目の手略である。小声で「オモチャを貸してあげたら、いいものをあげる。ガムだよ」と言った。

「ガムなんかいらないもん！」娘は叫んだ。

私は業を煮やし、四番目の手段、脅しにかかった。「貸してあげないなら、おしおきだぞ！」

「いいもん。ぜんぶあたしのオモチャだもん。かしてなんかあげないもん！」娘はそう言って泣き出した。

最後は実力行使である。私はオモチャを娘から取り上げ、他の子たちに渡した。「さあみんな、これで遊んでいいよ」

娘には、分かち合う経験の前に所有する経験が必要だったのだろう（そもそも、所有していないものを貸し与えることはできないのだから）。娘にそのような経験をさせるには、父親である私がもっと精神的に成熟していなければならなかった。

しかし、あのときの私は、娘の成長や娘との関係よりも、あの場にいた親たちの目を気にしていた。「娘にオモチャを貸すべきだ。貸さないのは間違っている」と短絡的に判断していたのである。

たぶん、私自身の精神的レベルが低いために、娘に高い期待を押しつけたのだろう。娘の態度を**理解して我慢強く接することができず、また、そうするつもりもなかった。私の未熟さゆえに、分かち合いを娘に一方的**

に期待したのである。自分の人格の欠点を補うために地位や権威の力を借りて、娘を言いなりにしようとしたのだ。

しかし力を借りることは、人を弱くする。物事を成し遂げるのに外の力に頼る癖がついてしまうからだ。そして、その力に強要された人も弱くなる。主体的な判断、成長、自制心の発達が抑えつけられるからである。ひいてはお互いの関係も弱くなる。恐怖が関係を支配し、一方はますます横暴に、他方はますます自己防衛に走る。体格、地位、権限、資格、ステータスシンボル、容姿、過去の実績など、借りてくる力はいろいろあるが、そうした力の源泉が変化したら、あるいは失ってしまったら、果たしてどうなるだろう。

あのとき、私がもっと成熟していたなら、自分自身の内面の力を使えただろう。分かち合いや成長の原則、子を愛し育てる親としての能力を理解し、それを自分の内面の力として、オモチャを貸すかどうかの判断を娘に委ねることができたはずだ。娘に言い聞かせることに失敗した後も、他の子たちの関心を別の遊びに向け、娘の精神的なプレッシャーを取り除いてやることだってできたかもしれない。後になって私は、子どもは何か私自身の経験から言えるのは、ごく自然に、自発的に貸せるようになることを学んだのである。関係が張りつめ感情的な雰囲気になっているときに教えようとすると、子どもはそれを親からの裁きや拒絶と受け取るものである。しかし落ち着いたときを見はからって子どもと二人きりになり、静かに話し合えば、大きな効果が期待できる。それには親の側の精神的な成熟が必要だ。当時の私の忍耐力や自制心では、そこまで至っていなかったのだと思う。

所有を経験しなければ、真の分かち合いを理解することはできない。夫婦関係や家庭において、無意識に与えたり、分かち合ったり、あるいはそれらを拒んだりする人は少なくない。こうした多くの人たちは、自分で何かを所有したと実感したことがないのだろう。所有した実感を持つことが、アイデンティティの意識、自尊心の意識を芽生えさせるのだ。わが子の成長を本当に願うなら、このような所有感を体験させ、分かち合うことの大切さを教え、そして自ら模範を示さなくてはならない。

問題の見方こそが問題である

揺るぎない原則を土台にして充実した人生を送っている人や、うまくいっている家族、高い業績をあげている企業に、多くの人は強い関心を示す。その人物の強さと成熟度、その家族の団結力、シナジーを創り出し環境変化に対応できるその企業の文化に感心するのだ。

そして多くの人がすぐに「どうすればそんなにうまくいくのですか？ コツを教えてください」などと聞く。こういう質問をする人は後を絶たないが、自分の基本的なパラダイムに従っていることに気がついていない。

本音は、「私の今の痛みをパッと解消してくれる応急処置を教えてほしい」ということなのだ。

しかし実際に、この手の質問に答え、望みどおりのアドバイスをしてくれる人はどこにでもいるだろうし、教えてもらったスキルやテクニックはとりあえず効くかもしれない。表面の傷や急性の痛みなら絆創膏や鎮痛剤で取り除ける。

しかし、隠れた慢性疾患はそのままなのだから、いずれ別の急性症状が現れる。急性の痛み、差し迫った問題に対症療法でごまかし続けているうちに、原因となっている病巣は悪化するばかりである。

この章の初めにいろいろな悩みを紹介したが、それらをもう一度考えてみよう。個性主義的な考え方が影響していることがわかる。

「管理職セミナーにはいくつも出ています。部下には大いに期待していますし、自分も気さくで公平な上司になろうと努力しています。しかしそれが部下には伝わらないのですよ。私が病気で会社を休みでもしたら、無駄話に花が咲くでしょうね。私がどれほど努力しても、彼らに責任感や自主性を教えることはできないのでしょうか。見込みのある人間がどこかにいないものでしょうか」

個性主義の考えによれば、組織再編や解雇など思い切った策に出れば、部下をシャキッとさせ、彼らの潜在能力を引き出せるのかもしれない。あるいは、モチベーションアップのトレーニングでやる気を引き出せるのかもしれない。それでもだめなら、もっと有能な人材を見つければよい、ということらしい。

だが、上司に対する不信感が**士気**の低さの原因とは考えられないだろうか。彼らは、自分が歯車のように扱われていると思っていないだろうか。この上司は、そんな扱いはしていないと断言できるだろうか。部下に対する見方が、問題の一因となっていることが心の奥底で部下をそんなふうに見てはいないのだろうか。

40

「やらなければならないことが山積みだ。いつだって時間が足りない。一年三六五日、朝から晩まで時間に追われている。私の行動はオンラインで管理され、どこにいても仕事の指示が飛んでくる。生産性が低いといっも叱咤され、しかも別のところからはワークライフバランスだと言われる。時間管理の研修も受講したし、メンタルヘルスのトレーニングも受けた。多少役には立ったが、望んでいたようなバランスのよい生活を送っているとはとても思えない」

先ほどと同様に、表層的なスキルやテクニックで解決できるとする人たちによれば、こうしたプレッシャーを効率よく解決できる新しい制度や方法がどこかにあるらしい。

だが、効率が上がれば問題は解決するのだろうか。より少ない時間でより多くのことができれば、状況は良くなるのだろうか。効率を上げるというのは結局のところ、自分の生活を支配している状況や人々にそそくさと対応するだけのことではないのか。

もっと深く根本的に見なければならないことがあるのではないだろうか。自分の持っているパラダイムが、時間、生活、自分自身に対する見方を誤らせていることはないだろうか。

「私たちの結婚生活は破綻状態です。べつに喧嘩をするわけではないのですが、もうお互い愛情は感じていません。カウンセリングを受けたり、いろいろ努力はしましたが、昔のような気持ちは戻ってきそうにありません個性主義なら、心にたまっていることを洗いざらい吐き出すセミナーに夫婦揃って出るとか、そういった本

を一緒に読むとかすれば、奥さんにもっと理解してもらえますよ、と教えるだろう。それでもだめだったら、新しいパートナーを探すことですね、と。

しかし問題は奥さんにあるのではなく、この人自身にあるとは考えられないだろうか。妻の無理解をそのままにし、理解してもらう努力をせずにこれまで暮らしてきた結果ではないだろうか。

妻、結婚生活、真の愛情について持っている基本のパラダイムが問題を悪化させていることはないだろうか。個性主義というものが、問題の解決方法だけでなく、問題に対する見方そのものも歪めていることがわかっていただけただろうか。

多くの人が、意識的にせよ無意識にせよ、個性主義の空約束の幻想から醒め始めている。仕事でさまざまな企業を訪ねていて気づくのは、長期的展望を持つ経営者は皆、愉快なだけで中身のない話に終始する「モチベーションアップ」や「元気を出そう」式のセミナーに嫌気がさしていることだ。彼らは本質を求めている。鎮痛剤や絆創膏ではない長期的プロセスを求めているのだ。慢性的な問題を解決し、永続的な成果をもたらす原則に取り組みたいのである。

新しいレベルの思考

アルベルト・アインシュタインはこう言っている。「我々の直面する重要な問題は、その問題をつくったときと同じ思考のレベルで解決することはできない」

自分自身の内面を見つめ、周囲を見まわしてみると、さまざまな問題は結局、個性主義に従って生き、人間関係を築いてきたからだと気づくはずだ。これらの問題は深くて根本的な問題であり、問題をつくったときと同じ個性主義のレベルでは解決できないのだ。

新しいレベル、もっと深いレベルの思考が必要である。これらの根深い悩みを解決するには、人間としての有意義なあり方、効果的な人間関係という現実の場所を正確に描いた地図、すなわち原則に基づいたパラダイムが必要なのである。

「7つの習慣」とは、この新しいレベルの思考である。原則を中心に据え、人格を土台とし、**インサイド・アウト**（内から外へ）のアプローチによって、個人の成長、効果的な人間関係を実現しようという思考である。

インサイド・アウトとは、一言で言えば、自分自身の内面から始めるという意味である。内面のもっとも奥深くにあるパラダイム、人格、動機を見つめることから始めるのである。

インサイド・アウトのアプローチでは、たとえばあなたが幸福な結婚生活を望むなら、まずはあなた自身が、ポジティブなエネルギーを生み出し、ネガティブなエネルギーを消し去るパートナーになる。一〇代のわが子にもっと快活で協調性のある人間になってほしいと望むなら、まずはあなた自身が子どもの視点に立って考え、一貫した行動をとり、愛情あふれる親になる。仕事でもっと自由な裁量がほしければ、もっと責任感が強く協力的で、会社に貢献できる社員になる。信頼されたければ、信頼されるに足る人間になる。才能を認められたければ（第二の偉大さ）、まずは人格（第一の偉大さ）を高めることから始めなければならない。

インサイド・アウトのアプローチでは、公的成功を果たすためには、まず自分自身を制する私的成功を果たさなくてはならない。自分との約束を果たすことができて初めて、他者との約束を守ることができる。人格より個性を優先させるのは無駄なことだ。自分自身を高めずに他者との関係が良くなるわけがない。

インサイド・アウトは、人間の成長と発達をつかさどる自然の法則に基づいた継続的な再生のプロセスである。また、上向きに成長する螺旋であり、責任ある自立と効果的な相互依存という高みに徐々に近づいていくことだ。

仕事柄、私は多くの人々に接する機会に恵まれている。快活な人、才能ある人、幸福と成功を切望している人、何かを探し求めている人、心を痛めている人。経営者、大学生、教会組織、市民団体、家族、夫婦。そして、さまざまな体験を通してわかったことは、決定的な解決策、永続的な幸福と成功が外から内に(アウトサイド・イン)もたらされた例は一つとして知らない。

アウトサイド・インのパラダイムに従った人は、おしなべて幸福とは言い難い結果となっている。被害者意識に凝り固まり、思うようにいかないわが身の状況を他の人や環境のせいにする。夫婦ならば、お互いに相手だけが変わることを望み、相手の「罪」をあげつらい、あたかも信頼関係が築かれたかのように振る舞っている。労働争議ならば、相手の態度を改めさせようとする。

私の家族は一触即発の危険をはらんだ三つの国——南アフリカ、イスラエル、アイルランド——で暮らした経験があるが、これらの国が抱えている問題の根源は、アウトサイド・インという社会的パラダイムに支配されていることにあると私は確信している。敵対するグループはそれぞれに問題は「外」にあるとし、「向こう」

44

インサイド・アウト

が態度を改めるか、あるいは「向こう」がいなくなりさえすれば、問題は解決すると思い込んでいる。インサイド・アウトは現代社会の大半の人々にとって劇的なパラダイムとなる。個性主義のパラダイムを持ち強烈な条件づけを受けている人は特にそうだ。

とはいえ、私の個人的経験、また何千という人々と接してきた経験、さらには成功を収めた歴史上の人物や社会を仔細に調べた結果から確信したことは、「7つの習慣」としてまとめた原則は、私たちの良心と常識にすでに深く根づいているものばかりだということである。自分の内面にあるそれらの原則に気づき、引き出し、生かせば、どんなに困難な問題でも解決できる。そのためには新しい、より深いレベルの考え方「インサイド・アウト」へとパラダイムシフトすることが必要である。

あなたがこれらの原則を真剣に理解しようとし、生活に根づかせる努力をするとき、T・S・エリオット（訳注：英国の詩人）の次の言葉の真実を幾度となく実感することだろう。

「探究に終わりはない。すべての探究の最後は初めにいた場所に戻ることであり、その場所を初めて知ることである」

7つの習慣とは

人格は繰り返し行うことの集大成である。それ故、秀でるためには、一度の行動ではなく習慣が必要である。

——アリストテレス

私たちの人格は、習慣の総体である。「思いの種を蒔き、行動を刈り取る。行動の種を蒔き、習慣を刈り取る。習慣の種を蒔き、人格を刈り取る。人格の種を蒔き、運命を刈り取る」という格言もある。

習慣は私たちの人生に決定的な影響を及ぼす。習慣は一貫性であり、ときに無意識に行われる行動パターンであり、日々絶えず人格として現れる。その結果、自分自身の効果性の程度が決まる。

偉大な教育者だったホーレス・マンは、「習慣は太い縄のようなものだ。毎日一本ずつ糸を撚（よ）り続けるうちに、断ち切れないほど強い縄になる」と言っている。しかし私は、この言葉の最後の部分には同意できない。習慣は断ち切れるものだからだ。習慣は、身につけることも、断ち切ることもできる。だがどちらにしても、応急処置的な手段は通用しない。強い意志を持ち、正しいプロセスを踏まなくてはならない。

アポロ一一号が月に行き、人類が初めて月面を歩き、地球に帰還した様子を、世界中の人々がテレビの前に釘づけになって見守ったものである。あの出来事は、どんなに言葉を尽くしても言い表せない感動を与えた。しかし宇宙飛行士たちが月に到達するためには、地球のとてつもない引力をまさに断ち切らなくてはならな

かったのだ。ロケットがリフトオフして最初の数分間、距離にして数キロ足らずの上昇に必要としたエネルギーは、その後の数日間、約七〇万キロの飛行に使ったエネルギーをはるかに上回っているのである。

習慣の引力も非常に強い。ほとんどの人が考える以上の強さである。先送り、短気、批判、わがままなど、人間の効果性を支える基本の原則に反する癖が根づいてしまっていたら、ちょっとやそっとの意志の力ではとても断ち切れない。生活を多少変えるだけで断ち切れるものではない。「リフトオフ」には並外れた努力が要る。しかし引力からいったん脱出できれば、まったく新しい次元の自由を手にできるのである。

すべての自然の力がそうであるように、引力はプラスにもマイナスにも働く。習慣の引力は、あなたが行きたい場所に行くのを妨げているかもしれない。しかし引力によって私たちは地に足をつけていられるのであり、引力が惑星を軌道に乗せ、宇宙の秩序を維持しているのも事実である。このようにとてつもない力であるからこそ、習慣の引力も効果的に使えば、人生に効果性をもたらすために必要なバランスと秩序を生み出せるのだ。

「習慣」の定義

本書では、**知識**、**スキル**、**意欲**の三つが交わる部分を習慣と定義したい。

まず知識は、**何をするのか**、**なぜそれをするのか**という問いに答える理論的なパラダイムである。スキルは**どうやってするのか**を示し、意欲は動機であり、**それをしたい**という気持ちを示す。人生において効果的な習

48

慣を身につけるには、これら三つすべてが必要である。

自分の意見を言うだけで人の話に耳を傾けなければ、同僚や家族など周りの人との関係はうまくいかないだろう。人間関係の正しい原則の知識がなかったら、人の話を聴くことが必要だとは思いもしないかもしれない。効果的な人間関係のためには相手の話を真剣に聴くことが大事だと知ってはいても、そのスキルを持っていないかもしれない。人の話を深く聴くスキルがなければ、確かな人間関係は築けない。

しかし、話を聴く必要性を知り、聴くスキルを持っていたとしても、それだけでは足りない。聴きたいと思わなければ、つまり意欲がなければ、習慣として身につくことはない。習慣にするためには、知識、スキル、意欲の三つがすべて機能しなければならないのである。

自分のあり方/見方を変えることは、上向きのプロセスである。あり方を変えることによって見方が変わり、見方が変われば、さらにあり方が変わる、というように螺旋を描きながら上へ上へと成長していく。知識、スキル、意欲に働きかけることによって、長年寄りかかっていた古いパラダイムを断ち切り、個人としての効果性、人間関係の効果性の新しいレベルに到達できる。

このプロセスで痛みを感じることもあるだろう。より高い目的を目指し、そのために目先の結果を我慢する意志がなければ、変化を遂げることはできないからだ。しかし、このプロセスこそが、私たちの存在目的である幸福をつくり出すのである。幸福とは、最終的に欲しい結果を手に入れるために、今すぐ欲しい結果を犠牲にすることによって得る果実に他ならない。

効果的な習慣は
原則と行動パターンによって形成される。

成長の連続体

「7つの習慣」は、断片的な行動規範を寄せ集めたものではない。成長という自然の法則に従い、連続する段階を踏んで、個人の効果性、人間関係の効果性を高めていく統合的なアプローチである。**依存**から**自立**へ、そして**相互依存**へと至る「成長の連続体」を導くプロセスである。

誰もが、他者に一〇〇％依存しなければならない赤ん坊として人生を歩み出す。最初は誰かに保護され、養われ、育てられる。誰かに面倒をみてもらわなければ、数時間、長くても数日しか生きられない。

しかし年月とともに、肉体的、知的、感情的、経済的にだんだんと**自立**していく。やがて完全に自立し、自分のことは自分で決められる独立した人間になる。

成長し、成熟していくと、社会を含め自然界 (nature) のすべては生態系という ことに気づく。さらには、自分自身の本質 (nature) も他者との関係で成り立っていることを発見する。

新生児から成人へと成長していくプロセスは自然の法則に従っている。そして成長にはさまざまな特徴があ る。たとえば、肉体的な成熟と同時に精神的あるいは知的な成熟が進むとは限らない。逆に肉体的には他者に依存していても、精神的、知的には成熟している人もいる。

成長の連続体では、**依存**は**あなた**というパラダイムを意味する。**あなた**に面倒をみてほしい、**あなた**に結果を出してほしい、**あなた**が結果を出さなかった、結果が出ないのは**あなた**のせいだ、というパラダイムである。

成長の連続体

自立は私というパラダイムである。私はそれができる、私の責任だ、私は自分で結果を出す、私は選択できる、ということである。

相互依存は私たちというパラダイムである。私たちはそれができる、私たちは協力し合える、私たちがお互いの才能と能力を合わせれば、もっと素晴らしい結果を出せる、と考える。

依存状態にある人は、望む結果を得るために他者に頼らなくてはならない。自立状態にある人は、自分の力で望む結果を得られる。相互依存状態にある人は、自分の努力と他者の努力を合わせて、最大限の成功を手にする。

仮に私が身体に何らかの障害があり、肉体的に依存しているとしたら、あなたの助けが必要である。感情的に依存しているなら、私の自尊心と心の安定は、あなたが私をどう見ているかで左右される。あなたに嫌われたら、私はひどく傷つくだろう。知的に依存しているとしたら、私の生活のさまざまな用事や問題はあなたに解決してもらわなくてはならない。

肉体的に自立していれば、私は自分で動ける。知的に自立していれば、自分で考え、抽象的な思考を具体的なレベルに置き換えて考えることができる。クリエイティブに、また分析的に思考し、自分の考えをまとめ、わかりやすく述べることができる。感情的に自立していれば、自分の内面で自分自身を認め、心の安定を得られる。人にどう思われようと、どう扱われようと、私の自尊心が揺らぐことはない。自立した状態が依存よりもはるかに成熟していることは言うまでもない。自立だけでも大きな成功なのである。とはいえ、自立は最高のレベルではない。

にもかかわらず、現代社会のパラダイムは自立を王座に据えている。多くの個人、社会全般は自立を目標に掲げている。自己啓発本のほとんどが自立を最高位に置き、コミュニケーションやチームワーク、協力は自立よりも価値がないかのような扱いである。

現代社会でこれほどまでに自立が強調されるのは、今までの依存状態への反発とも言えるのではないだろうか。他人にコントロールされ、他人に使われ、操られる状態から脱したいという気持ちの現れなのである。

しかし、依存状態にいる多くの人は、相互依存の考え方をほとんど理解していないように見受けられる。自立の名のもとに自分勝手な理屈で離婚し、子どもを見捨て、社会的責任を放棄している人も少なくない。依存状態への反発として、人々は「足かせを捨てる、解放される」「自分を主張する」「自分らしく生きる」ことを求めるわけだが、この反発は実は、もっと根深く、逃れることのできない依存状態の現れでもある。他者の弱さに気持ちを振り回され、あるいは他者や物事が自分の思いどおりにならないからといって被害者意識を持つなど、内的な依存心ではなく、外的な要因に依存しているからだ。

もちろん、自分が置かれている状況を変えなければならないこともある。しかし依存という問題は個人の成熟の問題であって、状況とはほとんど関係がない。たとえ状況がよくなっても、未熟さと依存心は残るものである。

真に自立すれば、周りの状況に左右されず、自分から働きかけることができる。状況や他者に対する依存から解放されるのだから、自立は自分を解き放つ価値ある目標と言えるだろう。しかし有意義な人生を送ろうと

54

7つの習慣とは

するなら、自立は最終目標にはならない。自立という考え方だけでは、相互依存で成り立つ現実に対応できないのである。自立していても、相互依存的に考え行動できるまで成熟していなければ、個人としては有能であっても、良いリーダーやチームプレーヤーにはなれない。夫婦、家族、組織という現実の中で成功するには、相互依存のパラダイムを持たなくてはならないからである。

人生とは、本質的にきわめて相互依存的である。自立だけで最大限の効果を得ようとするのは、たとえるならゴルフクラブでテニスをするようなものだ。道具が現実に適していないのである。

相互依存は自立よりもはるかに成熟した状態であり、高度な概念である。肉体的に他者と力を合わせることができる人は、自分の力で結果を出せるのは言うまでもないが、他者と協力すれば、自分一人で出す最高の結果をはるかに上回る結果を出せることを知っている。感情的に相互依存の状態にある人は、自分の内面で自分の価値を強く感じられると同時に、他者を愛し、与え、他者からの愛を受け止める必要性を認識している。知的に相互依存の状態にあれば、他者の優れたアイデアと自分のアイデアを結びつけることができる。

相互依存の段階に達した人は、他者と深く有意義な関係を築き、他の人々が持つ莫大な能力と可能性を生かすことができる。

相互依存は、自立した人間になって初めて選択できる段階である。依存状態からいきなり相互依存の段階に達しようとしても無理である。相互依存できる人格ができていないからだ。自己を十分に確立していないのだ。

そのため、以降の章で取り上げる第1、第2、第3の習慣は自制をテーマにしている。これらは依存から自

55

立へと成長するための習慣である。人格の成長に不可欠な習慣をもたらす**私的成功**が公**的成功**に先立つのだ。種を蒔かなければ収穫できないのと同じで、私的成功と公的成功の順序を逆にすることはできない。あくまでもインサイド・アウト、内から外へ、である。

真に自立した人間になれば、効果的な相互依存の土台ができる。この人格の土台の上に、個々人の個性を生かしたチームワーク、協力、コミュニケーションの公的成功を築いていく。これは第4、第5、第6の習慣になる。

第1、第2、第3の習慣を完璧に身につけなければ、第4、第5、第6の習慣に取り組めないわけではない。順序がわかっていれば、自分なりに効果的に成長することができるのであり、なにも第1、第2、第3の習慣を完璧にするまで何年も山にこもって修行しなさいと言っているのではない。

人間は相互依存で成り立つ世界で生きている以上、世の中の人々や出来事と無関係ではいられない。ところが、この世界のさまざまな急性の問題は、人格に関わる慢性的な問題を見えにくくする。自分のあり方が相互依存の関係にどのような影響を与えているのかを理解すれば、成長という自然の法則に従って、人格を育てる努力を適切な順序で続けていけるだろう。

第7の習慣は、**再新再生**の習慣である。人間を構成する四つの側面をバランスよく日常的に再生させるための習慣であり、他のすべての習慣を取り囲んでいる。成長というより上向きの螺旋を生み出す継続的改善であり、この螺旋を昇っていくにつれ、第1から第6までの習慣をより高い次元で理解し、実践できるようになる。

五二ページの図は、「7つの習慣」の順序と相互関係を表したものである。それぞれの習慣の相互関係から

56

効果性の定義

「7つの習慣」は、**効果性**を高めるための習慣である。原則を基礎としているので、最大限の効果が長期にわたって得られる。個人の人格の土台となる習慣であり、問題を効果的に解決し、機会を最大限に生かし、成長の螺旋を昇っていくプロセスで他の原則を継続的に学び、生活に取り入れていくための正しい地図（パラダイム）の中心点を与えてくれる。

これらが効果性を高める習慣であるのは、自然の法則に従った効果性のパラダイムに基づいているからでもある。私はこれを「P／PCバランス」と呼んでいるが、多くの人が自然の法則に反して行動しているのではないだろうか。自然の法則に反するとどうなるか、『ガチョウと黄金の卵』というイソップの寓話で考えてみよう。

貧しい農夫がある日、飼っていたガチョウの巣の中にキラキラと輝く黄金の卵を見つけた。最初は誰かのいたずらに違いないと思い、捨てようとしたが、思い直して市場に持っていくことにした。すると卵は本物の純金だった。農夫はこの幸運が信じられなかった。翌日も同じことが起き、ますます驚いた。農

夫は、来る日も来る日も目を覚ますと巣に走っていき、黄金の卵を見つけた。彼は大金持ちになった。まるで夢のようだった。

しかしそのうち欲が出て、せっかちになっていった。一日一個しか手に入らないのがじれったく、ガチョウを殺して腹の中にある卵を全部一度に手に入れようとした。ところが腹をさいてみると空っぽだった。黄金の卵は一つもなかった。しかも黄金の卵を生むガチョウを殺してしまったのだから、もう二度と卵は手に入ることはなかった。

この寓話は、一つの自然の法則、すなわち原則を教えている。それは効果性とは何かということである。ほとんどの人は黄金の卵のことだけを考え、より多くのことを生み出すことができるほど、自分を「効果的」、有能だと思ってしまう。

この寓話からもわかるように、真の効果性は二つの要素で成り立っている。一つは成果（黄金の卵）、二つ目は、その成果を生み出すための資産あるいは能力（ガチョウ）である。

この黄金の卵だけに目を向け、ガチョウを無視するような生活を送っていたら、黄金の卵を生む資産はたちまちなくなってしまう。逆にガチョウの世話ばかりして黄金の卵のことなど眼中になければ、自分もガチョウも食い詰めることになる。

この二つのバランスがとれて初めて効果的なのである。このバランスを私はP／PCバランスと名づけている。Pは**成果**（Production）、すなわち望む結果を意味し、PCは成果を生み出す**能力**（Production Capability）を意味する。

三つの資産とは

資産は基本的に三種類ある。物的資産、金銭的資産、人的資産である。一つずつ詳しく考えてみよう。

数年前、私はある**物的資産**を購入した。電動芝刈機である。手入れはまったくせずに何度も使用した。最初の二年間は問題なく動いたが、その後たびたび故障するようになった。そこで修理し、刃を研いでみたが、出力が元の半分になっていた。価値はほとんどなくなっていたのである。

もし資産（PC）の保全に投資していたら、芝を刈るという成果（P）を今も達成できていただろう。そうしなかったばっかりに、新しい芝刈機を買うはめになり、メンテナンスにかかる時間と金をはるかに上回るコストがかかる結果となった。

私たちは、目先の利益、すぐに得られる結果を求めるあまり、自動車やコンピューター、洗濯機、乾燥機等の価値ある物的資産を台無しにしてしまうことが少なくない。自分の身体や自然環境を損なってしまうこともある。PとPCのバランスがとれていれば、物的資産の活用の効果性は著しく向上する。

P／PCバランスは、金銭的資産の活用にも大きく影響する。元金と利息の関係を例にするなら、金の卵を増やして生活を豊かにしようとして元金に手をつければ、元金が減り、したがって利息も減る。元金はだんだんと縮小していき、やがて生活の最小限のニーズさえ満たせなくなる。

私たちのもっとも重要な**金銭的資産**は、収入を得るための能力（PC）である。自分のPCの向上に投資し

なければ、収入を得る手段の選択肢はずいぶんと狭まってしまう。クビになったら経済的に困るから、会社や上司に何を言われるかとびくびくして保身だけを考え、現状から出られずに生きるのは、とても効果的な生き方とは言えない。

人的資産においてもP／PCバランスは同じように基本だが、人間が物的資産と金銭的資産をコントロールするのだから、その意味ではもっともバランスが重要になる。

たとえば、夫婦がお互いの関係を維持するための努力はせず、相手にしてほしいこと（黄金の卵）ばかりを要求していたら、相手を思いやる気持ちはなくなり、深い人間関係に不可欠なさりげない親切や気配りをおそかにすることになるだろう。相手を操ろうとし、自分のニーズだけを優先し、自分の意見を正当化し、相手のあら探しをし始める。愛情や豊かさ、優しさ、思いやり、相手のために何かしてあげようという気持ちは薄れていく。ガチョウは日に日に弱っていくのである。

親と子の関係はどうだろうか。幼い子どもは他者に依存しなければならず、非常に弱い存在である。ところが親は、躾、親子のコミュニケーション、子どもの話に耳を傾けるなど、子どもの能力（PC）を育てる努力をややもすると怠ってしまう。親が優位に立って子どもを操り、自分の思いどおりにやらせるほうが簡単だからである。親である自分のほうが身体は大きいし、何でも知っているし、そもそも**正しい**のだから、子どもに指図して当然なのだという態度である。必要ならば怒鳴りつけ、脅してでもやらせればよいと考えてしまう。

それとは逆に甘やかすこともある。子どもに好かれるという黄金の卵がほしくて、いつでも子どもの言いなりになり、子どもを喜ばせようとする。しかしそれでは規範を守る意識が育たず、目標に向かって努力するこ

とができず、自制心や責任感のない大人になってしまう。

厳しくするにせよ、甘やかすにしろ、親は頭の中で黄金の卵を求めている。子どもを自分の思いどおりにするという黄金の卵、あるいは子どもに好かれたいという黄金の卵だ。だがその結果、ガチョウ——子ども自身——はどうなるだろう。この先、責任感、自制心、正しい選択をする判断力や重要な目標を達成できる自信は育つだろうか。親子関係はどうなるだろう。子どもが一〇代になり、大人になるまでに、子どもと心を通わせて真のコミュニケーションをとり、子どもに良い影響を与えられる親子関係を築いているだろうか。

それまでの親子関係から、自分を一人前の人間として扱い、真剣に話を聴いてくれる親だと思うだろうか。何があっても信頼できる親だと思えるだろうか。あなたはそれまでに、子どもと心を通わせて真のコミュニケーションをとり、子どもに良い影響を与えられる親子関係を築いているだろうか。

たとえば、あなたは散らかり放題の娘の部屋が気になっているとしよう。娘の部屋がきれいになることがP（成果）、すなわち黄金の卵である。そしてあなたとしては、本人が掃除することを望んでいる。となれば娘が自分で掃除することがPC（成果を生み出す能力）である。あなたの娘は、ガチョウと同じように黄金の卵を生む資産なのである。

PとPCのバランスがとれていれば、娘は掃除することを約束し、約束を守る自制心があるのだから、いちいちあなたに言われなくても機嫌よく部屋を掃除する。娘は貴重な資産であり、黄金の卵を生むガチョウということができる。

しかし、あなたがP（きれいな部屋）だけしか考えていなければ、部屋を掃除しろと口やかましく言って娘をうんざりさせるだろう。娘がすぐに言うことを聞かないと、怒鳴り、叱りつけることだろう。かくして、黄金

の卵が欲しいばっかりに、ガチョウの健康（娘の健全な成長）を損ねる結果となってしまうのだ。

ここで、私のPC体験談を読んでいただきたい。私の大の楽しみの一つは、子どもたちと順繰りに行うデートである。誰しもデートの予定があるだけでうれしいものである。その日は、娘の一人とデートすることになっていた。

私はうきうきして娘に言った。「今夜はおまえとデートする番だよ。何をしたい？」

「そうだね、わかってる」と娘。

「そうじゃなくて、何をしたいかって聞いているんだよ」と私。

「そうだなあ、あたしのしたいことはお父さんは好きじゃないと思うよ」と娘は言う。

「言ってごらん。おまえがしたいことなら、何だっていいんだよ」私は元気よく言った。

「スターウォーズを観に行きたいの。でもお父さんは嫌いなんじゃないかな。前に行ったとき、ずっと寝てたじゃない。ああいうファンタジー映画はお父さんの趣味じゃないのよね」と娘は言う。

「そんなことないさ。おまえがその映画を観たいなら、一緒に行くよ」

「無理しなくていいよ。なにも必ずデートしなきゃいけないわけじゃないんだし、自分でわかってる？ジェダイの騎士の哲学と鍛錬を知らないからだよ」

「でもね、お父さんがスターウォーズを好きになれない理由、自分でわかってる？ジェダイの騎士の哲学と鍛錬を知らないからだよ」

「は？」

「ジェダイの騎士の鍛錬ってね、お父さんが教えているのと同じことをしているんだよ」

「ほんとか？　スターウォーズを観に行こう！」

こうして私と娘は映画を観に行った。娘は私の隣に座り、私にパラダイムを授けてくれたのだ。私は生徒となり、娘から学んだ。とても素晴らしい経験だった。娘から教えられた新しいパラダイムのおかげで、ジェダイの騎士になるための鍛錬の基本哲学がさまざまな場面に現れていることがわかってきた。

これはあらかじめ計画したP体験ではなく、PC投資の予期せぬ果実だった。娘との絆を強める非常に価値あるものだった。そして、二人で黄金の卵も手にできた。親子関係というガチョウにエサをたっぷり与えたからである。

組織の成果を生み出す能力

正しい原則の大きな価値の一つは、あらゆる状況に当てはめられ、応用できることである。個人だけでなく家庭や組織にもこれらの原則を応用できる例をこの本の随所で紹介したいと思う。

組織の中でP／PCバランスを考えずに物的資産を使うと、組織の効果性が低下し、死にかけたガチョウを後任に渡すことになる。

たとえば、機械などの物的資産を管理している社員が、上司の受けを良くすることだけを考えているとしよう。この会社は急成長を遂げていて、昇進の機会も多い。そこで彼は生産性を最大限に上げようとする。メンテナンスのために機械を停止することはなく、昼夜を問わずフル稼働だ。生産高はぐんぐん伸び、コストは下がり、利益は急増する。あっという間に彼は昇進した。黄金の卵を手にしたわけである。

ところが、あなたが彼の後任についたと考えてみてほしい。あなたは息もたえだえのガチョウを受け継いだのである。機械はすっかり錆びつき、あちこちガタがきている。メンテナンスのコストがかさみ、利益は激減。黄金の卵は生まれない。その責任は誰がとるのだろうか。あなたである。あなたの前任者は資産を消滅させたも同然なのだが、会計システムには、生産高、コスト、利益しか計上されないからである。P／PCバランスは、顧客や社員など組織の人的資産においてはとりわけ重要である。

あるレストランの話をしよう。そこのクラムチャウダーは絶品で、ランチタイムは毎日満席になった。しばらくしてレストランは売却された。新しいオーナーは黄金の卵しか眼中になく、チャウダーの具を減らして出すことにした。最初の一ヵ月は、コストは下がり売上は変わらなかったから、利益は増えた。ところが徐々に顧客が離れていった。評判が落ち、売上は減る一方だった。新しいオーナーは挽回しようと必死だったが、顧客の信頼を裏切ったツケは大きかった。固定客という資産を失ってしまったのである。黄金の卵を生むガチョウがいなくなったのだ。

顧客第一を掲げながら、顧客に接するスタッフのことはまるでないがしろにしている企業は少なくない。スタッフはPCであり、会社は**大切な顧客に望む接客態度でスタッフに接する**ことが原則である。

人手はお金で雇えるが、人の心までは買えない。熱意と忠誠心は、心の中に宿るものである。労働力は買えても、頭の中までは買えない。創造力、創意工夫、機知は頭の中に宿るのだ。

PC活動とは、大切な顧客に自発的に接する態度と同様に、スタッフに対しても自発的に接することであ

る。それによって、スタッフは自発的に行動でき、自分の心と頭の中にある最高のものを提供することができるのだ。

あるグループディスカッションでの一幕である。「やる気も能力もない社員をどうやって鍛え直せばいいんだろう」と一人が質問した。

「手りゅう弾でも投げつけてやればいい」ある経営者が勇ましく答えた。

グループの何人かは、この「やる気を出せ、さもなくば去れ」式の発言に拍手した。

ところが別の一人が「それで辞めたらどうします?」と質問した。

「辞めやしないよ」と勇ましい経営者は答えた。

「それなら、お客さんにも同じようにしたらどうです? 買う気がないなら、とっとと出てけ、と言えばいいじゃないですか」

「客には言えないよ」

「ではなぜスタッフにはできるんですか?」

「こっちが雇っているからだよ」

「なるほど。それでお宅のスタッフの忠誠心はどうですか? 離職率は低いですか?」

「冗談じゃない。今どきいい人材なんか見つかるもんか。離職率も欠勤率も高いし、副業もやり放題だよ。忠誠心なんかありゃしない」

このような態度、黄金の卵オンリーのパラダイムでは、スタッフの頭と心の中から最大限の力を引き出すのは無理である。当面の利益を確保するのはもちろん大切だが、それは最優先すべきものではない。

効果性の鍵はバランスにある。Pだけを追求したら、ガチョウの健康を害する。機械がだめになり、資金が枯渇し、顧客や社員との関係が壊れる。逆にPCに力を入れすぎるのは、寿命が一〇年延びるからといって毎日三〜四時間もジョギングするようなもので、延びた寿命の一〇年間をジョギングに費やす計算になることに気づいていない。あるいは延々と大学に通うような人もいる。仕事はせず、他の人たちの黄金の卵で生活する永遠の学生シンドロームである。

P/PCバランスを維持するには、黄金の卵とガチョウの健康のバランスを見極める高い判断力が要る。それこそが効果性の本質であると言いたい。短期と長期のバランスをとることである。良い成績をとろうという意欲とまじめに授業を受けるバランスをとることである。部屋をきれいにしてほしいと思う気持ちと、言われなくとも進んで掃除できる自主性のある子どもに育つように親子関係を築くことのバランスをとることなのである。

この原則は、誰でも生活の中で実際に体験しているはずである。黄金の卵をもっと手に入れようと朝から晩まで働きづめの日が続き、疲れ果てて体調を崩し、仕事を休むはめになることもあるだろう。十分な睡眠をとれば、一日中元気よく働ける。

自分の意見をごり押しすれば、お互いの関係にヒビが入ったように感じるだろう。しかし時間をかけて関係の改善に努めれば、協力し合おうという気持ちが生まれ、実際に協力し、コミュニケーションが円滑になり、

関係が飛躍的に良くなるものである。

このようにP／PCバランスは、効果性に不可欠なものであり、生活のあらゆる場面で実証されている。私たちはこのバランスに従うことも、反することもできる。どちらにしても、原則は存在する。それはまさに灯台である。「7つの習慣」の土台となる効果性の定義とパラダイムなのである。

この本の活用方法

「7つの習慣」を一つずつ見ていく前に、二つのパラダイムシフトを提案したい。この本から得る価値を最大限に高めるためにも、以下に提案するパラダイムシフトをぜひ実践してほしい。

まず、この本は一度目を通したら本棚にしまい込んでおくようなものではないと考えてほしい。もちろん、一度最初から最後まで通読し、全体を把握するのはよいことだ。しかしこの本を、変化と成長の継続的なプロセスを通して手元に置き、折に触れて読み返し、参考にしてほしい。段階的な構成になっており、各習慣の章の最後に応用方法のアイデアを用意してあるので、それぞれの習慣が理解できたら、集中的に練習し身につけることができる。

理解が深まり、習慣が身についてきたら、再度習慣の原則に立ち戻ってほしい。知識を広め、スキルを伸ばし、意欲を高められる。

第二に、この本との関係を生徒（教わる側）から教師（教える側）に転換することを勧めたい。インサイド・ア

この本がもたらしてくれること

マリリン・ファーガソン（訳注：米国の社会心理学者）の次の言葉がすべてを言い表していると思う。「説得されても人は変わるものではない。誰もが変化の扉を固くガードしており、それは内側からしか開けられない。説得によっても、感情に訴えても、他人の扉を外から開けることはできない」

あなたが自分の「変化の扉」を開き、「7つの習慣」に込められた原則を深く理解し、実践する決心をするならば、いくつかの素晴らしい成果を約束できる。

たとえば、この章の最後を読むときに、早速試してみてほしい。今日か明日、まだ記憶が鮮明なうちに、配偶者、子ども、同僚、友人に教えるつもりで読み進めると、理解の度合いや感じ方も違ってくるだろう。

このようなアプローチで以降の章を読むと、内容をよく覚えられるだけでなく、視野も広がり、理解が深まり、学んだことを実践してみようという意欲が湧いてくるはずだ。

さらに、この本で学んだことを素直な気持ちで教えたら、あなたに貼られていた否定的なレッテルが消えていくことに驚きを感じるだろう。教わった人は、あなたの変化と成長を目にし、「7つの習慣」を生活に取り入れ身につけようとするあなたの努力を支え、協力してくれるようになるだろう。

ウトのアプローチにならって、学んだことを二日以内に他の人に教えることを前提として読んでほしい。この章の最後を読むときに、早速試してみてほしい。

まず、あなたは段階を踏みながら**進化的**に成長していくが、その効果は**飛躍的**なものになる。P／PCバランスの原則だけでも、それを実践すれば、個人にも組織にも大きな変化をもたらすことに疑問の余地はないはずだ。

第1、第2、第3の習慣（私的成功の習慣）に対して「変化の扉」を開くことによって、あなたの自信は目に見えて増すだろう。自分自身を深く知り、自分の本質、内面の奥深くにある価値観、自分にしかできない貢献にはっきりと気づくだろう。自分の価値観に従って生活すれば、あるべき自分を意識し、誠実、自制心、内面から導かれる感覚を得て、充実し平安な気持ちに満たされる。他者の意見や他者との比較からではなく、自分の内面から自分自身を定義できる。正しいか間違っているかは他者が決めるのではなく、自分で判断できるようになるのである。

逆説的だが、周りからどう見られているかが気にならなくなると、他者の考えや世界観、彼らとの関係を大切にできるようになる。他者の弱さに感情を振り回されることがなくなる。さらに、自分の心の奥底に揺るぎない核ができるからこそ、自分を変えようという意欲が生まれ、実際に変わることができるのである。

さらに第4、第5、第6の習慣（公的成功の習慣）に対して「変化の扉」を開けば、うまくいかなくなっていた大切な人間関係を癒し、築き直す意欲が生まれ、そのための力を解き放つことができるだろう。うまくいっている人間関係はいっそう良くなり、さらに深く堅固で、創造的な関係に発展し、新たな冒険に満ちたものになるだろう。

そして最後の第7の習慣を身につけることによって、それまでの六つの習慣を再新再生して磨きをかけ、真

の自立、効果的な相互依存を実現できるようになる。第7の習慣は、自分自身を充電する習慣である。あなたが今どんな状況に置かれていようと、習慣を変えることはできる。それまでの自滅的な行動パターンを捨て、新しいパターン、効果性、幸福、信頼を土台とする関係を生み出す新たなパターンを身につけることができるのだ。

「7つの習慣」を学ぶとき、あなたの変化と成長の扉をぜひ開けてほしい。忍耐強く取り組んでほしい。自分を成長させるのは平たんな道のりではないが、それは至高に通じる道である。これに優る投資が他にあるだろうか。

これは明らかに応急処置ではない。だが、必ず成果を実感でき、日々励みになるような成果をも見ることができる。ここでトーマス・ペイン（訳注：米国の社会哲学・政治哲学者）の言葉を引用しよう。「なんなく手に入るものに人は価値を感じない。あらゆるものの価値は愛着がもたらすものなのだ。ものの適切な対価は、誰にもつけられないのだ」

THE SEVEN HABITS
OF HIGHLY
EFFECTIVE PEOPLE

第二部
私的成功
PRIVATE VICTORY

THE SEVEN HABITS
OF HIGHLY
EFFECTIVE PEOPLE

第1の習慣
主体的である
BE PROACTIVE

第一の習慣　主体的である

パーソナル・ビジョンの原則

意識的に努力すれば必ず人生を高められるという事実ほど、人を勇気づけるものが他にあるだろうか。

——ヘンリー・デイヴィッド・ソロー

　この本を読んでいる自分の姿を想像してみてほしい。意識を部屋の隅に置いて、そこから自分を眺めてみる。頭の中であなたは、まるで他人であるかのように自分自身を見ているはずだ。

　次は、自分の今の気分を考えてみてほしい。あなたは今、どんな気持ちだろうか。何を感じているだろう。その気分をどんな言葉で言い表せるだろうか。

　さらに、自分の頭の中で起こっていることを考えてみる。あなたは頭をフル回転させ、今やっていることにどんな意味があるのかと、いぶかしんでいることだろう。

　あなたが今行ったことは、人間にしかできないことである。動物にはできない。それは人間だけが持つ能力であって、「自覚」というものだ。自分自身の思考プロセスを考えることのできる能力である。この能力があるからこそ、人は世代を追うごとに大きく進歩し、世界のあらゆるものを支配するまでになったのだ。

　自覚があれば、人は自分の経験だけでなく他者の経験からも学ぶことができる。そして、習慣を身につけるのも、絶ち切るのも、自覚という能力のなせるわざなのである。

第1の習慣　主体的である

人間を人間たらしめているのは、感情でも、気分でもない。思考ですらない。自分の感情や気分や思考を切り離して考えられることが、人間と動物の決定的な違いである。この自覚によって、人間は自分自身を見つめることができる。自分をどう見ているか、自分に対する見方、いわば「セルフ・パラダイム」は、人が効果的に生きるための基盤となるパラダイムだが、私たちは自覚によって、このセルフ・パラダイムさえも客観的に考察できる。セルフ・パラダイムはあなたの態度や行動を左右し、他者に対する見方にも影響を与えている。

セルフ・パラダイムは、人の基本的な性質を表す地図となるのだ。

そもそも、自分が自分自身をどう見ているか、他者をどう見ているかを自覚していなければ、他者が自分自身をどう見ているか、他者は世界をどう見ているかわからないだろう。私たちは無意識に自分なりの見方で他者の行動を眺め、自分は客観的だと思い込んでいるにすぎない。

こうした思い込みは私たちが持つ可能性を制限し、他者と関係を築く能力も弱めてしまう。しかし人間だけが持つ自覚という能力を働かせれば、私たちは自分のパラダイムを客観的に見つめ、それらが原則に基づいたパラダイムなのか、それとも自分が置かれた状況や条件づけの結果なのかを判断できるのである。

社会通念の鏡

現代の社会通念、あるいは周りの人たちが持っているパラダイム、それらはいわば社会通念の鏡である。もし人が自分自身を社会通念の鏡だけを通して見てしまうと、たとえるなら遊園地にあるような鏡の部屋

に入り、歪んだ自分を見ているようなものである。

「君はいつも時間に遅れる」

「おまえはどうして部屋の片づけができないんだ」

「あなたって芸術家肌ね」

「よく食べる人だね」

「あなたが勝ったなんてありえない」

「君はこんな簡単なこともできないのか」

人はよく他者をこんなふうに評するが、その人の本当の姿を言い当てているとは限らない。ほとんどの場合は、相手がどういう人間なのかを客観的に述べているのではなく、自分の関心事や人格的な弱さを通して相手を見ている。自分自身を相手に投影しているのである。

人は状況や条件づけによって決定されると現代社会では考えられている。日々の生活における条件づけが大きな影響力を持つことは認めるにしても、だからといって、条件づけによってどのような人間になるかが**決まる**わけではないし、条件づけの影響力に人はまったくなすすべを持たないなどということはありえない。

ところが実際には、三つの社会的な地図——決定論——が広く受け入れられている。これらの地図を個別に使って、ときには組み合わせて、人間の本質を説明している。

一つ目の地図は、**遺伝子的決定論**である。たとえば、「おまえがそんなふうなのはおじいさん譲りだ。アイルランド人っていうのは短気だから、その家系だからおまえも短気なんだよ。そのうえアイルランド人だ。アイルランド人っていうのは短気だから

ね」などと言ったりする。短気のDNAが何世代にもわたって受け継がれているというわけである。

二つ目は**心理的決定論**である。育ちや子ども時代の体験があなたの性格や人格をつくっているという理論だ。「人前に出るとあがってしまうのは、親の育て方のせいだ」というわけである。大勢の人の前に出るとミスをするのではないかと強い恐怖心を持つのは、大人に依存しなければ生きられない幼児期に親からひどく叱られた体験を覚えているからだという理屈だ。親の期待に応えられなかったとき、他の子どもと比較され親から突き放されたりした体験が心のどこかに残っていて、それが今のあなたをつくっているというのである。

三つ目は**環境的決定論**である。ここでは、上司のせい、あるいは配偶者、子どものせい、あるいはまた経済情勢、国の政策のせい、となる。あなたを取り巻く環境の中にいる誰かが、何かが、あなたの今の状態をつくっていることになる。

これら三つの地図はどれも、刺激/反応理論に基づいている。パブロフの犬の実験で知られるように、特定の刺激に対して特定の反応を示すように条件づけられているというものだ。

しかしこれらの決定論的地図は、現実の場所を正確に、わかりやすく言い表しているだろうか。これらの鏡は、人間の本質をそのまま映し出しているだろうか。これらの決定論は、単なる自己達成予言ではないだろうか。自分自身の中にある原則と一致

刺激 → 反応

しているだろうか。

刺激と反応の間

これらの質問に答える前に、ヴィクトール・フランクル（訳注：オーストリアの精神科医・心理学者）という人物の衝撃的な体験を紹介したい。

心理学者のフランクルは、フロイト学派の伝統を受け継ぐ決定論者だった。平たく言えば、幼児期の体験が人格と性格を形成し、その後の人生をほぼ決定づけるという学説である。人生の限界も範囲も決まっているから、それに対して個人が自らできることはほとんどない、というものだ。

フランクルはまた精神科医でありユダヤ人でもあった。第二次世界大戦時にナチスドイツの強制収容所に送られ、筆舌に尽くし難い体験をした。

彼の両親、兄、妻は収容所で病死し、あるいはガス室に送られた。妹以外の家族全員が亡くなった。フランクル自身も拷問され、数知れない屈辱を受けた。自分もガス室に送られるのか、それともガス室送りとなった人々の遺体を焼却炉に運び、灰を掃き出す運のよい役割に回るのか、それさえもわからない日々の連続だった。

ある日のこと、フランクルは裸にされ、小さな独房に入れられた。ここで彼は、ナチスの兵士たちも決して奪うことのできない自由、後に「人間の最後の自由」と自ら名づける自由を発見する。たしかに収容所の看守たちはフランクルが身を置く環境を支配し、彼の身体をどうにでもできた。しかしフランクル自身は、どのよ

第1の習慣　｜　主体的である

うな目にあっても、自分の状況を観察者として見ることができたのだ。彼のアイデンティティは少しも傷ついていなかった。**何が起ころうとも、それが自分に与える影響を自分自身の中で選択することができたのだ**。自分の身に起こること、すなわち受ける刺激と、それに対する反応との間には、反応を選択する自由もしくは能力があった。

収容所の中で、フランクルは他の状況を思い描いていた。たとえば、収容所から解放され大学で講義している場面だ。拷問を受けている最中に学んだ教訓を学生たちに話している自分の姿を想像した。

知性、感情、道徳観、記憶と想像力を生かすことで、彼は小さな自由の芽を伸ばしていき、それはやがて、ナチスの看守たちが持っていた自由よりも大きな自由に成長する。看守たちには行動の自由があったし、自由に選べる選択肢もはるかに多かった。しかしフランクルが持つに至った自由は彼らの自由よりも大きかったのだ。それは彼の内面にある能力、すなわち反応を選択する自由である。彼は他の収容者たちに希望を与えた。人々は苦難の中で生きる意味を見出し、収容所という過酷な環境にあっても尊厳を保つことができたのである。

想像を絶する過酷な状況の中で、フランクルは人間だけが授かった自覚という能力を働かせ、人間の本質を支える基本的な原則を発見した。それは、**刺激と反応の間には選択の自由がある**、という原則である。

選択の自由の中にこそ、人間だけが授かり、人間を人間たらしめる四つの能力（自覚・想像・良心・意志）がある。**自覚**は、自分自身を客観的に見つめる能力だ。**想像**は、現実を超えた状況を頭の中に生み出す能力である。**良心**は、心の奥底で善悪を区別し、自分の行動を導く原則を意識し、自分の考えと行動がその原則と一致

しているかどうかを判断する能力である。そして**意志**は、他のさまざまな影響に縛られずに、自覚に基づいて行動する能力である。

動物は、たとえ知力の高い動物でも、これら四つの能力のどれ一つとして持っていない。コンピューターにたとえて言うなら、動物は本能や調教でプログラムされているにすぎない。何かの行動をとるように動物を調教することはできるが、教えられる行動を自分で選ぶことはできない。動物自身がプログラミングを書き換えることはできないのだ。そもそもプログラミングという概念を意識すらしていない。

しかし人間は、人間だけが授かっている四つの能力を使えば、本能や調教とは関係なく自分で新しいプログラムを書くことができる。だから動物にできることには限界があり、人間の可能性は無限なのだ。しかし私たち人間が動物のように本能や条件づけ、置かれた状況だけに反応して生きていたら、無限の可能性は眠ったままである。

決定論のパラダイムは主に、ネズミ、サル、ハト、イヌなどの動物、ノイローゼ患者や精神障害者の研究を根拠としている。測定しやすく、結果を予測できそうだという点では、決定論は一部の研究者の基準を満たしているかもしれないが、人間の歴史を見れば、また私たち人間の自覚という能力を考えれば、この地図は現実の場所をまったく描写していないこと

主体的なモデル

刺激 → 選択の自由 → 反応

自覚／想像／良心／意志

第1の習慣｜主体的である

がわかるはずだ。

人間だけに授けられた四つの能力が、人間を動物の世界よりも高い次元へ引き上げている。これらの能力を使い、開発していくことができれば、すべての人間に内在する可能性を引き出せる。その最大の可能性とは、刺激と反応の間に存在する選択の自由なのである。

「主体性」の定義

人間の本質の基本的な原則である選択の自由を発見したフランクルは、自分自身の正確な地図を描き、その地図に従って、効果的な人生を営むための第1の習慣「主体的である」ことを身につけ始めた。

昨今は、組織経営に関する本にも**主体性（proactivity）**という言葉がよく出てくるが、その多くは定義を曖昧にしたまま使われている。主体性とは、自発的に率先して行動することだけを意味するのではない。人間として、自分の人生の責任を引き受けることも意味する。私たちの行動は、周りの状況ではなく、自分自身の決定と選択の結果である。私たち人間は、感情を抑えて自らの価値観を優先させることができる。人間は誰しも、自発的に、かつ責任を持って行動しているのである。

責任は英語でレスポンシビリティ（responsibility）という。レスポンス（response＝反応）とアビリティ（ability＝能力）という二つの言葉でできていることがわかるだろう。主体性のある人は、このレスポンシビリティを認識している。自分の行動に責任を持ち、状況や条件づけのせいにしない。自分の行動は、状況から生まれる

人間は本来、主体的な存在である。だから、人生が条件づけや状況に支配されているとしたら、それは意識的にせよ無意識にせよ、支配されることを自分で選択したからに他ならない。

そのような選択をすると、人は**反応的**（reactive）になる。反応的な人は、周りの物理的な環境に影響を受ける。天気が良ければ、気分も良くなる。ところが天気が悪いと気持ちがふさぎ、行動も鈍くなる。**主体的**（proactive）な人は自分の中に自分の天気を持っている。雨が降ろうが陽が照ろうが関係ない。自分の価値観に基づいて行動している。質の高い仕事をするという価値観を持っていれば、天気がどうであろうと仕事に集中できるのだ。

反応的な人は、社会的な環境にも左右される。彼らは「社会的な天気」も気になってしまうのだ。人にちやほやされると気分がいい。そうでないと、殻をつくって身構える。反応的な人の精神状態は他者の出方次第でころころ変わるのである。自分をコントロールする力を他者に与えてしまっているのだ。

衝動を抑え、価値観に従って行動する能力こそが主体的な人の本質である。反応的な人は、その時どきの感情や状況、条件づけ、自分を取り巻く環境に影響を受ける。主体的な人は、深く考えて選択し、自分の内面にある価値観で自分をコントロールできるのである。

だからといって、主体的な人が、外から受ける物理的、社会的あるいは心理的な刺激に影響を受けないかというと、そんなことはない。しかし、そうした刺激に対する彼らの反応は、意識的にせよ無意識にせよ、価値観に基づいた選択なのである。

第１の習慣｜主体的である

エレノア・ルーズベルト（訳注：フランクリン・ルーズベルト大統領の夫人）は「あなたの許可なくして、誰もあなたを傷つけることはできない」という言葉を残している。ガンジーは「自分から投げ捨てさえしなければ、誰も私たちの自尊心を奪うことはできない」と言っている。私たちは、自分の身に起こったことで傷ついているのだと思っている。しかし実際には、その出来事を受け入れ、容認する選択をしたことによって傷ついているのだ。

これがそう簡単に納得できる考え方でないことは百も承知している。特に私たちがこれまで何年にもわたって、自分の不幸を状況や他者の行動のせいにしてきたのであればなおのことだ。しかし、深く正直に「今日の私があるのは、過去の選択の結果だ」と言えなければ、「私は他の道を選択する」と言うことはできないのだ。

以前、サクラメントで主体性について講演したときのことである。話の途中で聴衆の中から一人の女性が突然立ち上がり、興奮気味に話し始めた。会場には大勢の聴衆がいて、全員がその女性に視線を向けると、彼女は自分がしていることにはたと気づき、恥ずかしそうに座り込んだ。それでも自分を抑えきれないらしく、周りの人としゃべり続けた。とてもうれしそうだった。

彼女に何があったのか尋ねたくて、私は休憩時間が待ち遠しかった。休憩時間になると、すぐさま彼女の席に行き、彼女の体験を話してもらった。

「信じられないようなことを経験したんです！」と彼女は勢い込んで話した。

「私は看護師なのですが、それはそれはわがままな患者さんを担当しているんです。何をしてあげても満足しないんです。感謝の言葉なんかもらったことはありません。ありがたいなんて、これっぽっちも思ってやしないん

いつも文句ばかり。この患者さんのせいで、さんざんな思いをしていました。ストレスがたまり、家族に八つ当たりしていたくらいです。他の看護師も同じ目にあっていました。皆、早く死んでほしいと祈るくらいだったんです」

彼女は続けた。

「そうしたら、あなたがそこでこう話したのです。私の同意なくして誰も私を傷つけることはできない、自分自身がみじめになることを選んだのだと。私は絶対に納得できませんでした。でも、その言葉が頭から離れません。自分の心に問いかけてみたんです。本当に自分の反応を選択する力なんてあるってひらめいたんです。このみじめな気持ちは自分で選んだことなのだと、気づかされたのです。みじめにならないことも自分で選べるのだと知った瞬間、立ち上がっていました。まるで刑務所から出てきたみたいです。全世界に叫びたいくらいです。私は自由だ、牢獄から解放された、これからは他人に自分の気持ちを左右されることはないのだと」

私たちは自分の身に起こったことで傷つくのではない。その出来事に対する自分の反応によって傷つくのである。もちろん、肉体的に傷ついたり、経済的な損害を被ったりして、つらい思いをすることもあるだろう。しかしその出来事が、私たちの人格、私たちの基礎をなすアイデンティティまでも傷つけるのを許してはいけない。むしろ、つらい体験によって人格を鍛え、内面の力を強くし、将来厳しい状況に直面してもしっかりと対応する自由を得られる。そのような態度は他の人たちの手本となり、励ましを与えるだろう。

苦難の中にあって自らの自由を育み、周りの人々に希望と勇気を与えたヴィクトール・フランクルのような人は大勢いる。ベトナム戦争で捕らわれの身となったアメリカ兵の自叙伝からも、個人の内面にある自由とい

う力の大きさがひしひしと伝わってくる。自ら選択してその自由を使うことによって、収容所の環境にも、他の捕虜たちにも影響を与えることができた。そして彼らの影響力は今なお息づいている。

不治の病や重度の身体障害など、この上ない困難に苦しみながらも精神的な強さを失わずにいる人に接した体験はあなたにもあるだろう。彼らの誠実さと勇気に大きな感動を覚え、励まされたはずだ。苦しみや過酷な身の上を克服した人の生き方ほど、心の琴線に触れるものはない。彼らは、人に勇気を与え、人生を崇高なものにする価値観を体現しているのである。

妻のサンドラと私も、二五年来の友人キャロルが四年間がんと闘った姿から大きな感動をもらった。病がいよいよ末期に入ったとき、サンドラは彼女が自叙伝を書くのを枕元で手伝った。長時間に及ぶ困難な作業だったが、妻は、子どもたちに自分の人生体験を何としてでも伝えたいというキャロルの強い決意と勇気に感動していた。

キャロルは思考力と精神状態に支障をきたさないように、痛み止めの薬を最小限に抑えていた。彼女は、テープレコーダーにささやくように語り、あるいはサンドラに直接話して書きとらせた。キャロルは主体的な人だった。勇気にあふれ、他者を思いやっていた。その姿は、周りの人々を強く励ました。

キャロルが亡くなる前日のことを、私は一生忘れないだろう。耐え難い苦しみの中にある彼女の目の奥に、人としての大きな価値を感じとったからだ。彼女の目には、人格、貢献、奉仕の精神、愛、思いやり、感謝に満ちた人生が宿っていた。

私はこれまでに何度も、講演会などで次のような質問をしてきた——「死の床にありながら毅然とし、愛と思いやりを人に伝え、命が尽きる瞬間まで他者を励まし続けた人と接した経験はありますか?」すると聴衆の四分の一ほどが手を挙げる。私は続けて尋ねる。「その経験を一生忘れないと思う人は? その人の勇気に心を打たれ、励まされ、もっと人の役に立ちたい、思いやりを持って人と接しようという気持ちになりましたか?」手を挙げていた人は全員、同意を示す。

ヴィクトール・フランクルによれば、人生には三つの中心となる価値観があると言う。一つは「経験」、自分の身に起こることである。二つ目は「創造」であり、自分でつくり出すものの価値だ。そして三つ目は、「姿勢」である。不治の病というような過酷な現実に直面したときの反応の仕方だ。

私の経験からも言えるが、フランクルはパラダイムの再構築において、この三つの価値のうちで一番大切なのは「姿勢」だと言っている。つまり、人生で体験することにどう**反応する**かがもっとも大切なのである。厳しい状況に置かれると、人はまったく新しい視点から世界を眺めるようになる。その世界にいる自分自身と他者を意識し、人生が自分に何を求めているのか見えてくる。視野が広がることによって価値観が変化し、それが態度にも表れて周囲の人々を鼓舞し、励ますのである。

パラダイムシフトは、困難に直面したときにこそ起こる。

率先力を発揮する

私たち人間に本来備わっている性質は、周りの状況に自ら影響を与えることであって、ただ漫然と影響を受けることではない。自分が置かれた状況に対する反応を選べるだけでなく、状況そのものを創造することもできるのだ。

率先力を発揮するというのは、押しつけがましい態度をとるとか、自己中心的になるとか、強引に進めたりすることではない。進んで行動を起こす責任を自覚することである。

私のところには、もっと良い仕事に就きたいという人が大勢相談に来る。私は彼らに必ず、率先力を発揮しなさいとアドバイスする。関心のある職業の適性試験を受け、その業界の動向を調べ、さらには入りたい会社の問題点を探って解決策を考え、その問題を解決する能力が自分にあることを効果的なプレゼンテーションで売り込む。これはソリューション・セリングといい、ビジネスで成功するための重要なパラダイムである。

こうアドバイスすると、ほとんどの人は賛同する。このようなアプローチをすれば採用や昇進の機会を手にできると、彼らは確信する。ところが、それを実行に移す率先力を発揮できない人が多いのである。

「どこで適性テストを受ければよいかわからないんですけど……」

「業界や会社の問題点というのは、どうやって調べればいいんですか？　誰に聞けばいいんでしょうか？」

「効果的なプレゼンテーションと言われても、どうすればいいのか……さっぱり見当がつきません」

こんな具合に、多くの人は自分からは動かずに誰かが手を差し伸べてくれるのを待っている。しかし良い仕

事に就けるのは、自分から主体的に動く人だ。その人自身が問題の解決策となる。正しい原則に従って、望む仕事を得るために必要なものは端から実行する人だ。

わが家では、子どもたちが問題にぶつかったとき、自分からは何もせず、無責任にも誰かが解決してくれるのを待っているようなら、「私に言われる前に「わかってる。RとIを使えばいいんでしょ」とぶつぶつ言う。

最近では、私に言われる前に「わかってる。RとIを使えばいいんでしょ」とぶつぶつ言う。

人に責任を持たせるのは、その人を突き放すことにはならない。逆にその人の主体性を認めることである。主体性は人間の本質の一部である。主体性という筋肉は、たとえ使われずに眠っていても、必ず存在する。多くの人は社会通念で歪んだ鏡に映る自分を見ている。しかし私たちがその人の主体性を尊重すれば、少なくとも一つの本当の姿、歪んでいない姿をその人自身に見せてあげることができるのである。

もちろん、精神的な成熟の度合いは人それぞれであり、精神的に他者にどっぷりと頼っている人に創造的な協力を期待することはできない。しかし、相手の成熟度に関わらず、人間の基本的な性質である主体性だけは認めることができる。その人が自分で機会をつかみ、自信を持って問題を解決できる環境を整えることはできるのである。

自分から動くのか、動かされるのか

率先力を発揮する人としない人の違いは、天と地ほどの開きがある。効果性において二五％とか五〇％どこ

第1の習慣　｜　主体的である

ろの違いではない。率先力を発揮でき、そのうえ賢く感受性豊かで、周りを気遣える人なら、そうでない人との効果性の差はそれこそ天文学的な数字になる。

人生の中で効果性の原則であるP／PCバランスを生み出すには率先力が必要だ。「7つの習慣」を身につけるにも率先力が要る。第1の習慣「主体的である」の後に続く六つの習慣を勉強していくと、主体性という筋肉が他の六つの習慣の土台となることがわかるはずだ。どの習慣でも、行動を起こすのはあなたの責任である。周りが動くのを待っていたら、あなたは周りから動かされるだけの人間になってしまう。自ら責任を引き受けて行動を起こすのか、それとも周りから動かされるのか、どちらの道を選ぶかによって、成長や成功の機会も大きく変わるのである。

以前、住宅改修業界の団体にコンサルティングをしたことがある。その会合では、約二一〇社の代表が四半期ごとに集まり、業績や問題点を忌憚なく話し合った。

当時は市場全体が深刻な不況だったが、この業界はことさら打撃を受けていた。会合は重苦しい空気の中で始まった。

初日は、「業界では今何が起こっているのか、業界が受けている刺激は何か？」というテーマで話し合った。業界では多くのことが起こっていた。業界を取り巻く環境の圧力はすさまじいものだった。失業者は増える一方だった。会合に参加していた企業の多くも、生き残るために大幅な人員削減を余儀なくされていた。その日の話し合いが終了する頃には、朝よりも参加者の落胆は大きくなっていた。

二日目のテーマは「この先はどうなるか？」だった。業界の動向を予測しながら、おそらく予測どおりの結果にな

るだろうという悲観論が広まった。二日目の終わりには、全員がさらに意気消沈した。誰もが景気の底はまだ打っていないと予測していた。

さて、三日目である。このままではいけないと、「**我々**はどう反応するのか？ **我々**は何をするのか？ この状況で**我々**はどのように率先力を発揮するのか？」と主体的なテーマに集中することにした。午前中は経営の合理化とコスト削減をテーマに議論し、午後はマーケットシェア拡大の方策を考えた。午前も午後も活発にディスカッションし、現実に即し、実行可能なアイデアに議論の的を絞った。そうしているうちに活気が生まれ、希望が見え、主体的なムードで会合を締めくくることができた。

協議の結果は、「業界の景気はどうか」という問いに対する三つの答えとしてまとめられた。

一．業界の現状は厳しく、景気はさらに悪化するものと予想される。
二．しかし我々がこれから取り組む対策には期待できる。経営を合理化し、コストを削減し、マーケットシェアを伸ばすからだ。
三．よって我々の業界はかつてないほど良い状況だ。

反応的な人がこれを読んだら、「おいおい、現実を直視しろよ。ポジティブ・シンキングにもほどがある。自己暗示をかけているだけじゃないか。いずれ現実を思い知らされるよ」とでも言うだろう。

しかし、それこそが単なるポジティブ・シンキングと主体性の違いなのである。会合で私たちは現実を直視した。業界の現状、今後の見通しの厳しさも認識した。だがそれと同時に、現状や将来の予測に対して前向き

な反応を選択できるという現実も認識したのだ。この現実を認識していなかったら、業界を取り巻く環境の中で起こることが業界の将来を決めるという考え方を受け入れていただろう。

企業、自治体、家庭も含めてあらゆる組織が、主体的であることができる。どんな組織も、主体的な個人の創造力と知恵を結集し、主体的な組織文化を築ける。組織だからといって、環境の変化に翻弄される必要はない。組織としての率先力を発揮すれば、組織を構成する全員が価値観と目的を共有できるのだ。

言葉に耳を傾ける

私たちの態度と行動は、自分が持っているパラダイムから生み出される。自覚を持って自分のパラダイムを見つめれば、自分の行動を導いている地図がどのようなものかが見えてくる。たとえば、私たちが普段話している言葉一つとっても、主体性の度合いを測ることができる。

反応的な人の言葉は、自分の責任を否定している。

「僕はそういう人間なんだよ。生まれつきなんだ」（人はすでに決定づけられ、変わりようがない。だから自分の力ではどうにもできない）

「本当に頭にくる人だわ」（人の感情は自分ではコントロールできない）

「それはできません。時間がないんです」（時間が限られているという外的要因に支配されている）

「妻がもっと我慢強かったらいいのに」（他者の行動が自分の能力を抑えつけている）

「これをやらなければならないのか」（状況や他者から行動を強要されている。自分の行動を選択する自由がない）

反応的な言葉	主体的な言葉
私にできることは何もない 私はいつもこうやっている あの人は頭にくる そんなことが認められるわけがない 私はそれをやらなければならないのか 私はできない 私は……しなければならない ……でさえあったら	私は別の案を考える 私は他のやり方を探す 私は気持ちを抑える 私は効果的なプレゼンテーションができる 私は適切な対応を選ぼう 私は選択する 私は……のほうがよい 私は……しよう

反応的な人の言葉は、決定論のパラダイムから生まれる。彼らの言葉の裏にあるのは、責任の転嫁である。

自分には責任がない、自分の反応を選ぶことはできないと言っているのである。

大学で教えていた頃のことである。一人の学生が「授業を休んでもかまいませんか？ テニスの合宿があるので」と言ってきた。

「行かなければ**ならない**のか、それとも行くことを**選ぶ**のか、どちらだね？」私は聞いた。

「実は、行かなくちゃ**いけないんです**」

「行かないとどうなるんだい？」

「チームから外されます」

「そうなることについて、どう思う？」

「いやです」

「つまり、チームから外されないという結果が欲しいから、行くことを**選ぶ**わけだ。では、授業に出なかったらどうなる？」

「わかりません」

「よく考えてみなさい。授業に出なかった場合の自然な結果は何だと思うかね？」

「先生は落第点をつけたりはしませんよね？」

「それは社会的な結果だ。他人がもたらすものだ。テニスのチームに参加しなければ、プレーができない。それは自然な結果だ。授業に出なかった場合の自然な結果は？」

「学ぶ機会を失うことでしょうか」

「そうだ。だからその結果と他の結果を比べて、選択しなさい。私だったらテニスの合宿に行くほうを選択するだろうね。しかし、何かを**しなければならない**、などという言い方はしないでほしい」

「では、テニスの合宿に行くことを**選びます**」と彼はもじもじしながら答えた。

「私の授業を休んでまで？」と冗談半分でからかいながら言い返した。

反応的な言葉の厄介なところは、それが自己達成予言になってしまうことだ。決定論のパラダイムに縛られている人は、自分はこういう人間だという思い込みを強くし、その思い込みを裏づける証拠を自分でつくり上げてしまう。こうして被害者意識が増していき、感情をコントロールできず、自分の人生や運命を自分で切り開くことができなくなる。自分の不幸を他者や状況のせいにする。星のせいだとまで言い出しかねない。

あるセミナーで主体性について講義していたとき、一人の男性が前に出てきてこう言った。「先生のおっしゃっていることはよくわかるんですが、人によって状況は違うんです。たとえば私たち夫婦のことです。不安でたまりません。妻と私は昔のような気持ちがもう持てないんです。私は妻をもう愛していないと思うし、妻も私を愛していないでしょうね。どうしたらいいでしょう？」

「愛する気持ちがもうなくなったというのですね？」私は聞いた。

「そうです」と彼はきっぱり答える。「子どもが三人もいるので、不安なんです。アドバイスをお願いします」

「奥さんを愛してください」と私は答えた。

「ですから、もうそんな気持ちはないんです」

「だから、奥さんを愛してください」

「先生はわかっていません。私にはもう、愛という気持ちはないんです」

「だから、奥さんを愛するのです。そうした気持ちがないのなら、奥さんを愛する理由になるじゃないですか」

「でも、愛（Love）を感じないのに、どうやって愛するんですか？」

「いいですか、愛（Love）は動詞なのです。愛という気持ちは、愛するという行動から得られる果実です。ですから奥さんを愛する。奥さんに奉仕する。犠牲を払う。奥さんの話を聴いて、共感し、理解する。感謝の気持ちを表す。奥さんを認める。そうしてみてはいかがです？」

古今東西の文学では、「愛」は動詞として使われている。反応的な人は、愛を感情としかとらえない。彼らは感情に流されるからだ。人はその時どきの感情で動くのであって、その責任はとりようがないというような筋書の映画も少なくない。しかし映画は現実を描いているわけではない。もし行動が感情に支配されているとしたら、それは自分の責任を放棄し、行動を支配する力を感情に与えてしまったからなのだ。

主体的な人にとって、愛は動詞である。愛は具体的な行動である。犠牲を払うことである。母親が新しい命をこの世に送り出すのと同じように、自分自身を捧げることである。愛を学びたいなら、他者のために、たとえ反抗的な相手でも、何の見返りも期待できない相手であっても、犠牲を払う人たちを見てみればいい。あなたが親であるなら、子どものためならどんな犠牲も辞さないはずだ。愛とは、愛するという行為によって実現される価値である。主体的な人は、気分を価値観に従わせる。愛、その気持ちは取り戻せるのである。

関心の輪／影響の輪

自分がどのくらい主体的な人間か自覚するもう一つの素晴らしい方法がある。自分の時間とエネルギーを何

にかけているかに目を向けてみるのだ。誰でも広くさまざまな関心事（懸念することから興味あることまで）を持っている。健康や家族のこと、職場の問題、国家財政、核戦争、等々。この図のような**関心の輪**を描いて、関心を持っていることと、知的にも感情的にも特に関心のないこととを分けてみよう。

関心がない領域

関心の輪

関心の輪の中に入れたことを見ると、自分がコントロールできるものとできないものとがあることに気づくだろう。自分でコントロールでき、影響を与えられるものは、図のように小さな円でくくる。この円を**影響の輪**と呼ぶことにしよう。

関心の輪

影響の輪

この二つの輪のうち、自分の時間と労力を主にかけているのはどちらだろうか。それによって主体性の度合

第1の習慣｜主体的である

いがわかる。

主体的な人は、影響の輪の領域に労力をかけている。自分が影響を及ぼせる物事に働きかける。主体的な人のエネルギーには、影響の輪を押し広げていくポジティブな作用があるのだ。

一方、反応的な人が労力をかけるのは影響の輪の外である。他者の弱み、周りの環境の問題点、自分にはどうにもできない状況に関心が向く。こうした事柄ばかりに意識を集中していると、人のせいにする態度、反応的な言葉、被害者意識が強くなっていく。自分が影響を及ぼせる物事をおろそかにしてしまうと、ネガティブなエネルギーが増え、その結果、影響の輪は小さくなっていく。

主体的な生き方
(ポジティブなエネルギーが影響の輪を広げる)

97

関心の輪の中にとどまっている限り、私たちはその中にある物事に支配される。ポジティブな変化を起こすために必要な主体的な率先力を発揮することはできない。

第一部で、学校で深刻な問題を抱えた息子の話をした。私と妻は、表面的な息子の短所、他の子たちの息子に対する態度を深く案じていた。

しかし、そうした心配は、私たち夫婦の影響の輪の外のことだった。影響の輪の外でいくら頑張っても、親としての至らなさを思い知らされ、無力感を覚えるばかりで、逆に息子の依存心を強めるだけだった。

影響の輪に意識を向け、私たち夫婦のパラダイムを見つめることでようやくポジティブなエネルギーを生み

反応的な生き方
(ネガティブなエネルギーが影響の輪を小さくする)

第1の習慣 | 主体的である

出し、自分自身を変え、やがて息子に影響を与えることができた。状況に気をもむのをやめ、自分自身に働きかけることによって、状況そのものを変えることができたのである。

一方、地位や財力、役割、人脈などによって、影響の輪のほうが関心の輪よりも大きくなる場合がある。

これは近視眼的な精神状態の現れであって、広い視野を持とうとせず、関心の輪だけにしか目を向けない自己中心的で反応的な生き方の結果である。

主体的な人は、影響を及ぼしたい事柄を優先させるにしても、主体的な人の影響の輪は、どんなに広がっても関心の輪より大きくなることはない。それは、自分の影響力を効果的に使う責任を自覚しているからだ。

99

直接的、間接的にコントロールできること、そしてコントロールできないこと

私たちが直面する問題は、次の三つのどれかである。

- **直接的にコントロールできる問題**（自分の行動に関わる問題）
- **間接的にコントロールできる問題**（他者の行動に関わる問題）
- **コントロールできない問題**（過去の出来事や動かせない現実）

主体的なアプローチをとることで、この三種類の問題のどれでも、影響の輪の中で一歩を踏み出して解決することができる。

自分が**直接的にコントロールできる問題**は、習慣を改めれば解決できる。これは明らかに自分の影響の輪の中にある問題であり、これらの問題を解決できれば、第1、第2、第3の習慣の「私的成功」に関わることができる。

間接的にコントロールできる問題は、影響を及ぼす方法を考えることで解決できる。こちらのほうは、第4、第5、第6の習慣の「公的成功」に結びつく。私は、影響を及ぼす方法を三〇種類以上は知っているつもりだ。相手の立場に身を置いて考える、それとは反対に相手とは違う自分の主張をはっきりさせる、あるいは自分が模範となる、説得する。他にもいろいろある。しかしほとんどの人は、三つか四つのレパートリーしか持ち合わせていない。たいていは自分の行動の理を説き、それがうまくいかないとなると、「逃避」か「対立」かのどちらかになる。これまでやってきて効果のなかった方法を捨て、影響を与える新しい方法を学び受け入

れば、どれだけ解放的な想いになることができるだろうか。

自分ではコントロールできない問題の場合には、その問題に対する態度を根本的に改める必要がある。どんなに気に入らなくとも、自分の力ではどうにもできない問題なら、笑顔をつくり、穏やかな気持ちでそれらを受け入れて生きるすべを身につける。こうすれば、そのような問題に振り回されることはなくなる。アルコール依存症の更生団体、アルコーホーリクス・アノニマスのメンバーが唱える祈りは、まさに的を射ている――「主よ、私に与えたまえ。変えるべきことを変える勇気を、変えられないことを受け入れる心の平和を、そしてこれら二つを見分ける賢さを」。

直接的にコントロールできる問題、間接的にコントロールできる問題、コントロールできない問題、どんな問題でも、それを解決する第一歩は私たち自身が踏み出さなくてはならない。自分の習慣を変える。影響を及ぼす方法を変える。コントロールできない問題ならば、自分の態度を変える。解決策はすべて、自分の影響の輪の中にあるのだ。

影響の輪を広げる

どんな状況に対しても自分で自分の反応を選び、その状況に影響を与えられる。それは心強い事実である。

化学式の一部分を変えるだけで、まるで違う結果になるのと同じだ。

以前私がコンサルティングをした企業のトップは、創造的で、洞察力に長け、有能で、聡明だった。誰もがこの社長の能力を認めていた。ところが、経営スタイルは独裁的以外の何ものでもなかった。社員を自分では何も判断できない使い走りのように扱い、「決めるのは私だ」とばかりに、これをしろ、あれをしろと命令するばかりだった。

その結果、経営幹部全員を敵に回す羽目になった。幹部らは廊下に集まって社長の陰口をたたくようになった。会社の状況を何とかしようと知恵を出し合っているかのような口ぶりだが、実際は自分たちの責任を棚にあげ、社長の欠点を延々とあげつらっているだけだった。

たとえば、「今度という今度は信じられない」と誰かが言い出す。「プロジェクトは順調に進んでいたのに、社長がこの間やってきて、それまでとは違う指示を出した。おかげで何ヵ月もの努力が水の泡だよ。あんな社長の下でどうやって働けっていうんだ。定年まであと何年だろう?」

「社長はまだ五九歳だよ。あと六年も耐えられると思う?」と別の誰かが言う。

「わかるもんか。あの社長は引退なんかしないよ」

しかしそんな経営幹部の中に、一人だけ主体的な人物がいた。彼は感情に流されず、自分の価値観に従って行動していた。率先力を発揮し、常に先を予測し、社長の立場になって考え、状況を読みとっていた。彼にも社長の欠点はわかっていたが、それを批判したりせず、欠点を補うことに努め、自分の部下たちが社長の短所に影響されないように気を配った。そして、長期的な視野、創造性、鋭い洞察力など、社長の長所を生かすようにした。

彼は自分の影響の輪にフォーカスしていたのである。彼も他の幹部たちと同じように使い走りをさせられていたが、期待される以上のことをやっていた。社長のニーズをくみ取り、社長の考えを理解しようとした。だから、報告を上

第1の習慣 | 主体的である

げるときも、社長が知りたがっていることを分析し、その分析に基づいた助言も添えた。

ある日、私はコンサルタントとしてその社長と話していた。社長は「先生、この男はたいしたものですよ。私が出せと言った情報だけでなく、私がまさに必要としている情報も出してくる。そのうえ私が一番気になっている観点から分析までして、提案をまとめてくるんですからね。データに沿って分析し、分析に沿った提案をするんですよ。立派なもんです。あの男が担当する部署については何の心配も要らないくらいですよ」と言った。

次の会議でも、社長はいつもの調子で幹部の面々に「あれをやれ、これをやれ」と細かく指示していた。しかし彼には違う態度をとり、「君の意見はどうだね?」と聞いた。彼の影響の輪が大きくなったのだ。

社長の態度の変化が社内を騒然とさせた。反応的な幹部たちはまたも井戸端会議を開き、今度はこの主体的な人物をやり玉にあげた。

責任回避は反応的な人に見られる性質である。「自分には責任がない」と言うほうが無難だ。「自分には責任がある」と言ってしまったら、「自分は無責任だ」ということになりかねない。今自分が置かれている状況に責任があるのは自分だということになる。何年も自分の行動の結果を他者のせいにしてきた人ならなおさら、「私には自分の反応を選択することができる」とは言い切れないだろう。

この会社の幹部たちが廊下でつるんでいるのも、自分が選んだ反応の結果なのであり、彼ら自身の責任なのである。しかしそれを認めようとはしないはずだ。だから彼らは、自分には責任がないことを裏づける証拠や攻撃材料をせっせと探していた。

ところが、この主体的な人物は、他の幹部たちに対しても主体的な態度で接していた。すると少しずつ彼の影響の

輪がこの幹部たちにも広がり、やがてこの会社では、重要な決定を下すときには彼の関与と承認を求めるようになった。社長も例外ではない。だからといって社長はこの人物を脅威と感じる必要はなかった。彼の強みは社長の強みを補強し、弱点を補い、二人の強みを生かし合い、理想的なチームとなっていたからだ。

この人物の成功は、状況によるものではなかった。他の経営幹部も全員が同じ状況に置かれていた。彼はその状況に対して反応を選択したからこそ、影響の輪に働きかけ、違いを生み出したのである。

「主体的」という言葉から、押しつけがましく、強引で、もしくは無神経な態度をイメージする人もいるだろう。しかしそれはまったく違う。主体的な人は押しつけがましくはない。主体的な人は、賢く、価値観に従って行動し、現実を直視し、何が必要かを理解する。

ガンジーを例にとろう。イギリスがインドを支配下に置き、搾取したことに対し、インドの国会議員たちは、自分たちの関心の輪に加わらないことでガンジーを批判していた。そのときに当のガンジーはどうしていたかというと、田畑を歩き回り、静かに、ゆっくりと、誰も気づかないうちに、農民に対する自分の影響の輪を広げていた。ガンジーに対する支持、信頼、信用が大きなうねりとなって農村部に広まっていった。彼は公職に就いておらず、政治的な立場もなかったが、その勇気と思いやりとによって良心に訴える説得や断食によって、ついにイギリスを屈服させ、大きく広がった影響の輪の力で三億人のインド人に独立をもたらしたのである。

「持つ」と「ある」

自分の意識が関心の輪に向いているのか、影響の輪に向いているのかを判断するには、自分の考え方が**持つ**(have) とある (be) のどちらなのかを考えてみればいい。関心の輪は、**持つ**という所有の概念であふれている。

「家さえ**持て**れば幸せになった……」
「もっと部下思いの上司を**持っ**ていたら……」
「もっと忍耐強い夫を**持っ**ていたら……」
「もっと素直な子どもを**持っ**ていたら……」
「学歴さえ**持っ**ていたら……」
「自由になる時間を**持っ**ていたら……」

これに対して影響の輪は、**ある**ことで満ちている。

「私はもっと忍耐強く**ある**ぞ」
「もっと賢く**ある**」
「もっと愛情深く**ある**」

影響の輪にフォーカスすることは、人格を磨くことに他ならない。

問題は自分の外にあると考えるならば、その考えこそが問題である。そのような考え方は、自分の外にあるものに支配されるのを許していることだ。だから、変化のパラダイムは「アウトサイド・イン（外から内へ）」になる。自分が変わるためには、まず外にあるものが変わらなければならないと考えるのだ。

それに対して主体的な人の変化のパラダイムは、「インサイド・アウト（内から外へ）」である。自分自身が変わる、自分の内面にあるものを変えることで、外にあるものを良くしていくという考え方だ。主体的な人は、もっと才能豊かになれる、もっと勤勉になれる、もっとクリエイティブになれる、もっと人に対して協力的になれる、というように考える。

旧約聖書に私の好きな物語がある。この物語が教える価値観は、ユダヤ教とキリスト教の伝統に深く織り込まれている。一七歳のときに兄弟に奴隷としてエジプトに売られたヨセフという青年の話だ。ヨセフは、ポテパルというエジプトの有力者の下僕となったわが身を哀れみ、自分を売りとばした兄弟を恨んだに違いないと誰もが思うだろう。しかしヨセフは主体的な人間だった。彼は自分の内面に働きかけた。そしてたちまち、ポテパルの家を切り盛りするようになる。やがて信頼を得て、ポテパルの財産を管理するまでになった。

ところがある日、ヨセフはまたも窮地に陥る。自分の良心に沿わない行動を拒否したために、一三年間も投獄されることになったのだ。それでも彼は主体的であり続けた。自分の影響の輪（持つことよりあること）に働きかけ、その牢獄をも統率する立場になる。そしてついに、その影響力はエジプト全土に及び、ファラオに次ぐ実力者となったのである。

この物語は、多くの人にとって劇的なパラダイムシフトになるはずだ。自分の身の上を他者や周りの状況の

せいにするほうがはるかに簡単である。しかし私たちは自分の行動に責任がある。責任(responsibility)とは、反応(response)を選べる能力(ability)である。自分の人生をコントロールし、「ある」ことに、自分のあり方に意識を向け、働きかけることで、周りの状況に強い影響を与えられるのである。

もし私が結婚生活に問題を抱えているとしたら、妻の欠点をあげつらって何の得があるだろう。自分には何の責任もないのだと言って、無力な被害者となり、身動きできずにいるだけだ。こちらから妻に働きかけることもできない。妻の短所に改めて腹を立て、なじってばかりいたら、私の批判的な態度は、自分の短所を正当化するだけである。相手に改めてほしい短所より、それを責めてばかりいる私の態度のほうが問題なのだ。そんな態度でいたら、状況を好転させる力はみるみるしぼんでいく。

私が本当に状況を良くしたいのであれば、自分が直接コントロールできること——自分自身——に働きかけるしかない。妻を正そうとするのをやめて、自分の欠点を正す。最高の夫になり、無条件に妻を愛し、支えることを考える。妻が私の主体的な力を感じとり、同じような反応を選んでくれればうれしいが、妻がそうしようとしまいと、状況を改善するもっとも効果的な手段は、自分自身に、自分が「ある」ことに働きかけることである。

影響の輪の中でできることはいくらでもある。より良い聴き手であること、もっと協調性があり献身的なスタッフであること、もっと良い生徒であること、もっと愛情深い配偶者であること。場合によっては、心から笑って幸福であることがもっとも主体的な態度になる。不幸になる選択ができるように、幸福な気持ちであることは主体的な選択である。影響の輪に絶対に入らないものもある。たとえば天気がそうだ。しかし主体

完訳 7つの習慣

的な人は心身の両面において自分の天気を持っている。自分の天気には自分で影響を及ぼすことができる。私たちは幸せであることができる。そして、自分にはコントロールできないことは受け入れ、直接的か間接的にコントロールできることに努力を傾けるのだ。

棒の反対側

人生の焦点を影響の輪にすべて移す前に、関心の輪の中にある二つのことについて考える必要がある。それは結果と過ちである。

私たちには行動を選択する自由がある。しかしその行動の結果を選択する自由はない。結果は自然の法則に支配されている。結果は影響の輪の外にある。たとえば、走ってくる電車の前に飛び込むのを選択することはできるが、電車にはねられてどういう結果になるかは、自分で決めることはできない。

それと同じように、商取引で不正を働くのを選択することはできる。この場合、発覚するかどうかで社会的な結果は違ってくるだろうが、この選択が人格に及ぼす自然の結果はすでに決まっている。

私たちの行動は、原則に支配されている。原則に沿って生きればポジティブな結果につながり、原則に反すればネガティブな結果になる。私たちはどんな状況においても自分の反応を選択できるが、反応を選択することで、その結果も選択しているのである。「棒の端を持ち上げれば、反対側の端も持ち上がる」のである。

誰でもそれぞれの人生の中で、後になって後悔するような棒を拾ったことがあるはずだ。その選択は、経験

108

第1の習慣　｜　主体的である

したくなかった結果をもたらしたに違いない。やり直せるものならば、別の選択をするだろう。これは「過ち」と呼んでいるが、一方では深い気づきを与えてくれる。

過去の出来事を悔いてばかりいる人にとって、主体的であるために必要なのは、過去の間違いは影響の輪の外にあることに気づくことだ。過ぎてしまったことを呼び戻すことはできないし、やり直すこともできない。

また、生じた結果をコントロールすることなどできない。

私の息子の一人は、大学でアメリカンフットボールの選手をしていたとき、ミスがあったら必ずリストバンドを引っ張り、気合を入れ直して次のプレーに影響しないようにしていた。

主体的なアプローチは、間違いをすぐに認めて正し、そこから教訓を学ぶ。だから失敗が成功につながる。

IBMの創立者T・J・ワトソンはかつて、「成功は失敗の彼方にある」と語った。

しかし過ちを認めず、行動を正さず、そこから何も学ぼうとしなければ、失敗はまったく異なる様相を帯びてくる。過ちをごまかし、正当化し、もっともらしい言い訳をして自分にも他者にも嘘をつくことになる。一度目の過ちを取り繕うという二度目の過ちは、さらに、一度目の失敗を増幅させ、必要以上に重大なものになり、自分自身にさらに深い傷を負わせることになる。

私たちを深く傷つけるのは他者の行動ではないし、自分の過ちでもない。重要なのは、過ちを犯したときにどういう反応を選択するかである。自分を咬んだ毒蛇を追いかけたら、毒を身体中に回してしまうようなものだ。すぐに毒を取り除くほうがよほど大切なのだ。

過ちを犯したときにどう反応するかが、次の機会に影響する。過ちをすぐに認めて正すことはとても大切な

109

ことであり、悪影響を残さず、より一層の力を得ることができるのである。

決意を守る

影響の輪のもっとも中心にあるのは、決意し、約束をしてそれを守る能力である。自分自身や他者に約束をし、その約束に対して誠実な態度をとることが、私たちの主体性の本質であり、そこにもっとも明確に現れるのである。

それは私たちの成長の本質でもある。人間だけに授けられた**自覚と良心**という能力を使えば、自分の弱点、改善すべき点、伸ばすことのできる才能、変えるべき行動、やめなければならないことを意識することができる。そして、これらの自覚に実際に取り組むためには、やはり**想像と意志**を働かせ、自分に約束し、目標を立て、それを必ず守る。こうして強い人格や人としての強さを築き、人生のすべてをポジティブにするのだ。

ここで、あなたが今すぐにでも自分の人生の主導権を握るための方法を二つ提案しよう。一つは何かを**約束**して、それを守ること。もう一つは、**目標を立て**、それを達成するために努力することだ。どんなに小さな約束や目標であっても、それを実行することで、自分の内面に誠実さが芽生え、育ち、自制心を自覚できるようになる。そして自分自身の人生に対する責任を引き受ける勇気と強さを得られる。自分に、あるいは他者に約束をし、それを守ることによって、少しずつ、その場の気分よりも自尊心のほうが重みを増していく。

自分自身に約束し、それを守る能力は、人の効果性を高める基本の習慣を身につけるために不可欠である。

知識・スキル・意欲は、私たち自身が直接コントロールできるものである。バランスをとるために、三つのうちどこからでも取り組むことができる。そしてこの三つが重なる部分が大きくなっていけば、習慣の土台となっている原則を自分の内面に深く根づかせ、バランスのとれた効果的な生き方ができるような強い人格を築くことができる。

主体性：三〇日間テスト

自分の主体性を認識し、育てるために、なにもヴィクトール・フランクルのように過酷な体験をする必要はない。日常の平凡な出来事の中でも、人生の大きなプレッシャーに主体的に取り組む力をつけることはできる。どのような約束をして、どのようにそれを守るか、交通渋滞にどう対処するか、怒っている顧客や言うことを聞かない子どもにどのような反応を選択するか、問題をどうとらえるか、何に自分の努力を傾けるか、どのような言葉遣いをするか。

三〇日間、自分の主体性を試すテストに挑戦してみてほしい。実際にやってみて、どういう結果になるか見るだけでいい。三〇日間毎日、影響の輪の中のことだけに取り組むのである。小さな約束をして、それを守る。裁く人ではなく、光を照らす人になる。批判するのではなく、模範になる。問題をつくり出すのではなく、自らが問題を解決する一助となる。

これを夫婦関係において、家庭で、職場でやってみる。他者の欠点を責めない。自分の欠点を正当化しな

111

い。間違いを犯したら、すぐに認め、正し、そこから教訓を得る。間違いを他者のせいにしない。自分がコントロールできることに取り組む。自分自身に働きかけ、「ある(be)」ことに取り組む。他者の弱点や欠点を批判的な目で見るのをやめ、慈しみ深い目で見る。問題はその人の弱点や欠点ではなく、それに対してあなた自身がどんな反応を選択し、何をすべきかである。問題は「外」にある、そんな考えが芽生えたら、すぐに摘み取ってほしい。そう考えることこそが問題なのである。

自分の自由の芽を日々伸ばす努力を続けていると、少しずつ自由が広がっていく。逆にそうしないと、自由の範囲がだんだんと狭まっていき、自分の人生を主体的に生きるのではなく、「生かされている」だけの人生になる。親や同僚、社会に押しつけられた脚本に従って生きることになるのだ。

自分の効果性に責任を持つのは自分以外にはいない。幸せになるのも自分の責任である。突き詰めて言えば、自分がどういう状況に置かれるかは、自分自身の責任なのである。

サミュエル・ジョンソン（訳注：英国の文学者）の言葉を借りよう。「満足は心の中に湧き出るものでなければならない。人間の本質を知らない者は、自分自身の人格以外の何かを変えて幸福を求めようとするが、そのような努力が実を結ぶはずはなく、逃れたいと思う悲しみを大きくするだけである」

自分は責任ある〈反応を選択する能力〉人間であると自覚することが、自分自身の効果性の土台となる。そして、これから取り上げる習慣の土台となるのだ。

第1の習慣：主体的である 実践編

1. 丸一日、自分が話す言葉に注意し、周りの人々の言葉も注意して聴いてみる。「……でさえあったらなあ」「できない」「しなければならない」というような反応的な言葉を何回使ったり聞いたりしただろうか？

2. 近い将来にありそうなことで、過去の経験からみて反応的な態度をとるだろうと思うものを一つ選ぶ。自分の影響の輪の中で、その状況を考え直してみる。どのような反応を選択すれば主体的であるだろうか？ その状況を頭の中でありありと想像してみる。刺激と反応の間にあるスペースを思い出そう。そこには選択の自由がある。主体的に反応している自分を思い描いてことを自分に約束する。

3. 仕事や私生活で抱えている問題を一つ選ぶ。それはあなたが直接的にコントロールできる問題だろうか、間接的にコントロールできる問題だろうか、それとも自分にはコントロールできない問題だろうか。それを判断したうえで、問題を解決するために影響の輪の中でできることを一つ決め、実行する。

4. 主体性の三〇日間テスト（二一一ページ）にトライする。影響の輪がどのように変化するか見てみよう。

THE SEVEN HABITS
OF HIGHLY
EFFECTIVE PEOPLE

第2の習慣
終わりを思い描くことから始める
BEGIN WITH THE END IN MIND

第2の習慣　終わりを思い描くことから始める

パーソナル・リーダーシップの原則

> 我々の後ろにあるもの（過去）と我々の前にあるもの（未来）は、我々の内にあるものに比べればとるに足らないものである。
>
> ――オリバー・ウェンデル・ホームズ

このページと次のページは、邪魔が入らず一人になれる場所で静かに読んでほしい。これから紹介すること以外は頭の中を空っぽにし、日常生活の細々とした用事も、仕事や家族、友だちのこともすべて忘れ、意識を集中し、心を開いて読んでもらいたい。

ある（愛する人の）葬儀に参列する場面を心の中に思い描いてみよう。あなたは葬儀場に向かって車を走らせ、駐車して車から降りる。中に入ると花が飾ってあり、静かなオルガン曲が流れている。故人の友人たちや家族が集まっている。彼らは別れの悲しみ、そして故人と知り合いであったことの喜びをかみしめている。

あなたは会場の前方に進んで行き、棺の中を見る。驚いたことに、そこにいたのはあなた自身だった。これは、今日から三年後に行われるあなたの葬儀だ。ここにいる人々は、生前のあなたに対する敬意、愛、感謝の気持ちを表しに来ているのである。

あなたは席に着き、式が始まるのを待ちながら手にした式次第を見る。四人が弔辞を述べるようだ。最初は親族を代表して、各地から集まってきた子ども、兄弟姉妹、姪、おば、おじ、いとこ、祖父母から一人。二人

第2の習慣 | 終わりを思い描くことから始める

目は友人の一人で、あなたの人柄をよく知っている人。三人目は仕事関係の人。最後は、あなたが奉仕活動を行ってきた教会や自治会などの組織から一人。

ここで深く考えてみてほしい。これらの人たちに、あなた自身あるいはあなたの人生をどのように語ってほしいだろうか。彼らの言葉で、あなたがどういう夫、妻、父、母だったと述べてほしいだろうか。彼らにとって、あなたはどのような息子、娘、あるいはいとこだったのか、どのような友人だったのか、どのような同僚だったのか。

あなたは、彼らに自分がどのような人物だったのかを見てほしかったのか。どういう貢献や功績を憶えておいてほしいのか。その場に集まっている人たちの顔をよく見てもらいたい。彼らの人生に、あなたはどのような影響を及ぼしたかったのだろうか。

読み進める前に感じたことを簡単に書き留めてほしい。そうすれば第2の習慣をより深く理解することができるだろう。

「終わりを思い描くことから始める」とは？

自分の葬儀の場面を真剣に思い描いてみて、あなたは一瞬でも、自分の内面の奥深くにある基本的な価値観に触れたはずだ。それはあなたの内面にあって影響の輪の中心にある。あなたを導く価値観と、束の間でも触れ合ったのである。

117

ここでジョセフ・アディソン（訳注：英国のエッセイスト）の一文を考えてみよう。

偉人の墓を見ると、自分の中にある嫉妬心が消えてなくなる。著名人の碑文を読むと、不相応な欲望は消え去っていく。子どもの墓石の前で悲嘆に暮れる親の姿を見ると、私の心は張り裂けそうになる。しかし、その両親の墓を見ると、死すべき人間の死を悼む虚しさを覚える。戦いに敗れた王が敵の傍らに横たわり、宿敵同士の思想家、あるいは対立し世界を二分した聖人たちが並んで葬られているのを見ながら、人間の些細な競争、派閥、論争を思うと、悲しみと驚きを禁じ得ない。墓石の日付を見る。昨日亡くなった人もいれば、六〇〇年前に亡くなった人もいる。そして私は、今生きている人たち全員がこの世を去り、全員が同時代の人間として語られる日のことに、思いを馳せる。

第2の習慣「終わりを思い描くことから始める」は生活のさまざまな場面やライフステージに当てはまる習慣だが、もっとも基本的なレベルで言うなら、人生におけるすべての行動を測る尺度、基準として、自分の人生の最後を思い描き、それを念頭に置いて今日という一日を始めることである。そうすれば、あなたにとって本当に大切なことに沿って、今日の生き方を、明日の生き方を、来週の生き方を、来月の生き方を計画することができる。人生が終わるときをありありと思い描き、意識することによって、あなたにとってもっとも重要な基準に反しない行動をとり、あなたの人生のビジョンを有意義なかたちで実現できるようになる。終わりを思い描くことから始めるというのは、目的地をはっきりさせてから一歩を踏み出すことである。目的地がわかれば、現在いる場所のこともわかるから、正しい方向へ進んでいくことができる。

第2の習慣 ｜ 終わりを思い描くことから始める

仕事に追われ、「活動の罠」に人はいとも簡単にはまってしまう。成功への梯子をせっせと登っているつもりでも、一番上に到達したときに初めて、その梯子は間違った壁に掛けられていたことに気づく。結局はまったく効果のない、多忙きわまりない日々を送っていることが大いにありうるのだ。

人は虚しい勝利を手にすることがよくある。成功のためにと思って犠牲にしたことが、実は成功よりもはるかに大事なものだったと突然思い知らされる。

どんな職業においても、人は、もっと高い収入、もっと高い評価、もっと高い専門能力を得ようと努力するが、結局、自分にとって本当に大切なものを見失い、取り返しのつかない過ちを犯したことに気づくのだ。医師、学者、俳優、政治家、会社員、スポーツ選手、配管工、自分にとって本当に大切なものを知り、それを頭の中に植えつけ、そのイメージどおりになるように日々生活していれば、私たちの人生はまるで違ったものになるはずだ。梯子を掛け違えていたら、一段登るごとに間違った場所に早く近づいていくだけである。あなたはとても能率よく梯子を登るかもしれない。上手に素早く登れるかもしれない。しかし、終わりを思い描くことから始めてこそ、本当に効果的になりうるのだ。

自分の葬儀で述べてもらいたい弔辞を真剣に考えてみてほしい。それがあなたの成功の定義になる。これまで思っていた成功とはまったく違うかもしれない。名声や業績を努力して手にすること、あるいは金持ちになることを成功だと思っているかもしれない。しかし、梯子を掛けるべき正しい壁の端っこですらないかもしれないのだ。

終わりを思い描くことから始めると、目の前にこれまでとは違う視野が広がる。二人の男性が共通の友人の葬儀に出席していた。一方の男性が「彼はいくら遺したんだい？」と尋ねた。もう一人は思慮深く答えた。

「すべて遺したさ、彼自身をね」

すべてのものは二度つくられる

「終わりを思い描くことから始める」習慣は、すべてのものは二度つくられるという原則に基づいている。すべてのものは、まず頭の中で創造され、次に実際にかたちあるものとして創造される。第一の創造は知的創造、そして第二の創造は物的創造である。

家を建てることを考えてみよう。家の設計図が隅々まで決まっていなければ、釘一本すら打つことはできない。あなたはどんな家を建てたいか頭の中で具体的にイメージするはずだ。家族を中心にした住まいにしたいなら、家族全員が自然と集まるリビングを設計するだろうし、子どもたちには元気よく外で遊んでほしいなら、中庭をつくり、庭に面した扉はスライド式にしようと思うかもしれない。ほしい家をはっきりと思い描けるまで、頭の中で創造を続けるだろう。

次に、思い描いた家を設計図にし、建築計画を立てる。これらの作業が完了してようやく工事が始まる。そうでなければ、実際に物的につくる第二の創造の段階で次から次へと変更が出て、建設費用が二倍に膨れ上がることにもなりかねない。

「二度測って一度で切る」が大工の鉄則だ。あなたが隅々まで思い描いていた本当に欲しい家が、第一の創造である設計図に正確に描けているかどうか、よくよく確認しなければならない。そうして初めて、レンガやモ

第2の習慣　｜　終わりを思い描くことから始める

ルタルでかたちを創造していくことができる。毎日建設現場に足を運び、設計図を見て、その日の作業を始める。

終わりを思い描くことから始めなければならないのである。

ビジネスも同じだ。ビジネスを成功させたいなら、何を達成したいのかを明確にしなければならない。ターゲットとする市場に投入する製品やサービスを吟味する。次は、その目的を達成するために必要な資金、研究開発、生産、マーケティング、人事、設備などのリソースを組織する。最初の段階で終わりをどこまで思い描けるかが、ビジネスの成功と失敗の分かれ道になる。失敗する企業のほとんどは、資金不足、市場の読み違い、事業計画の甘さなど、第一の創造でつまずいているのである。

同じことが子育てにも言える。自分に責任を持てる子に育てたいなら、そのことを頭に置いて毎日子どもと接する。そうすれば、子どもの自制心を損なったり、自尊心を傷つけたりすることはないはずだ。

程度の差こそあれ、この原則は生活のさまざまな場面で働いている。旅行に出るときには、行先を決めて最適なルートを計画する。庭をつくるなら、植物をどのように配置するか頭の中で想像を巡らすだろうし、紙にスケッチする人もいるだろう。スピーチをするなら、事前に原稿を書く。都市の景観を整備するなら、どんな景観にするか青写真をつくる。服をつくるときは、針に糸を通す前にデザインは決まっている。

すべてのものは二度つくられるという原則を理解し、第二の創造だけでなく第一の創造にも責任を果たすことによって、私たちは影響の輪の中で行動し、影響の輪を広げていくことができる。この原則に反して、頭の中で思い描く第一の創造を怠ったなら、影響の輪は縮んでいく。

121

描くか委ねるか

すべてのものは二度つくられる。これは原則である。しかし第一の創造が常に意識的に行われているとは限らない。日々の生活の中で自覚を持って責任を持って第一の創造を行えるようにならなければ、自分の人生の行方を影響の輪の外にある状況や他の人たちに委ねてしまうことになる。家族や同僚から押しつけられる脚本どおりに生き、他者の思惑に従い、幼い頃に教え込まれた価値観、あるいは訓練や条件づけによってできあがった脚本を演じるという、周りのプレッシャーに反応するだけの生き方になる。

これらの脚本は他者が書いているのであって、原則から生まれたものではない。私たちの内面の奥深くにある弱さと依存心、愛されたい、どこかに属していたい、ひとかどの人物と見られたいという欲求に負けて、他者が押しつける脚本を受け入れてしまうのだ。

自分で気づいていようといまいと、また、意識的にコントロールしていようといまいと、人生のすべてのことに第一の創造は存在する。第一の創造によって自分の人生を自分の手で描く。それができれば、第二の創造で主体的なあなたができる。しかし第一の創造を他者に委ねてしまったら、あなたは他者によってつくられることになる。

人間だけに授けられている自覚、想像、良心という能力を働かせれば、第一の創造を自分で行い、自分の人生の脚本を自分で書くことができる。言い換えれば、第1の習慣が言っているのは「あなたは創造主である」であり、第2の習慣は「第一の創造をする」習慣なのである。

第２の習慣　｜　終わりを思い描くことから始める

リーダーシップとマネジメント：二つの創造

第2の習慣は、自分の人生に自らがリーダーシップを発揮すること、つまりパーソナル・リーダーシップの原則に基づいている。リーダーシップは第一の創造であり、マネジメントは第二の創造であり、これについては第3の習慣で取り上げる。まずは、リーダーシップとマネジメントは違う。マネジメントがなくてはならない。

マネジメントはボトムライン（最終的な結果）にフォーカスし、目標を達成するための手段を考える。それに対してリーダーシップはトップライン（目標）にフォーカスし、何を達成したいのかを考える。ピーター・ドラッカー（訳注：米国の経営学者）とウォーレン・ベニス（訳注：米国の経営学者）の言葉を借りるなら、「マネジメントは正しく行うことであり、リーダーシップは正しいことを行う」となる。成功の梯子を効率的にうまく登れるようにするのがマネジメントであり、梯子が正しい壁に掛かっているかどうかを判断するのがリーダーシップである。

ジャングルの中で、手斧で道を切り拓いている作業チームを考えてみれば、リーダーシップとマネジメントの違いがすぐにわかるだろう。作業チームは生産に従事し、現場で問題を解決する人たちだ。彼らは実際に下草を刈って道を切り拓いていく。

マネジメントの役割はその後方にいて、斧の刃を研ぎ、方針や手順を決め、筋肉強化トレーニングを開発し、新しいテクノロジーを導入し、作業スケジュールと給与体系をつくる。

リーダーの役割はジャングルの中で一番高い木に登り、全体を見渡して、「このジャングルは違うぞ！」と叫ぶ。
　だが仕事の役割に追われて効率しか見えない作業チームやマネージャーだったら、その叫び声を聞いても、「うるさい！　作業は進んでいるんだから黙ってろ」としか反応しないだろう。
　私生活でも仕事でも、私たちは下草を刈る作業に追われるあまり、間違ったジャングルにいても気づかないことがある。あらゆる物事がめまぐるしく変化する現代においては、個人や人間関係のあらゆる側面においても、これまで以上にリーダーシップの重要性が増している。
　私たちに必要なのは、はっきりとしたビジョン、明確な目的地である。そしてその目的地に到達するためには、ロードマップよりもコンパス（方向を示す原則）が要る。地形が実際にどうなっているのか、あるいは通れるのかは、その場その場で判断し問題を解決するしかない。しかし、自分の内面にあるコンパスを見れば、どんなときでも正しい方向を示してくれるのである。
　個人の効果性は単に努力の量だけで決まるのではない。その努力が正しいジャングルで行われていなければ、生き延びることさえおぼつかなくなる。どの業界をとっても変革を求められている現代にあって、まず必要とされるのはリーダーシップである。マネジメントはその次だ。
　ビジネスの世界では市場がめまぐるしく変化し、消費者の嗜好やニーズをとらえて大ヒットした製品やサービスがあっという間にすたれることも珍しくない。主体的で強力なリーダーシップによって絶えず消費者の購買行動や購買意欲など市場環境の変化を機敏にとらえ、正しい方向に経営資源を投じるのだ。

第2の習慣 | 終わりを思い描くことから始める

航空業界の規制緩和、医療費の急上昇、輸入車の品質向上と輸入量の激増。さまざまな変化が事業環境に大きな影響を及ぼしている。企業が事業環境全体を注視せず、正しい方向に進んでいくための創造的なリーダーシップを発揮しなかったなら、マネジメントがいかに優れていても、失敗は避けられない。

効果的なマネジメントは揃っているけれども効果的なリーダーシップのない状態は、ある人の言葉を借りれば「沈みゆくタイタニック号の甲板に椅子をきちんと並べるようなもの」である。マネジメントが完璧でもリーダーシップの欠如を補うことはできない。ところが、私たちはしばしばマネジメントのパラダイムにとらわれてしまうため、リーダーシップを発揮するのが難しくなってしまうのだ。

シアトルで一年間に及ぶ経営者能力開発プログラムを行ったときのことである。最終回の日、ある石油会社のトップが私に次のような話をしてくれた。

「プログラムの二ヵ月目に先生はリーダーシップとマネジメントの違いを話されましたね。あの後、私は社長としての自分の役割を考え直しました。自分がリーダーシップの役割を果たしてこなかったことに気づきましたよ。マネジメントばかりに気をとられ、差し迫った問題や日々の業務の管理にどっぷり浸かっていたんです。先生の話を聞いて決心しました。マネジメントから身を引く、マネジメントは他の社員に任せると。私はリーダーとして組織を率いなければなりませんからね。

最初は難しかったですね。これまでは、仕事といえば火急の問題を切り抜けることであり、それを突然やめたわけですからね。禁断症状が起きましたよ。前だったら、そういう問題を解決するとその場で達成感を味わえました。し

かし会社の方向性や組織文化の構築、問題の徹底的な分析、新しいビジネスチャンスの発掘に取り組むようになってからは、何だかもの足りなかったんですよ。以前なら私が何でも相談に乗り、問題を解決し、指示を出していたのですからね。彼らも大変だったと思いますよ。

でも私は頑張りました。リーダーシップは絶対に必要だと確信していましたから。そしてリーダーシップを発揮しました。おかげで会社はすっかり生まれ変わり、市場の変化に適応できるようになりました。売上高が倍増し、利益は四倍になりました。私はリーダーシップの領域に入ったのです」

あまりにも多くの親が、マネジメントのパラダイムにとらわれている。方向性や目的、家族の想いより、能率・効率やルールにとらわれている。

個人の生活ではよりリーダーシップが不足している。自分自身の価値観を明確にする前に、能率よく自己管理や目標達成に取り組んでしまうのだ。

脚本を書き直す‥あなた自身の第一の創造者となる

前に述べたように、主体性の土台は「自覚」である。主体性を広げ、自分を導くリーダーシップを発揮できるようにするのが、**想像と良心**である。

第2の習慣｜終わりを思い描くことから始める

想像力を働かせると、まだ眠っている自分の潜在能力を頭の中で開花させられる。良心を働かせれば、普遍の法則や原則を理解し、それらを身につけ実践するための自分自身のガイドラインを引ける。自覚という土台に想像と良心を乗せれば、自分自身の脚本を書く力が得られるのである。

私たちは他者から与えられた多くの脚本に従って生活しているから、それらの脚本を「書き直す」よりもむしろ「書き起こす」プロセスが必要であり、あるいはすでに持っている基本のパラダイムの一部を根本的に変える、つまりパラダイムシフトしなければならないのだ。自分の内面にあるパラダイムは不正確だ、あるいは不完全だと気づき、今持っている脚本に効果がないことがわかれば、自分から主体的に書き直すことができるのだ。

エジプトの元大統領アンワル・サダトの自叙伝には、自分の脚本を書き直した実例を見ることができる。実に感動的な話である。

イスラエルへの憎しみに染まった脚本に沿って育てられ、教育を受けていたサダトは、テレビカメラに向かって次のような発言を繰り返していた。「イスラエルがアラブの土地を少しでも占領している限り、イスラエル人と握手はしない。絶対にしない！」

国民も呼応して叫んだ。「絶対！ 絶対！ 絶対にしない！」

サダトはこの脚本のもとに国民の力を結集し、意志を統一したのである。独立的で愛国主義に満ちた脚本は国民の深い共感を引き出した。しかしそれは、愚かな脚本であることをサダトは

知っていた。エジプトとイスラエルが強く張りつめた相互依存の関係にあるという現実を無視していたからだ。

こうしてサダトは、脚本を書き直すこととなる。サダトは若い頃、ファルーク国王を倒す陰謀に関わった罪でカイロ中央刑務所の独房五四号に収監された。その独房の中で自分の内面を見つめ、これまで持っていた脚本が果たして適切かつ賢明であったか考え始めた。心を無にし、深く瞑想し、聖典を研究し、祈ることによって、彼は脚本を自ら書き直す力を得たのだった。

刑務所を出たくない気持ちもあった、とサダトは自叙伝に書いている。その刑務所で真の成功とは何かを知ったからだ。それは物を所有することではない。真の成功とは、自分を制し、自分自身に勝つことだと悟ったのである。

ナセル政権の時代、サダトは閑職に追いやられていた。国民からは、サダトはもう信念を捨てたと思われていたが、そうではなかった。人々は自分のストーリーを反映して見ていたにすぎない。誰もサダトという人物を理解してはいなかった。彼は時機を待っていたのだ。

やがて機が熟す。エジプト大統領となり、政治の現実に直面して、イスラエルに対する憎しみに満ちた脚本を書き直す仕事に取りかかった。エルサレムのクネセット（イスラエルの国会）を訪問し、前例のない歴史的な和平交渉を開始する。この勇気ある行動が、キャンプ・デービッド合意につながったのである。

サダトは、自覚、想像、良心を働かせて、自らを導くリーダーシップを発揮したから、内面にある基本的なパラダイムをシフトし、イスラエルに対する見方を変えることができた。彼は影響の輪の中心から当時の状況に働きかけた。脚本を書き直すことによってパラダイムを変え、行動と態度を改めることで広がった影響の輪の中で、何百万もの人々に影響を与えたのだ。

第2の習慣　｜　終わりを思い描くことから始める

自覚を育てていくと、多くの人は自分が手にしている脚本の欠点に気づく。まったく無意味な習慣、人生における真の価値とは相容れない習慣が深く根づいていたことを思い知らされる。第2の習慣が教えるのは、そのような脚本を持ち続ける必要はないということだ。効果的な脚本とは、正しい原則から生まれる自分自身の価値観と一致する脚本である。私たち人間は、自分自身の想像力と創造力を使って、効果的な生き方の脚本を書くことができる。

私が自分の子どもの行動に過剰に反応しているとしよう。子どもたちが私の気に障ることをし始めると、胃がきりきりし、すぐに身構え、闘う態勢になる。長期的な成長や理解にフォーカスせず、今この瞬間の子どもの行動が気に食わず、目先の闘いに勝とうとする。

私は、身体の大きさや父親としての権威など持てる武器を総動員し、怒鳴りつけ、脅し、お仕置きをする。当然、勝つのは私だ。しかし、勝者たる私は、ぼろぼろになった親子の絆の残骸の中に立ちすくむ。子どもたちは上辺では私に服従するが、力で抑圧された恨みは残る。その気持ちはいずれ、もっと酷いかたちで噴出することになるだろう。

この章の冒頭で行ったように、私は自分の葬儀の場面を想像してみる。子どもたちの一人が弔辞を述べようとしている。私は子どもたちの人生が、その場しのぎの応急処置的な闘いの積み重ねではなく、愛に満ちた親の教えと躾の結果であってほしいと願う。彼らの内面が、私とともに過ごした年月の豊かな思い出でいっぱいであればと願う。その成長の途上で喜びと悲しみを分かち合った愛情深い父親として私を覚えていてほしい。心配事や悩みを私に打ち明けてくれたとき、私が真剣に耳を傾け、助けになろうとしたときのことを思い出し

てほしい。私は完璧な父親ではなかったが、精一杯努力したことを知ってほしい。そして何よりも、世界中の誰よりも彼らを愛していたことを記憶に留めておいてほしい。

私が自分の葬儀を想像してこのようなことを望むのは、心の底から子どもたちを愛し、助けたいし、大切に思っているからだ。私にとっては父親としての役割が何よりも大事だからである。

それなのに、この価値観をいつも意識しているとは限らない。些細なことに埋もれてしまうことがある。差し迫った問題や目の前の心配事、子どもたちの些細ないたずらに気をとられ、もっとも大切なことを見失うのだ。その結果、反応的になり、心の奥底でどんなに子どもたちのことを思っていても、彼らに対する私の態度は本心とはまるで正反対なものになってしまう。

しかし私には自覚がある。想像力と良心もある。だから、自分の心の奥底の価値観を見つめることができる。自分の生き方の脚本がその価値観と一致していなければ、それに気づくことができるのだ。第一の創造を自分が置かれた環境や他者に委ね、自分が主体的になって自分の人生を設計していなかったなら、それを自覚できるのだ。私は変わることができる。過去の記憶に頼って生きるのではなく、想像力を働かせて生きることができる。過去ではなく、自分の無限の可能性を意識して生きることができる。私は、自分自身の第一の創造者になることができるのだ。

終わりを思い描くことから始めるというのは、親としての役割、その他にも日々の生活でさまざまな役割を果たすときに、自分の価値観を明確にし、方向をはっきりと定めて行動することである。第一の創造を自分で行う責任があるのであり、行動と態度の源となるパラダイムが自分のもっとも深い価値観と一致し、正しい原

則と調和するように、自分で脚本を書き直すことである。

また、その価値観をしっかりと頭に置いて、一日を始めることもできる。そうすればどんな試練にぶつかっても、どんな問題が起きても、私はその価値観に従って行動することができる。私は感情に流されず、起こった状況にうろたえることもない。私の価値観が明確なのだから、本当の意味で主体的で価値観に沿った人間になれるのである。

個人のミッション・ステートメント

終わりを思い描くことから始める習慣を身につけるには、**個人のミッション・ステートメント**を書くのがもっとも効果的だ。ミッション・ステートメントには、信条あるいは理念を表明したものである。個人のミッション・ステートメントとは、どのような人間になりたいのか（人格）、何をしたいのか（貢献、功績）、そしてそれらの土台となる価値観と原則を書く。

一人ひとり個性が異なるように、個人のミッション・ステートメントも同じものは二つとない。形式も中身も人それぞれである。私の友人のロルフ・カーは、自分のミッション・ステートメントを次のように書き表している。

まず家庭で成功しよう。

神の助けを求め、それにふさわしい生き方をしよう。
どんなことがあっても正直でいよう。
お世話になった人たちの恩を忘れずにいよう。
判断を下す前に双方の言い分を聴こう。
他人の忠告に素直に耳を傾けよう。
その場にいない人を擁護しよう。
誠意を持ち、なおかつ強い決断力を持とう。
毎年何か一つ新しいことを身につけよう。
明日の仕事は今日計画しよう。
待ち時間を有意義に使おう。
常に前向きな姿勢でいよう。
ユーモアを忘れないようにしよう。
職場でも家でも規律正しくしよう。
失敗を恐れず、失敗から学び成長の機会を逃すことだけを恐れよう。
部下の成功を助けよう。
自分が話す二倍の時間、人の話を聴こう。
異動や昇進を気にせず、今ここにある仕事にすべての力を注ごう。

第2の習慣 ｜ 終わりを思い描くことから始める

次に紹介するミッション・ステートメントは、家庭と仕事の両立を心がけていた女性のものである。

私は仕事と家庭を両立できるように努力する。私にとってどちらも大切なことだから。

私も家族も、そして友人たち、お客さまも、くつろげて、楽しめて、幸せを味わえる家にする。清潔で整理整頓が行き届き、暮らしやすく、居心地のよい環境をつくる。何を食べるか、何を読むか、何を見るか、何にでも知恵を働かせる。子どもたちには、愛すること、学ぶこと、笑うこと、自分の才能を伸ばすことと活用することを教えたい。

私は民主主義社会の権利、自由、責任を大切にする。一市民として社会が直面している問題を理解し、政治のプロセスに参加し、声を上げるべきときは上げ、自分の一票を有効に使う。

私は自ら行動を起こして人生の目標を達成する。自分が置かれた環境に左右されるのではなく、自分からチャンスをつかみ、状況を良くしていく。

私は破滅に通じる習慣に近づかない。自分の限界を押し広げ、可能性を解き放ち、選択の幅を広げる習慣を身につける。

私はお金に使われず賢く使う、経済的な自立を目指す。欲求のままに購入せず、必要のあるものを家計が許せば購入する。住宅や自動車のローン以外は借金をしない。収入以上のお金は使わず、収入の一部は定期預金や投資にまわす。自分の持っているお金と才能を使い、奉仕活動や寄付を通して社会に貢献する。

個人のミッション・ステートメントは、その人の憲法と言える。合衆国憲法と同じように、それは基本的に不変である。合衆国憲法の制定からおよそ二〇〇年余の間に、修正・追補はわずか二七箇条（訳注：二〇一三年七月現在）、そのうち修正第一条から第一〇条は制定直後の権利章典である。

合衆国憲法は、国のすべての法律を評価する基準である。大統領は、憲法を守り、支持することの証として、忠誠の誓いをする。合衆国市民の資格審査も憲法が基準となる。南北戦争、ベトナム戦争、あるいはウォーターゲート事件、困難な時期を克服することができたのも、合衆国という土台と中心があったからだ。それは、あらゆるものの価値を判断し、方向を決めるもっとも重要な尺度なのである。

合衆国憲法は、独立宣言に述べられている正しい原則と自明の真理に基づいて制定されているから、今日に至るも、その重要な機能を失わずにいる。独立宣言の原則があるからこそ、米国社会が先行きの見えない変革の時期にあっても、憲法はその強さ失わなかったのである。「わが国の安心は、成文憲法を有していることにある」とトマス・ジェファーソン（訳注：米国第三代大統領）は述べている。

個人のミッション・ステートメントも、正しい原則を土台としていれば、その人にとって揺るぎない基準となる。その人の重要な決断を下すときの基礎となる。変化の渦中にあっても、感情に流されずに日々の生活を営むよりどころとなる。それは、不変の強さを与えてくれるのだ。

人生の重要な決断を下すときの基礎となる。変化の渦中にあっても、感情に流されずに日々の生活を営むよりどころとなる。それは、不変の強さを与えてくれるのだ。

内面に変わることのない中心を持っていなければ、人は変化に耐えられない。自分は何者なのか、何を目指しているのか、何を信じているのかを明確に意識し、それが変わらざるものとして内面にあってこそ、どんな変化にも耐えられるのである。

ミッション・ステートメントがあれば、変化に適応しながら生活できる。周りの人々や出来事を型にはめずに、現実をありのままに受け止めることができるようになる。予断や偏見を持たずに現実を直視できる。

私たち一人ひとりを取り巻く環境は常に変化し、しかも変化のスピードはかつてないほど増す一方だ。多くの人は変化の速さに圧倒され、とてもついていけないと感じている。自分の身に良いことが起きるようにとひたすら祈りながら受身の姿勢になっており、適応するのを諦めている。

しかし、そんなふうに簡単に諦める必要はない。ヴィクトール・フランクルは、ナチスの強制収容所での過酷な体験から、人間の主体性に気づき、人生において目的を持つこと、人生の意味を見出すことの大切さを身をもって学んだ。フランクルが後に開発し、教えたロゴセラピー（生きる意味を見出すことによって心の病を癒す心理療法）の本質は、自分の人生は無意味（空虚）だと思うことが心の病の根本にあるとする考え方に成り立った心理療法で、自分にとっての人生の意味、独自のミッション（使命）を発見できるよう手助けし、患者の内面に巣食う虚しさを取り除こうとするものである。

あなたが自分の人生におけるミッションを見出し、意識できれば、あなたの内面に主体性の本質ができる。人生を方向づけるビジョンと価値観ができ、それに従って長期的・短期的な目標を立てることができる。個人のミッション・ステートメントは、正しい原則を土台とした個人の成文憲法である。この憲法に照らして、自分の時間、才能、労力を効果的に活用できているかどうかを判断することができるのだ。

内面の中心にあるもの

個人のミッション・ステートメントを書くときは、まず自分の影響の輪の中心から始めなければならない。影響の輪の中心にあるのはあなたのもっとも基本的なパラダイムである。それは世界を見るときのレンズであり、あなたの世界観を形成しているからだ。

私たちは影響の輪の中心で自分のビジョンと価値観に働きかける。影響の輪の中心で「自覚」を働かせ、自分の内面にある地図を見つめる。正しい原則を大切にしていれば、自分の地図が実際の場所を正確に表しているか、自分の持っているパラダイムが原則と現実に基づいているか、自覚を働かせて確かめることができる。

影響の輪の中心では、「良心」をコンパスにして、自分の独自の才能や貢献できる分野を発見できる。ここでは「想像」することもできる。自分が望む終わりを思い描き、どの方向に、どんな目的で第一歩を踏み出せばよいのかを知り、ミッション・ステートメントという自分の成文憲法に息を吹き込むことができる。

影響の輪の中心に自分の努力を傾けることによって、輪は広がっていき、大きな成果を達成できる。影響の輪の中心に努力を集中させることが、PC（成果を生み出す能力）の向上につながり、私たちの生活のあらゆる面の効果性を高める。

自分の人生の中心に置くものが何であれ、それは**安定、指針、知恵、力**の源になる。

安定（security）とは、あなたの存在価値、アイデンティティ、心のよりどころ、自尊心、人格的な強さ、安心感のことである。

第2の習慣 | 終わりを思い描くことから始める

指針(guidance)は、人生の方向性を決める根源である。あなたの内面にある地図の中心にあり、目の前で起こっていることを解釈するときの基準である。生活の中でのあらゆる意志決定、行動基準、原則、暗黙の規範である。

知恵(wisdom)は、あなたの人生観、生活を送るうえでのバランス感覚である。原則をどう実践するか、個々の原則がどのように関連しているのかを理解する知力である。

力(power)は、行動する力、物事を成し遂げる強みと潜在的な能力のことである。選択し、決断を下すために不可欠なエネルギーである。深く根づいた習慣を克服し、より良い、より効果的な習慣を身につけるための力も含まれる。

この四つの要素（安定、指針、知恵、力）は、相互に依存し合っている。心の安定と明確な指針は正しい知恵をもたらし、知恵は火花となって、力を正しい方向に解き放つ。この四つが一つにまとまり、調和がとれ、個々の要素が互いを高める状態になっていれば、気高く、バランスがとれ、揺るぎない見事な人格ができる。

これら人生を支える四つの要素は、生活のあらゆる面を盤石にする。第一部で取り上げた成長の連続体と同じように、どの要素も成長の度合いは〇％～一〇〇％までの幅がある。四つの要素が一番下のレベルだと、自分では何もコントロールできず、他者や状況に依存している状態だ。レベルが上がっていくにつれ、自分の人生を自分でコントロールできるようになり、自立した強さが生まれ、豊かな相互依存関係の土台が築かれる。

あなたの「安定」は、この連続体のどこかに位置している。一番下にあるとしたら、あなたの人生はあらゆる変化の波に揺り動かされてしまう。一番上にあれば、自分の存在価値を自覚し、心が安定している。「指針」が連続体の一番下にある人は、絶えず変化する社会の鏡を見て、不安定な外的要因に振り回されて生きている。一番上にあれば、自分の内面に確かな方向感覚を持っている。「知恵」が連続体の一番下にあると、内面の地図は間違いだらけで、すべての原則のピースが歪み、どうやってもかみ合わない状態だ。一番上に達すれば、すべての原則のピースが納まるべきところに納まり、正しく機能する。そして「力」もまた、自分からは動かず他者から操られている状態から、他者や状況に左右されず自分の価値観に従って主体的に動ける状態までのどこかに位置している。

この四つの要素が成長の連続体のどこに位置するのか、調和やバランスがどれだけとれているのか、人生のあらゆる場面でポジティブな影響を与えるかは、あなたの内面の中心にある基本のパラダイムの働きによって決まるのだ。

さまざまな中心

人は誰でも自分の中心を持っている。普段はその中心を意識していないし、その中心が人生のすべての側面に大きな影響を及ぼしていることにも気づいていない。

ここで、人が一般的に持つ中心、基本のパラダイムを見てみよう。内面の中心とパラダイムが四つの要素にどう影響するのか、ひいては、それらの要素によって形成される人生全体にどう影響するのか理解できるだろう。

配偶者中心

結婚はもっとも親密で満足感を得られ、永続的で成長をもたらす人間関係である。だから、夫あるいは妻を中心に置くことは自然で当たり前のことに思えるかもしれない。

ところが、経験や観察によると、そうとも言えないようである。私は長年、問題を抱えている多くの夫婦の相談に乗ってきたが、配偶者を人生の中心に置いている人のほぼ全員に織り込まれた課題が見られる。それは強い依存心だ。

感情的な安定のほとんどを夫婦関係から得ているとしたら、夫婦関係に強く依存していることになる。相手の気分や感情、行動、自分に対する態度にひどく敏感になる。あるいは子どもの誕生や親戚との付き合い、経済的な問題、相手の社会的成功など、夫婦関係に入り込んでくる出来事に影響を受けやすくなる。

夫婦としての責任が増し、それに伴ってストレスを感じるようになると、夫も妻も、それぞれの成長過程に

持っていた脚本に逆戻りする傾向がある。それぞれが成長の過程で与えられていた脚本は、相容れないことが多い。金銭的な問題、子育て、親戚付き合いなど、何かにつけて相手との違いが見えてくる。深く根づいている自分の性向に加え、感情的な依存心も絡んで、夫婦関係がぎくしゃくしてくるわけである。

配偶者に依存していると、相手と衝突したときに自分の要求が増幅し、対立の度が増す。愛情が憎しみに転じ、対立か逃避かの二者択一しかないと思い込み、自分の殻に閉じこもるか、攻撃的な態度に出たり、相手を恨み、苦々しく思い、家庭内で冷戦が繰り広げられることになる。こうした状態になると、自分がかつて持っていたパラダイムや習慣に逆戻りし、それを根拠に自分の行いを正当化し、相手の行いを責めるのだ。

夫あるいは妻への依存心があまりに強いと、さらなる痛手を負うのを恐れて自分を守ろうとする。だから嫌味を言ったり、相手の弱みをあげつらったり、批判したりする。どれもこれも、自分の内面の弱さを押し隠すためだ。どちらも、相手が先に愛情を示してくれるのを待っている。しかし二人とも頑として譲らなければ、お互いに失望し、相手に対する自分の批判は正しかったのだと納得してしまう。

配偶者中心の関係は、表面的にはうまくいっているように見えても、安定は幻にすぎない。指針はその時どきの感情で右に左に揺れ動き、知恵と力も、依存する相手との関係が悪くなれば消え失せてしまう。

家族中心

家族を人生の中心に置いている人も大勢いる。これもごく自然で妥当なことに思える。家族に自分のエネルギーを集中的に注げば、家族がお互いを思いやって絆が強くなり、価値観を共有し、日々の暮らしが素晴らし

第2の習慣｜終わりを思い描くことから始める

いものになる大いなる機会となる。しかし家族を中心にすると、皮肉にも家族の成功に必要な土台そのものが崩れてしまうのだ。

家族中心の人は、家族の伝統や文化、あるいは家族の評判から心の安定や自分の存在価値を得る。だから、家族の伝統や文化に変化があると、あるいは家族の評判に傷がつくようなことが起こると過剰に反応する。

家族中心の親は、子どもの最終的な幸福を考える感情的な余裕と力を持っていない。家族が心の安定のよりどころになっていると、子どもたちの成長を長い目で見ることの大切さよりも、その場その場で子どもに好かれたい欲求を優先してしまうかもしれない。あるいは、子どもの行いに絶えず厳しく目を光らせる親は、子どもが少しでも悪さをすると、たちまち心の安定が崩れる。腹を立て、感情のままに子どもに接する。わが子の長期的な成長よりも目の前の問題に反応し、怒鳴り、叱りつける。虫の居所が悪ければ、些細ないたずらにも大げさに反応し、罰を与えるかもしれない。このような親は、子どもに対する愛情が条件つきになってしまい、すするとその子は感情的に親に依存するか、逆に対立し反抗的になってしまうのだ。

お金中心

当然といえば当然だが、お金を稼ぐことを人生の中心にしている人も、もちろん大勢いる。経済的な安定があれば、多くのことができる機会も増える。欲求の階層では、生命維持と経済的安定がくる。この基本的な欲求が最低限でも満たされなければ、他の欲求は生じない。

ほとんどの人は生活していく中で経済的な不安を持つ。さまざまな力が働いて世の中の経済情勢が変動すれ

ば、たとえ意識の表面に出てこなくとも、どこかで不安や心配を覚える。同時に、お金を稼ぐのはもっともらしい理由になる。家族を養うためにお金を稼ぐ立派な動機は他にもあるだろう。しかしお金を人生の中心に据えたら、お金そのものに縛られてしまう。

人生を支える四つの要素（安定、指針、知恵、力）を考えてみよう。仮に私が自分の心の安定を雇用や収入、資産から得ているなら、この経済的基盤は多くの外的要因に影響を受けるので、そうした要因がいつも気になり、不安になる。防御的になり、影響を受けないように何とかしようとする。資産の評価額が私の自尊心の源であるなら、資産に影響する事柄にいちいち敏感になる。仕事もお金も、それ自体が知恵を与えてくれるわけではないし、指針にもならないが、限定的な力と安定は与えてくれるかもしれない。お金を中心に据えると、私の生活も、愛する者たちの生活も危機に陥れるおそれがある。

お金中心の人は、家族のことやその他の大事なことを後回しにして経済的なことを優先するが、家族を養うことが先決なのだから、家族の者たちもそれを理解してくれるだろうと思い込んでいる。私の知人の男性が、子どもたちを連れてサーカスに行こうとしていた。そこに職場から呼び出しの電話があった。彼はそれを断った。仕事に行ったほうがいいんじゃないのと言う奥さんに、彼はこう答えた。「仕事はまたある。でも子ども時代はまたとない」小さな出来事かもしれない。しかし彼の子どもたちは一生涯、父親が自分たちを優先してくれたことを覚えているだろう。父親のあり方の手本として記憶に残り、そして親の真の愛情が心に染みたはずだ。

仕事中心

仕事中心の人は、自分の健康や人間関係など人生において大切なことを犠牲にしてまで仕事に向かう。いわゆるワーカホリックだ。私は医者だ、作家だ、俳優だ、というように、基本的なアイデンティティが職業にある。

彼らのアイデンティティと存在価値は仕事にすっぽりと包みこまれているから、その包みを剥がされるような事態になると、心の安定はあえなく崩れる。彼らの指針は仕事の有無で変動する。知恵と力は仕事の中でしか発揮されない。仕事以外の場ではほとんど役に立たない。

所有物中心

多くの人にとって、何かを所有することは生きる原動力になる。所有物には、流行の服や住宅、車、ボート、宝飾品などかたちのあるものだけでなく、名声、栄誉、社会的地位など無形のものも含まれる。ほとんどの人は、自分自身の体験を通して、ものを所有することに汲々として生きるのは愚かなことだとわかっている。何かを所有してもすぐに失ってしまうのはよくあることだし、あまりにも多くの外的要因に影響を受けるからである。

仮に私が自分の評判や所有物で心の安定を得ているとしたら、それを失いはしまいか、盗まれはしないか、あるいは価値が下がりはしないかと不安で、心の休まる間もないだろう。私よりも社会的地位の高い人や資産を多く持っている人の前では劣等感を覚え、逆に私よりも社会的地位が低く、資産も持っていない人の前では優越感に浸る。自尊心は揺らぎっぱなしである。しっかりとした自我、確固とした自分というものがない。何

よりも自分の資産、地位、評判を守ることに必死だ。株の暴落で全財産を失い、あるいは仕事の失敗で名声を失い、自ら命を絶った人の例は枚挙にいとまがない。

娯楽中心

所有中心から派生するものとして、楽しみや遊び中心の生き方もよく見受けられる。今の世の中はすぐに欲求を満たせるし、そうするように仕向けられてもいる。他人の楽しそうな生活、しゃれた持ち物をテレビや映画でこれでもかというほど見せられ、私たちの期待や欲求は増すばかりである。

しかし、娯楽中心の安楽な日々は目もくらむばかりに描かれても、そのような生活が個人の内面や生産性、人間関係に当然及ぼす影響が正確に描かれることはほとんどない。

適度な娯楽は心身をリラックスさせ、家族で楽しめるし、他の人間関係の潤滑剤にもなる。しかし遊びそのものから長続きする深い満足感や充実感を得られるわけがない。娯楽中心の人は、今味わっている楽しさにすぐ飽きてしまい、もっと楽しみたくなる。欲求はとどまるところを知らないから、次の楽しみはもっと大きく、もっと刺激的にと、より大きな「ハイ」を求める。ほとんど自己陶酔の状態にあり、人生は今この瞬間が楽しいかどうかだけだと考える。

頻繁に長期休暇をとる、映画を見すぎる、テレビの前から動かない、ゲームにふけるなど、無節制に遊びたいだけ遊んでいたら、人生を無駄にするのは目に見えている。このような人の潜在能力はいつまでも眠ったままであり、才能は開発されず、頭も心も鈍り、充実感は得られない。はかなく消える一瞬の楽しさだけを追い

第2の習慣 | 終わりを思い描くことから始める

求めている人の安定、指針、知恵、力が成長の連続体の一番下にあるのは言うまでもない。マルコム・マゲリッジ（訳注：米国の作家）は著書『A Twentieth-Century Testimony（二〇世紀の証）』の中で次のように書いている。

最近になって人生を振り返ることがよくあるのだが、今は何の価値も置いていないことが以前は有意義に思え、魅力を感じていたことに衝撃を覚える。たとえば、あらゆる見せかけの成功。名を知られ評価されること。金を稼いだり女性を口説いたりして得る快楽。まるで悪魔のように世界のあちこちに出没し、虚栄の市で繰り広げられるような体験をすること。

今から考えれば、これらはすべて自己満足以外の何ものでもなく、単なる幻想にすぎないのではないか。パスカルの言葉を借りれば『土をなめる』ように味気ないものである。

友人・敵中心

若い人は特にそうだと思うが、もちろん若い人だけに限らず、人生の中心に友人を置く人もいる。彼らにとっては仲間に受け入れられ、そこに属していることが何より重要となる。絶えず変化する歪んだ社会の鏡が、自分の安定、指針、知恵、力の源泉になっており、他者の気分、感情、態度、行動に自分のあり方が左右される。

友人中心が一人の相手だけに集中していると、配偶者中心の人間関係と同様の弊害を生むこともある。特定

の個人に対する依存心が強いと、相手に対する要求と対立のスパイラルが増し、そして対立を招き、中心に置いていた人間関係そのものが破綻する結果となることもある。

逆に、人生の中心に敵を置いたらどういうことになるだろうか。そんなことは考えたこともないという人がほとんどだろう。おそらく、意識的に敵中心の生き方をしている人はいないはずだ。ところが、これもよくあることなのだ。実際に対立関係にある相手と頻繁に顔を合わせるとなればなおさらである。たとえば気持ちの上でも社会的にも重要な人からひどく不公平に扱われていると感じると、そのことが頭から離れず、彼らが自分の生活の中心になってしまう。敵中心の人は、自分の人生を主体的に生きるのではなく、敵だと思う相手の行動や態度に反応し、対立することによって相手に依存していることになる。

ある大学で教えていた私の友人は、相性の合わない上司の欠点がどうにも我慢できなかった。まるで取り憑かれてでもいるように、明けても暮れてもそのことばかりを考え、ついに家族や教会、同僚との関係にも支障きたすようになり、彼は結局その大学を辞め、他の大学で教鞭をとる決断を下した。

私は彼に「あの上司さえいなければ、この大学に残りたいんじゃないのか?」と尋ねた。

「そりゃそうさ。しかしあの人がこの大学にいる限り、僕の生活はめちゃくちゃだ。もう耐えられない」と彼は答えた。

「なぜ君は上司を生活の中心に置いているんだい?」と私は聞いてみた。

彼は私の質問に驚き、否定した。しかし私は続けて言った。「たった一人の人間とその人の欠点が君の人生の地図を歪め、君が信じていることも、愛する人たちとの大切な人間関係も台無しにしている。君自身がそれを許している

第2の習慣｜終わりを思い描くことから始める

「んじゃないのか」

彼は、上司が自分に大きな影響を及ぼしていることは認めたが、自分がそのような選択をしたつもりはない、自分の不幸はすべての上司のせいであって、自分に何ら責任はないと言い張った。

だが私と話しているうちに、彼はようやく、自分には選択する責任があることに気づき、その責任を果たしていない無責任さを自覚した。

離婚した人の多くにも同じパターンが見られる。元妻や元夫への怒り、憎しみに取り憑かれ、自分を正当化することに汲々としている。自分の批判が正しいことを証明するために、元のパートナーの欠点を持ち出す。

離婚したとはいえ、精神的にはまだ結婚生活が続いている状態なのだ。

心の中で密かに、あるいはおおっぴらに親を憎んでいる、大人になりきれない人も少なくない。子どもの頃に厳しく育てられた、愛情をかけられなかった、甘やかされたと、親を責める。親に対する憎しみを人生の中心に置き、脚本を正当化し、反応的な生活を受け入れてしまう。

友人中心、敵中心の人は、内面の安定は得られない。自分の価値をしっかりと自覚できず、友人あるいは敵の感情に反応して揺れ動く。指針は相手の顔色次第で変化し、人間関係という社会的なレンズを通した知恵しか生まれず、あるいは被害者意識が知恵の働きを抑えてしまう。自分から力を発揮できず、操り人形のように他者に振り回されるだけなのだ。

教会中心

個人が教会に行くことと精神性の高さとは別問題である。何らかの宗教を信じている人は、そのことを認識すべきだと思う。宗教的な活動や行事に忙しくて周りの人たちの火急のニーズに気づかず、信じている宗教の教えとは矛盾する生活を送っている人もいれば、宗教的な活動はしていなくとも、高い倫理観にかなった生き方をしている人もいる。

私は子どもの頃からずっと教会に通い、地域の奉仕団体に参加しているが、その経験を通してわかったのは、教会に通うことと、教会で教わる原則に従って生きることは必ずしも同じではないということだ。教会の活動に熱心でも教義を実践しているというわけではない。

教会中心の生き方をしている人は、セルフ・イメージや世間体に高い関心を示す。個人と内面の安定の土台を揺るがし、偽善的になりかねない。教会中心の人の指針は社会的な価値観を基盤にしているから、他者を見る目も「積極的」か「消極的」か、「自由主義」か「正統主義」「保守主義」か、というように簡単にレッテルを貼る傾向がある。

どんな教会も、方針やプログラム、さまざまな活動、信者によって成り立っているのだから、教会そのものが、深い内的価値観、揺るぎない心の安定を与えてくれるわけではない。それは教えを実践することからしか得られない。

教会中心の人の中には、たとえば教会に行く日だけは敬虔な気持ちになり、それ以外の日はそうした気持ちを忘れて生活している人も少なくない。このように一貫性や統一性を

欠いた行動をとっていては、心の安定が脅かされ、他人への決めつけと自己正当化が増大する。自分の偽善的な行いを正当化し、周りの人をステレオタイプでしか見られなくなる。

教会を手段ではなく目的ととらえていたら、知恵を発揮できず、生活のバランス感覚を失う。教会は力の根源を教えるかもしれないが、教会が力の根源そのものにはならない。教会は神聖な力を人間の内面に通わせる一つの手段だととらえるべきなのである。

自己中心

現代は自己中心的な生き方が際立っている時代のようである。自己中心の顕著な現れはわがままである。わがままは、ほとんどの人の価値観に反する態度だ。にもかかわらず、個人の成長や自己実現の方法と謳うアプローチには、自己中心的なものが多いことがわかる。

自己という限定された中心からは、安定、指針、知恵、力はほとんど生まれない。イスラエルの死海のように、自己中心は、受け入れるだけで与えることはしない。だから自己中心の生き方は淀み沈滞してしまう。

それとは逆に、他者のためになることをし、有意義なかたちで価値を生み出し、社会に貢献し、自分の能力を高めることに視野を広げれば、安定、指針、知恵、力の四要素を劇的に向上させることができる。

以上は、人々が一般的に人生の中心に置くものである。他の人たちが人生の中心に置いているものはよく見えても、自分の人生の中心は意外と自覚していないことが多い。あなたの知り合いの中にも、お金を優先して

いる人はいるだろう。うまくいかない人間関係で自分の立場を正当化することに必死な人も知っているはずだ。そのような人たちの行動を傍から見ていれば、その行動の裏にある中心は自然とわかるものである。

あなたの中心を明らかにする

しかし、あなた自身の立ち位置はどこにあるのだろう。あなたの人生の中心は何だろう。ときに、自分の中心が見えていないこともあるだろう。

人生を支える四つの要素（安定、指針、知恵、力）を見つめれば、自分の中心をはっきりと認識できる。次の記述を読んで、当てはまるものがあれば、その根源となっている中心があなたの人生の中心となっている可能性が高い。その中心があなたの効果的な生き方を抑えつけていないかどうか、考えてみてほしい。

配偶者中心だったら
安定
・心の安定は、相手の行動や態度に左右される。 ・相手の気分や感情に過剰に反応する。 ・相手と意見が合わないと、あるいは相手が自分の期待に応えてくれないとひどく失望し、喧嘩になるか、逆に自分の殻に閉じこもってしまう。 ・相手との関係に入ってくることは何でも脅威に感じる。

第2の習慣　｜　終わりを思い描くことから始める

指針	・自分が進む方向は、相手のニーズや欲求で決まる。 ・結婚生活に最善であるかどうか、あるいは相手の好みや意見を基準にして自分の意志を決める。
知恵	・自分の人生観はポジティブあるいはネガティブなことであっても、相手に関わること、夫婦関係に影響することに限られている。
力	・行動する力は、相手と自分の短所に左右される。

家族中心だったら

安定	・家族に受け入れられ、家族の期待に応えることで心の安定を得る。 ・心の安定は、家庭の状況で変化する。 ・家族の社会的評価が良ければ自分の価値を保てる。
指針	・正しい行動と態度は家族の脚本をベースにしている。 ・意志決定の基準は家族にとって良いこと、家族が望んでいることに制限される。
知恵	・家族のレンズを通してすべての物事を見るので、物事に対する理解が一面的になり、家族が良ければよいという狭い考えを持つ。
力	・行動は、家族のルールや伝統に制限される。

完訳 7つの習慣

お金中心だったら

- 安定：自分の存在価値は資産の額で決まる。経済的安定を脅かすものに過剰に反応する。
- 指針：利益があるかどうかを基準にして自分の意志を決める。
- 知恵：金を儲けるというレンズを通して人生を見ているために、判断に偏りがある。
- 力：狭い視野の範囲内で、自分が持っているお金でできることしか達成できない。

仕事中心だったら

- 安定：勤めている会社や職業で自分の価値を決めてしまう。仕事をしているとき以外は何となく落ち着かず、不安である。仕事をしているときだけ安心できる。
- 指針：仕事に必要かどうか、会社から求められているかどうかを基準にして自分の意志を決める。
- 知恵：自分の仕事の役割に制限される。仕事を人生そのものととらえる。
- 力：行動は、仕事上のロールモデル、仕事で得られる機会、所属する組織の規模、上司の意見、ある年齢になったら今の仕事はできなくなる制約に縛られている。

所有物中心だったら

- 安定：心の安定は、自分の評価や社会的地位、所有物から得ている。自分の所有物と他者の所有物を比べる傾向がある。
- 指針：自分の所有物を守り、増やし、あるいは良く見せられるかどうかが物事を決める基準である。

第2の習慣｜終わりを思い描くことから始める

知恵	力
・経済力や社会的地位の比較で世の中を見る。	・行動する力は、自分の経済力や社会的地位の範囲内に制限される。

娯楽中心だったら				
安定	指針	知恵	力	
・楽しくて「ハイ」になっている状態のときにしか心の安定は得られない。・心の安定は周りの環境に左右され、長く続かず、楽しくないとやる気が起きない。	・どうしたらもっとも楽しい気分になれるかの観点から物事を決める基準である。	・自分が楽しめるかどうかの観点から世の中を見る。	・自分から行動する力はほとんどない。	

友人中心だったら				
安定	指針	知恵	力	
・心の安定は社会通念の鏡に自分がどう映るかで左右される。・他者の意見に振り回される。	・「周りの人はどう思うだろうか」と考えて物事を決める。・人前で気まずさを感じやすい。	・社会的なレンズを通して世の中を見る。	・気楽な人間関係の範囲内にとどまっている。・行動は他者の意見でころころ変わる。	

完訳 7つの習慣

	敵中心だったら	教会中心だったら	自己中心だったら
安定	・心の安定は敵対する相手の一挙手一投足に揺れ動く。 ・敵対する相手が何をしているのかいつも気になる。	・所属する教会の活動、その教会の有力者から自分がどう見られているかによって心の安定を得る。	・心は絶えず不安定である。
指針	・敵対する相手に同じように批判的な人を探し、自分を正当化する。 ・敵対する相手の行動に引きずられ、「反依存」の状態になっている。 ・敵対する相手をどうしたら困らせられるかを基準に物事を決める。	・他者の宗教的信条との比較にアイデンティティを見出している。 ・自分が信じる宗教の教義の観点から自分が他者からどう見られるかを基準に行動する。	
知恵	・判断力が狭く、歪んでいる。 ・自己防御の意識が強く、過剰反応し、被害妄想を抱く。	・「信者」か「非信者」か、自分が所属する教会の一員かどうかで他者を判断する。	
力	・怒りや妬み、恨み、復讐心が力の源泉となっている。こうしたネガティブなエネルギーがポジティブなエネルギーを吸い取ってしまい、他のことをする余裕がなくなる。	・所属する教会の社会的立場や役割から力を借りる。	

154

第2の習慣 | 終わりを思い描くことから始める

指針	・自分の気分が良くなるか、自分が欲しいものは何か、自分が必要なものは何か、自分にとって利益があるかを基準に物事を判断する。
知恵	・出来事や周りの状況、決定事項が自分に及ぼす影響の観点から世の中を見る。
力	・相互依存的な人間関係の利点を生かせず、自分の力だけで行動するしかない。

ほとんどの人は、複数の中心が組み合わさっている。私たちはさまざまな要因の影響を受けて生きているから、周りや自分の状況によって、何か一つの中心が前面に出てくることもあるだろう。今の状況が要求する事柄が満たされれば、今度は別の中心が生活の主導権を握る。

中心をころころと変えて生きる人生は、ジェットコースターのようなものだ。ハイな気分でいると思ったら急降下し、短所を短所で補い、その場その場を何とかしのごうとする。これでは指針は常にぶれて方向が定まらず、普遍的な知恵も、確かな力の供給源も、アイデンティティや揺るぎない自尊心も生まれない。言うまでもなく、明確な中心を一つ持ち、そこから常に高いレベルの安定、指針、知恵、力を得られることが理想である。そうすれば人生のすべての部分がよく調和し、主体性を発揮できる人間になれるのだ。

原則中心

人生の中心に正しい原則を据えれば、人生を支える四つの要素を伸ばしていく堅固な土台ができる。ころころと変わる人やものに中心を置いた人生は、ぐらつきやその事実がわかっていれば人生は**安定**する。

すい。正しい原則は変わらない。私たちは原則に依存しているのだ。原則はどんなものにも影響されない。突然怒り出すこともなければ、あなたに対する態度が日によって変わることもない。別れてほしいと言い出すこともないし、あなたの親友と逃げるなどということもない。原則は、近道でも、その場しのぎの応急処置でもない。他者の行動、周りの状況、その時代の流行に頼ることもない。原則は不変だ。ここにあったと思ったらいつの間にかなくなっていた、というようなことはない。火災や地震で壊されることもなければ盗まれることもない。

原則は、人類共通の根本的な真理である。人生という布地に美しく、強く、正確に織り込まれる糸である。人間や環境が原則を無視しているように見えても、原則はそうした人間や環境よりも大きなものであることをわかっていれば、そして人間の何千年もの歴史を通して原則が何度も勝利を収めていることを知れば、私たちは大きな安定を得られる。もっと大切なのは、原則は私たち自身の人生と経験においても有効に働いていることを知れば、大きな安定を得ることができるのである。

もちろん、誰もがすべてのことを知っているわけではない。本質に対する自覚が欠けていたり、原則と調和しない流行の理論や思想によって、正しい原則の理解が制限されてしまったりする。しかし、原則に基づいていない上辺だけの理論や思想は、一時的に支持されても、多くのことがそうであったようにすぐに消え去る運命にある。間違った土台の上に築かれているから、持続するはずがない。

私たち人間には限界がある。しかし限界を押し広げることはできる。人間の成長をつかさどる原則を理解すれば、他にも正しい原則を自信を持って探し求め、学ぶことができる。そして学べば学ぶほど、世界を見るレ

ンズの焦点を合わせられるようになる。原則は変化しない。私たち自身が変化し、原則を深く理解できるようになるのだ。

原則中心の生き方から生まれる**知恵**と**指針**は、物事の現在、過去、未来を正しくとらえた地図に基づいている。正しい地図があれば、行きたい場所がはっきりと見え、どうすればそこに行けるのかもわかる。正しいデータに基づいて決断し、決めたことを確実に有意義に実行できるのである。

原則中心の生き方をする人の**力**は、個人の自覚の力、知識の力、主体性の力である。この力は他者の態度や行動に制限されない。他の人たちなら力を抑え込まれるような状況であっても、影響を受けはしない。正しい原則を知っていれば、力が及ばないのは、原則そのものがもたらす自然の結果に対してだけである。正しい原則を知っていれば、誰でもそれに基づいて自分の行動を自由に選べる。しかし、その行動の結果は選べない。覚えておいてほしい「棒の端を持ち上げれば、反対側の端も上がる」のだ。

原則には必ず自然の結果がついてくる。原則と調和して生きていれば、良い結果になる。原則を無視した生き方をしていたら、悪い結果になる。しかし、これらの原則は、本人が意識していようといまいと誰にでも関わるものであるから、この限界も万人に平等に働く。正しい原則を知れば知るほど、賢明に行動する自由の幅が広がるのである。

時代を超えた不変の原則を人生の中心にすると、効果的に生きるための基本的なパラダイムを得ることができる。それは、他のすべての中心を正すことができる原則中心のパラダイムなのだ。

完訳 7つの習慣

原則中心だったら	
安定	・心の安定は正しい原則から得られるから、周りの状況や環境に揺り動かされることはない。 ・自分の人生において、自分の体験を通して、真の原則を実証できることを知っている。 ・正しい原則は、自分の成長を測る尺度として、正確に、一貫して、確実に機能する。 ・正しい原則を通して、自分の能力の開発プロセスを理解する。その結果、学び続ける自信がつき、知識が増え、物事に対する理解が深まる。 ・心の安定の源から、不変で不動の中心が生まれ、その確固たる中心を持つことで、変化を心躍る冒険ととらえ、有意義な貢献をする機会と考える。
指針	・行きたい場所とそこに到達する方法を指し示すコンパスによって導かれる。 ・正確なデータがあるから、実行可能で有意義なことを決断できる。 ・その時どきの人生の局面、感情、状況から一歩離れて全体をとらえ、バランスのとれたものの見方ができる。 ・長期的、短期的の両方のスパンで物事をとらえ、決断を下すことができる。 ・どんな状況に置かれても、原則に導かれた良心に従って決断を下し、主体的かつ意識的に最善の方法を選ぶ。
知恵	・長期的な影響を幅広く考慮し、適切なバランスと静かな自信を反映した判断力を持つ。 ・反応的な人たちとは違うものの見方をし、彼らとは異なる考え方、行動をとれる。 ・将来を見据え効果的に生きるための基本的なパラダイムを通して世の中を見る。 ・世の人々のために自分が貢献できることを念頭に置いて物事を考える。 ・前向きなライフスタイルを取り入れ、他者の成長を支援する機会を積極的にとらえる。 ・人生で体験することのすべてを、学習し貢献する機会ととらえる。

158

第２の習慣 | 終わりを思い描くことから始める

力

- 自然の法則と正しい原則を理解し遵守することで、原則がもたらす自然の結果によってのみ制限される。
- 自覚と知識を持つ主体的な個人となり、他者の行動や態度に制限されることはほとんどない。
- 他者と相互依存の関係を育てることによって、自分が持っているリソースでできることをはるかに超える成果を出せる。
- 現在の経済的制約や周りの状況の制約に左右されずに主体的に決断し、行動する。

パラダイムがあなたの態度と行動の源泉であることを思い出してほしい。パラダイムは眼鏡のようなもので、あなたがどんなパラダイムを持っているかによって、人生の見え方も違ってくる。正しい原則を通して見るのと、原則以外のものを中心にしたパラダイムを通して見るのとでは、目の前に広がる人生はまるで違ったものになる。

この本の付録に、先ほど述べたさまざまな中心が私たちのものの見方にどのように影響するのかを詳しくまとめた表を載せてある。ここでは、人生の中心の違いがどのような結果となって現れるのかを簡単に理解するために、一つの具体的な問題を例にして、それをいろいろなパラダイムを通して見てみよう。読み進みながら、それぞれのパラダイムの眼鏡をかけたつもりになって、それぞれの中心から出てくる世界を感じとって欲しい。

あなたは今夜、奥さんとコンサートに行く約束をしているとしよう。チケットは手に入れてあるし、奥さんもとても楽しみにしている。今は午後四時だ。

ところが突然、あなたは上司に呼ばれた。行ってみると、明朝九時から大切な会議があるから、今日は残業

159

第2の習慣 ｜ 終わりを思い描くことから始める

して準備を手伝ってほしいと言われた。

あなたが**配偶者中心**あるいは**家族中心**の眼鏡で世の中を見ていたら、真っ先に考えるのは奥さんのことだ。奥さんを喜ばせるために、残業を断ってコンサートに行くかもしれない。あるいは、業務命令だから仕方がないとしぶしぶ残業するが、奥さんが怒っているのではないか、家に帰ったら何と言って弁解しようか、奥さんの落胆や怒りをどうやって鎮めようかと気が気ではない。

あなたが**お金中心**の眼鏡をかけているとしたら、残業代はいくらになるだろうかとか、残業したら昇給査定で有利になるかもしれないな、などと考えるだろう。奥さんに電話して、今夜は残業になったと事務的に伝えるだけだ。収入のほうが大事なことぐらい妻もわかっているだろう、そう踏んでいるのだ。

あなたが**仕事中心**だったら、この残業命令をチャンスととらえるにちがいない。仕事のことがもっと学べると思うだろう。上司の受けも良くなって、昇進にプラスになるはずだと張り切る。突然の残業命令を嫌な顔一つせず引き受けるのだから、自分で自分を褒めたいくらいだ、妻だって仕事熱心な私を誇りに思うはずだ、そんなことを考えるかもしれない。

あなたが**所有物中心**の生き方をしていたら、残業代で何を買おうかと考えることだろう。あるいは、残業したら職場での自分の評価が上がるだろうなと、ほくそ笑むかもしれない。明日の朝になったら、崇高な自己犠牲精神が同僚たちの話題になるだろう……と。

娯楽中心なら、残業したほうがいいのではないかと奥さんに言われても、あなたは残業なんかせずにコンサートに行くだろう。夜まで仕事することはない。あなたにとって夜は遊ぶためにあるのだ。

友人中心であれば、コンサートに友人も誘っていたかどうかで対応は違ってくる。あるいは職場の友人も一緒に残業するのかどうかを確かめてから、どうするか決めるだろう。

敵中心であれば、会社では俺が一番のやり手だと言ってはばからない人物に差をつける絶好のチャンスとみるだろう。ライバルが遊んでいる間に、あなたは奴隷のようにせっせと働いて、自分の仕事ばかりか彼の仕事まで片づける。あなたは会社のために楽しみを犠牲にし、ライバルの彼は会社のことなどまるで考えずに楽しんでいる、そんな構図をつくるわけである。

あなたが**教会中心**ならば、他の信者がそのコンサートに行くかどうか、職場に同じ教会の会員がいるかどうか、コンサートの内容に影響を受けるかもしれない。その日のコンサートの演目がヘンデルのメサイアであるならロックよりも高尚だから、残業せずに行ったほうが自分のイメージには良いと判断するかもしれない。あなたが考える良い教会のメンバーが、残業を「奉仕」ととらえるか「物質的な富の追求」ととらえるかによって、判断は異なるだろう。

あなたが**自己中心**の生き方をしているなら、どうするのが自分にとって一番得か考える。残業せずにコンサートに行くのがいいのか、上司の点数を少しでも稼いでおいたほうがいいのか。この二つの選択肢のそれぞれが自分にどう影響するかが、あなたの関心の的になる。

たった一つの出来事でも、視点を変えれば見え方はこんなにも違ってくる。第一章で取り上げた「若い女性と老婆」の絵の認知実験の例からもわかるように、物事に対する見方の違いが他者との関係にさまざまな問題

第2の習慣 | 終わりを思い描くことから始める

を生む。自分の持っている中心がどれほど大きな影響を及ぼしているか、わかっていただけたと思う。自分の動機、日々の決断、行動（あるいは多くの場合の反応）、出来事のとらえ方まで、すべてにわたって影響している。自分だから、自分の中心を理解することが重要なのだ。まだあなたの中心が、あなたに影響を与えていないのであれば、あなたの効果性を引き出して高めるためには、あなたに力を与えるパラダイムシフトが必要なのだ。

あなたが**原則中心**の生き方をしているなら、その場の感情のように、あなたに影響するさまざまな要因から一歩離れ、いくつかの選択肢を客観的に検討するだろう。仕事上のニーズ、家族のニーズ、その状況に関わっている他のニーズ、さまざまな代替案の可能性、すべてを考え合わせ、全体をバランスよく眺めて最善の解決策を見出す努力をする。

コンサートに行くか、残業するかは、効果的な解決策のほんの一部でしかない。もし選択肢がこの二つしかないとしたら、どんなに多くの中心を持っていても、同じ選択をするだろう。しかし、あなたが原則中心のパラダイムに基づいて態度を決めるのであれば、どちらを選んだにしても、その選択の意味合いは大きく違ってくる。

第一に、あなたは他者や状況の影響を受けて決断するのではないということだ。自分が一番良いと思うことを主体的に選択するのである。意識的にさまざまな要素を考慮したうえで、意識的に決断を下すのだ。

第二に、長期的な結果を予測できる原則に従って決めるのだから、自分の決断はもっとも効果的だと確信できる。

163

第三に、あなたが選択したことは、人生においてあなたがもっとも大切にしている価値観をさらに深める利点もある。職場のライバルに勝ちたいから残業するのと、上司が置かれている状況を考え純粋に会社のためを思って残業するのとでは、天と地ほどの違いがある。自分で考えて下した決断を実行するのだから、その残業で経験することはあなたの人生全体に質と意味をもたらしてくれる。

第四に、相互依存の人間関係の中で培ってきた強いネットワークにおいて、奥さんや上司とコミュニケーションをとることができることだ。あなたは自立した人間なのだから、相互依存の関係も効果的に生かせる。誰かに頼めることは頼み、明日の朝早く出社して残りを仕上げることだってできるだろう。

最後に、あなたは自分の決断に納得している。どちらを選んだとしても、そのことに意識を集中し満足できるはずだ。

原則中心の人は物事を見る目が違うのだ。違った見方ができるから、考え方も違ってくるし、行動も違う。揺るぎない不変の中心から生まれる心の安定、指針、知恵、力を持っているから、主体性にあふれ、きわめて効果的な人生の土台ができるのである。

個人のミッション・ステートメントを記し活用する

自分の内面を深く見つめ、自分が持っている基本のパラダイムを理解し、それを正しい原則に調和させると、力を与えてくれる効果的な中心ができ、そして世界を見る曇り一つないレンズも持つことができる。私た

第2の習慣 ｜ 終わりを思い描くことから始める

ち一人ひとりが唯一無二の個人として世界といかに関わるかによって、世界を見るレンズの焦点をぴったりと合わせることができるのだ。

ヴィクトール・フランクルは、「私たちは人生における使命を**つくる**のではなく**見出す**のである」と言っている。私はこの表現が好きだ。私たち一人ひとりの内面に**良心**というモニターがあるのだと思う。良心があるからこそ、自分がかけがえのない存在であることを自覚し、自分にしかできない貢献を発見できるのだ。フランクルの言葉を続けよう。「すべての人が、人生における独自の類い稀な力と使命を持っている……。その点において、人は誰でもかけがえのない存在であるし、その人生を繰り返すことはできない。したがって、すべての人の使命、そしてその使命を果たす機会は、一人ひとり独自のものなのである」

このようにして独自性というものを言葉で表現してみると、主体性の大切さと自分の「影響の輪」の外に人生の意味を探し求めることの根本的な重要さを思い起こすことができるだろう。「影響の輪」の中で努力することの根本的な重要さを思い起こすことができるだろう。「影響の輪」の中で努力することの、主体的な人間としての責任を放棄し、自分の人生の脚本を書くという第一の創造を自分が置かれた環境や他者に任せてしまうことである。

私たち人間が生きる意味は、自分自身の内面から生まれる。ここでもう一度ヴィクトール・フランクルの言葉を借りよう。「究極的に、我々が人生の意味を問うのではなくて、我々自身が人生に問われているのだと理解すべきである。一言で言えば、すべての人は人生に問われている。自分の人生に答えることでしか答えを見出し、人生の責任を引き受けることで責任を果たすことしかできない」

個人の責任あるいは主体性は、第一の創造の基礎となる。コンピューターのたとえを再び持ち出すが、第1

165

の習慣は「あなたがプログラマーであり、自分には責任があるのだということを受け入れない限り、プログラムを書く努力はできないだろう」と言っているのであり、第2の習慣は「あなたがプログラムを書きなさい」と言っているのだ。

私たちは、主体性を持つことによって初めて、どんな人間になりたいのか、人生で何をしたいのかを表現できるようになる。個人のミッション・ステートメント、自分自身の憲法を書くことができるのだ。

ミッション・ステートメントは、一晩で書けるものではない。深く内省し、緻密に分析し、表現を吟味する。そして何度も書き直して、最終的な文面に仕上げる。自分の内面の奥底にある価値観と方向性を簡潔に、かつ余すところなく書き上げ、心から納得できるまでには、数週間、ことによれば数ヵ月かかるかもしれない。完成してからも定期的に見直し、状況の変化によって、物事に対する理解や洞察も深まっていくから、細かな修正を加えたくなるだろう。

しかし基本的には、あなたのミッション・ステートメントはあなたの憲法であり、あなたのビジョンと価値観を明確に表現したものである。あなたの人生におけるあらゆる物事を測る基準となる。

私も自分のミッション・ステートメントを定期的に見直している。最近も見直しをした。自転車で海岸に行き、一人で砂浜に座って、手帳を取り出し、書き直してみた。数時間かかったけれども、明確な意識と内面の統一感、さらなる決意、高揚感、そして自由を感じた。

このプロセスは、書き上がったものと同じくらいに重要だと思う。ミッション・ステートメントを書く、あるいは見直すプロセスの中で、あなたは自分にとっての優先事項を深く、丹念に考え、自分の行動を自分の信

第2の習慣 | 終わりを思い描くことから始める

念に照らし合わせることになる。それをするに従って、あなたの周りの人たちは、もはや自分の身に起こることに影響されない主体的な人間になっていくあなたを感じとるだろう。あなたは、自分がしようと思うことに熱意を持って取り組める使命感を得るのである。

脳全体を使う

人間には自覚の能力があるから、自分が考えていることを客観的に観察することができる。人生のミッション・ステートメントを書くときには、この能力がとても役立つ。なぜなら、第2の習慣を実践できるようにする、二つの独自の人が持てる能力――想像と良心――は、主に右脳の働きによるものであり、右脳の機能を活用する方法を知っていれば、第一の創造のレベルが格段に上がるからだ。

これまで何十年にもわたる研究によって、脳の左半球と右半球はそれぞれに専門の機能を持っていることがわかってきた。この脳に関する理論によれば、左脳と右脳は異なる情報を処理し、扱う問題も異なる傾向にある。

基本的に、左脳は論理や言語を専門にし、右脳は直観的、創造的な領域に強い。左脳は言葉を、右脳は映像を扱う。左脳は個々の部分や特定の事柄を、右脳は全体や部分と部分の関係を見る。左脳は分析、つまり物事を分解する役割を果たし、右脳は統合、つまりばらばらの部分と部分を組み合わせる役割を果たす。左脳は順を追って思考し、右脳は総括的に思考する。左脳は時間の制限を受け、右脳は時間を超越する。

私たちは左脳と右脳の両方を使って生活しているが、個々人で見ると、どちらか片方の脳が優位に立つ傾向

167

がある。もちろん、左脳と右脳の両方が同じように発達しバランスよく使えば、それに越したことはない。そうすれば、まずは状況全体を直観でとらえ、それから論理的に考えて対応できる。ところが人は、安心領域から抜けられず、左右どちらかの脳であらゆる状況に対処する傾向が見られる。

心理学者のアブラハム・マズローの言葉を借りれば、「金槌をうまく使える人は、すべてのものを釘と見る」のである。同じ一枚の絵を見て、「若い女性にしか見えない」人と「老婆にしか見えない」人とに分かれるのは、右脳と左脳によるものの見方が異なるのがもう一つの要因である。

私たちは左脳優位の時代に生きている。言葉、数値、論理が幅を利かせ、人間の創造性、直観力、感性、芸術性は二の次にされがちだ。だから多くの人は、右脳の力をうまく活用することが難しくなる。

たしかに、この記述は短絡的すぎるかもしれないし、今後の研究によって脳の機能がもっと解明されていくことだろう。しかしここで言いたいのは、人間は多様な思考プロセスでものを考えられるにもかかわらず、私たちは脳の潜在能力のほんの一部しか使っていないということである。脳に眠っているさまざまな可能性に気づけば、それを意識的に活用し、その時どきのニーズに適した効果的な方法で対応することができるようになるはずだ。

右脳を活用する二つの方法

脳に関する理論に従うなら、創造を得意とする右脳の力を引き出せば、第一の創造（知的創造）の質に対し

第２の習慣｜終わりを思い描くことから始める

大きな影響を与えることは明らかだ。右脳の能力をうまく使えば、時間やその時どきの状況を超え、何をしたいのか、どうありたいかという、自分が望む人生の全体像を鮮明に思い描けるようになるからだ。

視野を広げる

思わぬ出来事がきっかけとなり、左脳の状況や思考パターンが停止し、右脳で世の中を見るようになることがある。愛する人を亡くしたり、重い病気にかかったり、莫大な借金を背負ったり、逆境に立たされたりすると、誰しも一歩下がって自分の人生を眺めざるを得なくなる。そして「本当に大事なことは何なのか？ なぜ今これをしているのだろう？」と自分に厳しく問いかける。

しかし主体的な人は、このように視野を広げる経験を他人や周りの人がつくってくれなくても、自分から意識的に視野を広げていくことができるのだ。

そのやり方もいろいろある。この章の冒頭で行ったように、想像力を働かせて、自分の葬儀の場面を思い描くこともその一つだ。自分に捧げる弔辞を本物の弔辞のようにきちんと書いてみるのもいい。これからそのときまでの長い年月、一日一日を積み重ねてつくりあげたい家族の姿の本質が見えてくるだろう。

夫婦で一緒に、二五回目の結婚記念日、五〇回目の結婚記念日を想像してみるのもいい。これからそのときまでの長い年月、一日一日を積み重ねてつくりあげたい家族の姿の本質が見えてくるだろう。

あるいは、今の仕事を引退する日を想像する。そのときまでに、あなたの分野で、あなたはどんな貢献をしたいのだろう、何を達成したいのだろうか。引退後はどんな計画を立てているのだろう。第二のキャリアを歩むのだろうか。

心の枠を取り払って、豊かに想像してみてほしい。細かいところまで思い描き、五感をフルに働かせて、できる限りの感性を呼び起こしてみよう。

私は、大学の講義でこのようなイメージトレーニングを行ったことがある。「君たちがあと一学期しか生きられないと想像してみてほしい。その間も君たちは良き学生として在学しなくてはいけない。さて、この時間をどう過ごすかね？」

こんな問いを投げかけられた学生たちは、思ってみたこともない視点に立たされる。それまで気づいていなかった価値観が突然、意識の表面に浮かび上がってくるのだ。

さらに、このようにして広がった視野を維持して一週間生活し、その間の経験を日記につける課題を与えた。その結果はとても意義深いものだった。両親に対する愛と感謝の気持ちの手紙を書き始めた学生もいれば、仲たがいしていた兄弟や友人と関係を修復したという学生もいた。

彼らのこのような行動の根底にある原則は、愛である。あともう少ししか生きられないとしたら、人の悪口を言ったり、嫉妬したり、けなしたり、責めたりすることの虚しさがわかる。誰もが正しい原則と深い価値観を実感するのだ。

想像力を働かせ、自分の内面の奥底にある価値観に触れる方法はいろいろある。しかし私の経験では、どんな方法をとっても効果は同じである。自分の人生にとって一番大切なことは何か、どのような人間になりたいのか、本当にやりたいことは何かを真剣に考え、本気で知ろうとした人は皆、必ず敬虔な気持ちになる。今日や明日のことだけでなく、より長期的なことを考え始める。

第2の習慣　｜　終わりを思い描くことから始める

イメージ化と自己宣誓書

自分で自分の人生を創造することは、単発的に行うものではない。人生のミッション・ステートメントを書くときから始まって、書き上げれば終わりというわけにはいかない。人生に対する自分のビジョンを常に目の前に掲げ、それにふさわしい生活を送る努力を続けなければならない。ミッション・ステートメントを日々の生活で実践するうえでも、右脳の力がとても助けになる。このような継続的なプロセスも、習慣の一つのあり方である。

前に話した例をもう一度考えてみよう。私が子どもたちを心から深く愛している父親であることを自分の基本的な価値観としてミッション・ステートメントにも書いているとしよう。ところが日々の生活では、子どもたちに対し過剰な反応をしてしまう態度を克服できずにいるとしよう。

そこで私は、自分の日々の生活で大切な価値観に沿って行動できるように、右脳のイメージ力を使って「自己宣誓書」を書いてみる。

良い自己宣誓書は五つの条件を満たしている。**個人的**な内容であること、**現在形**で書かれていること、**視覚的**であること、**感情**が入っていること、**ポジティブな姿勢**が表現されていることの五つである。私ならこんなふうに書くだろう。「子どもたちが良くない振る舞いをしたとき、私は（個人的）、知恵と愛情、毅然とした態度、そして自制心を持って（ポジティブな姿勢）対応する（現在形）ことに、深い満足感（感情）を覚える」

そして私は、この自己宣誓を頭の中でイメージする。自分が座っている椅子の座り心地、足元の床の材質、もたちが良くない振る舞いをするような状況を思い描く。自分の身体と心を完全にリラックスさせ、子ど毎日数分間、

着ているセーターの肌触りまで、できるだけ豊かにイメージする。子どもたちの服装や表情も思い浮かべる。ディテールまでありありと想像するほど、傍観者ではなく、実際に体験しているかのような効果が生まれる。

さらに私は、いつもの自分だったら短気を起こしてカッとなるような場面を思い描く。しかし頭の中の想像の世界では、私はいつもの反応はしない。自己宣誓した通りに、愛情と力と自制心を持って、その状況に対処している。このようにして私は、自分の価値観とミッション・ステートメントに従ってプログラムや脚本を書くことができるのである。

毎日これを続けたら、日を追うごとに私の行動は変わっていく。自分の親、社会、遺伝子、環境から与えられた脚本に従って生きるのではなく、自分自身が選んだ価値体系を基にして、自分で書いた脚本どおりに生きることができるのだ。

私は、息子のショーンがアメリカンフットボールの選手をしていたとき、この自己宣誓のプロセスを実践するよう勧めた。息子が高校でクォーターバックになったときに初めて教え、最初は一緒にやっていたが、やがて一人でできるようになった。

まず、深呼吸をして筋肉の緊張をほぐし、気持ちを落ち着かせ、内面を穏やかな状態にする。次に、試合の中でもっとも緊迫する場面を思い浮かべる。たとえば自分に攻撃が仕掛けられそうな瞬間だ。彼はそれを読みとって反応しなければならない。相手のディフェンスを読んで作戦を指示する自分を想像する。第一、第二、第三のレシーバーの動きを瞬時に読み取り、いつもはしないような選択肢を想像するのだ。

第2の習慣 ｜ 終わりを思い描くことから始める

息子はあるとき、試合になると必ず緊張するのだと私に相談してきた。よくよく話を聴いてみると、息子は緊張する自分も頭の中でイメージしていたのだった。そこで、一番プレッシャーがかかる局面でリラックスしている自分をイメージするトレーニングを重ねた。私と息子は、イメージの中身が大切であることを学んだ。間違ったことをイメージしたら、間違ったままの結果になるのだ。

チャールズ・ガーフィールド博士は、スポーツやビジネスの世界のトップパフォーマーたちを詳しく調べている。NASA（米国航空宇宙局）での仕事に携わっていたとき、宇宙飛行士たちが実際に宇宙に行く前に、地球上のシミュレーション装置であらゆる状況を想定して訓練を繰り返しているのを見て、最高度のパフォーマンスを発揮できる能力に関心を持った。博士の専門は数学だったが、このシミュレーションの効果を研究しようと、大学に入り直して心理学の博士号を取り、トップパフォーマーの特徴を研究し始めたのである。

博士の研究の結果、世界のトップアスリート、そしてスポーツ以外の分野のトップパフォーマーのほとんどが、イメージトレーニングをしていることがわかった。実際にやってみる前に、それを頭の中で見て、感じて、経験しているのである。彼らはまさに、「終わりを思い描くことから始める」習慣を身につけていたのだ。

あなたも、この方法を人生のあらゆる場面で使うことができる。舞台に立つ前に、セールス・プレゼンテーションの前に、誰かと厳しい交渉をする前に、あるいは日常生活の中で何か目標を立てて実行に移す前に、その場面をありありと思い描く。それを何度も、しつこいくらいに繰り返す。そうすれば、実際にその場面になったとき、緊張せず落ち着いていられる「安心領域」を想像の世界の中で広げておく。そうすれば、実際にその場面になったとき、異和感なく平常心でいられる。

人生のミッション・ステートメントを書くとき、そしてそれを毎日実践するうえでも、創造と想像を得意とする右脳がとても役立つ。

イメージ化と自己宣誓のプロセスを扱う本や教材もたくさんある。最近では、サブリミナル・プログラミング、神経言語プログラミング、新しいタイプのリラクゼーション、セルフトークのプロセスなどいろいろな手法が開発されている。どれも第一の創造の基本原則を説明し、発展させ、さまざまに組み合わせている。

私は、膨大な量の成功に関する文献を調べていたとき、このテーマを取り上げている何百冊もの本に目を通した。大げさに書き立てたり、科学的根拠よりも特定の事例に基づく本も中にはあるが、ほとんどの本の内容は基本的には健全であり、その多くは個人的な聖書研究を基にしていると思われる。

個人の効果的なパーソナル・リーダーシップにおいて、イメージ化と宣誓の技術は、人生の中心となる目的と原則を通して熟考された土台から自然に生まれてくる。それは脚本とプログラムを書き直すときに絶大な効果を発揮し、目的と原則を自分の心と頭に深く根づかせることができる。古くから続いている歴史ある宗教はどれも、その中心にあるのは、言葉は違っていても同じ原則だと思う。瞑想、祈り、誓約、儀式、聖典研究、共感、思いやりなど、良心と想像力をさまざまなかたちで用いる原則、あるいは実践である。

だが世に出回っているイメージトレーニングのテクニックが人格と原則を無視した、個性主義の一部であったら、使い方を間違えたり乱用につながり、自己中心など原則以外の中心を助長することになりかねない。

自己宣誓とイメージ化は一種のプログラミングにすぎず、自分の中心と相容れないプログラミングや、金儲けや利己主義など正しい原則とはまるで無縁のプログラミングに身を委ねてしまってはいけない。

第2の習慣 | 終わりを思い描くことから始める

物を手に入れることや自分が得ることしか考えない人が、想像力を使って束の間の成功を得ることもあるだろう。しかし、想像力は良心を伴ったときにこそ高い次元で効果を生むのであって、自らの目的に適い、相互依存の現実を支配する正しい原則に従うことで、自分を超えて広い社会に貢献できる人生を送れると私は確信する。

役割と目標を特定する

もちろん、論理と言語をつかさどる左脳も大事である。ミッション・ステートメントにするのは左脳の仕事だ。右脳でとらえたイメージや感情、映像を言葉にして、書くという作業は精神・神経・筋肉に作用する活動であり、顕在的な意識と潜在的な意識を結びつける働きをする。書くことによって、自分の考えの無駄な部分が削ぎ落され、明確になる。全体を部分に分けて考えることもできる。

私たちは誰でも、人生でさまざまな役割を持っている。いろいろな分野や立場で責任を担っている。たとえば私なら、個人としての役割の他に、夫、父親、教師、教会のメンバー、ビジネス・パーソンとしての役割もある。これらの役割はどれも同じように大事だ。

人生をもっと効果的に生きる努力をするときに陥りがちな問題の一つは、思考の幅が狭くなってしまうことである。効果的に生きるために必要な平衡感覚やバランス、自然の法則を失ってしまうのだ。たとえば、仕事

に打ち込みすぎて健康をないがしろにする。成功を追い求めるあまり、かけがえのない人間関係をないがしろにしてしまうこともあるだろう。

ミッション・ステートメントを書くとき、あなたの人生での役割を明確にし、それぞれの役割で達成したい目標を立てれば、バランスがとれ、実行しやすいものになるだろう。仕事上の役割はどうだろうか。あなたは営業職かもしれないし、管理職かもしれないし、商品開発に携わっているのかもしれない。その役割であなたはどうありたいと思っているのだろうか。あなたを導く価値観は何だろう。次は私生活での役割を考えてみる。夫、妻、父親、母親、隣人、友人などいろいろな立場にあるはずだ。その役割をあなたはどのように果すのだろうか。あなたにとって大切なことは何だろう。政治活動、公共奉仕、ボランティア活動など、コミュニティの一員としての役割も考えてほしい。

ここで、ある会社経営者が役割と目標を設定して書いたミッション・ステートメントを紹介しよう。

私の人生のミッションは、誠実に生き、人の人生に違いをもたらすことである。

このミッションを果たすために：

私は自己犠牲を惜しまない——どのような境遇に置かれている人も愛する。

私は慈愛を持つ——自分の時間、才能、持てるものすべてを人生のミッションに捧げる。

私は人をインスパイアする——人は皆、慈しみ深い神の子であり、どんな試練でも乗り越えられることを、自ら身をもって示す。

第２の習慣 ｜ 終わりを思い描くことから始める

私は影響力を発揮する——自分の行動によって、他者の人生に良い影響を与える。

私は人生のミッションを達成するために、次の役割を優先する‥

夫——妻は私の人生においてもっとも大切な人である。妻とともに、調和、勤勉、慈愛、倹約の精神を持ち、実りある家庭を築く。

父親——子どもたちが生きる喜びを深めていけるように手助けする。

息子・兄弟——必要なときにはいつでも支えとなり、愛情を示す。

クリスチャン——神との誓約を守り、他の神の子らに奉仕する。

隣人——キリスト教が説く愛をもって隣人と接する。

変化を起こす人——大きな組織の中で、高い業績を生み出す触媒となる。

学者——毎日新しい大切なことを学ぶ。

自分の人生での大切な役割を念頭に置いてミッションを書くと、生活にバランスと調和が生まれる。それぞれの役割をいつでも明確に意識することができる。ミッション・ステートメントを折に触れて目にすれば、一つの役割だけに注意が向いていないか、同じように大切な役割、あるいはもっと大切な役割をないがしろにしていないか、確かめることができるのだ。

自分の役割を全部書き出したら、次はそれぞれの役割で達成したい長期的な目標を立ててみる。ここでまた

177

右脳の出番だ。想像力と創造力、良心、インスピレーションを働かせよう。正しい原則を土台にしたミッション・ステートメントの延長線上に目標があるのなら、何となく立てる目標とは根本的に違うものになるはずだ。正しい原則や自然の法則と調和しているのだから、それらが目標達成の力を与えてくれる。この目標は誰かから借りてきたのではない。あなただけの目標である。あなたの深い価値観、独自の才能、使命感を反映した目標である。あなたが自分の人生で選んだ役割から芽生えた目標なのである。

効果的な目標は、行為よりも結果に重点を置く。行きたい場所をはっきりと示し、そこにたどり着くまでの間、自分の現在位置を知る基準になる。たどり着くための方法と手段を教えてくれるし、たどり着いたら、そのことを教えてくれる。あなたの努力とエネルギーを一つにまとめる。目標があればこそ、自分のやることに意味と目的ができる。そしてやがて目標に従って日常の生活を送れるようになったら、あなたは主体的な人間であり、自分の人生の責任を引き受け、人生のミッション・ステートメントどおりの生き方が日々できるようになるはずだ。

役割と目標は、人生のミッション・ステートメントに枠組みや指針を与える。あなたがまだミッション・ステートメントを持っていないなら、これを機会に今から取り組んでみよう。あなたの人生で果たすべき役割を明確にし、それぞれの役割で達成したいと思う結果をいくつか書いておくだけでも、人生全体を俯瞰でき、人生の方向性が見えてくるはずだ。

第3の習慣の章に進んだら、短期的な目標と長期的な目標を明確にすることが大切だ。それらは、日常の時間の使い方にメントに照らして、自分の役割と長期的な目標を明確にすることが大切だ。それらは、日常の時間の使い方に

178

第２の習慣 ｜ 終わりを思い描くことから始める

関わる第３の習慣を身につけるとき、効果的な目標設定と目標達成の土台となる。

家族のミッション・ステートメント

　第２の習慣は正しい原則に基づいているため、応用範囲が広い。個人だけでなく、家庭、奉仕活動のグループ、企業やその他さまざまな組織も、「終わりを思い描くことから始める」習慣によって、効果的に運営できるようになる。

　多くの家庭は、緊急の用事に追われ、さまざまな問題をその場その場で片づけ、応急処置で切り抜けるような日々を送っている。揺るぎない原則が土台とはなっていないのだ。そのために、ストレスやプレッシャーがかかるといろいろな症状が出てくる。冷たい態度をとったり、批判したり、口をきかなくなったりする。あるいは怒鳴り散らしたりして過剰な反応を示す。子どもが家族のこうした態度を見て育つと、大人になってから、問題に対する態度は「逃避」か「対立」かのどちらかしかないと思うようになる。

　家族の中心にあるべきもの——家族全員が共有するビジョンと価値観——は、不変であり、消えてしまうこともない。それをミッション・ステートメントに書くことによって、家族に真の土台をもたらしてくれる。

　このミッション・ステートメントは家族の憲法であり、スタンダードとなる。また、物事を評価するときや意志決定の判断基準となる。家族が進むべき方向を示し、家族を一つにまとめる。一人ひとりの価値観と家族の価値観が調和すれば、家族全員が同じ目的に向かって一致団結できる。

179

家族のミッション・ステートメントにおいても、つくり上げるプロセスが、できあがった文面と同じように大切である。ミッション・ステートメントを書き、磨いていくプロセスそのものが、家族の絆を強くする鍵となる。全員で取り組むうちに、ミッション・ステートメントを実践するために必要なPCが育つのだ。

家族一人ひとりの意見を聞いてミッション・ステートメントの第一稿を書き、それについて全員で意見を出し、表現のアイデアを取り入れて書き直すプロセスの中で、家族にとって本当に大事なことを話し合い、コミュニケーションを深められる。家族がお互いを尊重し、それぞれの意見を自由に述べ、一人ではなく、全員で力を合わせてつくったより良いものであるなら、最高のミッション・ステートメントになるはずだ。定期的にミッション・ステートメントを見直し、書き足して範囲を広げたり、重点や方向を変えたり、古くなった表現を書き直したり、新たな意味を加えたりしていけば、共通の価値観と目的のもとで家族の結束を保てる。

ミッション・ステートメントは、家族のことを考え、家族を導く枠組みになる。問題や危機に直面したときも、この憲法があれば、家族にとって一番大事なことを思い出すことができる。憲法が指し示す方向を確認して、正しい原則に照らし合わせて問題を解決し、家族の意志をまとめることができるのだ。

わが家では家族のミッション・ステートメントがリビングの壁に貼ってあり、家族全員が毎日それを見て、自分の行動をチェックできる。

家庭の愛情、秩序、責任ある自立、協力、助け合い、ニーズに応える、才能を伸ばす、お互いの才能に興味を示す、人に奉仕する、といったフレーズが書かれている。それを読めば、私たち家族にとって本当に大切なことに対して、自分がどんな行動をとればよいのかを判断する尺度になるのだ。

第2の習慣 ｜ 終わりを思い描くことから始める

組織のミッション・ステートメント

家族の目標を立てたり、家族で行うことを計画したりするときには、「ここに書いてある原則に照らしたら、どんな目標に取り組んだらいいだろう？ 目標を達成し、家族みんなが大切にしていることを実現するためには、どんな活動を計画したらいいだろう？」と話し、皆で相談する。

わが家では、ミッション・ステートメントを頻繁に見直し、年に二回、九月と六月——学年の始めと終わり——に新しい目標と役割を見直す。そうすればミッション・ステートメントに現状を反映できるし、改善を重ねて、さらにしっかりとしたミッション・ステートメントにすることができる。また、その見直しによって、全員が何を信じ、何を標準としているのかを再認識し、決意を新たにすることができるのだ。

ミッション・ステートメントは、組織の成功にとっても重要なものになる。私はこれまで多くの組織のコンサルティングをしてきたが、どの組織にも、効果的なミッション・ステートメントを作成するよう強く勧めている。組織のミッション・ステートメントが効果的であるためには、その組織の内側から生まれたものでなければならない。経営幹部だけでなく、組織の全員が意味のあるかたちで作成のプロセスに参加する。繰り返すが、組織のミッション・ステートメントもまた、できあがったものと同じようにプロセスが重要であり、全員が参加することが、ミッション・ステートメントを実践できるかどうかの鍵を握っている。

私は、IBM社を訪れると必ず研修の様子を興味深く見る。研修を受ける社員たちに幹部は、IBMは三つ

181

のことを大切にしているのだとよく話している。その三つとは、個人の尊厳、完全性の追求、最善の顧客サービスである。

これらはIBMの信条を表している。他のすべてが変わっても、この三つだけは変わらない。浸透作用のように組織全体に行きわたり、全社員が共有する価値観と安定の確固とした基盤となっている。

ニューヨークでIBM社員の研修を行っていたときのことである。参加者は二〇名ほどだったが、そのうちの一人が体調を崩した。カリフォルニアにいる奥さんは、電話で連絡を受け、夫の病気は特別な治療が必要だから心配だと言った。IBMの研修担当者は、専門医のいる地元の病院に連れていく手配をしたが、それでも奥さんは不安で、かかりつけの医師に診せたいと思っている様子がうかがえた。

研修担当者は、彼を自宅に帰すことにした。しかし空港まで車で行き、定期便を待つとなると時間がかかりすぎるため、ヘリコプターで空港まで送り、彼一人をカリフォルニアまで運ぶために飛行機をチャーターした。

これにいくらかかったのか知らないが、おそらく何千ドルの単位だろう。だがIBMは個人の尊厳を何よりも大切にする会社だ。その信条はIBMを象徴するものである。これは会社の信念が具体的なかたちで現れた出来事であり、研修に参加していた他の社員にとっては驚くことでも何でもなかったという。私は感動した。

別の機会の話だが、ショッピングセンターのマネージャー一七五人の研修を行ったことがある。場所はとあるホテルだったが、そこのサービスの素晴らしさにびっくりした。見せかけだけでとてもあそこまではできない。誰かが監

第2の習慣 | 終わりを思い描くことから始める

視しているわけでもないのに、誰もが自発的にゲストへのサービスを行っていたのは明らかだ。

私がホテルに着いたのは、夜もかなり遅くなってからだった。チェックインしてから、まだルームサービスが頼めるかどうか聞いてみた。フロント係は、「申し訳ございません。ルームサービスは終了しております。ですが、何か召しあがるのでしたら、厨房にあるものでサンドイッチでもサラダでも、ご希望のものをご用意いたします」と言った。彼の態度からは、私が気持ちよく泊まれるようにする心遣いが感じられた。「明日の研修にご利用になる会議室をご覧になりますか」と彼は続けた。「ご覧になって足りないものがありましたら、どうぞお申しつけください。すぐにうかがいますので」

その場にはフロント係の仕事ぶりをチェックしている上司などいなかった。彼の誠心誠意のサービスだったのだ。

翌日、プレゼンテーションの最中にカラーマーカーペンが揃っていないことに気づいた。休憩時間に廊下に出たとき、他の会議場に走っていくベルボーイを見つけたので、呼び止めて言った。「ちょっと困っていましてね。今、マネージャー研修をやっているのですが、カラーマーカーペンが足りないんですよ。休憩時間もあまりなくて……」

ベルボーイはくるりと振り向いて私に気づき、私のネームタグを見て言った。「コヴィー様、かしこまりました。私がご用意いたします」

彼は「どこにあるかわかりません」とも、「すみませんが、フロントで聞いてください」とも言わなかった。私の面倒な頼みを引き受けてくれたのだ。しかも彼の態度からは、用事を言いつけてもらうことが名誉であるかのように感じさせてくれた。

それから少し後、私はサイドロビーに飾ってある絵画を観ていた。するとホテルのスタッフが近づいてきて、「コ

ヴィー様、私どものホテルにある美術作品を解説した本を持ってまいりましょうか」と言った。何という気配りと素晴らしいサービス精神だろう！

次に私の目に留まったのは、高い梯子に登ってロビーの窓を磨いていたスタッフだった。そこを女性客が歩行器を使って歩いていた。女性は転んだわけではなく、連れの人もいたのだが、うまく歩けないようだった。彼は梯子を降り、庭に出ていき、女性に手を貸してロビーまで連れていき、これでもう大丈夫というところまで見届けてから、何事もなかったように元の梯子に戻り、窓拭きを続けた。

私は、スタッフ一人ひとりがこれほどまでに顧客サービスを徹底できる組織文化がどのようにして築かれたのか、ぜひとも知りたくなった。客室係、ウェイトレス、ベルボーイから話を聞いてみて、顧客サービス重視は、ホテルの全スタッフの頭にも心と態度にも浸透していることがわかった。

私は裏口からホテルの厨房に入ってみた。すると、厨房の壁には『お客様お一人おひとりに妥協なきサービスを』と書かれたポスターが貼ってあった。これこそ、このホテルのもっとも重要な価値観だったのだ。私は支配人のところへ行き、「実は私は、力強い組織文化や際立ったチームカラーを育てるコンサルティングをしているのですが、このホテルには大変感心しました」と言った。

支配人は「秘訣をお知りになりたいですか？」と言って、そのホテルチェーンのミッション・ステートメントを取り出した。

私はそれに目を通してから、「素晴らしいミッション・ステートメントですね。しかし立派なミッション・ステートメントを掲げている企業なら、たくさんありますよね」と言った。

「このホテルのミッション・ステートメントもご覧になりますか?」と支配人。

「このホテルだけのミッション・ステートメントもあるのですか?」

「ええ」

「ホテルチェーン全体のものとは違うのですか?」

「はい。グループ全体と調和をとりながら、こちらのほうは、このホテルの状況や環境、現状などに合わせてつくりました」

支配人はそう言って、私にもう一枚の紙を手渡した。

「これは誰がつくったんですか?」 私は聞いた。

「全員です」

「全員? 本当に全員で?」

「そうです」

「客室係も?」

「はい」

「ウェイトレスも?」

「はい」

「フロントの人も?」

「はい。昨晩、コヴィー様をお迎えしたフロントの者たちが書いたミッション・ステートメントをお見せしましょう

か?」支配人が取り出したミッション・ステートメントは、フロントのスタッフたちが他の部署のミッション・ステートメントとの整合性を考慮して作成したものだった。支配人の言葉どおり、すべてのスタッフがミッション・ステートメントの作成に関わっていたのである。

このホテル専用のミッション・ステートメントは、たとえるなら大きな車輪の中心軸である。そこから、部署ごとによく練られた具体的なミッション・ステートメントが生まれる。それはあらゆる判断の基準となっていた。顧客の迎え方からスタッフ同士の関係まで、スタッフがどのような価値観を持って行動すべきかを明確に示していた。マネージャーとリーダーのスタイルにも影響を与えていた。給与体系にも、スタッフの採用基準にも、教育や能力開発の方法にも影響を与えていた。このホテルでは、車輪の中心軸、すなわちミッション・ステートメントがすべての面で息づいていたのである。

後日、同じチェーンの別のホテルに泊まった。私はチェックインを済ませると真っ先に、ミッション・ステートメントを見せてほしいと頼んだ。もちろん、すぐに出してくれた。このホテルで私は、例の「お客様お一人おひとりに妥協なきサービスを」というモットーをもう少し深く体験することとなった。

三日間の滞在中、サービスが必要とされる場面をいろいろと観察した。スタッフの対応はどんなときも素晴らしく感動的だった。しかも宿泊客一人ひとりに心のこもったサービスを提供していたのである。たとえばプールで「水飲み場はどこか」と尋ねたとき、スタッフはわざわざ水飲み場まで案内してくれた。しかし私がもっとも感心したのは、スタッフが自分のミスを上司に報告した一件だった。私がルームサービ

第2の習慣 | 終わりを思い描くことから始める

スを頼んだときのことである。ルームサービス係が部屋まで運ぶ途中にココアをこぼし、厨房に戻ってトレーにリネンを敷き直し、ココアを取りかえるのに数分の時間がとられた。結果的にルームサービスは最初に告げられていた予定時刻から一五分遅れた。私にすればまったく不都合はなかった。

にもかかわらず、翌朝、ルームサービスの主任からお詫びの電話があり、昨夜の不始末の埋め合わせとして、ビュッフェの朝食かルームサービスの朝食をご用意したい、と言ってきたのである。

些細な失敗、しかも黙っていればわからないミスを自分から上司に報告し、顧客により良いサービスを提供しようとしたのである。これ以上雄弁に組織の文化を物語るものがあるだろうか。

最初に泊まったホテルの支配人にも言ったように、立派なミッション・ステートメントを持っている組織ならいくらでもある。しかしそこで働く人たち全員で作成したミッション・ステートメントと、高級な応接セットに座って数人の幹部が作成したミッション・ステートメントとでは、その効果に雲泥の差がある。

家族も含めて、あらゆる組織に共通する根本的な問題の一つは、自分の働き方、あるいは生き方を他の人から決められるとしたら、本気で取り組むのは無理だということだ。

私は、企業のコンサルティングをするたびに、自分の会社の目標とはまるで異なる個人の目標を立てて働いている人を大勢見かける。企業が掲げている価値体系と給与体系がまったくかみ合っていない例も多い。

ミッション・ステートメントのようなものをすでに持っている企業のコンサルティングをするとき、私はまず「ミッション・ステートメントがあることを知っている社員は何人くらいですか？ 内容を知っている人は

どのくらいいるのでしょう？　作成に関わったのは何人ですか？　心から受け入れて意志決定の基準として**使っ**ている人はどれくらいいますか？」と尋ねることにしている。

自分が参加していないことに打ち込む決意をする人などいない。関わらなければ、決意はできないのだ。

をつけ、丸で囲み、アンダーラインを引いてほしい。**参加なければ決意なしと紙に書いて、星印**

初期の段階にいる人、たとえば入社したばかりの新人や家族の中の幼い子どもが相手なら、目標を与えても素直に受け入れるものである。信頼関係ができ、こちらの指導が適切ならば、しばらくはうまくいくだろう。

しかし、新入社員が会社の仕事に慣れてくれば、あるいは子どもがだんだんと成長し自分なりの生き方ができてくると、言われるだけでなく、自分のほうからも意見を言いたいと思うようになる。問題が生じたときと同じレベルでは解決できない、深刻なやる気の問題を抱えることになる。

だから、組織のミッション・ステートメントをつくるときは、時間、忍耐、参加、能力、共感が必要とされる。これも応急処置で何とかなるものではない。全員が共有するビジョンと価値観に合わせて会社のシステムや組織構造、経営スタイルを整えるには、時間、正直、誠実、勇気、正しい原則が必要とされる。しかし、正しい原則に基づいているミッション・ステートメントなら、必ず効果を発揮する。

組織の全員が本心から共感できるビジョンと決意を生み出す。そのようなミッション・ステートメントを持つ組織では、一人ひとりが自分の役割に打ち込める。一人ひとりの心と頭の中に、自分の行動を導く基準、ガイドラインができているから、他人からの管

188

理、指示も要らなくなる。アメとムチを使わなくとも、全員が自発的に行動する。組織がもっとも大切にする不変の中心を、全員が自分のものとしているからである。

第2の習慣：終わりを思い描くことから始める　実践編

1. この章の初めで自分の葬儀の場面を思い描いたときに感じたこと、考えたことを記録する。下の表にまとめてみよう。
2. 少し時間をとって、あなたが果たしている役割を書き出す。そこに映る自分の人生のイメージに満足しているだろうか？
3. 日常から完全に離れる時間をつくり、人生のミッション・ステートメントを書いてみる。
4. 付録の表を読み、自分に当てはまると思う中心を丸で囲む。それはあなたの行動パターンを表しているだろうか？　分析の結果に納得できるだろうか？
5. 個人のミッション・ステートメントの資料になるアイデアや引用句を集め始める。
6. 近い将来に計画しているプロジェクトや仕事を一つ選び、頭の中で思い描く。望んでいる結果とそれを達成するためのステップを書き出す。
7. 第2の習慣の原則を家族や職場の同僚と共有し、家族や職場のミッション・ステートメントを一緒に作成してみる。

活動の領域	あなたの人格	あなたが貢献したこと	あなたが達成したこと
家族			
友人			
職場			
コミュニティ／教会など			

THE SEVEN HABITS
OF HIGHLY
EFFECTIVE PEOPLE

第3の習慣
最優先事項を優先する
PUT FIRST THINGS FIRST

第3の習慣　最優先事項を優先する

パーソナル・マネジメントの原則

――ゲーテ

大事を小事の犠牲にしてはならない。

ここで少し時間をとって、次の二つの質問を考え、答えを書き留めておいてほしい。あなたの答えは、第3の習慣に取り組むにあたってとても重要である。

質問一　現在はしていないが、もし日頃から行っていれば、あなたの私生活に大きくポジティブな結果をもたらすと思うことを一つ挙げるとしたら、それは何だろうか？

質問二　同様に、あなたの仕事や専門分野で、ポジティブな結果をもたらすと思うことを一つ挙げるとしたら、それは何だろうか？

あなたが書き留めた答えは後で見ることにして、まずは第3の習慣について説明しよう。

第3の習慣は、第1の習慣と第2の習慣で身につけたことを実践し、個人的な結果を得る習慣である。第1の習慣が言わんとしているのは、人間だけに授けられた四つの能力（**想像・良心・意志・自覚**）に従って、「あなたは自分の人生の創造主である。あなたには責任がある」ということである。第1の習慣を身につけれ

第3の習慣 ｜ 最優先事項を優先する

ば、「子どものときに与えられたプログラムは間違っている。社会通念の鏡に映るプログラムも間違っている。このような効果のない脚本は好まない。自分で書き直すことができる」と言えるようになる。

第2の習慣は、第一の創造、すなわち知的創造を行う習慣である。この習慣の土台となっているのは、**想像**と**良心**だ。想像は、頭の中で思い描く能力、あなたの内面に潜在する能力を見抜き、目の前にないものを頭の中に描写する能力である。良心は、自分にしかできないことを発見し、それを自ら喜んで成し遂げるための個人的、道徳的かつ倫理的なガイドラインを定める能力である。第2の習慣は、あなたの内面の奥深くにある基本のパラダイムと価値観を見つめ、自分の将来のビジョンに触れることである。

そして第3の習慣は、第二の創造、すなわち知的創造で思い描いたビジョンをかたちあるものにする物的創造の習慣である。第1の習慣と第2の習慣を日々の生活で実践する習慣であり、この最初の二つの習慣から自然と導き出される結果である。原則中心の生き方をするために**意志**を発揮し、一日の始まりから終わりまで、その瞬間瞬間たゆまず実行していく習慣である。

第3の習慣を身につけるには、第1と第2の習慣の土台が不可欠である。自分の主体性を意識し、それを育てていかなければ、原則中心の生き方はできない。自分のパラダイムを自覚し、それをどのように変えれば原則に合わせられるかを理解して初めて、原則中心の人生を生きられる。あなた独特の貢献をありありと思い描きフォーカスすることができなければ、原則中心の人間にはなれない。

しかし、これらの土台を築けたなら、自分自身を効果的にマネジメントする第3の習慣を実践することによって、あなたは毎日、原則中心の生き方ができるようになる。

193

マネジメントとリーダーシップはまるで違うものであることを思い出してほしい。リーダーシップは基本的には右脳の精力的な活動である。技術というより芸術であり、哲学を土台としたものである。あなたが自分の人生でリーダーシップを発揮するには、自分の人生はどうあるべきか、自分自身に向かって究極の問いかけをしなければならない。

その問いかけを真正面からとらえ、真剣に考え、答えを見出したなら、次は、その答えにふさわしい生き方ができるように、自分自身を効果的にマネジメントすることが必要なのだ。もちろん、「正しいジャングル」にいなければ、どんなにマネジメントがうまくできても何の意味もない。しかし「正しいジャングル」にいれば、マネジメントの能力の違いで大きな差がつく。マネジメント能力次第で第二の創造の質、現実に生み出されるものの質が決まる。うまくマネジメントできなければ、第二の創造そのものができなくなることもある。マネジメントとは、左脳にある効果的な自己管理の側面を使い、作業を細かい部分に分け、分析し、順序だて、具体的に応用し、時系列で物事を取り扱っていく。私自身の効果性を最大化するために**右脳でリーダーシップ、左脳でマネジメント**と考えている。

意志の力

セルフ・マネジメントに真の効果性をもたらすには、人間だけに授けられた四つの能力の四番目、**意志**を活用することだ。意志とは、決断し選択する能力であり、決めたことに従って行動する能力である。他者や周り

第3の習慣｜最優先事項を優先する

の状況の影響に動かされるのではなく、自分の考えで行動し、自覚、想像、良心を使って書いたプログラムを実行する能力である。

人の意志の力は驚くべきものである。人間は、信じられない困難も意志の力で乗り越えられる。世界中に大勢いるヘレン・ケラーのような人たちは、意志の力の驚くべき価値を証明している。

しかし、効果的なセルフ・マネジメントを行うということは、一念発起してとてつもない努力をし、生涯に一度だけ何か華やかで大きなことを成し遂げればよいというものではない。そのような成功は長続きしない。日々のあらゆる決断と意志によって、自分をマネジメントする力が徐々についてくるのである。

毎日の生活の中で意志をどのくらい発揮できているかは、基本的には自分自身にどれだけ価値を置いているかということだ。自分を大切にし、自分を裏切らないことである。誠実さの度合いで測ることができる。誠実さとは、自分に約束し、それを守る能力、「言行一致」のことである。誠実さは人格主義の根本をなし、主体的な人間として成長するために欠かせないものである。

効果的なマネジメントとは、**最優先事項を優先する**ことである。リーダーシップの仕事は、「優先すべきこと」は何かを決めることであり、マネジメントは、その大切にすべきことを日々の生活の中で優先して行えるようにすることだ。自分を**律して**実行することがマネジメントである。

規律とは、自分を律することだ。自分を律するというのは、哲学に従い、正しい原則、自分の価値観、もっとも重要な目的、より上位の目標に従って、あるいはその目標を象徴する人物を手本にして行動することだ。

要するに、自分を効果的にマネジメントできている人は、自分の内面にある規律に従い、意志を働かせて行

動している。内面の奥深くにある価値観とその源に従い、自分を律している。感情や衝動、気分に流されず、自分の価値観を優先できる意志と誠実さを持っているのである。

E・N・グレーの『The Common Denominator of Success（成功の共通点）』は、私の好きな本の一つである。彼は成功者に共通する要素の探究をライフワークにし、努力や幸運、人間関係のテクニックは重要ではあるが決定的な成功要因ではなく、これらの要因を超越する一つの要因があると結論づけている。それはまさに、この第3の習慣「**最優先事項を優先する**」のエッセンスである。グレーは次のように書いている。

「成功者たちの共通点は、成功していない人たちの嫌がることを実行に移す習慣を身につけているということである。彼らにしてみても、必ずしも好きでそれを行なっているわけではないが、自らの嫌だという感情をその目的意識の強さに服従させているのだ」

感情を抑え、最優先事項を優先するには、目的意識と使命感が要る。第2の習慣で身につけた明確な方向感覚と価値観が要る。そして、優先する必要のない物事に「ノー」とはっきり言えるためには、あなたの中に燃えるような「イエス」がなければならない。何よりも大切にすべきことを自覚していなければならないのだ。

さらに、やりたくないと思っても実行する意志の力、その時どきの衝動や欲望ではなく、自分の価値観に従って行動する力も必要だ。それは、あなたが主体的な人間として行う第一の創造を誠実に実行し、かたちにしていく力なのである。

時間管理の四つの世代

第3の習慣では、人生と時間管理に関わる問題を多く取り上げる。私自身これまで長い間時間管理という興味深いテーマを探究してきたが、時間管理の本質を一言で言うなら「**優先順位をつけ、それを実行する**」に尽きると思う。そしてこの一言は、時間管理のこれまで三つの世代の進化過程を言い表している。時間管理には多種多様なアプローチやツールがあるが、そのどれもが、優先すべきことをどのようにして実行するかをポイントにしているのである。

パーソナル・マネジメントの理論も、他の多くの分野と同じようなパターンをたどって進化してきた。画期的な進歩（アルビン・トフラーの言葉を借りれば「波」）は順々に起こり、そのたびに前の進歩に新しい重要な要素が加わるというパターンである。社会の進歩を例にとるなら、まず農業革命があり、その次に産業革命が起こり、そして情報革命が続いた。一つの波が押し寄せるたびに、社会も人間も大きく進歩してきたのである。

時間管理の分野も同じである。一つの世代の上に次の世代が重なり、そのたびに人間が自分の生活を管理できる範囲が広がってきた。

時間管理の第一の波もしくは世代は、メモやチェックリストが特徴だ。私たちの時間と労力を必要とする多くの物事を確認し、忘れずにいるための工夫だ。

第二世代は、予定表やカレンダーが特徴だ。この波は先を見て、将来の出来事や活動の予定を立てようという試みである。

時間管理の第三世代が今の世代である。前の二つの世代に「優先順位づけ」と「価値観の明確化」が加わっている。明確にした自分の価値観に照らして活動の重要度を測り、優先順位を決めようという考え方である。

さらにこの第三世代は、目標設定も重要視する。長期、中期、短期の目標を具体的に立て、自分の価値観に照らし合わせ、その目標の達成に時間と労力をかける。もっとも重要であると判断した目標や仕事を達成するために、毎日の具体的なスケジュールを計画することも第三世代の考え方だ。

第三世代の波は時間管理の分野を飛躍的に進歩させた。しかし、効率的なスケジュールを組んで時間を管理する方法が、むしろ非生産的になっていることに私たちは気づき始めている。効率性だけを追求していたら、豊かな人間関係を築いたり、人間本来のニーズを満たしたり、毎日の生活の中で自然と生まれる豊かな時間を素直に楽しんだりする機会が奪われてしまうのだ。

その結果、多くの人は、一分の隙もないスケジュールに縛られるような時間管理のツールやシステムに嫌気がさしてしまった。そして彼らは、人間関係や自分の自然なニーズ、充実感の得られる人生を選ぼうと、第三世代の長所も短所も全部放り出し、第一世代か第二世代の時間管理テクニックに逆戻りしたのである。

しかし今、これまでの三つの世代とは根本的に異なる第四世代が生まれている。問題は時間を管理することではなく、自分自身を管理することだからだ。人が満足できるのは、自分が期待したことを、期待どおりに達成できたときである。そして、何を期待するかも満足感を左右する。その期待（満足）は、影響の輪の中にあるのだ。

第四世代は、**モノ**や**時間**には重点を置かない。この新しい波が目指すのは、**人間関係**を維持し、強くしなが

ら、**結果**を出すことである。簡単に言えば、P/PCバランスを維持することである。

第Ⅱ領域

第四世代の時間管理の中心をなす考え方を、次ページにあるような時間管理のマトリックスで表してみた。

私たちは基本的に、これら四つの領域のどれかに時間を使っている。

このマトリックスを見るとわかるように、活動を決める要因は、**緊急度と重要度**の二つである。**緊急**の活動とは、今すぐに取りかからなければならない活動である。「早く！」と私たちを急き立てる用事だ。**緊急**の活動が鳴っていれば、電話に出るのは緊急の用事である。鳴っている電話を放っておいて平気でいられる人はまずいないだろう。

何時間もかけて資料を揃え、身だしなみを整え、重要な仕事の話で誰かのもとにわざわざ足を運んだとしよう。話し合いの途中で電話が鳴りだせば、その相手はあなたよりも電話を優先するはずだ。あなたが誰かに電話して、電話に出た相手が「一五分で戻ってくるから、そのまま切らずに待っていて」などと言って待たせることはまずないだろう。それなのに、大切な来客よりも電話を優先して待たせることはよくある。

時間管理のマトリックス

	緊急	緊急でない
重要	**第Ⅰ領域** 活動: 危機への対応 差し迫った問題 期限のある仕事	**第Ⅱ領域** 活動: 予防、PCを高める活動 人間関係づくり 新しい機会を見つけること 準備や計画 心身をリラックスさせること
重要でない	**第Ⅲ領域** 活動: 飛び込みの用事、多くの電話 多くのメールや報告書 多くの会議 無意味な接待や付き合い 期限のある催し物	**第Ⅳ領域** 活動: 取るに足らない仕事、雑用 多くのメール 多くの電話 暇つぶし 快楽だけを追求する遊び

緊急の用事は、たいていは目に見える。早くやれ、と私たちを急き立てて、何としても私たちを引き込もうとする。緊急の用事はいつも、私たちの目の前に現れる。緊急の用事ができると俄然張り切る人も少なくない。緊急の用事の中には、楽しいこと、簡単にできること、面白いこともたくさんあるからだ。しかしほとんどは重要な用事ではない。

一方、**重要度**は結果に関係する。重要な用事は、あなたのミッション、価値観、優先度の高い目標の実現につながるものである。

私たちは、緊急の用事には**受動的に反応**(react)する。だが、緊急ではないが重要なことをするには、率先力と主体性が要る。機会をとらえたり、物事を実現させたりするには、**能動的に動く**(act)ことが必要なのだ。第2の習慣が身についておらず、何が重要なのか、人生において追求する結果をはっきりと思い描けていない人は、緊急の用事ばかりに簡単に反応し、人生の目的からそれていってしまう。

ここで、時間管理のマトリックスの四つの領域を見てほしい。第Ⅰ領域は、緊急で重要な領域である。この領域に入る活動は、緊急に対応する必要があり、なおかつ重大な結果につながるものである。私たちは一般的に、第Ⅰ領域を「危機」とか「問題」と言う。誰でも、日々の生活の中で第Ⅰ領域に入る問題に直面することはある。ところが多くの人が、第Ⅰ領域に一日中浸かっている。それは、まるで危機的状況にあるマネージャーであり、問題ばかりを考える人であり、常に締め切りに追われている人のようになる。

第Ⅰ領域ばかりを意識していると、第Ⅰ領域だけがどんどん大きくなり、やがてあなたを押し倒しては、引いてゆく。それは浜辺に打ち寄せる波のようなものだ。大きな問題が打ち寄せてきてあなたを押し倒しては、引いてゆく。何

とか起き上がったと思ったら、すぐに次の波が押し寄せてきて、あなたはまたも倒れる。その繰り返しである。このように毎日、次から次へと押し寄せる問題に打ちのめされている人たちがいる。彼らが唯一逃げ込める場所は、緊急でも重要でもない第Ⅳ領域である。だから、彼らのマトリックスを見ると、時間の九〇％が第Ⅰ領域に費やされ、残りの一〇％は第Ⅳ領域に入ってしまう。第Ⅱ領域と第Ⅲ領域はほとんど見向きもされていない。危機に追われる人たちはこういう生き方をしているのである。

第3の習慣 | 最優先事項を優先する

緊急だが重要ではない第Ⅲ領域の用事を第Ⅰ領域の用事と思い込み、それに多くの時間を費やす人もいる。緊急だから重要なのだと思い込み、緊急の用事のすべてに反応し、ほとんどの時間を使ってしまうのだ。だが、それらの用事は自分にとって緊急なのではなく、ほとんどは他者の仕事の優先順位からきているのであり、早く対応してほしいと期待されていることなのである。

第Ⅲ領域と第Ⅳ領域だけに時間を使っている人は、根本的に無責任な生き方をしている。

効果的な人々は、第III領域と第IV領域を避けようとする。この二つの領域に入る用件は、緊急であろうがなかろうが、重要ではないからだ。彼らはまた、できるだけ第II領域の活動に時間をかけ、生活の中で第I領域が占める割合を小さくしていく。

第II領域は、効果的なパーソナル・マネジメントの鍵を握る領域である。この領域に入るのは、緊急ではないが重要な活動である。人間関係を育てる、自分のミッション・ステートメントを書く、長期的な計画を立て

る、身体を鍛える、予防メンテナンスを怠らない、準備する。こうした活動はやらなければいけないとはわかっていても、緊急ではないから、ついつい後回しにしてしまうことばかりだ。効果的な生き方のできる人は、これらの活動に緊急でない時間をかけているのである。

ピーター・ドラッカーの言葉を借りれば、効果的な人々は「問題ではなく機会に着目する」のである。機会に餌を与え、問題を飢えさせるのだ。先を見て対策を講じる。彼らとて第Ⅰ領域の危機や緊急事態に直面することはある。もちろん、そのときはすぐに対応しなければならないが、そうした状況になることが他の人たちに比べると少ない。彼らは緊急ではないが重要なこと、自分の能力を大きく伸ばす第Ⅱ領域の活動に時間を使い、P／PCバランスをうまくとっているのだ。

この章の冒頭であなたに二つの質問を出し、答えてもらっていた。時間管理のマトリックスを念頭に置き、あなたの答えを考えてみよう。あなたの答えはどの領域に入るだろうか。重要な活動だろうか、緊急の活動だろうか。

おそらく、第Ⅱ領域に入るはずだ。とても重要なことではあるのは明らかだが、急を要することではない。

急を要さないから、まだ手がついていないのではないだろうか。

もう一度質問を見てみよう。

質問一 現在はしていないが、もし日頃から行っていれば、あなたの私生活に大きくポジティブな結果をもたらすと思うことを一つ挙げるとしたら、それは何だろうか？

質問二 同様に、あなたの仕事や専門分野で、ポジティブな結果をもたらすと思うことを一つ挙げるとしたら、それは何だろうか？

このような効果をもたらす活動は、どれも第Ⅱ領域に入る。それを実行すれば、私たちの生き方ははるかに効果的になるのである。

あるショッピングセンターのマネージャーに同じ質問をしてみた。「日頃から行えば、あなたの仕事に大きくポジティブな結果をもたらすと思うことを一つ挙げるとすれば何ですか？」するとほとんどのマネージャーから同じ答えが返ってきた。ショッピングセンターに入っている店の店長たちと有益な人間関係を築くこと、である。これは第Ⅱ領域に入る活動だ。

次に、彼らがその活動に割いている時間を分析してみた。結果はどうかというと、勤務時間の五％にも満たなかった。むろん、それにはそれなりの理由がある。次から次へと問題が起こるのだから、どうしようもないと皆口々に話す。報告書を書かなければならないし、会議もある。問い合わせに対応しなければならないし、電話をかけなければならない用事や中断に次ぐ中断もある。彼らは第Ⅰ領域の用事に朝から晩まで追われていたのである。

テナントの店長たちとコミュニケーションをとる時間がないも同然だった。かろうじて話す機会といえば、テナント料の集金とか、広告の打ち合わせとか、ショッピングセンターの規則違反を注意するとか、契約に関することばかりで、ネガティブなエネルギーに満ちていた。人間関係を築くコミュニケーションとはほど遠い

第3の習慣｜最優先事項を優先する

ものだ。

一方、テナントの店長たちは、成長どころか、日々生き延びることに四苦八苦していた。店員の雇用、コスト、在庫等々、頭を悩ます問題を山ほど抱えていた。ほとんどの店長は経営の教育を受けたことはなく、何人かはビジネスでは優秀な人もいたが、助けが必要だった。だから、ショッピングセンターのマネージャーとはできれば顔を合わせたくなかったのである。彼らにしてみれば、マネージャーとのコミュニケーションは問題が一つ増えるだけだった。

そこで、マネージャーたちは主体的に行動することにした。自分たちの目的、価値観、優先すべきことを決め、それに従って勤務時間の三分の一をテナントの店長たちとの関係づくりに使うことにしたのである。

私がこのショッピングセンターのマネージャー研修に関わった一年半の間に、テナントとの関係改善に費やされる時間は二〇％くらいに増えた。以前の四倍以上である。それだけでなく、彼らは自分の役割も見直した。店長たちの聴き役に回り、トレーナーとなり、コンサルタントになったのである。店長たちとの交流の時間は、ポジティブなエネルギーに満ちあふれるようになった。

それは絶大な効果を発揮した。時間やテクニックよりも、人間関係や目的の達成に目を向けることによって、ショッピングセンターは売上を伸ばし始めた。新しい経営手法を学んだテナントは経営を軌道に乗せ、マネージャーたちはより効果的になり、充実感を感じられるようになり、新規のテナント希望者が増え、現在のテナントの売上増に伴って賃貸料収入も増えた。マネージャーたちは警察官のようにテナントを見張る立場ではなく、問題を解決する協力者になったのである。

大学生、組立ラインの労働者、主婦、ファッションデザイナー、会社の社長、誰であれ、第II領域に何があるのか自分に問いかけ、それらの活動に主体的に取り組めば、このショッピングセンターと同じような結果が得られる。あなたの効果性は飛躍的に向上するだろう。先を見て考え、問題の根っこに働きかけ、危機に発展する前に対処するのだから、第I領域の危機や問題は管理できる範囲まで減っていき、たとえ問題が発生してもすぐに解決できるようになる。時間管理の世界では、これをパレートの法則という。つまり、活動の二〇％が結果の八〇％を生むのである。

「ノー」と言うためには

第II領域に使える時間をつくるには、第III領域と第IV領域の時間を削るしかない。第I領域の予防や準備の活動に力を入れていれば、緊急で重要な活動の第I領域は徐々に小さくなっていくが、最初からこの領域を無視するわけにはいかない。とりあえずは、第III領域と第IV領域から第II領域の時間を捻出するしかない。第II領域の活動には自分から主体的に取り組まなくてはならない。さもないと、第I領域や第III領域にすぐに飲み込まれてしまう。第II領域の重要な最優先事項に「イエス」と言うためには、他の用事がいくら緊急に見えても、「ノー」と言うことを学ばなければならないのだ。

しばらく前、妻が地域活動の委員会から委員長になってほしいと頼まれた。その頃、妻はそれこそ重要な仕事をた

くさん抱えていたから、本当は引き受けたくはなかった。しかし再三の依頼にどうしても断りきれず、とうとう承諾してしまった。

それから妻は親友に電話し、この委員会の委員になってくれるよう頼んだ。友人はしばらく話を聴いてから言った。「サンドラ、本当に素晴らしいプロジェクトだと思うわ。きっとやりがいがあるでしょうね。声をかけてくれてうれしいわ。光栄よ。でもね、いろいろと事情があって、どうしても都合がつかないの。今回は遠慮させていただくわ。でも、あなたが声をかけてくださって、本当にうれしいのよ。ありがとう」

妻は説得する手だてをいろいろ考えていたが、こんなふうに明るくはっきりと「ノー」と言われては、さすがにすすべがなかった。彼女は私のほうを振り向き、ため息まじりに言った。「私もあんなふうに言えばよかったわ」

私はなにも、意義ある奉仕活動には関わらないほうがいいと言っているわけではない。このような活動は大切だ。だが、自分にとって一番重要なこと、もっとも大切にするべきことを決めたら、それ以外のことには勇気を持って、明るくにこやかに、弁解がましくなく「ノー」と言えなければならない。ためらわずに「ノー」と言うためには、それよりも強い「イエス」、もっと大事なことが、あなたの内面で燃えていなくてはならない。多くの場合、「最良」の敵は「良い」である。

あなたは何かに対しては必ず「ノー」と言ってきたことを思い起こしてほしい。目の前に現れた用事が緊急に見えなかったとしても、それははるかにもっと重要で、あなたの人生そのものに関わる事柄だったのかもしれない。緊急な用事が「良い」ものであっても、それを端から受け入れていたら、あなたにとって「最良」の

ものに手が回らなくなる。あなたにしかできない貢献ができなくなるのである。

ある総合大学で広報ディレクターを務めていたとき、実に主体的でクリエイティブで才能豊かなライターを採用した。採用から数ヵ月経ったある日、私に回ってきた緊急の仕事を彼に頼みに行った。

彼の返事はこうだった。

「先生からのご依頼でしたら何でもしますが、その前に私の状況を説明させていただけませんでしょうか」

そして彼はホワイトボードがある所に私を連れて行った。そこには、彼が取り組んでいる二十数件の仕事、それぞれの締切りと評価基準が書いてあった。どれもすでに話し合いで決まっていた仕事ばかりである。彼はきちんと自己管理ができる人物だった。だからこの緊急の仕事も、頼むなら彼しかいないと思ったのである。「ものを頼むなら、忙しい人に頼め」と昔から言うではないか。

次に彼はこう言った。

「先生が今おっしゃっている仕事は数日かかります。それを入れるとなると、このボードにある仕事のどれを遅らせるか、キャンセルすればいいでしょうか？」

私はいずれにしても責任を取りたくなかった。私は単にそのとき緊急事態に対応しようとしていただけだった。そんな理由で有能なスタッフの仕事を邪魔したくはなかった。彼に頼もうとしていたのは緊急の仕事だったが、重要ではなかった。だから緊急対応を行う別のマネージャーに頼むことにした。

第3の習慣　│　最優先事項を優先する

誰でも毎日、多くの物事に対して「イエス」か「ノー」を選択している。正しい原則を生活の中心に置き、人生のミッションを自覚していれば、そのつど効果的に判断をする知恵を持てるようになる。

私は、いろいろな組織やグループにコンサルティングの仕事をするとき、自分の時間と人生を効果的にマネジメントする方法は、バランスよく優先順位をつけ、それを実行することだと教えている。それから次のような質問をする。「次の三つのうち、あなたの一番の弱点はどれだろう？　①優先順位を決められない　②優先順位に従って計画を立てられない、または計画しようという意欲がない　③計画に従って行動するように自分を律することができない」

するとほとんどの人は、一番の弱点は三番目だと答える。しかしよく考えてみれば、そうではないと私は思う。根本的な問題は、彼らの言っている「優先順位」が頭と心に深く根づいていないことだ。要するに、第2の習慣がしっかりと身についていないのである。

第Ⅱ領域という言葉を認識していようがいまいが、そこに入る活動が大切であることは誰もがわかっている。だから、それらの活動に高い優先順位をつけ、何とか自分を律して生活に取り入れ、実践しようと努力する。しかし、ミッション・ステートメントを定め、原則を生活の中心に置いていなければ、その努力を続けていくための土台がないのである。自分が自然にとる態度や行動、いわば表に出ている「葉っぱ」だけに働きかけて、その基となっている「根っこ」――自分の基本のパラダイム――を見つめ、それが正しいかどうか考えてみようともしないからだ。

第Ⅱ領域を重視するパラダイムは、原則中心の考え方から生まれる。仮にあなたが配偶者を人生の中心に据

完訳 7つの習慣

えていたら、あるいはお金、友人、娯楽、その他の外的要因に中心を置いていたら、それらの影響力に反応し、第Ⅰ領域と第Ⅲ領域に簡単に逆戻りしてしまうだろう。自分自身に中心を置いていても、その時どきの衝動に負けて、やはり第Ⅰ領域と第Ⅲ領域に押し戻される。意志の力だけでは、自分中心の生き方を効果的に律することはできないのである。

建築の世界には、「形態は機能に従う」という言葉がある。これと同じで、マネジメントはリーダーシップに従う。あなたの時間の使い方は、あなたが自分の時間や優先すべきことをどうとらえているかで決まる。原則中心の生き方と個人的なミッションに基づいて物事の優先順位を決め、それがあなたの心と頭に深く根づいているなら、あなたにとって第Ⅱ領域は、自然と喜んで時間をかけたい場所になるはずだ。

自分の中で大きな「イエス」が赤々と燃えていなければ、忙しくしているだけでそれなりの満足を得られる第Ⅲ領域の仕事や、気楽に時間をやり過ごせる第Ⅳ領域に逃げ込む誘惑にきっぱりと「ノー」と言うことはまずできない。自分が持っているプログラムを見つめる自覚があれば、想像力を働かせ、良心に従って、原則中心の新しい、自分だけのプログラムを書くことができる。そのプログラムこそが、あなたにとっての「イエス」となり、それ以外の大切ではない用件に心から微笑んで「ノー」と言える意志の力を持つことになるのだ。

第Ⅱ領域に入るためには

第Ⅱ領域に時間を使うことが、明らかに効果的なパーソナル・マネジメントの要であるならば、「最優先事

第3の習慣 ｜ 最優先事項を優先する

項を優先する」ためには、優先すべきことをどのように計画し、実行すればよいのだろうか。

時間管理の第一世代には、そもそも優先順位という概念がない。メモやto do（すべきこと）リストがあるだけで、やったことを一つずつ線で消していけば、その瞬間は達成感を味わえる。しかしリストに書いてある用事に優先順位はついていないし、自分の人生においてもっとも重要な目的と価値観に結びついているわけでもない。単に自分の意識に引っかかり、やらなくてはと思ったことに端から反応しているだけなのである。

多くの人は、この第一世代のパラダイムで自分をマネジメントしている。これが一番抵抗の少ない方法であり、進みやすい道だからだ。痛みもストレスも感じないし、「流れに乗っていく」のは楽だ。外から押しつけられた規律とスケジュールに従っていれば、結果がどうあれ自分には責任がないと感じるだけだ。

しかし、第一世代のマネジメント・テクニックに従う人は、当然のことながら効果的な人ではない。実りある結果はほとんど生み出せないし、成果を生み出す能力（PC）を育てるライフスタイルとはほど遠い。外の力に振り回されるだけで、周りからは頼りなく無責任な人間だと見られ、自分自身を律するほんのわずかな感覚や自尊心しか持てなくなってくる。

第二世代のマネジメント・テクニックに従う人は、これよりも少しは時間を管理できるようだ。前もって計画し、予定を立てる。約束の時間には必ず姿を見せるから、責任ある人間と見られる。

ところが、彼らがスケジュールに組み込む活動にも優先順位はついていないし、深い価値観や目標を意識して計画を立てているわけでもない。だから意味のある結果はほとんど出せず、ひたすらスケジュールを守ることだけが目的になってしまう。

第三世代になると、大きく進化する。第三世代に従っている人たちは、価値観を明確にし、目標を設定する。毎日予定を立て、活動の優先順位を決める。

先ほど述べたように、現在の時間管理テクニックのほとんどはこの第三世代である。ところが、第三世代にも決定的な限界がいくつかある。第一に、視野が限られる。一日単位で計画を立てていたら、高い視点から広く見渡さなければ見えない重要なことが計画から抜け落ちる。「日々の計画」という言い方自体、緊急の用事だけに目がいきすぎている。とにかく「今」が重要だとなる。第三世代になれば活動に優先順位をつけるが、それらの活動が本当に重要なのかどうかを問うことはない。原則、自分のミッション、役割、目標に照らし合わせてみることもしない。たとえ価値観に従って計画に優先順位をつけるにしても、基本的には第Ⅰ領域と第Ⅲ領域に入る問題や、その日に起こった危機的状況の処理に優先順位をつけているアプローチにすぎない。

それに加えて、第三世代の時間管理テクニックには、人生における個々のさまざまな役割をバランスよく管理する視点が欠けている。現実を無視してスケジュールを詰めこみすぎるから、どうしてもストレスがたまり、計画を放り出して第Ⅳ領域に逃げ込みたい欲求も頻繁に湧き起こる。効率だけを追求する時間管理のせいで、人間関係を育てるどころか、関係が殺伐としてくるのだ。

第一、第二、第三世代はどれも、何らかの管理ツールの価値を認めているが、残念ながらどのツールも、原則中心の生き方、第Ⅱ領域の生活をサポートするツールにはなっていない。第一世代のメモ帳やto doリストは、ふと気づいたことを忘れないように書き留めることしかできない。第二世代の予定表やカレンダーは、約束を書き込んでおくだけのものであって、約束した時間に約束の場所に行けるだけのことである。

第三世代には多種多様なツールがあるが、基本的には第Ⅰ領域や第Ⅲ領域の活動に優先順位をつけて計画を立てるのを手助けするだけで終わっている。多くのトレーナーやコンサルタントは第Ⅱ領域に含まれる活動の重要性を承知しているが、第三世代のプランニング・ツールやマネジメント・ツールは結局、第Ⅱ領域を中心にした計画と実行をサポートするものにはなっていない。

前の世代を土台にして第三世代まで積み上がってきたのだから、それぞれの世代の長所やツールの一部が第四世代の考え方に生かされているのは確かである。しかし第四世代はまったく新しい次元であり、原則中心の生き方ができ、第Ⅱ領域に入って、自分にとってもっとも重要なことを自分自身で管理するパラダイムと実行を与えてくれる。

第Ⅱ領域ツール

第Ⅱ領域の時間管理は、人生を効果的に生きることを目的としている。正しい原則の中心に従い個人的なミッションを認識し、緊急の用事だけでなく、自分にとって重要なことにも目を向けて生活し、P（成果）とPC（成果を生み出す能力）のバランスをとりながら、PとPCの両方を高めていくことである。

第Ⅲ領域や第Ⅳ領域という些細な事柄に埋もれ、毎日の時間を費やしている人にとっては、安易な覚悟で取り組めるものではない。しかし、達成しようと日々努力しているうちに、やがて個人の効果性に驚くべきインパクトをもたらす。

第Ⅱ領域活動のための時間管理ツールは、次の六つの基準を満たしていなければならない。

● **一貫性**──一貫性とは、あなたのビジョンとミッション、役割と目標、優先順位と計画、そして、自分の望みと自制心に食い違いがなく、調和と結束、誠実さがあることだ。したがって、時間管理のツールには個人のミッション・ステートメントを書き込む欄を設けて、折に触れて確認できるようにしておくとよい。また、自分の役割、それぞれの役割の短期目標と長期目標も書き込めるようにしておく。

● **バランス**──時間管理ツールは、あなたの人生全体のバランスがとれるように手助けしてくれるものでなくてはならない。自分のさまざまな役割を明確にし、ツールに書き込んでおけば、健康、家族、仕事、自己啓発など重要な事柄をおろそかにすることなく生活を送れる。

私たちは心のどこかで、一つの分野で失敗しても別の分野で成功すれば補えるはずだと思っている。しかし、本当にそうだろうか。場合によっては、少しの間ならばそれもあるかもしれない。しかしいくら仕事で成功しても、破綻した夫婦関係を補えるだろうか。病気になってしまったら元も子もないし、仕事ができても人格の弱点をカバーできるものではない。本当に効果的な人生を生きるには、バランスが不可欠である。だから第Ⅱ領域の時間管理ツールも、生活のバランスを確立し、維持するための工夫が必要である。

● **第Ⅱ領域へのフォーカス**──第Ⅱ領域に意識を向けさせ、動機づけ、第Ⅱ領域にかけるべき時間を実際に

第3の習慣 | 最優先事項を優先する

とれるように促してくれるツールが必要であり、それによって危機的な事柄を優先するのではなく、そうした状況を予知・予防することができるようになる。私は、**一週間単位**で計画を立てるのが一番よいと思う。必要なら一日単位で修正し、優先順位を入れ替えることもできるが、あくまでも週全体の計画を立てることがポイントである。

週単位で計画を立てると、一日単位で計画するよりもはるかにバランスがよくなり、流れもスムーズになる。人間の社会はおおむね、一週間はまとまりの完結した時間として認識されているようである。会社や学校など社会の多くの活動が一週間を単位にしており、一週間の何日か集中して活動したら休むというリズムで社会は動いている。ユダヤ・キリスト教文化では七日のうち一日を安息日とし、自分を高めるための日と理解している。

ほとんどの人は週単位でものを考えている。だが第三世代のツールはたいてい一日単位で区切られている。これでは毎日の活動の優先順位はつけられるかもしれないが、基本的には緊急の用事と雑事の処理のスケジュールを立てているにすぎない。**大切なことは、スケジュールに優先順位をつけることではなく、優先すべきことをスケジュールにすること**なのである。そのためには一週間単位で計画するやり方が最適である。

● **人間関係重視**──時間管理のツールは、スケジュールだけでなく人間関係にも配慮できるものでなくてはならない。時間の使い方だけなら**効率**で考えてもかまわないが、人間関係はそうはいかない。原則中心の生き方をしている人は、人間関係を**効果**の観点からとらえる。第Ⅱ領域に時間をかけ、原則中心の生活を

送ろうとするなら、スケジュールを曲げても人間関係を優先しなければならないことがある。ツールに、このような価値観も含まれていなければならず、スケジュールどおりに進まなかったとしても自己嫌悪を感じずに重要なことを優先できることを手助けするものでなければならない。

● 柔軟性——あなたがツールを使うのであって、ツールに使われてはいけない。あなたが使いやすいように、自分のライフスタイル、ニーズ、やり方に合わせたツールにすることが大切である。

● 携帯性——ツールは持ち運びできるものにする。いつも身近にあれば、電車やバスの中で自分のミッション・ステートメントを読み直すこともできる。何か新しいチャンスに巡り合ったとき、すでに入っている予定と比べて、どちらをとるかその場で判断することもできる。持ち運びできるツールなら、大切なデータをいつでも手の届くところに置いておける。

第Ⅱ領域は効果的なセルフ・マネジメントの鍵を握っている。だから、第Ⅱ領域にあなたの意識を向けさせるツールが必要だ。私は第四世代の時間管理について考え、ここに挙げた六つの基準を満たすツールを開発した。しかし第三世代のツールでも、少し手を加えれば第四世代として使えるものもある。原則さえ理解できていれば、実践の方法やツールは人それぞれでかまわない。

218

第Ⅱ領域をセルフ・マネジメントする

私がこの本に書きたいことは、効果的な人生を生きるための原則であり、それを実践する方法ではない。しかし、時間管理の第四世代の考え方や効果をよく理解してほしいので、原則中心の第Ⅱ領域に基づいて一週間の計画をここで実際に立ててみたい。

第Ⅱ領域を中心にして計画を立てるときは、次の四つのステップを踏む。

一．役割を明確にする――第一段階では、あなたの重要な役割を紙に書いてみよう。もし人生における自分の役割を真剣に考えたことがないのなら、思いついたものから書いていってかまわない。まず、個人としての役割がある。家族の一員としての役割なら一つ以上書いてほしい。夫・妻、母親・父親、息子・娘、あるいは家族の範囲をもっと広げれば、祖父母、おば、おじ、いとこなどの役割もあるかもしれない。仕事上の役割に関しては、定期的に時間と労力をかけたい分野を複数あればそれも書き出しておくとよいだろう。教会やコミュニティ活動に参加しているなら、その役割もある。

これから生涯変わらない役割でなければいけない、などと大げさに考える必要はない。次の一週間だけを考え、その七日間に時間をかけたい分野を書けばそれでいい。

ここで、二人の人が書いた役割の例を挙げておこう。

(例1)
1　個人
2　配偶者/親
3　マネージャー（新製品開発）
4　マネージャー（リサーチ）
5　マネージャー（人材開発）
6　マネージャー（経営管理）
7　ユナイテッド・ウェイ会長

(例2)
1　自己啓発
2　配偶者
3　親
4　不動産セールス・パーソン
5　コミュニティ奉仕活動
6　交響楽団理事会メンバー

二．**目標設定**――次は、それぞれの役割について、これからの一週間で達成したい重要な成果を、一つか二つ考え、それを目標として書き込む（次ページ参照）。

これらの目標のいくつかは、第Ⅱ領域の活動に関係するものにする。できれば、ミッション・ステートメントを書いたときに明確にした長期的目標に結びついているとよい。まだミッション・ステートメントを書いていなくても、一つひとつの役割に目標を決めていくうちに、何が大事なのかわかってくるはずだ。

三．**スケジューリング**――ここでいよいよ、ステップ二で決めた目標を念頭に置いて、それらを達成するために必要な時間を一週間のスケジュールに組み込んでいく。仮にあなたの目標がミッション・ステート

第3の習慣 | 最優先事項を優先する

自分の成長	ミッション・ステートメントの下書き セミナーの申し込み フランクのお見舞い
夫・父親	妻とコンサートに行く ティムの科学研究を見る サラの自転車練習
マネージャー (新製品)	テスト市場のパラメータを設定 アシスタント候補者の面接 消費者調査の検討
マネージャー (リサーチ)	最新の試験結果の検討 接着の問題点を調査 ケン、ピーターとのネットワーク
マネージャー (部下の教育)	ジャニーの勤務評定 サミュエル宅訪問
マネージャー (経営管理)	月次報告書の作成 給与改定報告書の作成
ユナイテッド・ ウェイ会長	議題案の作成 コンクリン社に広報活動 来年度の計画策定に着手

メントの第一稿を書くことなら、日曜日に二時間はあけたいと思うだろう。日曜日なら自己啓発の活動には最適だし、次の週の計画を立てるにしても区切りがいい。平日の現実から一歩離れ、自分の内面でインスピレーションを探り、原則と価値観に照らし合わせて自分の人生を見渡すよい機会になる（もちろん日曜日でなくとも、あなたの事情に合わせて何曜日でもかまわない）。

運動で身体を鍛えることを目標にしているなら、一週間のうち三、四日、あるいは毎日一時間ずつ充てるかもしれない。目標によっては会社にいる時間にしかできないこともあるだろうし、子どもたちが家にいる土曜日にしか時間をとれない場合もあるだろう。ここまでくれば、一日単位でなく一週間単位でスケジュールを組むメリットが見えてきただろうか。

役割を明確にして目標を設定したら、それぞれの目標を優先事項として、決まった日に割り当てることができる。その目標の活動を約束事として決めてしまえばなおよい。ここで、年間や月間のカレンダーを見て、すでに入っている約束をチェックする。自分の目標に照らしてそれらが本当に重要な活動かどうか判断し、重要であれば一週間のスケジュールに組み込み、そうでなければ別の日に移すか、キャンセルする。

二二六ページに一週間のスケジュール表を載せてあるので、一九のタスクの中に第Ⅱ領域活動がどのように配分され、具体的な活動計画として組み立てられているか確かめてみてほしい。さらに、ページの左上に「刃を研ぐ」という見出しのついた囲みがある。ここには、人間だけに授けられた四つの側面（肉体、社会・情緒、知性、精神）のそれぞれを再生させる活動を書き込む。「刃を研ぐ」は第7の習慣であり、後ほど詳しく説明するが、これも第Ⅱ領域に入る重要な活動である。

一週間に一九個もの目標を中心に取り組む時間をとっても、スケジュールを立てれば、スケジュール表にはまだ余白がたくさん残っている！ 第Ⅱ領域の活動を中心に一週間のスケジュールを立てれば、最優先事項を優先するだけでなく、予期していなかったことが起こっても対応でき、必要ならばスケジュールを変更できる。もちろん、人

間関係を大切にし、人付き合いをおろそかにすることもなくなり、自発的な生活を心から楽しむことができる。それもこれも、自分の人生のあらゆる役割で重要な目標を達成するために、主体的に一週間の計画を立てたのだと自覚できているからなのだ。

四・一日単位の調整——第Ⅱ領域を中心にした一週間の計画を立てていれば、毎日の計画は、その日の用事の優先順位を決めるだけで、予定外の出来事への対応や人との約束、有意義な経験に対応できるようになる。

毎朝、数分程度スケジュール表を見直せば、一週間の計画を立てたときに価値観に基づいて決めた目標を再確認できるし、予定外のことが起きていればスケジュールを調整できる。その日の予定を見渡すと、あなたの内面にある本来のバランス感覚が、あなたの役割と目標に自然なかたちで優先順位をつけていることがわかるはずだ。個人のミッションを意識できているからこそ、右脳の働きで優先順位が無理なくすんなりと決まるのである。

それでも、毎日の活動は第三世代のテクニックを使ってA、B、Cや1、2、3といった優先順位をつけ、整理したほうがよい場合もあるだろう。ある用事を重要か重要でないかと判断するのは誤った二者択一だ。重要度というのは相対的なものだから、この用事はあれと比べれば重要だくらいの差しかない。一週間単位の計画を活用して、日々第三世代の優先順位づけの手法を使えば、日々フォーカスすることに秩序をもたらす。

しかし、自分の人生のミッションや生活のバランスにどのように影響を与えるのか考えずに、ただやみくもに優先順位をつけていては、効果性を期待できない。やりたくはないことや、まったくやる必要のないことに優先順位をつけて実行する、などということにもなりかねない。

原則を中心にし、第Ⅱ領域に焦点を合わせて一週間の計画を立てる場合と、原則以外を中心にして一日ごとに計画を立てる場合との違いが見えてきただろうか。第Ⅱ領域に目を向けることによって、あなたの現在の効果性にもたらされる大きな変化を感じ始めているだろうか。

原則中心の生き方、第Ⅱ領域を重視して生活することによる劇的な効果は、私自身、身をもって体験している。私と同じようにして人生を大きく変えた人も何百人と見てきた。だから、本当に人生が変わる、そう自信を持って断言できる。ポジティブな方向へ飛躍的に変わるのだ。一週間の目標が正しい原則という大きな枠組みの中に入っていて、個人のミッション・ステートメントに一致している人ほど、効果的な人生に近づいていくのである。

第Ⅱ領域に生きる

ここでもう一度、コンピューターのたとえ話を思い出してほしい。第1の習慣が「あなたがプログラマーである」、第2の習慣が「あなたがプログラムを書く」ことだとすれば、第3の習慣は「あなたがプログラムを

第3の習慣｜最優先事項を優先する

実行する」あるいは「プログラムどおりに生きる」ことである。プログラムの通りに生きるには、意志、自制心、誠実さ、決意が要る。さらに、短期的な目標とスケジュールだけでなく、あなたの目標やスケジュール、生き方そのものに意味とつながりを与える正しい原則、あなたのもっとも深い価値観に従って生きる覚悟も要るのである。

一週間の計画を立て、それを実行していく間には必ず、あなたの誠実さが試される場面が訪れるだろう。緊急だが重要ではない第III領域の仕事を誰かから頼まれ引き受けたり、その人を喜ばせたいと思ったり、第IV領域という楽しみに逃げ込んでしまいたい誘惑にかられたりすると、計画していた第II領域の大事な活動が圧迫され、押しやられてしまうおそれがある。しかし、原則中心の生き方ができていれば、自覚と良心に従い、このような場面でも心の安定は崩れず、自分の指針と知恵を働かせて、本当に優先すべきことを意志によって優先できるのである。

とはいえ、人間は全能ではないのだから、本当に優先すべきことがすべて事前にわかるとは限らない。どんなに吟味して一週間の計画を立てていても、正しい原則に照らしてみて、スケジュールを曲げてでも優先しなければならないさらに価値あることが発生することはある。原則中心の生き方をしていれば、そのような突発的な事態になっても、心穏や

長期的な計画

一週間の計画

完訳 7つの習慣

	Thursday ___日	Friday ___日	Saturday ___日	Sunday ___日
8				①ミッション・ステートメントの下書き
9	⑪接着の問題点を調査	⑯最新の試験結果の検討		
10	↓			
11				
12		⑱コンクリン社に広報活動		
1				
2				
3	⑬ジャニーの勤務評定	⑮月次報告書の作成		
4				
5				
6	⑰議題案の作成			
7			④妻とコンサートに行く	
8	⑲来年度の計画策定に着手			

Daily Tasks	Daily Tasks	Daily Tasks	Daily Tasks
	⑭サミュエル宅訪問		

226

第3の習慣 | 最優先事項を優先する

役割と目標
役割　刃を研ぐ
肉体
社会・情緒
知性
精神
役割　自分の成長
目標　①ミッション・ステートメントの下書き
②セミナーの申し込み
③フランクのお見舞い
役割　夫・父親
目標　④妻とコンサートに行く
⑤ティムの科学研究を見る
⑥サラの自転車練習
役割　マネージャー（新製品）
目標　⑦テスト市場のパラメータを設定
⑧アシスタント候補者の面接
⑨消費者調査の検討
役割　マネージャー（リサーチ）
目標　⑩最新の試験結果の検討
⑪接着の問題点を調査
⑫ケン、ピーターとのネットワーク
役割　マネージャー（部下の教育）
目標　⑬ジャニーの勤務評定
⑭サミュエル宅訪問
役割　マネージャー（経営管理）
目標　⑮月次報告書の作成
⑯給与改定報告書の作成
役割　ユナイテッド・ウェイ会長
目標　⑰議題案の作成
⑱コンクリン社に広報活動
⑲来年度の計画策定に着手

	Monday　日	Tuesday　日	Wednesday　日
8			
9			⑦テスト市場のパラメータを設定
10			
11	⑧アシスタント候補者の面接		
12			
1		⑨消費者調査の検討	
2			
3			
4	③フランクのお見舞い		
5			
6		⑤ティムの科学研究	
7	⑥サラの自転車練習		
8			

Daily Tasks	Daily Tasks	Daily Tasks
⑯給与改定報告書の作成	②セミナーの申し込み	⑫ケン、ピーターとのネットワーク

かに、スケジュールを変更できるのである。

私の息子の一人は一時期、スケジューリングや効率性の追求に首までどっぷりと浸っていた。ある日の予定は、それこそ分刻みで決まっていた。本を受け取りに行く、車を洗う、そしてこともあろうに、ガールフレンドのキャロルと「別れ話をする」ことまでスケジュール表に書き込まれていた。

その日、すべては予定どおりに進んだ。キャロルとの別れ話のところまでは。このまま付き合っていてもいずれうまくいかなくなるという結論に達していた。そこで自分の効率的スケジューリングに従い、彼女にその結論を電話で伝える時間として一〇分か一五分を予定したわけである。

当然、この別れ話はキャロルにとっては大きなショックだった。二人は長い間交際していたが、息子を続けていた。一回会って話をしても十分ではなかった。別れ話というのは、どちらにとっても精神的につらい体験である。

繰り返して言うが、人との関係を**効率**で考えることはできない。モノは**効率**で考えられるが、人に対しては**効果**の観点から考えなければならない。私自身のこれまでの経験からしても、自分と違う意見の人に**効率的**に意見の違いを説明しようとしてうまくいったためしはない。わが子や会社の社員が何か問題を抱えたとき、一〇分間の「質の高い時間」を使って解決しようとしたこともあったが、そのような効率優先の態度は新たな問題を生むだけで、根本的な問題の解決にはならないことも思い知らされた。

多くの親は、とりわけ小さな子どものいる母親は、やりたいことがいろいろとあるのに、一日中子どもに手がかかり、何もできないと感じてイライラを募らせることがよくある。だが思い出してほしい。イライラするのは、期待どおりにいかないからであり、そして期待というのはたいてい社会通念の鏡に映っていることであって、自分自身の価値観や優先することから生まれるものではない。

しかし、第2の習慣があなたの頭と心に深く根づいていれば、自分の中にあるより高い価値観に従って行動できる。あなたは、その価値観に基づいて誠実にスケジュールを立てることができる。そして、柔軟に適応することができる。スケジュールを守れないことがあっても、変更を強いられたときも、罪悪感を感じることはない。

第四世代の利点

第三世代の時間管理ツールに多くの人が抵抗感を覚えるのは、一つには自主性が奪われるからである。融通がきかず、身動きがとれなくなるからだ。人間よりもスケジュールが優先されるという、本末転倒の状態である。それは、時間管理の第三世代のパラダイムは「効率重視」であり、**人はモノよりも大切である**という原則に反しているからだ。

第四世代のツールは、この原則を取り入れている。そして、自分自身を効率よく動かすのではなく、自分自身が効果的に生きることが何よりも重要であるという認識に立っている。第四世代のツールは、第Ⅱ領域の活

動に自然と時間を使えるように働きかける。それは原則を理解し、原則を中心に置いて生活できるようになり、目的と価値観が明確なかたちで示され、それに従って日々の決断を下せるようになる。バランスのとれた人生を生きられる。一日単位で計画を立てる限界を超え、視野を広げて一週間を見渡し、スケジュールを組むことができる。すでに計画してあることよりも価値の高い重要な用件が発生したときも、自覚と良心を働かせれば、あなたにとってもっとも重要な目的と正しい原則に従い、自分を裏切らない選択ができる。第四世代のツールは、ロードマップではなく、コンパスなのである。

第四世代のセルフ・マネジメントは、次の五つの点で第三世代よりも優れている。

一、**原則中心であること**。第Ⅱ領域の活動が大事だと口で言うだけでなく、本当に重要で効果的なことは何かという視点に立って時間を使う考え方、パラダイムを、自分の中に植えつけられる。

二、**良心に導かれていること**。自分の内面の奥深くにある価値観との調和を保ちながら、自分の能力を最大限に発揮できる計画を立てることができる。その一方で、もっと価値の高い重要な用事が発生したら、心穏やかにスケジュールを変更できる自由も得られる。

三、**価値観や長期的な目標を含めて、自分だけに与えられたミッションを明確にできること**。これによって、進むべき方向をはっきりと見て、目的意識を持って毎日を生きることができる。

四、**人生における自分の役割が明確になることで、バランスのとれた生き方ができるようになる**。そして毎週、それぞれの役割の目標を定め、活動の予定を組む。

五．一週間単位のスケジューリングによって視野が広がること

（必要に応じて一日単位で変更や調整を加えられる）。一日単位の狭い視野から解放され、一週間単位で大局的に物事をとらえ、広い視野で自分の重要な役割を再認識し、内面のもっとも奥深くにある価値観を見つめることができる。

これら五つの**利点**に共通しているのは、あくまでも時間は二番目であり、人間関係と結果を第一に重視しているということだ。

デリゲーション：PとPCを高めるために

すべてのことを達成するには、自分の時間を使って実行するか、人に任せるか、どちらかしかない。ここで大事なのは、自分の時間を使うときは**効率性**を考え、人に任せるときは**効果性**を考えることである。

人に頼むとかえって時間がかかるし労力も使うからと、デリゲーションを嫌がる人は多い。自分でやったほうがうまくできるからと思うかもしれないが、人に効果的に任せることができれば、自分の能力を何倍にも生かせるのである。

確かな技術や知識を持っている人に仕事を任せれば、その間にあなたは自分にとってもっと重要な活動にエネルギーを注ぐことができる。個人であれ組織であれ、デリゲーションこそが成長をもたらすと言っていい。

故J・C・ペニー（訳注：アメリカの実業家）は、「生涯で最良の英断は、自分一人の力ではもうすべてを切り盛り

することはできないと悟ったときに、手放したことだ」と言っている。彼のこの決断があったからこそ、J・C・ペニーは何百もの店舗と何千人ものスタッフを擁して展開する大手デパートチェーンに成長したのである。

デリゲーションは他者が関わることだから、「公的成功」の分野に入る。だから第4の習慣で取り上げるべきテーマだが、この章ではパーソナル・マネジメントの原則に焦点を当てているので、パーソナル・マネジメントのスキルという観点から、ここで取り上げようと思う。デリゲーションできる能力の有無が、マネージャーとして働くか、もしくは一スタッフとして働くかを区別する決定的な違いなのである。

一スタッフは、望む結果（黄金の卵）を得るために必要なことは何でも自分の手で行う。皿を洗う親も、図面を引く建築家も、手紙を書く秘書も皆、一スタッフとして仕事しているわけである。

しかし、人やシステムを使って生産体制をつくり黄金の卵を生産する人は、相互依存の意味でマネージャーということになる。親が皿洗いを子どもに任せれば、親はマネージャーであり、何人もの建築士のチームをとりまとめてプロジェクトを進める建築家はマネージャーである。他の秘書や事務職員を監督する立場の秘書もマネージャーである。

スタッフは、効率を落とさずに仕事を続けられると仮定して、一時間働いて一単位の結果を生産する。

デリゲーションの支点

第3の習慣 | 最優先事項を優先する

それに対してマネージャーは、うまくデリゲーションできれば、同じ一時間の労力で一〇単位、五〇単位、あるいは一〇〇単位の結果を生産できる。

マネジメントとは基本的に、テコの支点をずらすことだ。つまり、効果的なマネジメントの鍵を握っているのは、デリゲーションなのである。

使い走りのデリゲーション

デリゲーションには基本的に二種類ある。使い走りのデリゲーションと全面的なデリゲーションである。使い走りのデリゲーションは、「これを取ってこい、あれを取ってこい、これをやれ、あれもしろ、終わったら私を呼べ」というやり方だ。スタッフのほとんどは、使い走りのデリゲーションのパラダイムで仕事をしている。ジャングルで手斧を使い、下草を刈っていた男たちのたとえ話を思い出してほしい。彼らはスタッフである。袖をまくりあげ、せっせと作業を進める。彼らのようなタイプは、たとえマネージャーに昇進しても、スタッフのパラダイムから抜け出せず、使い走りのデリゲーションしかできない。他者が結果に対して決意できるような全面的なデリゲーションの仕方を知らないからだ。仕事のやり方をいちいち指定して管理しようとするから、結果に対する責任も自分で全部背負うことになる。

家族と湖に遊びに行ったとき、私自身も使い走りのデリゲーションをしてしまった。息子が水上スキーをしていた

ときのことである。息子は水上スキーが上手で、私は彼の雄姿を写真に撮りたかった。しかし私はボートを操縦していたので、カメラを妻のサンドラに渡し、撮影を任せた。

フィルムが残り少なくなっていたので、タイミングを見計らって撮るように指示した。しかし妻がカメラを使い慣れていないことに気づき、もう少し具体的に指示することにした。「太陽がボートの前に来るのを待って、あいつがジャンプするか、ターンして肘が湖面に接触する瞬間を撮るんだ」

しかし、フィルムは少ない、妻はカメラをうまく使えない、そう思えば思うほど、私の不安は募った。私はついに、「サンドラ、僕がボタンを押せと言ったら押すんだ。わかったね」と言った。それからの数分間、私は叫び続けた。「撮れ！ 今だ、撮れ！ 撮るな！ 撮れ！ 撮るな！」妻にいちいち指示しなければきちんと撮れないのではないかと、心配でたまらなかったのだ。

これは典型的な使い走りのデリゲーションである。私は妻に一対一でやり方を指示し、監督していた。多くの人が普段やっているのは、このようなデリゲーションである。しかし、任せた人間の行動にいちいち目を光らせるとなれば、そう何人もマネジメントできるものではない。だから、使い走りのデリゲーションで出せる結果はたかが知れているのである。

他者にデリゲーションするなら、より良い方法、より効果的な方法がある。相手の自覚、想像、良心、意志を尊重してデリゲーションするのである。

全面的なデリゲーション

全面的なデリゲーションは、手段ではなく結果を重視する。手段は自由に選ばせ、結果に責任を持たせる。初めは時間がかかるが、その時間は決して無駄にはならない。全面的なデリゲーションを続けていれば、テコの支点が向こうにずれていく。テコの作用が増し、大きな力になる。

全面的なデリゲーションを行うには、次の五つを明確にし、何が期待されているのかをお互いに理解し、納得しなければならない。

- **望む成果**――何を達成しなければならないのかをお互いにはっきりと理解する。**何を達成するか**であって、**どうやって達成するか**ではない。**手段**ではなく結果について、時間をかけて納得するまで話し合う。望む結果をお互いに思い描く。相手がその成果をイメージし、明確にできるように、成果がどのように見えるか具体的な文章で表現し、いつまでに成し遂げる必要があるのか期限も決めておく。

- **ガイドライン**――守るべき基準やルールがあれば、明確にしておく。手段を細かく指示することにならないように、ガイドラインはできるだけ少ないほうがよいが、絶対に守らなければならない制約があるならば伝える。目的を達成できれば何をしてもいいのだと誤解させてしまったら、相手は率先力を失い、「どうしたらいいのか指

示してください」とそのとおりにやりますから、と使い走りのマインドに戻ってしまう。失敗する可能性の高いところがわかっているなら、最初に教えておく。どこでつまずきやすいか、どこに落とし穴があるか、率直に全部話す。車輪を毎日ゼロからつくり直すようなことは避けたい。これまで自分や他の人間がした失敗を無駄にせず、学習できるようにすることが大事だ。失敗しそうなところ、**してはいけないことを指摘するのであって、すべきことを指示するのは控える**。任せる相手に責任を持って最後までやらせたいなら、ガイドラインの範囲内で必要なことを自由にやらせることが大切だ。

- **リソース**——望む結果を達成するために使える人員、資金、技術、組織、リソースを明確にしておく。

- **アカウンタビリティ**——成果を評価する基準を定め、仕事の進捗の報告を求める時期、評価を行う時期を具体的に決めておく。

- **評価の結果**——評価の結果として、良いことも悪いことも具体的に話しておく。金銭的、精神的報酬が期待できるのか、仕事が拡大するチャンスがあるのか、組織全体のミッションに影響する結果なのかどうかを明確にする。

息子にデリゲーションしたときの経験を話そう。

第3の習慣｜最優先事項を優先する

何年か前のある日、わが家の価値観に照らして家族の役割分担をするために、壁に貼ったミッション・ステートメントの前で家族会議を開いた。

私は大きな黒板を出し、家族の目標とそれを達成するための作業を書き出した。次に、それぞれの作業を担当する希望者を募った。

「家のローンを払いたい人は？」と聞いてみた。手を挙げたのは私だけだった。

「保険料、食費、自動車のローンを払いたい人は？」これも私。私の独占状態が続いた。

「赤ちゃんに食事をあげたい人は？」ここにきてようやく皆も興味を示し始めたが、この仕事にしかるべき資格を持つのは妻だけだった。

リストを一つずつ追っていくと、私と妻の仕事は週六〇時間以上にもなることがわかった。子どもたちはこの事実を知ると、家の手伝いに対する見方が変わったようだった。

当時七歳だった息子のスティーブンは、庭の手入れをすると申し出た。その仕事を実際に任せる前に、私は息子に庭仕事の仕方を徹底的に教えることにした。まず、手入れの行き届いた庭がどういうものか、はっきり見せておこうと、隣の家の庭に連れていった。

「見てごらん。ここのお宅の芝生は緑色きれいだろう？　いろいろな色が混じっているのが見えるだろう。これじゃだめだ。うちの芝生も緑色グリーン・アンド・クリーンにしたいんだ。どうやって緑色グリーンにするかはおまえの自由だ。どんなふうにやってもいいけれど、緑色のペンキを塗るのだけはやめてくれよ。父さんだったらどうするか、教えてあげようか？」

「うん、教えて」

「父さんだったらスプリンクラーのスイッチを入れるね。でもおまえはバケツで水を運んでもいいし、ホースを使ってもいい。おまえの好きにしていい。芝生が緑色になればいいんだから」

「うん、わかった」

「じゃあ、次は『きれい(クリーン)』のほうだ。きれいというのは、散らかっていないという意味だ。紙くずや紐、骨、小枝とか、いろんなものが芝生の上に散らかっていないことだ。どうだ、少しやってみるか。庭の半分だけ片づけて、どんなふうに違うか見てみよう」

私たちはゴミ袋を持ってきて、庭の半分だけゴミを拾った。

「こっち側を見てごらん。あっちと比べてごらん。全然違うだろう? これが『きれい』だ」

「待って!」息子が言った。「あそこのやぶの後ろに紙くずがある!」

「ほんとうだ。父さんはあの新聞紙には気がつかなかった。スティーブンはいい目をしているな」

私は続けた。

「おまえがこの仕事を引き受けるかどうか決める前に、あと少し言っておきたいことがある。おまえがこの仕事を引き受けるなら、父さんはもう何もしないよ。これはおまえの仕事だ。おまえに任せるんだ。任せるというのは、スティーブンを信頼して、この仕事をやってもらうということだ。父さんはおまえがこの仕事をやれると信じて任せるんだよ。さて、おまえのボスは誰かな?」

「父さんでしょう?」

第3の習慣 ｜ 最優先事項を優先する

「違う。父さんじゃない。おまえだよ。おまえが自分のボスになる。父さんや母さんにいつもガミガミ言われたらどう思う？」

「いやだよ」

「父さんと母さんも同じだ。ガミガミ言っている自分がいやになる。だから、おまえが自分のボスになるんだ。じゃあ、ボスの部下は誰かな？」

「誰？」

「父さんさ。おまえは父さんのボスなんだ」

「ぼくが父さんのボス？」

「そうだよ。でも父さんが手伝える時間はそんなに多くない。出張することもあるからね。でも家にいるときは、何を手伝ってほしいか言ってくれれば、手伝うよ」

「わかった」

「それでは、おまえの仕事ぶりを検査するのは誰だろう？」

「おまえさ」

「ぼく？」

「そうだよ。週に二回、一緒に庭を見てまわろう。庭がどんなふうになっているか、おまえが父さんに報告するんだ。どうなっていればいいんだっけ？」

239

「緑色できれい」
「そのとおり!」

息子はこの仕事を引き受ける準備ができたと思えるまで、私は「緑」と「きれい」の二つの言葉を教え続けた。そして二週間後、仕事を任せる日がやってきた。

「もう決めたかい?」
「うん」
「仕事は何かな?」
「緑色できれいな庭にする」
「緑というのは?」

息子は、わが家の庭を眺めた。次に隣家の庭を指さして言った。

「じゃあ、きれいというのは?」
「お隣の庭の色だよ」
「散らかっていないこと」
「ボスは?」
「ぼく」
「手伝うのは?」
「父さん。時間があるとき」

第3の習慣 | 最優先事項を優先する

「評価するのは？」
「ぼく。週に二回、いっしょに庭を見てまわって、どうなっているのか父さんに報告する」
「何を見るのかな？」
「緑できれい」
グリーン・アンド・クリーン

そのときは小遣いの話は特にしなかったが、このような責任の遂行に報酬をつけることに、私としては何ら異存がなかった。

二週間かけて二つの言葉を教えた。

約束したのは土曜日だった。その日、息子はきちんとできると思った。日曜日も、何もしない。月曜日もさっぱり。火曜日、仕事に行こうと車庫から車を出すと、庭が目に入った。黄ばんだ芝生、ゴタゴタと散らかった庭に七月の太陽が照りつけている。「今日はきっとやるだろう」と私は思った。土曜日は約束した日だったから、すぐにやらなくとも仕方がないだろう。日曜日は他にもいろいろ大切なことがあったから、まあ仕方がないといえば仕方がない。だが月曜日に何もしなかった説明はつかない……そして今日はもう火曜日だ。今日こそはやるだろう。夏休みにも入ったし、他にとり立ててすることはないはずだ。私はそう考えながら仕事に出かけた。

どうなっていることかと、家に帰りたくて仕方なかった。夕方、職場を出て家に向かい、角を曲がって私が目にしたのは、朝とまったく同じ状況の庭だった。しかも息子は道路の向こう側にある公園で遊んでいるではないか。

受け入れられる状況ではなかった。二週間も訓練し、約束したというのに、このありさまだ。私は腹が立ち、息子にがっかりした。労力もお金も注ぎ込んできた自慢の庭だった。それがすべて水の泡になるのは目に見えていた。そ

241

れにひきかえ隣の庭は丹精され、美しかった。私はいたたまれない気分だった。もう我慢できない。いっそのこと使い走りのデリゲーションに戻ろうか。「スティーブン、ここに来てすぐにゴミを拾いなさい」と命じれば、黄金の卵を手に入れられることはわかっていた。だがガチョウはどうなるだろう。息子の本心からの決意はどうなるだろうか。

私はつくり笑いをして声をかけた。「おーい、元気かい？」

「うん！」と息子は答えた。

「芝生はどうだい？」そう言った瞬間、息子との合意に違反したことに気づいた。報告は息子のほうからすることになっていた。私が報告を求める約束にはなっていなかった。

父さんが合意を破ったのだからぼくだって、と思ったのか、息子はしらじらしくも「うまくいっているよ！」と答えた。

私は何も言わずにぐっとこらえ、夕食の後まで待ってから、切り出した。「約束したように一緒に庭を見てみよう。おまえの仕事ぶりを父さんに見せてくれないか」

外に出ると、息子の唇が震え始めた。目に涙をためている。庭の中ほどまで進んだときには、めそめそ泣いていた。

「だって、大変なんだもん！」

私は内心思っていた――**大変？　いったい何が？　おまえは何一つやっていないのに！** しかし私にはよくわかっていた。自分を管理し、自分を監督することが大変なのだ。私は言った。「手伝えることはあるかな？」

「手伝ってくれるの？」と泣き声で言う。

第3の習慣 ｜ 最優先事項を優先する

「父さんは何と約束していた？」

「時間があれば手伝ってくれるって」

「今は時間があるよ」

息子は家に走っていき、ゴミ袋を二枚持ってきた。その一枚を私に手渡し、土曜の夜のバーベキューで出たゴミを指さして、言った。「あれ、拾ってくれる？気持ち悪くて、触れなかったんだ」

私は言われたとおりにした。そのときになって初めて、息子は心の中で合意書にサインしたのである。そこは彼の庭になった。彼が責任を持つ庭となったのだ。

その年の夏、息子が私に助けを求めたのは二～三回ほどだった。ほとんど自分の力だけで庭を手入れした。私が手入れしていた頃よりも緑濃く、きれいに片づいていた。兄弟たちがチューインガムの包み紙でも落とそうものなら、厳しく叱ったりしていた。

信頼ほど人にやる気を起こさせるものはない。信頼されていると思えば、人は自分の最高の力を発揮する。

だが、それには時間と忍耐が要る。信頼に応えられるレベルまで能力を引き上げる訓練も必要だ。

全面的なデリゲーションが正しくできれば、任せたほうにも任されたほうにも収穫があるし、はるかに少ない時間ではるかに多くのことができる。家族の中でも、まずは一対一で仕事を教え、うまく分担して任せることができれば、一人一日一時間くらいの労力ですべての家事を片づけられるはずだ。しかしそうするには、自分で行うだけでなく、マネジメントとして内面の能力を身につけなければならない。デリゲーションにおいて

は、効率ではなく効果を考えなくてはならないのだ。

たしかに、部屋の掃除はあなたのほうが子どもよりもうまいし、早くできる。しかし大切なのは、子どもが自分から部屋を掃除するようになることだ。その力を引き出すには時間が要る。掃除の仕方を教えなければならない。しかしここでどんなに時間がかかっても、先々ではどれほど価値あることだろう！　長い目でみれば、非常に大きな助けになることだろう。

このようなアプローチは、デリゲーションの完全に新しいパラダイムとなる。人間関係の本質を変えるほどのパラダイムシフトになる。任された人は自分が自分のボスになり、お互いに合意した「望む成果」を達成することを決意し、良心に従って行動する。それだけでなく、正しい原則に調和しながら、成果を出すために必要なことをいろいろと工夫する創造力も引き出される。

全面的なデリゲーションの根底には原則が存在する。だから、誰にでも、どんな状況にも応用できる。任せる相手の能力が未熟なら、望む結果のレベルを下げ、ガイドラインを増やし、リソースを多めに用意し、進捗の報告を受ける機会を頻繁に設け、結果がすぐにわかるようにする。能力の高い者であれば、より高い能力が試されるレベルにし、ガイドラインを少なくし、報告の頻度も減らしてなるべく干渉しないようにし、数値の基準よりも出来栄えの基準を増やせばよい。

効果的なデリゲーションは、恐らく効果的なマネジメントのもっとも適切な先行指標となる。それは、個人および組織の成長に欠かすことのできない基礎となるものである。

第II領域のパラダイム

自分を律するにしても、デリゲーションによって人をマネジメントするにしても、効果的なマネジメントの鍵は、テクニックやツール、外部要因にはない。マネジメントの能力はあなたの中に育つものだ。第II領域のパラダイムを理解し、自分の内面に根づかせれば、緊急度ではなく重要度のレンズを通して物事を見られるようになる。それがマネジメントの鍵である。

付録Bに「職場で実践する第II領域の一日」という実践例があるので、ぜひ読んでほしい。このパラダイムがあなたの効果性に、どれほど大きなインパクトを与えるのかわかるだろう。

第II領域のパラダイムを理解し、実践していくうちに、あなたの内面の奥深くから生まれる優先順位に従って毎週の計画を立て、実行できるようになり、言行が一致するようになる。あなたはもう、自分の外にあるものの力に頼らずとも、自分の力で自分の人生を効果的にマネジメントできるようになる。

興味深いことに、「7つの習慣」はどれも第II領域に入る。どの習慣も人間にとって根本的に重要なことを教えている。これらの習慣を日頃から実践すれば、私たちの人生は大きく変わる。驚くほど実用的な違いを人生にもたらすのだ。

第3の習慣：最優先事項を優先する　実践編

1. あなたが今まで取り組んでこなかった第Ⅱ領域の活動を一つ挙げる。きちんと実行すれば、あなたの私生活あるいは仕事に大きな影響を与えると思う活動を挙げ、紙に書いて、決意して実行する。

2. 時間管理のマトリックスを紙に書き、それぞれの領域にどのくらいの割合で時間を配分しているか推測する。次に、三日間、実際に何に時間を使ったか一五分単位で記録する。最初に推測した割合と同じだっただろうか。時間の使い方に満足しているだろうか。何を変えればよいだろうか。

3. 人に任せられそうな仕事をリストアップし、それぞれの仕事を任せる相手の名前も書く。デリゲーションあるいは訓練をするにあたって必要なことを考えておく。

4. 来週の計画を立てる。まず、来週の自分の役割と目標を書き、それらの目標の具体的な行動計画を定める。一週間が終わったところで、計画を実践してみて、自分の価値観と目的を日常生活に反映できていたか、価値観と目的に対して自分が誠実であったかどうか評価する。

5. 一週間単位の計画を立てることを決意し、計画を立てる時間をスケジュールに組み込む。

6. 現在使っている時間管理ツールを第四世代に改良するか、または新しく第四世代のツールを手に入れる。

7. 「職場で実践する第Ⅱ領域の一日」（付録B）を読み、第Ⅱ領域のパラダイムのインパクトを深く理解する。

第 3 の習慣 ｜ 最優先事項を優先する

	_____ 日 Thursday	_____ 日 Friday	_____ 日 Saturday	_____ 日 Sunday
8				
9				
10				
11				
12				
1				
2				
3				
4				
5				
6				
7				
8				

Daily Tasks	Daily Tasks	Daily Tasks	Daily Tasks

第3の習慣 | 最優先事項を優先する

役割と目標
役割　刃を研ぐ
肉体
社会・情緒
知性
精神
役割
目標
役割
目標
役割
目標
役割
目標
役割
目標
役割
目標
役割
目標

	＿＿＿日	＿＿＿日	＿＿＿日
	Monday	**Tuesday**	**Wednesday**
8			
9			
10			
11			
12			
1			
2			
3			
4			
5			
6			
7			
8			
	Daily Tasks	**Daily Tasks**	**Daily Tasks**

THE SEVEN HABITS
OF HIGHLY
EFFECTIVE PEOPLE

第三部
公的成功

相互依存のパラダイム

信頼なくして友情はない。誠実さなくして信頼はない。

―― サミュエル・ジョンソン

ここからは公的成功の領域に入っていく。だがその前に、本当の意味での「自立」という土台があって初めて効果的な「相互依存」が築けるということを、心に留めておいてほしい。私的成功は、公的成功に先立つ。代数を学んでからでなければ、微積分は理解できないのと同じである。

ここまでの道を振り返り、最後に到達したい場所に続く道のりのどこまで進んだのか、どのあたりにいるのかを確かめてみれば、今ここに来るまでは、この道しかなかったことがはっきりとわかるだろう。これ以外の道はないし、近道もない。今のこの地点にパラシュートで舞い降りることもできないのだ。前方に広がる風景を見れば、近道をしようとして無残にも壊れた人間関係の破片が散乱している。自分の内面を成熟させる努力をせず、人格を磨かず、手っ取り早く人間関係を築こうとした人たちの失敗の跡である。まずは実りある人間関係をそんなに安易に築けるわけがない。一歩一歩進んでいく以外に方法はないのだ。まずは自分に打ち克って成功していなければ、他者との関係において、公的成功を収めることはできない。

数年前、オレゴン州の海沿いにあるホテルでセミナーを行っていたとき、一人の男性参加者が私のところに来て、

こう言った。「先生、私はこういうセミナーに来るのが大嫌いなんですよ」

私は彼の言葉に注意を向けざるを得なかった。彼は話を続けた。

「美しい海岸線、青々とした海。皆さんすべてを楽しんでいますよね。でも私はそうじゃない。今晩も妻から電話がかかってきて、質問攻めにされるのかと思うと、憂鬱ですよ。出張のたびに厳しい取調べを受けるんです。朝ごはんはどこで食べたの、誰と一緒だったの、午前中はずっと会議だったの、何時に誰と昼食をとったの、午後はどうしてたの、夜はどこに行ったの、誰と一緒だったの、何を話したの……こんな調子ですよ。

私が話したことはどこで裏がとれるのか、妻は本当はそう聞きたいんです。絶対口にはしませんがね。私が出張のときは必ず、そうやって質問攻めにする。せっかく素晴らしいセミナーなのに、気分が台無しです。全然楽しめませんよ」

彼は見るからに憂鬱そうだった。しばらく話を続けていると、彼は実に興味深いことを言った。

「でもまあ、彼女がそんなに疑心暗鬼なのもわかりますよ」少し恥ずかしそうに、彼は続けた。「今の妻と知り合ったのもこういうセミナーだったんです……前の妻と結婚していたときに！」

私は彼の言葉の意味をしばらく考えてから、「あなたは応急処置をしたいんじゃないですか？」と尋ねた。

「は？　どういう意味ですか？」

「奥さんの頭をドライバーでこじ開けて、配線を変え、奥さんの態度を手っ取り早く変えたい、そう思っているのでしょう？」

254

「もちろん変わってほしいですよ」と声を張り上げた。

「私だって、彼女がいつも質問攻めにすることに辟易していますから」

「いいですか、自分の行動で招いた問題を言葉でごまかすことはできないのですよ」と私は言った。

私たちがこれから取り組むのは、これまでの考え方を根底からくつがえすパラダイムシフトである。自分自身をさておいて個性主義のテクニックやスキルで人間関係を円滑にすることだけに汲々としていたら、もっとも大切な人格という土台を崩してしまいかねない。根のない木に実はつかない。これは原則であり、ものには順序がある。私的成功は、公的成功に先立つ。自分を律し、自制することが、他者との良好な関係を築く土台になる。

自分を好きにならなくては他者を好きにはなれない、と言う人もいる。たしかに一理あると思う。しかしまず自分自身を知り、自分を律し、コントロールできなければ、自分を好きになることはとても難しい。好きになれたとしても、短期間で消えてしまう上辺だけの思い込みにすぎない。

自分をコントロールできている人、本当の意味で自立している人だけが、真の自尊心を持つことができる。

それは、第1、第2、第3の習慣の領域である。相互依存は、自立を達成した人間にしかできない選択であ
る。本当の意味で自立した人間になる努力をせずに、人間関係のスキルだけを磨くのは愚かなことだ。そういったスキルを使い試してみることはできるだろう。環境や条件が良ければ、ある程度はうまくいくかもしれない。しかし、困難なことは必ず起こる。そうしたとき、すべての土台が崩れてしまい、保つことができなく

なるだろう。

人間関係を築くときにもっとも大切なのは、あなたが何を言うか、どう行動するかではない。あなたがどういう人間かということだ。言葉や行動が、あなたの内面の中心（人格主義）からではなく、表面だけの人間関係のテクニック（個性主義）から生まれていたら、相手はすぐにその二面性を感じとる。安易なテクニックでは、効果的な相互依存の土台を築き維持することなど絶対にできないのである。

人間関係を深めるテクニックやスキルがあるとすれば、それは真に自立した人間から自然と出てくるものである。だから、どんな人間関係でも、まずは自分の内面に土台を築かなければならない。人は自立するにつれて、主体的になり、原則を中心に置き、自分の価値観に従って行動し、人生において最優先事項を誠実に計画し実行できる。自立した人間になって初めて、相互依存の人間関係を選択できる。そして豊かで、永続的な実り多い人間関係を築くことができるのである。

これから入っていく相互依存の世界は、まったく新しい次元の領域である。深く豊かで、意味のある人間関係を築き、私たちの生産性を飛躍的に伸ばす機会に満ち、奉仕し、貢献し、学び、成長する喜びを与えてくれる世界である。しかし同時に、とてつもなく強い痛みやフラストレーションを感じ、幸福と成功を阻む大きな障害にぶつかる世界でもある。それは急性の痛みであり、誰でもすでに経験している痛みだ。

ビジョンもなく、自分を導くことも律することもなく日々を送っていると、誰でも慢性の痛みを感じる。何となく不安や不満を覚え、少しの間だけでも、そんな痛みを和らげようと何がしかの処置を講じることもある

だろう。しかし、痛みといっても慢性であるため、知らず知らずのうちに慣れてしまい、その痛みを受け入れて生きていくすべを身につけてしまう。

ところが人間関係で問題が生じると、慢性の痛みは急性の痛みに転じる。強烈な痛みだから、一刻も早く鎮めたくなる。

そういうとき、私たちは応急処置で治療しようとする。個性主義という名のテクニックを絆創膏のように患部に貼りつけるのだ。しかし、急性の痛みの根源は慢性的な問題にあるのだ。表に出てきた症状だけを治療するのではなく、病根を取り除かなければ、応急処置はむしろ逆効果になる。慢性の痛みにますます慣れていくだけなのである。

ここでは効果的な人間関係について考えていくが、その前にもう一度、効果性の定義を確認しておこう。ガチョウと黄金の卵の話を思い出してほしい。あの物語から引き出せるように、効果性とは、P（黄金の卵＝成果）とPC（ガチョウ＝成果を生み出す能力）のバランスである。

相互依存の関係で言えば、黄金の卵は、人と人が心を開き、前向きに力を合わせたときに発揮される素晴らしいシナジーのことである。この黄金の卵を毎日手に入れたいと思うなら、ガチョウの面倒をよくみなければならない。実りある人生を生きようとするなら、人間関係を大切に育てていく努力を惜しんではいけない。

これまでの洞察から離れ、第4、第5、第6の習慣に入る前に、相互依存で成り立つ世の中の人間関係とP／PCバランスを具体的に考えるうえでぴったりのたとえ話を紹介したい。

信頼口座

銀行の預金口座がどのようなものかは、誰でも知っている。お金を入れれば残高が増え、必要なときにお金を引き出せる。それと同じように、人と人の関係で生まれる信頼を貯えておくことを銀行の口座にたとえて、信頼口座と呼ぶことにしよう。それは、人間関係における安心感でもある。

たとえば私があなたに対して礼儀正しく接し、親切にし、約束を守れば信頼口座の残高が増える。残高が多くなるほど、あなたは私を信頼してくれるから、私は必要なときにいつでも、あなたの信頼を頼ることができる。何か失敗をしても、私に対するあなたの信頼のレベルが高ければ、つまり信頼残高が多ければ、それを引き出して補うことができる。私の言葉に足らないところがあっても、あなたは私の言いたいことを察してくれるだろう。たった一言で仲たがいする心配はない。信頼口座の貯えが多ければ、コミュニケーションは簡単に、すぐに効果的になる。

しかし、私があなたに対して日頃から無礼をはたらいたり、見下したり、あなたの話の途中で口を挟んだり、あなたの行動に過剰反応して騒ぎ立てたり、無視したり、気まぐれな態度をとったり、あなたの信頼を裏切ったり、おどしたり、あなたの生活を私の意のままにしようとしたりすれば、信頼のレベルは下がる一方であり、そのうち私の信頼口座は残高不足になってしまう。そしてあなたとの関係に融通がきかなくなる。

信頼口座がからっぽの状態は、まるで地雷原を歩くようなものだ。言葉一つに気を遣い、相手の顔色をうかがいながら言葉を選ばなければならない。緊張の連続だ。わが身を守るために裏工作に奔走する。実際、多く

の組織が、多くの家族が、多くの夫婦が、こんな状態に陥っているのである。

日頃から信頼を預け入れて残高を維持しておかないと、結婚生活はいずれ綻び始める。お互いのことが自然にわかり合える愛情豊かなコミュニケーションはいつの間にかなくなり、家庭は単に寝泊まりする場所と化し、お互いに干渉せず、それぞれが勝手に自分の生活を営むことになる。夫婦の関係がさらに悪くなれば、敵意と自己防御に満ち、「対立」か「逃避」の二つしか選択肢はなくなる。お互いに喧嘩腰になり、しまいには冷戦しゃりと閉める。あるいは、だんまりを決め込んで殻に閉じこもり、自分をひたすら憐れむ。ドアをぴに発展し、子どもやセックスや社会的圧力、世間体のためだけにかろうじて夫婦を続けている状態になる。あるいはついに火ぶたが切られ、対立が裁判所に持ち込まれることもある。かつては夫婦だった二人が何年も法廷で罵り合い、相手の罪を延々と並べたて、お互いの心を傷つけ合う。

この世の中でもっとも親密で、豊かで、楽しく、充実した、満ち足りた人間関係になるはずの夫婦でさえ、このような破綻に陥る可能性がある。P／PCバランスの灯台は、夫婦関係にも存在する。その灯台を無視して座礁するのも、灯りを頼りにして無事に進んでいくのも、あなた次第なのである。

結婚生活のように長く続く人間関係であればなおさら、継続的な預け入れをしておかなければならない。長年会っていなかった学生時代の友人にばったり出会ったりすると、昔と変わりなく話ができる。それは以前の貯えがそっくりそのまま残っているからだ。しかし、しょっちゅう顔を合わせる人とは、まめに残高をチェックして預け入れをしなければならない。毎日の生活の中ではしばしば自動引き落としが起きているからだ。自分でも知らないうちに口

座の貯えを使っていることがあるのだ。これは特に思春期の子どもがいる家庭に当てはまる。

あなたにティーンエイジャーの息子がいるとしよう。「部屋を片づけなさい。シャツのボタンはきちんとかけなきゃ駄目でしょう。ちょっと、ラジオの音うるさいわよ。床屋に行きなさいって言ったでしょう。ゴミを出すの、忘れないでよ」息子との会話がいつもこんな調子だったら、引き出しを上回ってしまう。この息子が今、一生を左右する重大な決断を迫られているとしよう。信頼のレベルが低く、これまであなたと機械的で満足する会話をしたことがないのだから、心を開いてあなたに相談しようと思うわけがない。あなたは大人で知恵も分別もあるのだから、息子の力になれるはずだ。だが残高がマイナスだったら、息子はあなたに相談せず、自分の感情的な狭い視野で短絡的に決断してしまうだろう。そして、その決断が息子の人生に影を落とすことにもなりかねない。

難しい問題を親子の間で話し合うには、口座にたっぷりと残高がなくてはならない。では、そのためにはどうしたらいいのだろうか。

人間関係に預け入れをし始めたら、何が起きるだろう。機会を見つけて息子にちょっとした気遣いをする。たとえば息子がスケートボードに興味があるなら、その手の雑誌を買って帰るとか、宿題か何かに苦労しているようなら、「手伝ってあげようか」と声をかけてやるとか、映画に誘って、その後で一緒にアイスクリームを食べるのもいいだろう。しかし一番の預け入れは、口を挟まず黙って話を聴いてやることだ。説教したり、自分の若い頃の経験を得意がって話して聞かせたりせず、息子の話にひたすら耳を傾け、理解しようとすることだ。おまえのことを大切に思っている、おまえを一人の人間として認めているのだと、態度で伝えるのである。

最初のうちは何の反応もないかもしれない。あるいは「いったい父さんは何をたくらんでいるんだ？ 母さんは今度はどんな手を使おうとしているんだ？」と疑い深くなるかもしれない。しかし、あなたが偽りのない本心からの預け入れを続けていれば、残高が増えていく。

人間関係において応急処置は幻想にすぎないことを肝に銘じてほしい。人間関係は、築くにも修復するにも、時間がかかる。息子がまるで反応をみせず、感謝の気持ちを微塵も示さないからといって忍耐をなくしたりしたら、それまでに積み立てた信頼を一気に取り崩すことになり、せっかくの努力も水の泡になってしまう。

「こんなにしてあげているのに、おまえのためにこんなに犠牲を払ってやっているのに、ありがとうの一言も言えないなんて。親の心子知らずとはこのことね。信じられない」。

辛抱強く待つのは簡単なことではない。主体的になり、自分の影響の輪の中で努力するには高い人格が要る。根が土中にしっかりついているかどうか見たいからといって花を引っこ抜くようなまねをせず、相手が成長するのをじっと待たなくてはならないのだ。

くどいようだが、人間関係に応急処置は効かない。関係を築くこと、修復することは、長い時間をかけて人間関係に投資することなのだ。

主な六つの預け入れ

ここで、信頼口座の残高を増やす六つの預け入れを紹介しよう。

相手を理解する

相手を本当に理解しようとする姿勢は、もっとも重要な預け入れの鍵となる。相手を理解できなければ、その人にどのような預け入れをすればよいかわからないからだ。散歩に誘って語り合うとか、一緒にアイスクリームを食べるとか、仕事を手伝ってあげるといったようなことが、あなたにすれば預け入れのつもりでも、相手にとっては預け入れにならないかもしれない。相手の本当の関心やニーズと合っていなければ、預け入れどころか引き出しになるかもしれない。

ある人にとっては人生をかけた一大事であっても、他の人には取るに足らないこともある。相手を思って預け入れをするのなら、相手が大切に思っていることをあなたも同じように大切にしなければならないのである。

重要な仕事をしている最中に、どうでもいいようなことで六歳の子どもが邪魔をしたとしよう。しかし、その子にしてみればとても重要なことかもしれないのだ。相手が自分に対しどのような価値を持つのかを知り、再認識するには第2の習慣が必要となる。そして第3の習慣で学んだように、場合によってはスケジュールを曲げてでも、その人のニーズを優先しなければならない。仕事中に子どもが何か言ってきたら、子どもと同じ立場になってそれを大切に扱えば、子どものほうは「わかってもらえた」と感じる。するとその瞬間、預け入れが増えるのである。

友人の息子は熱烈な野球ファンだった。しかし父親のほうは野球にはまったく興味がない。ところがある年の夏、この友人は息子を連れて、メジャーリーグの試合を一つずつ見てまわった。その旅行には六週間という時間と相当な

お金を費やした。しかしそれは息子との強い絆をつくる貴重な経験となった。旅行から帰ってきて、彼はある人から「君はそんなに野球好きだったのか？」と聞かれ、こう答えた。「いや。でも、それくらい息子のことが好きなんだ」

大学教授をしている別の友人は、一〇代の息子との関係がうまくいっていなかった。彼は研究に明け暮れる日々を送っていたが、息子は頭を使うよりも手仕事のほうが好きなタイプだった。父親にしてみれば、息子は人生を無駄にしているとしか見えなかったのだ。そのために、しょっちゅう嫌味を言っては後悔することの繰り返しで、何とか信頼を取り戻そうとするものの、空回りするばかりだった。彼が預け入れをしようとするたび、息子はそんな父親の態度を見て、父親は別のやり方で自分を拒絶し、他の人たちと比較し、評価されたと受け止めるのだった。こうして息子に対する大きな引き出しになった。親子関係は殺伐としたものになり、私の友人は心を痛めていた。

私はある日、「相手を大切に思うなら、相手が大切に思っていることを自分も同じように大切にしなければならない」という原則を彼に教えた。この言葉を真剣に受け止めた彼は、息子と一緒に、家の周りに万里の長城に似た塀をつくることにした。時間も労力もかかる一大プロジェクトである。彼は息子と肩を並べ、一年半以上かけて塀を完成させた。

この経験が親子の絆を強くし、彼の息子は人間的に成長した。そのうえ勉強して能力を伸ばしたいという意欲も出てきた。しかしこのプロジェクトがもたらした本当の価値は、父と子の関係が以前とはまるで違うものとなったことだ。親子関係に溝をつくっていたお互いの違いが、今は喜びを与え、二人を強く結びつけているのである。

私たちは、自分の体験や考え方から、相手はこういうことを望んでいるのだと勝手に判断する傾向にある。相手の態度から解釈してしまうのだ。だから、今現在、あるいは相手と同じくらいの年齢だった頃の自分のニーズや欲求に照らし合わせて、相手もこういう預け入れを望むだろうと思い込む。そうした努力が受け入れられないと、せっかくの善意が拒絶されたと感じて、預け入れをやめてしまうのである。

「何事でも人々からしてほしいと望むことは、人々にもそのとおりにせよ」（『マタイによる福音書』七章一二節）という黄金律がある。文言をそのまま解釈すれば、自分が他の人からしてもらいたいと思うことを他の人にしてあげる、という意味だが、もっと掘り下げて考えてみると、この黄金律の本質が見えてくる。自分はこう理解してほしいと思うように相手を一人の人間として深く理解し、その理解に従って相手に接する、ということではないだろうか。素晴らしい親子関係を築いているある人物が、「一人ひとりの子どもに対してそれぞれ違う接し方をしてこそ、公平に接していることになる」と話していた。

小さなことを気遣う

ちょっとした親切や気配りはとても大切だ。ほんの少し思いやりが足りなかったり礼儀を欠いたりしただけで、大きな引き出しとなってしまう。人間関係では、小さなことが大きな意味を持つのである。

もう何年も前、私は二人の息子を連れて出かけた夜のことを今でも覚えている。前々から計画していた「男たちだ

けの外出」である。まずジムで汗をかき、それからレスリングの観戦、ホットドッグとオレンジジュース、映画までそろった盛りだくさんの夜だった。

当時四歳だったショーンは、映画の途中で椅子に座ったまま眠ってしまった。六歳になる兄のスティーブンは起きていたから、私たち二人は映画を最後まで観た。映画が終わると、私はショーンを抱きかかえて車まで運び、後ろの座席に寝かせた。寒い夜だったので、私のコートを脱いでショーンにかけ、そっとくるんでやった。家に着くと、私はまずショーンをベッドまで運んだ。スティーブンがパジャマに着替えて歯を磨き終え、ベッドに入ると、私も彼の隣に横になり、その夜のことを話し始めた。

「今夜はどうだった？」
「よかったよ」
「楽しかったかい？」
「うん」
「何が一番よかった？」
「わかんない。トランポリン、かな」
「あれはすごかったなあ。宙返りとかいろいろやっちゃってさ」

スティーブンはちっとも話に乗ってこない。私だけが話していて、まるで会話になっていなかった。スティーブン、いったいどうしたんだろう。いつもなら、楽しいことがあると自分からどんどん話すのに……私は少しがっかりした。そこで私は気づいたんだ。そういえば、帰りの車の中でも、寝る支度をしているときも、やけにおとなしかった、

おかしいな……

すると突然、スティーブンは寝返りを打って壁のほうを向いた。どうしたのだろうと思い、彼の顔をそっとのぞき込むと、目に涙があふれていた。

「どうした？」

スティーブンは私のほうに向き直った。涙を浮かべて口をふるわせ、きまり悪そうにしている様子がうかがえた。

「父さん、ぼくが寒いとき、ぼくにも父さんのコートかけてくれる？」

三人で出かけたあの特別な夜、たくさんの出来事の中でスティーブンの心に残ったもっとも大切なことは、自分の弟に対して父親が見せたほんの一瞬の小さな思いやり、親の愛情だったのだ。

あの夜の経験は、今も私にとって重要な教訓として残っている。人の内面は脆く傷つきやすい。年齢や経験を重ねても同じだと思う。外側はどんなに固い殻で覆われていても、内側には痛みを感じやすい柔らかな心があるのだ。

約束を守る

約束を守ることは、大きな預け入れになる。逆に約束を破れば、大きな引き出しになる。相手にとって大切なことを約束しておきながら、それを守らないことほど信頼を裏切る行為はない。次の機会に約束をしても、信じてもらえなくなる。一つ何かを約束すれば、相手はその約束にいろいろな期待を抱くものである。自分の

266

生活に直接関わる問題の約束となれば、期待はなおさら強くなるだろう。

私は親として、守れない約束はしないという方針を貫いてきた。約束は注意深く慎重にする。事情が変わって約束を守れないことになっては信頼に関わるから、不測の事態をできる限り想定する。

とはいえ、これほど慎重にしていても、予期していなかったことが起こり、どうしても約束を守れなくなることがある。状況によっては約束を守るほうが賢明ではない場合もある。それでも、約束は約束である。だから、事情がどうあれ約束を果たすか、相手によく説明して、約束を撤回させてほしいと頼む。

親と子の意見が食い違い、溝ができているなら、約束を守る習慣を身につけることによって、その溝に信頼という橋を架けられる。子どもがやろうとしていることが親からすれば好ましくなく、必ず悪い結果になることは大人の目には明らかなのに、子どもには見えていないとき、「それをしたらこういう結果になるんだよ。約束してもいい」とはっきり言える。子どもが親の言葉と約束に深い信頼を置いているなら、親の忠告に必ず従うはずだ。

期待を明確にする

たとえば、あなたとあなたの上司の間で職務記述書をどちらが作成する**役割**だったか誤解があったという面倒なことになったとしよう。

「私の職務記述はいつついただけるのでしょうか」とあなたは尋ねる。

「私のほうは君が原案を持ってくるのを待っていた。一緒に検討するつもりだったんだよ」と上司は答える。

「あなたが私の仕事を明確にしてくださるものと思っていました……」

「それは私の役目じゃない。どういうふうに仕事を進めるかは君に任せると、最初に話していたはずだ。忘れたのかね？」

「仕事の出来不出来は私の努力次第という意味でおっしゃっていたのかと思っていました。ですが、まだ自分の仕事の内容もわかっておりません……」

「**目標**があっても、その目標で期待されることが明確になっていないと、誤解が生まれて信頼を損なう結果になる。

「言われたとおりにやりました。これが報告書です」

「報告書？　私は問題を解決してくれと言ったのだ。問題の分析や報告書の作成を頼んだ覚えはない」

「私が問題点を整理して、後は別の誰かに任せるものだとばかり……」

「このようなちぐはぐな会話は誰でも一度ならず経験したことがあるはずだ。

「あなたはそうおっしゃいました」

「いや、言ってないよ。私はこう言ったんだ……」

「いいえ、そのようなことはおっしゃっていません。それをしろという指示はうかがっておりません…」

「いや言ったとも。はっきりと言ったはずだ」

「それについては一言も触れていませんでした」

「だが、君も私も了解したじゃないか」

役割や目標に対して期待することが曖昧だったり、認識が食い違っていたりすると、たいていは人間関係に支障をきたすものである。職場で誰が何を担当するのかを決めるときでも、娘に部屋を掃除しなさいと言うときでも、金魚の餌やりやゴミ出しの係を決めるときでも、何を期待するのかを明確にしておかないと、必ず誤解を生み、相手を失望させ、信頼を引き出してしまうことになる。

しかし多くの場合、期待がはっきりと語られることはない。そして、明確な言葉で説明していないにもかかわらず、具体的な期待を胸に抱いているものだ。たとえば夫婦なら、口には出さなくても、結婚生活における男女それぞれの役割をお互いに期待している。そのことを二人できちんと話し合うわけでもないし、そもそも自分が相手に何を期待しているのかはっきりと意識していないこともある。しかし夫であれ妻であれ、相手の期待に応えれば大きな預け入れになり、期待を裏切れば引き出しになる。

だから、新しい状況になったときには、最初に当事者全員の期待を洗いざらい出すことが重要なのだ。知らない者同士がお互いに相手がどういう人間か判断しようとするときには、まず自分が抱いている期待を判断基準にする。そして、自分の期待が裏切られたと感じた瞬間、引き出しになる。こちらが期待していることは相手にもよくわかっているはずだ、相手もそれを受け入れているはずだと勝手に思い込んでいることで、多くのネガティブな状況をつくり出している。

だから、最初に期待を明確にすれば、預け入れになる。これができるようになるまでには時間と労力がかかる。しかし、長い目で見れば時間も労力も大幅に節約できる。期待の内容をお互いにはっきりと了解していないと、人は感情的になり、ほんの小さな誤解が積もり積もって激しい対立に発展し、コミュニケーションが決

裂してしまうこともある。期待の内容をはっきりと伝えるのは、勇気が要ることもある。意見の違いを目の前に出して、お互いに納得のいく期待事項を話し合って決めるよりも、あたかも意見の違いなどないかのように振る舞い、きっとうまくいくだろうと思っているほうがよっぽど気楽だからである。

誠実さを示す

誠実な人は信頼される。誠実さは、さまざまな預け入れの基礎になる。

信頼残高を増やすためにいくら努力しても、誠実さがなければ残高はたちまちゼロになりかねない。相手を理解しようとし、小さな気配りも怠らず、約束を守り、期待することを明確に伝え、期待に応えたとしても、心に二面性を持っていたら、信頼残高を増やすことはできない。

正直は誠実さの一部であって、誠実であることは正直以上のものである。正直とは真実を語ることであり、言い換えれば、**現実に自分の言葉を合わせる**ことだ。これに対して誠実さとは、**自分の言葉に現実を合わせる**ことである。約束を守ること、相手の期待に応えることが、誠実な態度である。誠実であるためには、裏表のない統一された人格がなくてはならない。自分自身のあり方にも、自分の生き方にも。

誠実な人間となるもっとも大切なことは、**その場にいない人に対して忠実になる**ことである。その場にいない人に誠実な態度をとれば、その場にいる人たちの信頼を得られる。いない人を擁護して守ろうとするあなたの態度を見れば、居合わせた人たちは、あなたを信頼する。

あなたと私が二人きりで話をしているときに、私が上司の悪口を言ったとしよう。本人がいたらとても面と向かっては言えない調子で批判するのである。それからしばらくして、あなたと私が仲たがいしたらどうなるだろうか。あなたは、私があなたの欠点を誰かに話しているのではないかと思うはずだ。以前、私が上司の陰口を言っているのをあなたは知っているからだ。あなたは私という人間の本性を知っている。本人と面と向かっているときは調子よく話を合わせ、陰で悪口を言う。あなたはそれを実際に目にしているのである。このような人が信頼口座の残高を増やすことができるだろうか。

二面性、裏表があるというのはこういうことである。

反対に、あなたが上司批判を始めたとき、私が「君の批判はもっともだ。これから上司のところに行って、こういうふうに改善してはどうかと提案しよう」と持ちかけたらどうだろう。誰かが陰であなたの悪口を言うようなことがあっても、その場に私がいたらどうするか、あなたにはわかるはずだ。

あるいはこういう例はどうだろう。私はあなたと良い関係を築きたいと思っている。だからあなたの気を引こうと、誰かの秘密をあなたに漏らすのだ。「本当は言っちゃいけないんだけど、君とぼくの間だから……」と いうように、人を裏切る私の行為を見て、あなたは私を信頼するだろうか。ひょっとしたら、自分が打ち明けた秘密もこんな調子で話してまわっているのではないかと、逆に不信感が生まれるのではないだろうか。

二面性は、相手への預け入れに見えるかもしれない。しかし、自分の不誠実さをさらけ出しているのだから、実際は引き出しになってしまう。その場にいない人を見下したり、秘密を漏らしたりして、いっときの楽しみという黄金の卵を手にするのと引き換えに、ガチョウの首を絞めることになる。信頼関係に傷がつき、長

く続く人間関係から得られるはずの喜びを犠牲にすることになるのだ。

現実社会において相互依存をもたらす誠実さとは、一言で言えば誰に対しても同じ原則を基準にして接することである。そうすれば、周りの人たちから信頼されるようになる。誠実であろうとすれば、相手の考えと相容れないことでも率直に言わなければならない場面がある。だから最初のうちは誠実な態度が快く受け入れられないかもしれない。面と向かってものを言うのは、相当な勇気の要ることだ。たいていの人は、なるべくなら摩擦を避けたいから、その場にいない人の噂話に加わり一緒になって陰口を言い、秘密を漏らす。しかし長い目で見れば、裏表なく正直で、親切な人こそが信頼され、尊敬される。相手を大切に思っているからこそ、その人の耳に痛いこともあえて率直に話すのだ。信頼されるのは愛されるよりも素晴しいことである。そして信頼されることは、ゆくゆくは愛されることにもつながるのだと、私は思う。

息子のジョシュアがまだ小さい頃、私によく投げかける質問があった。そのたびに私は心を揺さぶられたものだ。私が誰かの言動に過剰に反応したり、イライラしたり、機嫌が悪くなったりすると、ジョシュアはそんな私の様子を感じとり、不安になるようだった。そしてすぐに私の目を覗きこんで、「お父さん、ぼくのこと愛してる?」と聞くのである。息子は、私が誰かに対して人生の基本原則に反する態度をとっていると感じると、自分も同じような態度をとられるのではないかと思ったのである。

私は、教師として、また親として確信していることがある。それは、「九九人の心をつかむ鍵を握っている

のは、一人に対する接し方だ」ということだ。多くのにこやかな人たちの中で、一人忍耐を強いられている場合は特にそうだ。一人の子どもに示す愛情や態度が、他の生徒や子どもたち対する愛情や態度となる。あなたが一人の人間にどう接しているかを見れば、他の人たちも一人の人間として、自分に対するあなたの態度を感じとるのである。

誠実さとはまた、人をだましたり、裏をかいたり、人の尊厳を踏みにじるような言動をつつしむことでもある。ある人の定義に従えば、「嘘とは人をあざむく意図のある言動のすべて」である。誠実な人間であれば、言葉にも行動にも人をあざむく意図は微塵もないのである。

引き出してしまったときには心から謝る

信頼口座から引き出してしまったときには、心から謝らなければならない。誠心誠意の謝罪は、大きな預け入れになる。

「ぼくが悪かった」

「私の思いやりが足りなかったわ」

「失礼をお詫びします」

「あなたに対する配慮が欠けていました。本当に申し訳ありません」

「みんなの前で恥をかかせてごめん。あんなふうに言うべきじゃなかった。自分の考えをはっきりしたかっただけだんだけれど、あんな言い方をして、ぼくが悪かった。許してほしい」

相手が気の毒だから謝るのではなく、誠意を持って、すぐに謝る。よほど強い人格でなければ、そうそうできるものではない。本心から謝るには、自分をしっかりと持ち、基本の原則と自分の価値観からくる深い内的な安定性がなければならない。

自分に自信がなく、内面が安定していない人にはとてもできないことだ。謝るのが怖いのである。謝ったりしたら自分が弱腰に見え、弱みにつけこまれるかもしれないと心配になる。彼らは周りの人たちの評価が心の安定のよりどころとなっているから、どう思われるかが気になって仕方がないのである。しかもこういう人たちに限って、自分の過ちを他者のせいにし、自分の言動を正当化する。たとえ謝ったとしても口先だけでしかない。

レオ・ロスキンはこう教えた。「弱き人こそ薄情である。優しさは強き人にしか望めない」

「こうべを垂れるならば、深く垂れよ」という東洋の格言がある。キリスト教には「最後の一文まで払え」という言葉がある。失った信頼を埋め合わせる預け入れにするには、本気で謝らなければならないし、相手にもこちらの誠意が伝わらなければならない。

ある日の午後、私は自宅の書斎で原稿を書いていた。こともあろうにテーマは「忍耐」だった。しばらくして、廊下から息子たちの騒ぐ声が聞こえてきた。しだいに私自身の忍耐が限界に近づき、イライラし始めた。

突然、息子のデビッドがバスルームのドアを叩きながら、「入れてよ、入れてよ」と叫びだした。

私はとうとう我慢できなくなり、書斎から廊下に走り出て、息子を大声で叱った。

「デビッド、おまえがそうやって騒ぐと、お父さんがどれだけ迷惑するかわからないのか。気が散って原稿が書けないじゃないか。自分の部屋に行きなさい。おとなしくできるまで部屋から出てくるんじゃないぞ」

デビッドはうなだれ、すっかりしょげて部屋に入り、ドアを閉めた。

振り返って見ると、別の問題が発生していることに気づいた。息子たちは狭い廊下でアメリカン・フットボールをしていたらしく、誰かの肘でもぶつかったのか、デビッドの弟が口から血を流して廊下に倒れていた。デビッドは、彼のためにタオルを取りに行こうとしていたのだった。ところが姉のマリアがちょうどシャワーを浴びていて、ドアを開けてくれなかったのである。

私はすっかり勘違いし、過剰反応していたのだった。すぐにデビッドの部屋に謝りに行った。

私が部屋のドアを開けると、デビッドは開口一番、「お父さんをぜったいに許さないからね」と言った。

「どうしてだい？　おまえが弟を助けようとしていたことに気づかなかったんだ。どうして許してくれないんだい？」

私は尋ねた。

するとデビッドは、「だって、お父さんは先週も同じことしたもん」と答えた。お父さんは残高不足だ、行動でつくった問題を言葉でごまかすことはできないよ、と言いたかったのだ。

心からの謝罪は預け入れになるが、懲りずに同じ過ちを繰り返していたら、いくら謝っても預け入れにはならない。預け入れは人間関係の質に反映される。

間違いを犯すのは問題だが、間違いを認めないのはそれ以上の問題である。間違いは許してもらえる。たいていの間違いは判断ミスが原因であり、いわば頭で起こした間違いだからだ。しかし、悪意や不純な動機、最初の間違いをごまかして正当化しようとする傲慢さは心で起こした間違いだ。心の間違いは、簡単には許してもらえない。

愛の法則と人生の法則

　私たちは、無条件の愛という預け入れをするとき、人生のもっとも基本的な法則に従って生きることを相手に促している。別の言い方をすれば、何の見返りも求めず本心から無条件で愛することによって、相手は安心感を得、心が安定する。自分自身の本質的な価値、アイデンティティ、誠実さが肯定され、認められたと感じるのだ。無条件の愛を受けることによって自然な成長が促され、人生の法則（協力・貢献・自制・誠実）に従って生き、自分の中に潜在する大きな可能性を発見し、それを発揮できるようになる。人を無条件で愛するというのは、相手がこちらの状況や制限に反応するのではなく、自分の内面から沸き起こる意欲に従って行動する自由を相手に与えることだ。しかしここで勘違いしてはいけない。無条件の愛は、すべきではない行動を大目に見たり、甘やかしたりすることではない。そのような態度はかえって引き出しとなる。私たちがすべきことは、相談役になり、弁護し、相手を守り、期待値を明確にする。そして何より相手を無条件に愛することである。あなたが愛の法則にそむき、愛することに条件をつけたら、人生の基本的な法則にそむいて生きることを相

手に勧めていることになる。すると相手は反応的、防衛的な立場に追い込まれ、「自分が自立した価値ある人間であること」を証明しなければならないと感じるのだ。このようにして証明しようとする「自立」は、自立ではない。「反依存」の状態である。依存の違った形であり、成長の連続体で言えば一番低いところにある状態であり、他者に反抗する態度そのものが他者に依存している状態に他ならないのである。まるで敵中心の生き方になる。人の話を主体的に聴き、自分の内面の価値観に従うこととよりも、自己主張と自分の「権利」を守ることだけを考えて生きるようになる。

反抗は、頭で起こした問題ではなく心で起こした問題である。心の問題を解決する鍵は、無条件の愛を預け入れ続けることである。

私の友人に、名門大学の学部長を務めていた人物がいる。彼は息子がその大学に入れるようにと、長年貯金し、計画も立てていた。ところが、いよいよ入試というとき、息子は受験を拒んだ。

父親はひどく落胆した。その大学を卒業すれば息子にとっては大きなキャリアになるはずだった。そもそも、その友人の家は三代にわたってその大学を卒業していた。いわば彼の家の伝統だったのである。彼は、何とか息子を受験させようと説得に説得を重ねた。考えを変えることを内心期待しながら、息子の話に耳を傾け、理解しようともした。

しかし、彼の対応の裏側に潜んでいたのは「条件つきの愛」だった。一人の人間として息子を思う気持ちよりも、その大学に入ってほしいという欲求のほうが大きかった。息子は、父親のそんなメッセージを感じとり、父親が自分

の存在価値を脅かしていると思った。だから自分のアイデンティティを守ろうとし、父親の態度に反発して大学に行かない決意をいっそう固めた。父親のせいで自分の存在価値が脅かされているのだから、大学に行かない決断を下すのは正しい、そう思ったのである。

父親は自分の心の奥底を見つめ、反省し、犠牲を払う決心をした。条件つきの愛を捨てることにしたのだ。息子は私が望む道とは違う道を選ぶかもしれないが、それでもかまわないと覚悟を決めたのだ。彼と奥さんは、息子がどの道に進もうとも、無条件で愛することにした。彼ら夫婦は、その大学で学ぶことがどれほど価値あることがわかっていたし、息子が生まれたときから計画してきたのだから、苦しい決断だった。

二人は、脚本を書き直すという難しいプロセスに乗り出し、無条件の愛の本当の意味を理解するために努力した。息子にも説明した。そして、「おまえがどんな選択をしようとも、おまえに対する無条件の愛はいささかも揺らがない。そう正直に言えるようになった」と息子に話すことができた。二人には、息子をうまく操ろうとか、行いを正そうというような意図は微塵もなかった。それは彼ら自身の成長と人格の延長線上にある当然の行動だった。

両親の話を聴いても、息子はあまり反応を示さなかった。しかし二人はそのときにはもう、無条件の愛というパラダイムを深く心に刻んでいたから、息子に対する気持ちは揺らがなかった。一週間ほど経って、息子は両親に、やはりその大学には行かないと告げた。両親はその答えを受け入れる用意ができていた。だからその後も無条件の愛を息子に与え続けた。すべてが落ち着き、普段の生活が戻ってきた。

それからしばらくして、事態は意外な展開をみせる。自分の立場を守る必要がなくなったと感じた息子は、内面の

もっと奥深くを見つめ始めた。そして自分の中に、その大学で学びたい気持ちがあることを発見した。彼は入学願書を出し、父親にそのことを話した。父親はこのときも無条件の愛で息子の決断を受け止めた。なぜなら彼はもう、真に無条件で愛することを身につけていた。

私の友人は喜んだと思う。しかしその喜びをとりたてて表すことはしなかった。

国連事務総長だった故ダグ・ハマーショルドは、とても意味深い言葉を残している。

「大勢の人を救おうと一生懸命に働くよりも、一人の人のために自分のすべてを捧げるほうが尊い」

ハマーショルド氏が言わんとしているのは、たとえば私が一日八時間、一〇時間ことによっては一二時間、一週間に五日、六日、もしくはまる一週間ろくに休みもとらずに働いたとしても、妻や難しい年頃の息子、あるいは職場の親しい同僚との間に血のかよった関係が築けなければ、何の意味もないということだろう。仕事に身を入れるあまり、身近な人たちとの関係がぎくしゃくしてしまい、その関係を元に戻そうと思ったら、謙虚さ、勇気、精神力に満ちた高潔な人格が要る。世の中の人たちや大義のために働くよりもずっと難しいことなのである。

私はコンサルタントとして二五年間働いてきて、その間、この言葉の重みを何度かみしめたことだろうか。組織が抱える問題の多くは、二人の共同経営者、オーナーと社長、社長と副社長の対立など人間関係に端を発している。人間関係の問題に正面から取り組み、解決するには、まずは自分の内面を見つめなくてはならない。だから、自分の「外」にあるプロジェクトや人々に労力をかけるよりも、はるか

に人格の強さが求められるのである。

　初めてハマーショルドの言葉に出会ったころ、私はある組織で働いていたのだが、私の右腕だった人物とどうもうまくいっていなかった。お互いに相手に何を期待していいのかははっきりせず、経営管理に関して、相手に期待する役割、目標、価値観、どれをとっても食い違っていた。しかし私は、そうした違いに正面から向き合う勇気がなかった。とげとげしい敵対関係に発展するのを恐れて、自分をだましだまし何ヵ月もそのまま働いていた。その間、私も彼も、気まずい思いを溜め込んでいったのである。

　そんなとき、「大勢の人を救おうと一生懸命に働くよりも、**一人の人のために自分のすべてを捧げるほうが尊い**」という一文を読み、私は深く感動し、同僚との関係を修復する決心をした。

　私は、厳しい話し合いの場面を想像して怯みそうになる自分に発破をかけ、意志を強く固める必要があった。問題点をはっきりさせ、お互いの考えを深く理解し、納得し合うのは、生半可なことでできるわけがないとわかっていたからだ。いよいよ話し合いの日が近づくと、本当に身ぶるいしたことを今でも覚えている。私はこの同僚を、どんなときもわが道を行くタイプで、自分の考えが正しいと信じて疑わない頑固な人物だと思っていた。しかしたしかに仕事のできる人物でもあり、私には彼の強みと能力がどうしても必要だった。だから全面対決となって関係が壊れ、彼の能力を失ってしまうのではないかと恐れていたのである。

　来たるべき日に備えて頭の中で最終リハーサルを終えると、原則を中心に据えて話せば、話し方のテクニックなどどうでもよいのだと気づき、安心し落ち着いてきて、話し合う勇気も湧いてきた。

相互依存のパラダイム

いざ話し合ってみると、驚いたことに彼もまさに私と同じように悩み続け、話し合いの機会を切に望んでいたという。彼は私が思っていたような頑固な人物ではなく、身構えたところなど少しもなかった。

そうはいっても、私と彼の経営管理のスタイルがまるで異なっていたのは事実であり、組織全体がそれに振り回されていた。それぞれが勝手なやり方で仕事を進めているために何かと問題が起きていることをお互いに認め、何とかしようということになった。何度か話し合いを重ねるうちに、もっと根深い問題も直視できるようになり、お互いの立場を尊重して一つずつ解決していった。このプロセスのおかげで、私たちの間には深い敬愛の情が生まれ、それはかりかお互いの弱点を補える強いチームとなり、仕事の能率が飛躍的に上がったのである。

企業であれ、あるいは家庭や結婚生活であれ、効果的に運営するためには人と人とが結束しなければならない。そしてその結束を生むためには、一人ひとりの人格の強さと勇気が要る。大勢の人々のためになる仕事をどれほど効率的にできたとしても、一人の人間との関係を築けるしっかりした人格が育っていなければ、何の意味もない。個人対個人の関係、人間関係のもっとも基本的なレベルにおいてこそ、愛と人生の法則を実践しなければならないのである。

Pの問題はPCを高める機会

私はこの経験から、相互依存という重要なパラダイムも学んだ。この考え方は、問題が発生したときにそれをどうとらえるか、どう受け止めるかに関係するものである。私は同僚との問題を何ヵ月も避けて通っていた。私にとってそれは障害物であり、イライラの原因でしかなく、何とかして消えてくれないものかと思いながら過ごしていた。だが結果を見れば、その問題がきっかけとなって同僚との間に絆ができ、お互いの弱点を補い長所を高める強力な相互補完チームとなれたのである。

私が自分の経験から学んだのは、相互依存関係で成り立っている社会にあっては、**Pに何か問題があるときこそ、PCを高めるチャンス**だということである。信頼口座の残高を増やし、相互依存関係の生産力を大きく伸ばすチャンスなのである。

子どもが問題を抱えているとき、重荷に感じたり面倒だと思ったりせずに、親子関係を深めるチャンスととらえれば、親と子の交流はまるで違ってくる。親は進んで子どもを理解し、子どもの力になれるチャンスを喜ぶようになる。子どもが問題を持ってきても、「ああ、またか！まったく面倒ばかり増やして！」ではなく、「子どもの力になってやり、親子の絆を強くするチャンスだ」と考えてみる。すると、親子の交流は単なるやりとりではなく、親も子も変える力を持ってくる。親が子どもの問題を真剣にとらえ、子どもの力になれるチャンスを喜んで尊重する態度が子どもに伝わり、愛と信頼で強く結ばれた関係ができていく。

このパラダイムはビジネスでも大きな力を発揮する。ある百貨店では、このパラダイムを取り入れ、買い物

客の心をつかんで固定客を大幅に増やした。顧客がクレームを言ってきたら、どんなに些細な問題でも、店員は客と店の信頼関係を深めるチャンスととらえる。ほがらかに、前向きな態度で接客し、顧客が満足できるように問題を解決しようとする。店員は礼儀正しく、行き届いたサービスを提供してくれるから、他の百貨店に行ってみようとは思わなくなる。

現実社会において相互依存をもたらす人生を生きるためには、黄金の卵（P）とガチョウ（PC）のバランスが不可欠だということを頭に入れておけば、問題が起きても、もっとPCを増やすチャンスととらえ、むしろ問題を歓迎できるようになるはずだ。

相互依存の習慣

信頼口座のパラダイムを理解すれば、人と人とが力を合わせて結果を出す「公的成功」の領域に入っていくことができる。これから公的成功のための習慣を一つずつ見ていくが、これらの習慣が身につくと、相互依存の関係を効果的に築いていけることがわかるだろう。私たちがどれだけ強烈に他のパターンの考えや行動に脚本づけされているかもわかるだろう。

さらに、本当の意味で自立した人間でなければ、他者との効果的な相互依存関係は築けないことを、もっと深いレベルで理解できるようになるはずだ。世間一般で言う「Win-Winの交渉術」や「傾聴法」「クリエイティブな問題解決テクニック」をいくら学んでも、しっかりした人格の土台がなければ、公的成功はあり

えないのである。
それでは、公的成功に至る習慣を一つずつ詳しく見ていくことにしよう。

THE SEVEN HABITS
OF HIGHLY
EFFECTIVE PEOPLE

第4の習慣
Win-Winを考える
THINK WIN/WIN

第4の習慣 Win-Win を考える
人間関係におけるリーダーシップの原則

黄金律は暗記した。さあ、実行しよう。

——エドウィン・マーカム

以前、ある会社の社長から、社員同士が協力せず困っているので相談に乗ってほしいと頼まれたことがある。

「先生、一番の問題はですね、社員が自分のことしか考えていないことなんですよ。協力ということをしない。社員同士で力を合わせれば、もっと生産性が上がるのですがね。対人関係の研修プログラムを取り入れてこの問題を解決したいのですが、先生、力になっていただけるでしょうか」

「御社の問題は社員にあるのでしょうか、それともパラダイム、ものの見方にあるのでしょうか?」と私は聞いた。

「ご自分で確かめてみてください」

そこで、確かめてみた。なるほど社員は本当に身勝手で、力を合わせようなどという気はなさそうだ。信頼口座は見るからに赤字で、不信感に満ちた職場であることは間違いない。しかし私は重ねて聞いてみた。

「もっとよく調べてみましょう。なぜ社員の皆さんは協力しないのです? 協力しないと、社員にとって何か良いこ

第4の習慣｜Win–Winを考える

とがあるのでしょうか？」

「何もいいことはないですよ。協力したほうが良いにきまってるではないですか」

「本当にそうですか？」

私は念を押すように尋ねた。それというのも、社長室の壁にかかっているカーテンの向こう側に貼ってあるグラフが気になったからだ。グラフの線が競馬場の走路に見立てられ、競走馬の写真がいくつも貼りつけられている。それぞれの馬の頭の部分は、なんとマネージャーの顔写真になっているではないか。きわめつけは、グラフ右端のゴールのところに貼ってあるバミューダの美しい観光ポスターだ。青い空にふんわりと浮かぶ雲、真っ白な砂浜、手をつないで歩く恋人同士……。

週に一度、社長は部下たちをこの部屋に集め、協力して仕事しろと訓示するらしい。「皆で力を合わせようじゃないか。そうすればもっと売上が伸びるぞ」と言い、おもむろにカーテンを引き、このグラフを見せるわけである。

「さて、バミューダ行きの切符を手にするのは誰かな？」

これでは、一つの花に大きく育ってくれよと言いながら、別の花に水をやっているようなものである。ある いは「士気が上がるまで解雇を続ける」と脅しているのと同じだ。社員同士が協力し、アイデアを出し合い、全員の努力で売上を伸ばしていくことを望んでいながら、実際には社員同士が競うように仕向けていたのである。一人のマネージャーが成功すれば、他のマネージャーたちは失敗する仕組みになっていたのだ。

職場や家庭、他の人間関係に見られる実に多くの問題と同じように、この会社の場合も、問題の原因はパラ

287

ダイムの違いにある。社長は競争のパラダイムから協力という成果を得ようとしていた。そしてそれがうまくいかないとみるや、新しいテクニックや研修プログラム、応急処置で協力させようと考えたわけである。しかし、根を変えずに、その木になる果実を変えることはできない。表に出る態度や行動だけに働きかけるのは、枝葉にハサミを入れる程度の効果しかない。そこで私は、協力することの価値が社員に伝わるようにし、社員同士の協力が報われる報酬制度を整えることによって組織を根本から変革し、個人と組織の優れた力を最大限に引き出すよう提案した。

たとえあなたの社会的立場が社長やマネージャーではなくとも、自立から相互依存の領域に足を踏み入れた瞬間に、リーダーシップの役割を引き受けたことになる。あなた自身が他者に影響を与える立場になるからである。そして、効果的な人間関係におけるリーダーシップの習慣は、「Win−Winを考える」である。

人間関係の六つのパラダイム

Win−Winとは、決してテクニックではない。人間関係の総合的な哲学である。人間関係の六つのパラダイムの一つである。そしてWin−Winの他に、「Win−Lose」「Lose−Win」「Lose−Lose」「Win」「Win−Win or No Deal」のパラダイムがある。

- Win−Win　自分も勝ち、相手も勝つ

- Win–Lose 自分が勝ち、相手は負ける
- Lose–Win 自分が負けて、相手が勝つ
- Lose–Lose 自分も負けて、相手も負ける
- Win 自分が勝つ
- Win–Win or No Deal 自分も勝ち相手も勝つ、それが無理なら取引しないことに合意する

Win–Win

　Win–Winは、すべての人間関係において、必ずお互いの利益になる結果を見つけようとする考え方と姿勢である。何かを決めるときも、問題を解決するときも、お互いの利益になり、お互いに満足できる結果を目指すことである。Win–Winの姿勢で到達したソリューション、当事者全員が納得し満足し、合意した行動計画には必ず実行する決心をするものである。Win–Winのパラダイムは、人生を競争の場ではなく協力の場ととらえる。私たちはえてして、強いか弱いか、厳しいか甘いか、勝つか負けるか、物事を「二者択一」で考えがちだ。しかし、このような考え方には根本的な欠陥がある。原則に基づいておらず、自分の権力や地位にものを言わせる態度だからだ。Win–Winの根本には、全員が満足できる方法は十分にあるという考え方がある。誰かが勝者になったからといって、そのために他者が犠牲になって敗者になる必要などはない、全員が勝者になれると考えるのである。

　Win–Winは、第3の案の存在を信じることである。あなたのやり方でもなければ、私のやり方でもな

い、もっとよい方法、もっとレベルの高い方法だ。

Win-Lose

Win-Winの別の選択肢としてWin-Loseがある。例の「バミューダ行きレース」のパラダイムだ。私が勝てば、あなたが負ける。

リーダーシップのスタイルで言えば、Win-Loseは「私のやり方を通す。君の意見は聞くまでもない」という権威主義的なアプローチになる。Win-Loseの考え方の人は、自分の地位、権力、学歴、所有物、あるいは個性の力を借りて、自分のやり方を押し通そうとする。

ほとんどの人は生まれたときからずっと、勝ち負けの脚本で育っているから、Win-Loseのメンタリティが深く染みついている。親が子どもたちを比較していたら、たとえば兄ばかりに理解や愛情を注いでいたら、弟は「自分が勝ち、相手が負ける」というWin-Loseを考えるようになる。その裏返しとして、自分はもともと価値のない人間だ、愛は努力しなければ得られないものだと考えるようになる。条件つきの愛を受け入れた子は、愛されるに値する人間ではないのだと思ってしまう。だから自分の価値を内面ではなく外側に求めるようになり、人と比べて勝っていること、誰かの期待に応えられることが自分の価値になる。

親を頼らなければ生きられず、無条件の愛を受けてしかるべき幼い時分に、条件つきの愛で育てられる子どもはどうなるだろうか。弱く傷つきやすい子どもの心は、Win-Loseの型にはめられ脚本づけされてしまう。

第4の習慣｜Win-Winを考える

「ぼくがお兄ちゃんよりいい子になれば、お父さんもお母さんももっとぼくを愛してくれる」「パパとママが私よりお姉ちゃんを好きなのは、私が駄目な人間だからなんだ」と思うようになるのだ。

親子関係の他に、仲間同士の関係も強い影響力を持つ脚本になる。子どもは、まず親に受け入れられ、認めてもらおうとする。そして次に、友人などの「仲間」に受け入れられたいと思う。そして誰もが知っていると おり、仲間というのはときに極端なことになる。仲間うちのルールに従って行動できるかどうか、グループの期待に応えられるかどうかで、全面的に受け入れるか、徹底的に排除するかの二つに一つなのである。こうして子どもはますます、Win-Loseの脚本に染まっていく。

学校に上がれば、そこにもWin-Loseの脚本が待ち受けている。学業成績の指標である偏差値は相対的なものであり、誰かがAをとれば誰かがCになる仕組みである。個人の価値を人との比較で測っているので ある。学校という世界では内面の価値はまったく考慮されず、外に表れる点数だけで全員の価値が判定されてしまうのだ。

「本日はPTA総会にお越しいただきましてありがとうございます。今回の試験、お嬢さんはすごいですよ。上位一〇％に入りました」

「ありがとうございます」

「ところが、弟のジョニー君のほうはちょっと問題ですね。下から四分の一のところです」

「本当ですか？　困ったわ。どうしたらいいでしょう？」

しかし本当のところは、弟は下から四分の一とはいえ全力で頑張ったのであり、姉は好成績でも能力の半分

291

しか出していないのかもしれない。相対評価では、このような事実は少しもわからないのである。生徒は潜在能力で評価されるわけではないし、本来持っている能力を存分に発揮したかどうかで価値を持ち、チャンスの扉が開くか閉じられるかは成績次第だ。しかも学校の成績は社会に出るときも価値を評価されるのでもない。実際、生徒同士の協力といってすぐに思い浮かぶのは、試験の不正ぐらいではないだろうか。

もう一つの強烈なWin-Loseの脚本で動いているのがスポーツである。特に高校や大学のスポーツはそうである。試合で「勝つ」というのは「相手を負かす」ことだ。だから多くの若者は、人生は勝者と敗者しかいないゼロサム・ゲームという考え方を内面に根づかせてしまうことになる。

法律もWin-Loseのパラダイムだ。現代は訴訟社会である。何かトラブルが起きると裁判に持ち込んで白黒はっきりさせ、相手を負かして自分が勝とうとする。しかし、裁判沙汰になれば、当事者はどちらも自分の立場を守ることしか考えられなくなる。人が防衛的になれば、創造的にも、協力的にもならないのだ。

たしかに法律は必要だし、法律がなければ社会の秩序は保てない。しかし秩序が保てても、法律にシナジーを創り出す力はない。よくても妥協点が見つかる程度である。そもそも法律は敵対という概念に基づいている。

最近になってようやく、法律家もロースクールも裁判所に頼らず話し合いで解決するWin-Winのテクニックに目を向け始めている。これですべてが解決できるわけではないが、Win-Winを考えた調停や交渉に対する関心は高まっている。

もちろん、本当に食うか食われるかの事態だったら、お互いの立場を尊重してWin-Winを目指そう、

などと呑気なことは言っていられない。しかし人生の大半は競争ではない。あなたは毎日、パートナーと競争して暮らしているわけではないし、子ども、同僚、隣人、友人たちといつも競争しているわけではない。「お宅では夫婦のどちらが勝ってます？」などという質問は馬鹿げている。夫婦が二人とも勝者でなければ、二人とも敗者なのである。

人生のほとんどは、一人で自立して生きるのではない。他者とともに、お互いに依存しながら生きていく。それが現実である。あなたが望む事柄のほとんどは、周りの人たちと協力できるかどうかにかかっている。Win-Loseの考え方でいたら、人と力を合わせて結果を出すことはできない。

Lose−Win

Win-Loseとは反対のプログラムが組み込まれている人もいる。Lose-Winである。

「ぼくの負けだ。君の勝ちだよ」

「私のことなんか気にしなくていいわよ。あなたの好きなようにすればいい」

「あなたも私を踏みつけにしたらいい。みんなそうするから」

「俺は負け犬。いつだってそうなんだ」

「私は平和主義者よ。波風を立てずにすむなら何でもするわ」

Lose-WinはWin-Loseよりもたちが悪い。Lose-Winには基準というものがないからだ。

Lose-Winを考える人は、相手に対して何も主張せず、何も期待せず、何の見通しも持たずに、ただ相

手を喜ばせたり、なだめたりすることしか考えない。人に受け入れられ、好かれることに自分の強みを求める。自分の気持ちや信念をはっきりと言う勇気がなく、相手の我の強さにすぐ萎縮してしまう。

交渉の場でLose-Winの態度をとることは降参であり、譲歩するか、諦めるかしかない。リーダーシップのスタイルなら、放任主義か部下の意のままになることだ。要するに、Lose-Winのパラダイムを持つことで「いい人」と思われたいのである。たとえ「いい人」が最後は負けるとわかっていても、「いい人」と思われたいのだ。

Win-LoseのひとはLose-Win思考の人が好きである。弱さにつけこみ、餌食にして、自分の思いどおりにできるからだ。Win-LoseのLose-Winの弱気とぴったりとかみ合うわけである。

しかし問題は、Lose-Winタイプの人はさまざまな感情を胸の奥底に押し隠していることである。口に出さないからといって、負けて悔しい感情が消えてなくなるわけではない。ずっとくすぶり続け、時間が経ってからもっとひどいかたちで表に出てくる。特に呼吸器系や神経系、循環器系に症状の出る心身症の多くは、Lose-Winの生き方を続けたことによって抑圧され、積もり積もった恨み、深い失望、幻滅が病気に姿を変えて表に噴出したのである。過度な怒り、些細な挑発への過剰反応、あるいは世をすねるような態度も、感情を押し殺してきたせいなのである。

より高い目的に到達するために自分の気持ちを乗り越えようとせず、ひたすら感情を抑えることだけを考えていたら、自尊心を失い、しまいには人間関係にも影響が及んでしまう。

Win-LoseタイプのひともLose-Winタイプの人も、内面が安定していないから、自分の立場がぐ

294

第4の習慣｜Win-Winを考える

らぐらと揺らぐのである。短いスパンで見れば、Win-Loseのほうが結果は出せるだろう。Win-Loseタイプは地位があり、力や才能に恵まれた人が多いから、そういう自分の強みを力にして、相手を負かすことができる。一方のLose-Winタイプの人は、初めから弱気だから、自分が何を手にしたいのかもわからなくなる。

多くの経営者や管理職、親はWin-LoseとLose-Winの間を振り子のように行ったり来たりしている。秩序が乱れ、方向がずれて期待どおりに進まず、規律のない混乱した状態に耐えられなくなるとWin-Loseになり、そのうち自分の高飛車な態度に良心が痛んでくると、Lose-Winになって、怒りやイライラが募ってWin-Loseに逆戻りするわけである。

Lose-Lose

Win-Loseタイプの人間が、角を突き合わせることもある。気が強く頑固で、我を通そうとする者同士がぶつかると、結果はLose-Loseになる。二人とも負けるのだ。そして二人とも「仕返ししてやる」「この借りは絶対に返すぞ」と復讐心に燃えることになる。相手を憎むあまり、相手を殺すことは自分も殺すこと、復讐は両刃の剣であることが見えなくなる。

ある夫婦が離婚したとき、裁判所は夫側に、資産を売却して半額を前妻に渡すよう命じた。前夫はその命令に従い、一万ドルの価値のある車を五〇ドルで売り飛ばし、前妻に二五ドル渡した。妻側の申し立てを受けて裁判所が調べてみると、前夫はすべての財産を同じように二束三文で売却していた。

敵を自分の人生の中心に置き、敵とみなす人物の一挙手一投足が気に障ってどうしようもなくなると、その人が失敗すればいい、たとえ自らを見失ってもとひたすら念じ、他には何も見えなくなる。Lose-Loseは敵対の思想、戦争の思想なのである。

Lose-Loseタイプの人は、自分の目指すべき方向がまったく見えず、他者に極度に依存して生きていく自分が惨めでならず、いっそのことみんな惨めになればいいと思ったりもする。早い話、「勝者がいなければ、自分が敗者であることが悪いことではないと思う」わけである。

Win

他者は関係なくただ自分が勝つことだけを考えるパラダイムもある。Winタイプの人は、他の誰かが負けることを望んでいるわけではない。他人の勝ち負けはどうでもよく、自分の欲しいものを手に入れることだけが大切なのである。

競争や争いの意識がない日々のやりとりの中では、Winはもっとも一般的なアプローチだろう。Winタイプの人は、自分の目標が達成できるかどうかしか頭にないから、他人の目標がどうなろうと自分には関係ないと考える。

どのパラダイムがベストか？

ここまで紹介した五つのパラダイム——Win−Win、Win−Lose、Lose−Win、Lose−Lose、Win——のうち、一番効果的なパラダイムはどれだろうか。答えは「ケース・バイ・ケース」である。サッカーの試合なら、どちらかのチームが勝ち、もう一方のチームは負ける。あるいは、あなたが勤める支店が他の支店と遠く離れていて、支店間の連携がなく、支店同士で業績を競う刺激が足りないなら、業績を上げるためにWin−Loseのパラダイムで他社の支店と競うかもしれない。しかし、会社の中で他のグループと協力して最大限の成果を出さなければならない状況では、例の「バミューダ行きレース」のようなWin−Loseを持ち込むことはしたくはないだろう。

あなたと誰かとの間に問題が起き、その問題が些細なことで、お互いの関係のほうがよっぽど大切なら、あなたが譲歩して相手の要求を丸ごと受け入れ、Lose−Winで対処するほうがよい場合もある。「私が欲しいものより、あなたとの関係のほうが大切です。今回はあなたの言うとおりにしましょう」という態度である。あるいは、今あるWinを選択することで、さらに大きな価値を損ねてしまうのであれば、Lose−Winを選択するだろう。そこに時間と労力をかけてまで選択する価値はない。

どうしても勝たなくてはならない、そのWinを自分が手にすることで、他人にどんな影響が及ぼうとかまわない、そんな状況もあるだろう。たとえばあなたの子どもの命が危険にさらされていたら、他人のことや周囲の状況など露ほども考えず、あなたの頭の中はわが子を救うことだけでいっぱいなはずだ。

だから、状況次第でどのパラダイムも一番になりうるのである。肝心なのは、状況を正しく読みとって使い分けることである。Win－LoseであれLoseであれ、それ以外のパラダイムをどんな状況にも当てはめてはいけない。

そうはいっても、現実の人間社会においては、ほとんどが相互依存関係なのであり、五つのパラダイムの中でWin－Winが唯一の実行可能な選択肢になるのだ。

Win－Loseでは、その場では自分が勝ったように見えても、相手の感情や自分に対する態度が相手の心にわだかまりを残し、お互いの関係に悪影響を与えないとも限らない。たとえば、私があなたの会社に商品を卸すとしよう。あるときの商談で私が自分の条件を通したとしたら、とりあえず私は自分の目的を達したことになる。しかしあなたは次も私と取引してくれるだろうか。一回限りの取引で終わってしまったら、今回は勝ちでも長い目で見れば負けである。だから相互依存の現実社会におけるWin－Loseは、実はどちらも負けるLose－Loseなのである。

逆に私がLose－Winの結果で妥協したとしたら、その場はあなたの希望どおりになるだろう。しかし今後、あなたに対する私の態度、契約を履行するときの私の態度にどんな影響があるだろうか。あなたに喜んでもらいたいから契約をしっかり履行しようという気持ちは薄れるだろうし、次回からの商談の席でも、このときに受けた心の傷を引きずっているかもしれない。同じ業界の他の会社と商談するときに、あなた個人とあなたの会社に対する反感をつい口にするかもしれない。これまた結局は双方敗者のLose－Loseである。どんな場合でもLose－Loseが望ましい選択肢になりえないのは言うまでもないことだ。

第4の習慣｜Win-Winを考える

あるいは私が自分の勝ちしか考えないWinの態度で商談を進め、あなたの立場をまったく考えなかったら、この場合もやはり、生産的な関係を築く土台はできない。

先々のことを考えれば、どちらも勝者にならなければ、結局はどちらも負けなのである。だから、相互依存の現実社会の中で採れる案はWin-Winだけなのである。

ある大手の小売チェーンの社長にコンサルティングをしたときのことである。社長は私にこう言った。

「博士、Win-Winというのは聞こえはいいですが、理想的すぎやしませんか。商売の現実は厳しくて、とてもそんなものじゃありません。どこでもWin-Lose、勝つか負けるかでやっているんです。そのつもりでやらないと、ゲームに負けるのですよ」

「それじゃ、お客さんとWin-Loseでやってごらんなさい。それなら現実的でしょう？」

「それはだめですよ」

「なぜです？」

「お客さんを失くしてしまいます」

「それならLose-Winでやったらどうでしょう。商品をタダで提供するんです。これなら現実的ですか？」

「それもだめです。ノーマージン・ノーミッションですよ」

「私たちはさまざまな代替案を出したが、Win-Win以外に現実的な方法はないように思われた。

「お客様にはWin-Winが正しいと思いますが……」と彼は認めたが、「仕入れ先は違うんじゃないですか」

と続けた。
「しかし仕入れ先からすれば、お宅は顧客でしょう。同じようにWin-Winでやるべきじゃないですか？」と私は言った。
「実は、ショッピングセンターのオーナーと賃貸契約を交渉したばかりなんです」と彼は話し始めた。「こちらはWin-Winの態度で交渉に臨みました。オープンに、無理を言わず、相手の立場を考えて交渉したんです。ところが向こうは、こちらの態度を弱腰とみて、つけいってきました。私たちは完全にやられてしまったんです」
「なぜあなたはLose-Winをやったんです？」と私は尋ねた。
「違います。私たちはWin-Winにしたかったんです」
「今、完全にやられたとおっしゃいましたよね？」
「言いましたよ」
「つまり、負けたわけですね」
「そうです」
「そして相手が勝った」
「そうです」
「それを何と言うんです？」

今まで自分がWin-Winと思っていたことが、実はLose-Winだったことに気づいて、彼はショッ

第4の習慣｜Win-Winを考える

クを受けたようだった。そしてそのLose-Winは、自分の感情を抑えつけ、価値観を踏みにじる。恨みがくすぶり、お互いの関係に影を落とすのであるから、結局のところLose-Loseになることを彼も悟ったのである。

この小売チェーンの社長が本当の意味でWin-Winのパラダイムを持っていたなら、コミュニケーションの時間をもっととり、オーナーの話をもっとよく聴いてから、勇気を出して自分の立場を説明していただろう。お互いに満足できる解決策を見つけるまで、Win-Winの精神で話し合いを続けたはずだ。双方が満足できる解決策は、お互いに一人では考えつかない素晴らしい解決策になっていたはずだ。

Win-Win or No Deal

お互いに満足でき、合意できる解決策を見つけられなかったら、Win-Winをさらに一歩進めたパラダイム、「Win-Win or No Deal」という選択肢がある。

No Deal（取引しない）とは、簡単に言えば、双方にメリットのある解決策が見つからなければ、お互いの意見の違いを認めて、「合意しないことに合意する」ことである。お互いに相手に何の期待も持たせず、何の契約も交わさない。私とあなたとでは、価値観も目的も明らかに正反対だから、私はあなたを雇わない、あるいは今回の仕事は一緒にはしないということだ。双方が勝手な期待を抱き、後々になって幻滅するよりは、最初からお互いの違いをはっきりさせ、認め合うほうがよっぽどいい。

No Dealを選択肢の一つとして持っていれば、余裕を持つことができる。相手を操ったり、こちらの思惑どおりに話を進めたりする必要はないのだし、何がなんでも目的を達しなければならず、ともすむ。心を開いて話せるし、感情の裏に潜む根本的な問題をわかろうとする余裕も生まれる。

No Dealの選択肢があれば、正直にこう話せる。「お互いに満足できるWin-Win以外の結論は出したくないんです。私も勝って、あなたにも勝ってほしい。私のやり方を通しても、あなたに不満が残るのは嫌なんです。後々不満が噴き出さないとも限りません。だから、私のやり方を通しても、あなたに不満が残るのは嫌なんです。それでは信頼関係が崩れます。逆に、私が我慢して、あなたの思いどおりになったとしても、あなたで後味が悪いでしょう。だからWin-Winの道を探しましょう。一緒に本気で考えましょう。それでも見つからなければ、この話はなしということでどうでしょうか。お互いに納得のいかない決定で我慢するよりは、今回は取引しないほうがいいと思います。また別の機会もあるでしょうから」

ある小さなコンピューターソフトウェア会社の社長に、「Win-Win or No Deal」の考え方を教えたところ、次のような経験を話してくれた。

「うちで開発した新しいソフトをある銀行に五年契約で販売したんです。頭取はそのソフトを高く評価してくれたのですが、他の役員はあまり乗り気ではなかったようです。契約から一ヵ月ほどたって、頭取が交代しましてね。新しい頭取からこう告げられたんです。『今回のシステム変更はちょっと厄介なことになっていまして、私としても、今の時点ですよ。下の者たちはみんな口を揃えて、新しいソフトにはついていけないと言ってまして、私としても、今の時点で

第4の習慣｜Win－Winを考える

変更を無理には進められないと思います』と。

その頃、うちの会社は深刻な財政難に陥っていました。契約の履行を銀行に強要しても、法的には何の問題もないことはわかっていました。しかし私はWin－Winの原則を信じていました。そこで頭取にこう言ったんです。『この件はもう契約を交わしています。貴行は、システムの変更のために私どもの商品とサービスを購入する約束をしています。ですが、今回の変更に銀行の皆さんが満足していないということでしたら、契約は白紙に戻して、手付金はお返ししましょう。もし今後、何かソフトが必要になりましたら、どうぞよろしくお願いいたします』

八万四〇〇〇ドルの契約を自分から捨てたようなものです。会社の財政を考えれば、まるで自殺行為ですよ。しかし正しい原則に従ったのだから、いつか報われる、プラスになって返ってくる、そう信じていました。

それから三ヵ月後、あの頭取から電話がありまして、『データ処理システムを変える計画を進めている。御社にお願いしたい』ということでした。これがなんと、二四万ドルの契約になったのです」

相互依存で成り立つ社会で人間関係を長く続けようと思ったら、Win－Win以外のパラダイムは次善の策にするにしても問題がある。必ずネガティブな影響を残すからだ。どのくらいの代償を払うことになるのか、よくよく考えてみなければならない。本当のWin－Winに達しないのであれば、ほとんどの場合はNo Deal、「今回は取引しない」としたほうが得策である。

Win－Win or No Dealは、家族同士の関係においても精神的に大きな自由をもたらす。家族でビデオを観ようというとき、全員が楽しめるビデオがどうしても決まらなければ、誰かが我慢してまでビデオを

観るよりは、その夜はビデオ鑑賞はせずに（No Deal）、全員で他のことをすればいいのである。

　私のある友人は、何年も前から家族でコーラスグループを組んでいる。子どもたちがまだ小さい頃は、母親が曲を決め、衣装をつくり、ピアノの伴奏をやり、歌い方の指導もしていた。

　ところが子どもたちが成長するにつれて音楽の趣味が変わっていくと、曲目はもちろん衣装にも口を挟み、母親の指導に素直に従わなくなった。

　母親自身、舞台に立つ経験は積んでいたし、慰問活動を計画していた老人ホームの人たちの好みの曲は知っているつもりだったから、子どもたちのアイデアには賛成しかねた。しかし、その一方で子どもたちが意見を言いたい気持ちも理解できたから、曲目を決めるプロセスに子どもたちも参加させたいとも思っていた。

　そこで彼女は、Win-Win or No Dealでいくことにした。全員が満足する案を相談し、もし全員が合意できなければ、別のみんなの才能を楽しむ方法を探してはどうかと持ちかけた。合意に達しても達しなくても、わだかまりが残る心配がないことがわかり、子どもたちは自由にアイデアを出し合い、お互いのアイデアに意見を述べ、最終的にWin-Winの合意に達することができたのである。

　Win-Win or No Dealのアプローチが特に効果を発揮するのは、新しく事業を興したり、新しい取引先と契約を結んだりするときである。すでに続いている取引関係では、No Deal（取引しない）が現実的な選択肢にはならない場合もある。家族経営の会社や友人同士で始めたビジネスなら特に、深刻な問題に

第4の習慣 ｜ Win−Winを考える

発展しないとも限らない。

関係が壊れるのを恐れ、何年もだらだらと妥協に妥協を重ねる場合もある。口ではWin−Winと言いながらも、Win−LoseやLose−Winを考えている。これではライバル会社がWin−Winの考え方でシナジーの力を発揮している場合には、なおさら人間関係にもビジネスにも深刻な問題を生む。

No Dealというオプションを使わないばっかりに、業績を悪化させ、ついには倒産に追い込まれるか、外部の経営者に実権を委ねざるを得ない事態に陥る企業は少なくない。過去の例を見ても、家族や友人同士で会社を興す場合は、将来何かの案件を巡って意見が割れ、それについてはNo Dealとなる可能性があることを最初から考慮に入れ、その場合の処理の仕方を決めておくほうが賢明である。そうしておけば、人間関係に亀裂が入らずにビジネスを続けて成功することができる。

もちろん、No Dealのオプションを使えない場合もある。たとえば自分の子どもや妻・夫との関係にNo Dealを選び、なかったことにするわけにはいかない。必要ならば妥協を選んだほうがよいこともある。この場合の妥協は、低いレベルでのWin−Winになる。しかしたいていの場合は、Win−Win or No Dealの姿勢で交渉を進めることができる。そうすれば、お互いに腹の探り合いをせずに、自由に最善の案を探すことができるのである。

Win-Winの五つの側面

「Win-Winを考える」は、人間関係におけるリーダーシップの習慣である。人間だけに授けられた四つの能力（自覚・想像・良心・意志）すべて発揮して、お互いに学び合い、お互いに影響し合い、お互いに得るところのある人間関係を育てていくための習慣である。

お互いのためになる関係を築くには、大きな思いやりと勇気が必要である。特にWin-Loseのパラダイムに脚本づけられた相手ならばなおさらだ。

この習慣は人間関係におけるリーダーシップの原則が重要になる。人間関係でリーダーシップを発揮するには、ビジョンと主体的な率先力、そして原則中心の主体的な生き方から得られる四つの要素（安定・指針・知恵・力）が必要である。

Win-Winの原則は、あらゆる人間関係の成功を築くための基礎であり、互いに関連し合う五つの側面でできている。まず**人格**があって、それによって**人間関係**が築かれ、そこで**協定**ができる。合意に至るまでの流れを円滑に進めるためには、Win-Winに基づく**構造とシステム**が要る。さらに、**プロセス**も重要だ。Win-LoseやLose-Winのプロセスでは、Win-Winの結果に到達することはできない。

五つの側面の相関関係を図に表すと、このようになる。

1 Win-Win　人格

第4の習慣 | Win-Winを考える

2　Win-Win　人間関係
3　Win-Win　協定
4　Win-Win　システム
5　Win-Win　プロセス

では、五つの側面を順番に見ていこう。

人格

人格はWin-Winの土台である。すべてがこの土台の上に築かれる。そしてWin-Winのパラダイムを身につけるには、人格の三つの特徴を育てなければならない。

●**誠実**――前に定義したように、誠実さとは「自分自身に価値を置くこと」である。第1、第2、第3の習慣を身につけることで、誠実さを開発し維持する。自分の価値観を明確にし、その価値観に従って主体的に計画を実行するにつれて私たちは自覚を持って意義ある約束を決意し、守り続ける意志を育てていくことができるのだ。

そもそも、本当の意味で自分にとってのWin-Winは何なのか、自分の内面の奥底にある価値観と一致するWin-Winが何かを知らずにいたら、日々の生活でWin-Winを求めるといっても無理な話である。そして、自分と約束したことも他者と約束したことも守れなければ、私たちの約束は無意味になる。そのような自分の本性は自分でもわかっているし、他の人たちも見抜いている。裏表のある人だな、と思う相手には、誰でも身構えるものである。それでは信頼関係ができるわけがない。Win-Winと口では言っても、非効果的な表面上のテクニックにしかならない。誠実さは、人格という基礎の要石なのである。

● **成熟**——成熟とは、**勇気と思いやりのバランスがとれていること**である。私は一九五五年の秋、ハーバード・ビジネス・スクールのフランド・サクセニアン教授からこの成熟の定義を教わった。教授は、「相手の考え方や感情に配慮しながら、自分の気持ちや信念を言えること」が成熟だと教えていた。これ以上にシンプルで、しかも奥深く、本質をついた成熟の定義が他にあるだろうか。サクセニアン教授は、自身の研究を進める中で長年にわたり実地調査を積み重ね、歴史を紐解いて、この定義に到達し、後に研究の成果をハーバード・ビジネス・レビュー誌（一九五八年一、二月号）に掲載した。裏づけとなる資料、実践のアドバイスも含めた詳細な論文になっている。サクセニアン教授の言う「成熟」は人間的な成長と発達に重点を置いており、成熟についても、段階的に発達していくものとされているが、「7つの習慣」は人格を補完するものであり、自立、そして相互依存へと至る「成長の連続体」の中でとらえている。

採用試験や昇進審査、あるいは能力開発の研修などで行われる心理テストも、基本的には成熟の度合いを測

第4の習慣｜Win－Winを考える

るようにつくられている。「自我／共感バランス」や「自信／他者尊重バランス」「人間志向／仕事志向バランス」、交流分析で言う「I'm OK, You're OK（私はOK、あなたもOK）」（訳注：米国の精神科医トマス・アンソニー・ハリスによる交流分析の考え方）、あるいはマネジリアル・グリッド論（訳注：一九六四年にブレイクとムートンによって提唱された行動理論。リーダーシップの行動スタイルを「人への関心」と「業績への関心」という二つの側面からとらえた九つの類型に分類した）の9・1型、1・9型、5・5型、9・9型など、呼び名はいろいろあるが、煎じ詰めれば、どのテストでも勇気と思いやりのバランスを問題にしている。

人間関係論やマネジメント論、リーダーシップ論のどれをとっても、根底には勇気と思いやりのバランスをとる大切さがある。それはP／PCバランスの具体的なかたちである。結果（黄金の卵）を出すには勇気が要るが、その一方で、自分以外の関係者（ガチョウ）の幸福を長い目で見て思いやる気持ちもなくてはならない。すべての関係者が充実した人生を生きられるようにすることが、リーダーの基本的な役割なのである。

人は物事を「あれかこれか」の二者択一でとらえがちである。答えは二つに一つしかないと思ってしまう。たとえば、優しい人なら厳しくはないはずだと決め込む。しかし、Win－Winを目指す人は、優しさと同時に厳しさを持ち合わせている。Win－Loseタイプの人よりも二倍も厳しいのである。優しさだけでWin－Winの結果に到達することはできない。勇気も必要だ。相手の身になって考えるだけでなく、自信を持って自分の考えを述べなくてはならないのだ。思いやりを持ち、相手の気持ちを敏感に察することも大事だが、勇敢であることも求められるのである。勇気と思いやりのバランスをとることが本当の意味での成熟であり、Win－Winの前提条件なのである。

もし私が、勇気はあるけれども思いやりに欠ける人間だったら、どのような考え方をするだろうか。Win―Loseである。我が強く、相手を負かそうとする。自分の信念を貫く勇気はあるが、相手の信念を思いやることはできない。

このような内面的な未熟さや精神的な脆さを補うために、私はおそらく、自分の社会的地位や権力、学歴、年齢を笠に着て、相手を圧倒しようとするだろう。

逆に、思いやりは深いけれども、勇気がない人間だったら、Lose―Winを考えてしまう。相手の立場や要望に気を遣うあまり、自分の立場を一言も口に出さずに終わってしまう。

高いレベルの勇気と思いやりの両方が、Win―Winに不可欠なものである。勇気と思いやりのバランスこそが、成熟した人間かどうかを測る基準になる。バランスがとれていれば、相手の身になって話を聴き、理解することもできるし、勇気を持って自分の立場を主張することもできるのである。

● **豊かさマインド**――Win―Winに不可欠な人格の三番目の特徴は、豊かさマインドというものである。この世にはすべての人に行きわたるだけのものがたっぷりあるという考え方だ。

ほとんどの人は、欠乏マインドに深く脚本づけられている。パイはたった一個しかなく、誰かがひと切れ食べてしまったら、自分の取り分が減ってしまうと考える。物事はすべて限りがあると思い、人生をゼロサム・ゲームととらえる考え方である。

欠乏マインドのままでは、手柄を独り占めし、名誉や評判、権力もしくは、利益をサポートしてくれた人と

第4の習慣 | Win−Winを考える

さえ分かち合おうとしない。だから、自分以外の人間の成功は喜べない。同僚や親しい友人、家族の成功さえも素直に祝福できない。誰かが褒められたり、思いがけない利益を得たり、大きな成果を出したりすると、まるで自分が損をしたような気分になるのだ。

他者の成功に口では「おめでとう」と言いながら、胸の内は嫉妬に食い尽くされている。周りの人間と比較して自分はどうなのかといつも気にしているから、程度の差こそあれ、人の成功は自分の失敗を意味するのである。成績表に「Ａ」がつく生徒はたくさんいても、「一番」になれるのは一人しかいないと考えてしまうのだ。欠乏マインドの人にとって、勝つことは、人を負かすことに他ならない。

欠乏マインドに染まっている人はえてして、他人の不幸をひそかに望んでいる。もちろん、そんなにひどい不幸を望んでいるわけではないが、自分に影響が及ばない範囲で不幸に遭えばいいと思っている。他人が成功せずにいてくれれば、それでいいのである。彼らは、いつも誰かと自分を比較し、競争している。自尊心を持ちたいがために、モノを所有したり、他者を抑えつけたりすることにひたすら労力を費やしているのである。こういう人は、他人を自分の思いどおりにしたがる。自分のクローンをつくりたがり、イエスマンやご機嫌とりで自分の周りを固め、自分よりも強い人間は遠ざける。

欠乏マインドの人が、相互を補完するチームの一員になることは難しい。彼らは自分との違いを不服従や反抗ととらえてしまうからだ。

それに対して豊かさマインドは、内面の奥深くにある自尊心と心の安定から湧き出るものである、と考えるパラダイムである。この世にはすべてのものが全員に行きわたってもなお余りあるほどたっぷりとある、と考えるパラダイムである。だか

第4の習慣｜Win−Winを考える

ら、名誉も評判も、利益も、何かを決定するプロセスも、人と分かち合うことができる。こうして可能性、選択、創造力の扉が開かれるのだ。

豊かさマインドを持つには、まずは第1、第2、第3の習慣を身につけ、個人としての喜び、満足感、充実感を得ていなければならない。それがあって初めて、他者の個性、望み、主体性を認めることができる。前向きに人と接することが自分の成長にとって無限の可能性をもたらすとわかっているから、それまで考えてもいなかった新しい第3の案を生み出せるのだ。

公的成功は、他者を打ち負かして手にする勝利のことではない。関わった全員のためになる結果に達するように効果的な人間関係を築くこと、それが公的成功である。協力し、コミュニケーションをとりながら、一緒にことを成し遂げることである。各自がばらばらにやっていたらできないことを、力を合わせて成し遂げる関係を築くことが公的成功なのだ。公的成功とはつまり、豊かさマインドのパラダイムから自然と生まれる結果なのである。

「誠実」「成熟」「豊かさマインド」を高いレベルで備えた人格は、あらゆる人間関係において、個性主義のテクニックにはとうてい及ばない本物の力を発揮する。

Win−Loseタイプの人がWin−Winの人格を備えようとするときに、私が見出したことの一つは、Win−Winタイプの人と接してモデルやメンターにするのが一番効果的だということである。深くWin−Loseのパラダイムに脚本づけられた人々が、同じようなWin−Loseタイプの人とばかり付き合っていたら、Win−Winの態度を実際に見て学ぶ機会はそうない。それゆえ、私は文学を読むことを勧めた

い。たとえば、アンワル・サダトの自伝『エジプトの夜明けを』を読んだり、映画『炎のランナー』や演劇『レ・ミゼラブル』を観たりすることも、Win−Winを知るきっかけになるだろう。しかし覚えておいてほしい。誰でも自分の内面の奥深くを見つめれば、これまで従っていた脚本、これまでに身につけた態度や行動を乗り越え、他のすべての原則と同じように、Win−Winの本当の価値を自分の生き方で証明できるのである。

人間関係

人格の土台ができたら、その上にWin−Winの人間関係を築いていくことができる。Win−Winの人間関係の本質は信頼である。信頼がなければ、できるのは妥協だ。心を開いてお互いに学ぶことも、気持ちを理解し合うことも、本当の創造力を発揮することもできない。

しかし、信頼口座にたっぷり預け入れしてあれば、お互いに相手を信頼し、尊重しているから、相手がどんな人間か探る必要もないし、相手の性格や立場にとらわれず、すぐに目の前の問題そのものに意識を向けることができる。

信頼し合っていれば、心を開ける。お互いに手の内をさらけ出せる。たとえ私とあなたが一枚の絵を違った見方をしていても、お互いに信頼していれば、あれは若い女性の絵だという私の意見にあなたが耳を傾けてくれることを私は知っているし、あなたが、いや違う、あれは老婆だと主張すれば、私が真剣に取り合うことをわかっている。私たちは、お互いの見方をきちんと理解し、力を合わせて別の答えを探そうとする。どちらも

満足でき、どちらにとってもより良い第3の案を見つけようという意志がある。お互いに信頼口座の残高がたっぷりあり、お互いに本気でWin−Winを目指せる関係は、大きなシナジーを創り出す（第6の習慣）跳躍板になる。信頼し合っている関係であれば、問題の重要度が小さくなるか、ものの見方の違いがなくなると言っているのではない。そうではなくて、相手の性格や立場の違いを遠ざけようとするネガティブなエネルギーが消え、それに代わって協力的なポジティブなエネルギーが生まれ、問題点を徹底的に理解し、お互いのためになる解決策を一緒に見つけることに集中できるようになるのだ。

しかし、あなたと相手にこのような信頼関係がなかったら、どうなるだろうか。Win−Loseに深く脚本づけられた人と何かを決めなくてはならないとしたら、どうすればいいのだろうか。

Win−Loseタイプの人とぶつかったときこそ、Win−Winの本領が試される。どんな状況のときでもWin−Winを達成するのはそう簡単なことではない。深く根づいた問題やお互いの根本的な違いを乗り越えなければならないのだから、簡単にすむ話でないのは当然だ。しかし、しっかりとした信頼関係が育っていて、それに取り組もうという意志があれば、ずっとやりやすくなる。

だから、Win−Loseのパラダイムで物事を考える人が相手でも、鍵となるのは人間関係である。その人にはまず、Win−Loseにフォーカスするところは影響の輪の中である。その人に礼を尽くし、敬意を払い、その人の意見を尊重することによって、信頼口座に預け入れをする。コミュニケーションの時間も長くとる。相手の話をよく聴き、深く理解しようと努める。そして自分の意見は勇気を持って述べる。相手の出方に反応してはいけ

ない。自分の内面の奥底から、主体的であるための人格の強さを引き出すように努める。お互いに満足できる解決策を真剣に探そうとしていることが相手に伝わるまで、信頼関係を築く努力を続ける。このプロセスそのものが、信頼口座への大きな預け入れになるのだ。

あなたの誠意、主体性、Win−Winを目指す決意が強くなるほど、相手に与える影響力も大きくなる。変革型リーダーシップが発揮されるリーダーシップの強さは、これで測ることができる。取引型リーダーシップを超えて、人間関係で発揮されるリーダーシップとなり、自分も相手も、そして関係そのものを変える力を持つのである。

Win−Winが原則であることは、誰もが毎日の生活の中で実証することができる。だから、お互いに満足できる結果を求めるのであれば、それぞれが望んでいるものよりも良いものを得られることを説明すれば、ほとんどの人はわかってくれるはずだ。そうはいっても、Win−Loseの考え方が深く根を張っていて、Win−Winの考え方をどうしても理解できない人も中にはいる。そういう人に出会ったら、No Deal（取引きしない）という選択肢を思い出してほしい。あるいは、低いレベルのWin−Win、妥協の道を探したほうがいい場合もあるだろう。

ここで注意してほしいのだが、信頼口座の残高の多い間柄だからといって、何もかもWin−Winで決めなければならないというわけではない。ここでも、鍵を握るのは人間関係である。仮にあなたと私が職場の同僚だとしよう。あなたが私のところに来て、「スティーブン、君が今回の決定に納得がいかないのはわかっているが、君に説明する時間も参加してもらう時間もなかったんだ。君からすればぼくの決定は間違っているかもしれないが、今回だけは賛成してくれないだろうか？」と言ったとする。

第4の習慣 | Win-Winを考える

あなたが私の信頼口座に多くの残高を持っているならば、もちろん私はあなたの言うとおりにするだろう。私の意見が間違っていて、あなたの判断が正しいと望み、あなたが決めたことがうまくいくように協力するはずだ。

しかし、信頼口座の残高がゼロだったら、そのうえ私が反応的な人間だったら、どうなってもいいと思うだろう。うまくいくようにできる限りのことをしてあげようとはしないだろう。そして失敗したら、「だめだったのか、私にどうしてほしいと言うんだ」と言うのである。

もし私が過剰に反応してしまう人間なら、すっかり逆上して、あなたの決定に猛反対し、他の同僚たちにも妨害するよう仕向けるかもしれない。あるいは、悪意ある従順さを持ってあなたに言われたことだけをやって、失敗したら責任は引き受けようとしない。

私はイギリスに五年間住んでいたことがあるが、その間、国中の電車が停まって大混乱に陥った事態を二度ほど経験した。電車の車掌たちが、規則に従順なあまり融通がきかず、現実の状況に臨機応変に対応せず、紙に書かれた規則や手順を守っていればいいという態度で仕事をしていたことが原因だった。

いくら協定を結んで書面にしたところで、人格と信頼関係の土台がなければ、ただの紙切れになってしまう。Win-Winの結果を求めるなら、それを実現できる人間関係を誠心誠意築くことが先決なのである。

協定

人間関係を築ければ、Win–Winの中身を明確にし、そこに至るまでの道筋を示した協定を結ぶことができる。**業務契約やパートナーシップ協定**などと呼ばれ、人間関係のパラダイムは、上下関係から対等な立場で成功を目指すパートナーシップの関係に変わる。監督が歩きまわって目を光らせるのではなく、自分が自分のボスになり、自分を管理して行動するのである。

Win–Win実行協定は、相互依存の人間関係に幅広く応用できる。第3の習慣のところでデリゲーションの例として「グリーン・アンド・クリーン（緑色できれい）」のエピソード（三三七ページ）を紹介したが、こ れもWin–Win実行協定の例である。そこで取り上げた全面的なデリゲーションのための五つの要素は、Win–Win実行協定においても基本の枠組みになる。労使間の協定でも、プロジェクトチーム内の協定でも、共通の目的に向かって協力するグループ同士の協定でも、会社と仕入れ先の協定でも、いずれにせよ、何かを成し遂げようとする人々の間では五つの要素が満たされれば、お互いに期待することが明確になり、相互依存への努力に向けて、効果的な方法を見出すことができる。

Win–Win実行協定では、次の五つの要素をはっきりと決めることが大切である。

- **望む成果**——いつまでに、何を達成するのか（手段を決めるのではない）
- **ガイドライン**——望む結果を達成するときに守るべき基準（規則、方針など）
- **リソース**——望む結果を達成するために使える人員、資金、技術、組織のサポート

第4の習慣 | Win−Winを考える

- **アカウンタビリティ**（報告義務）──結果を評価する基準、評価する時期
- **評価の結果**──達成度合い、貢献度合い、評価の結果としてどうなるのか

この五つの要素が満たされれば、Win−Winの協定は現実のものとなり、正式な「実行協定」となる。信頼口座がマイナスになっている証拠でもある。

これらの基準を明確にし、関係者全員が了解して同意していれば、自分の仕事の結果が成功かどうかを一人ひとりが自分で判断できる。

典型的な管理者は、Win−Loseのパラダイムである。信頼口座がマイナスになっている証拠でもある。相手を信頼していないから、あるいは望む成果をはっきりと伝えていないから、いつも見張って管理しなくてはならないと思ってしまうのである。信頼関係ができていないと、指図したくなる。

しかし信頼口座の残高がたくさんあったらどうするだろうか。相手を信頼して、あなたはなるべく手出ししないだろう。Win−Win実行協定ができており、相手も何を期待されているかはっきりとわかっていれば、あなたの役割は、必要なときに手助けしてやり、仕事の進捗の報告を聞くだけである。

本人が本人を評価するほうが、他人が本人を評価するよりもずっと人間性を尊重しているし、本人も精神的に成長する。信頼関係さえできていれば、自分で評価するほうがはるかに正確でもある。多くの場合、仕事がどんなふうに進んでいるかは、報告書に書かれている記録などより、本人が強く実感している。外から観察したり、測定したりするよりも、自分自身の認識のほうがはるかに正確なのである。

319

Win-Winのマネジメント・トレーニング

何年か前のことになるが、多くの支店を一つある大手銀行のコンサルティングに間接的に関わったことがある。銀行が望んでいたのは、年間七五万ドルもの予算を投じている管理職研修を見直し、改善することだった。研修プログラムは、大卒社員の中から管理職候補を選抜し、商業融資、産業融資、マーケティング、オペレーションなど一二の部門にそれぞれで二週間ずつ、六ヵ月にわたって銀行業務全般の経験を積ませるというものだった。研修を終えた者は、支店長代理として各支店に配属されることになっていた。

私たちコンサルタントは、まず六ヵ月の研修期間が妥当かどうか評価することにしたが、評価作業に取りかかってみて一番困ったのは、銀行が研修の成果として望んでいることがいま一つはっきりしないことだった。そこで、銀行の経営陣一人ひとりに「研修を終えた時点で、どのような能力が身についていればよいのですか?」と単刀直入に質問した。返ってきた答えは曖昧で、矛盾も多かった。

この研修プログラムは結果ではなく手段を重視していた。そこで私たちは、「セルフ・コントロール型研修」という違うパラダイムに基づいた試験的なプログラムをやってみてはどうかと提案した。これはWin-Win実行協定である。目標を明確にし、達成度合いを測る基準を設定し、ガイドライン、リソース、アカウンタビリティ、目標が達成できたときの結果に対する評価を決めておくのである。この場合の評価は支店長代理への昇進である。支店長代理になれば、現場でOJTが受けられるし、給料も大幅にアップする。

しかし研修の目標をはっきりさせるには、経営陣に繰り返し質問しなければならなかった。「経理部門では何を学ばせたいのですか? マーケティングでは? 不動産融資では?」こうしてリストにしていったら、項目は一〇〇をゆ

第4の習慣｜Win−Winを考える

うに超えた。これらを整理し、不要なものは削り、似たような項目はまとめるなどして、最終的に三九の具体的な目標にし、それぞれの目標の達成基準も決めた。

昇進と昇給の基準がはっきりしたので、研修生たちは少しでも早く目標を達成しようと意欲的になった。目標を達成することは、管理職候補者の彼らだけでなく、銀行にとっても大きなWinになる。単に一二の部門での研修に顔を出せば合格とみなされるのではなく、結果重視の基準をきちんと満たした支店長代理ができるからだ。

私たちはセルフ・コントロール型研修と従来のシステム・コントロール型研修の違いを管理職候補たちに説明した。「目標と達成基準はこうなっています。リソースはこれだけです。お互いに教え合うのはかまいません。早速始めてください。基準を満たしたら、すぐに支店長代理に昇進できます」

すると研修は三週間半で終わってしまった。研修のパラダイムを転換したら、彼らは信じられないような意欲と創造力を発揮したのである。

組織の中でパラダイムを変えようとすると、必ず抵抗がある。経営陣のほぼ全員が、この結果をまったく信じなかったのである。すべての達成基準が間違いなく満たされている証拠を見せても、「これではまだ経験が足りない。もっと経験を積まなければ、支店長代理にふさわしい判断力が身につくわけがない」などと言う。

後で話を詳しく聴いてみると、要するに、「我々はもっと苦労したものだ。この若造たちがラクをするのは許せない」ということなのだ。しかしそうあからさまにも言えないから、「もっと経験を積ませたほうがいい」と遠回しの表現を使っただけなのだ。

さらに人事部の機嫌も損ねたようだった。六ヵ月の研修プログラムに七五万ドルもの予算をかけているのだから、

こんなにあっさりと終わってしまっては困るのである。

そこで私たちは、銀行側の不満にこのように対応した。「わかりました。それでは目標を増やして、その基準も設定しましょう。ただし、セルフ・コントロール型研修の枠組みは変えません」私たちはさらに八つの目標を加え、厳しい達成基準を設定した。経営陣も、これらの基準を満たせば管理職候補が支店長代理に昇進し、各店舗でOJTを受ける段階に進んでかまわないと納得したようだった。実際、追加目標の策定会議に参加した幹部は、これだけ厳しい基準をクリアすれば、これまでの六ヵ月の研修プログラムを修了した者よりも有能な支店長代理になるだろうと話していた。

研修生たちには、経営陣からこのような不満が出てくるだろうから覚悟しておくようにと、前もって話していた。追加した目標と達成基準を彼らに見せ、「予想していたとおりでしたね。上層部は目標を追加し、さらに厳しい基準を設定しました。しかし今回の基準を達成できたら、支店長代理に昇進させる約束をとりつけました」と説明した。

彼らは驚くべき方法で取り組み始めた。その行動たるや驚くべきものだった。たとえば、ある研修生は経理部長のところに行ってこう言った。「部長、私はセルフ・マネジメント型研修という新しいパイロット・プログラムに参加しています。部長はこのプログラムの目標と基準の策定に関わったと伺っています。

私がここの部門で達成しなければならない基準は六つです。このうち三つは大学で勉強しましたので、すでに達成できています。一つは本を読んで勉強しました。この基準について、部長かこの部門のどなたかに時間を割いて教えていただけないでしょうか?」彼らはこんなふうにして、各部門の研修を二週間どころか半日で終わらせていたのだ。

第4の習慣｜Win−Winを考える

研修生たちはお互いに協力し合い、ブレーンストーミングし、追加の目標を一〇日足らずでクリアした。六ヵ月の研修プログラムは五週間に短縮され、そのうえ結果は目覚ましく向上した。

パラダイムを見直し、Win−Winを真剣に目指す勇気があれば、このような考え方を組織のあらゆる活動に応用できる。責任感があり主体的で、自己管理のできる人が自由裁量を与えられて仕事に取り組むとき、個人と組織にもたらされる結果に私は常に驚きを覚える。

Win−Win実行協定

Win−Win実行協定を作成するには、根本的なパラダイムシフトが求められる。まず、手段ではなく結果に目を向けなければならない。私たちはとかく手段に目が行きがちだ。第3の習慣のところで話した使い走りのデリゲーションをやってしまうのである。水上スキーをする息子の写真を撮るとき、私も妻のサンドラにいちいち手段を指示していた。しかし、Win−Win実行協定が重視するのは手段ではなく結果である。手段は本人の選択に任せることで、個々人の大きな潜在能力が解き放たれ、シナジーを創り出せる。このようなプロセスを踏めば、Pだけにとらわれず、PCを育てていくこともできるのである。

Win−Win実行協定では、各自が自分で仕事の評価をする。これがアカウンタビリティである。自分で評価し、報告する義務を負うのである。これまでの一方的な評価のやり方では関係もぎくしゃくし、精神的な疲労も大きい。Win−Winのパラダイムでは、当事者全員で相談して決めおいた基準に従って自己評価す

323

る。基準を正しく設定しておきさえすれば、自己評価も正確にできる。Win−Winの考え方で仕事を任せる取り決めをすれば、七歳の少年でも、庭を「グリーン・アンド・クリーン（緑色できれい）」の状態に手入れできているかどうか、自分で評価できる。

大学で教鞭をとっていたときに実際に経験したのだが、クラスで最初にWin−Winの目標を明確にしておくと充実した授業になったものである。「この授業で学ぶことはこれだ。A、B、Cの評定基準はこうなっている。私自身の目標は全員がAをとれるようにサポートすることだ。ここで話し合ったことをもとに、自分は何を達成したいのか考え、自分なりの目標をはっきり決めたら、私のところに来てほしい。面談のうえ、君たちが目標とする評定、そのためにどう計画するか最終的に合意しよう」

経営学者のピーター・ドラッカーは、管理職と部下との間で業務の合意事項を明確にするために「マネジメント・レター」というものを活用するとよいと勧めている。組織の目標に沿って、望む成果、ガイドライン、リソースを具体的に話し合って決めたら、部下はその内容を手紙にまとめ、次回の業務計画の話し合い、あるいは評価面談の時期も明記して上司に出す。

このようなWin−Win実行協定を確立することがマネージャーのもっとも重要な仕事である。実行協定ができていれば、スタッフはその取り決めの範囲内で自分の仕事を自分で管理できる。マネージャーはカーレースのペースカーのようなもので、レースが動き出したら、自分はコースから外れる。その後は、路面に漏れ落ちたオイルをふき取るだけでいいのである。

上司が部下一人ひとりの第一アシスタントになれば、管理職としてコントロールできる範囲を大きく広げる

第4の習慣｜Win-Winを考える

ことができる。管理部門をそっくりなくして経費を削ることも可能だ。六人とか八人どころではなく、二〇人、三〇人、五〇人、場合によってはもっと多くの部下を管理できるようになるだろう。

Win-Win実行協定でいう「評価の結果」とは、協定を履行した場合に得られるもの、履行できなかった場合に得られないもの、あるいは失うものを意味する。それは必然的な結果であり、上司の独断と偏見で与える報酬や懲罰ではない。

上司であれ親であれ、Win-Win実行協定でコントロールできる結果に対する評価は、基本的に四種類ある。金銭的な結果、心理的な結果、機会、責任である。**金銭的**な結果は、昇給やストックオプション、手当て、罰金などであり、**心理的**な結果は、評価、承認、尊重、信頼などを得る、あるいは逆に失うことである。生命が脅かされるような追い詰められた状態にない限り、金銭的な結果よりも心理的な結果のほうが意欲を引き出すことが多い。機会に関わる結果には、研修や特別なトレーニングへの参加、権限、その他の恩恵がある。責任に関わる結果は、職務範囲や権限が拡大するか、逆に縮小することである。先の見えないゲームをするわけではない。こうした結果を前もって決めるから、関係者全員が了解して仕事に入れる。すべてが最初からはっきりと決まっているのである。

対象者本人に関係する必然的な結果の他に、自分の行動が組織にもたらす結果もはっきりさせておかなくてはならない。たとえば、自分が遅刻してきたらどうなるか、同僚と協力することを拒んだらどうなるか、部下ときちんとした実行協定を結ばなかったらどうなるか、望む結果に対する仕事の進捗を報告させずにいたらどうなるか、部下の能力を伸ばし昇進させる道を閉ざしたらどうなるかなど、組織に及ぼす影響を明確につかん

325

でおく必要もある。

娘が一六歳になったとき、自家用車の使い方についてWin-Win実行協定を結ぶことにした。娘は交通ルールを守り、定期的に洗車し整備することに合意した。そのうえで適切な目的のために自家用車を使用し、無理のない程度に母親と私の運転手を務めることを決めた。また、それまで担当していた他の家事も言われる前に行うことにも同意した。これらは私たち両親にとってのWinである。

私のほうからは、ある程度のリソースを提供することにした。車、ガソリン、自動車保険などだ。報告義務については、基本的に毎週日曜日の午後、協定に従って娘本人が評価したうえで、私と話し合うことになった。結果に対する評価もはっきり決めた。協定を守る限り、娘は自家用車を使える。協定を守らなかったら、きちんと守れると決意できるまで使う権利を失う。

このWin-Win実行協定は、娘と私の双方に期待されることを最初からはっきりさせていた。娘にとってのWinは、もちろん自家用車を使えることだ。私と妻にとっては、娘を送り迎えする必要がなくなったし、逆に娘が私たちの運転手になってくれる。洗車や整備の面倒からも解放された。報告義務も決めたから、娘を見張って手をあれこれ指示する必要はない。娘自身の誠実さ、良心、決意、そして信頼口座の高い残高のほうがはるかに高い原動力となる。娘の行動を細かくチェックし、私の思いどおりにしていない証拠を見つけたときにどうするか考えるのは気が重いものだが、Win-Win実行協定のおかげで、そうした精神的負担からも解放されたのである。

第4の習慣｜Win-Winを考える

Win-Win実行協定は、それを結んだ当事者を解放し、自由にする力を持っている。しかし単なるテクニックとしてWin-Win実行協定を使ったら、長続きはしないだろう。最初に明確な取り決めをしても、誠実さに問題があったり、信頼関係ができていなかったりしたら、協定を維持することはできない。本物のWin-Win実行協定は、パラダイム、人格、信頼関係の土台があって初めて生まれるものである。その意味からすれば、当事者同士の相互依存の関係を明確にし、方向づけるものとも言えるだろう。

システム

組織の中にWin-Winを支えるシステムがなければ、Win-Winの精神を定着させることはできない。いくらWin-Winと口では言っても、給与や報奨の仕組みがWin-Loseになっていたら、うまく機能しない。

社員にしてみたら、会社が報いようとする行動をとるのは当然のことである。会社のミッション・ステートメントに書いてある目標と価値観を実現し、組織に根づかせたいなら、報奨などのシステムもその目標と価値観に合うものにしなければならない。システムと食い違っていたら、言動不一致になってしまう。社員一丸となって頑張ろうと言いながら、「バミューダ行きレース」で競争をあおる例の社長と同じになってしまう。

アメリカ中西部の大手不動産会社のコンサルティングをしたことがある。この会社で私が最初に見たのは、成績優秀なセールス・パーソンを表彰する年一回の大会だった。八〇〇人以上のセールス・パーソンが一堂に会

する大規模なイベントである。高校のブラスバンドの演奏に合わせてチアリーディングがパフォーマンスを見せると、会場は熱狂的な歓声に包まれた。

会場にいた八〇〇人のうち四〇人ほどが、販売金額、販売件数、販売手数料、顧客登録件数などの成績で表彰された。賞が授与されるたびに、拍手と歓声が湧き起こり、会場は興奮の渦と化す。彼ら四〇人が**勝者**であることは確かだ。しかし残る七六〇人が**敗者**であることも、歴然とした事実として誰もが意識していた。

私たちは、この会社のシステムと構造をWin-Winのパラダイムに沿ったかたちに改善するために、早速社員教育と組織改革に取りかかった。一般社員を改革のプロセスに参加させ、彼らのやる気を引き出すようなシステムを整えると同時に、できるだけ多くの社員がそれぞれの上司と相談して決めた実行協定の「望む成果」を達成できるように、社員同士が協力する環境をつくり、シナジーを創り出せるように促した。

翌年の大会には一〇〇〇人以上のセールス・パーソンが参加し、そのうち約八〇〇人が賞をもらった。他のセールス・パーソンと比べて成績のよかった者に贈られる賞も少しはあったが、ほとんどは自分で決めた営業目標を達成できたセールス・パーソンや営業チームが表彰された。高校のブラスバンド部を呼んでわざとらしいファンファーレを鳴らしてもらう必要はなかったし、チアリーディングで盛り上げてもらう必要もなかった。会場に集まったセールス・パーソンたちは表彰式に自然と関心を向け、皆がわくわくしていた。お互いに喜びを分かち合い、すべてのセールス・パーソンで受賞を祝うことができたからだ。中には休暇旅行を獲得した営業オフィスもあった。

驚くべきことに、その年に賞をもらった八〇〇人のほぼ全員が、販売額でも利益でも前年の成績優秀者四〇人に匹敵する業績を上げていた。Win-Winの精神が黄金の卵の数を一気に増やしたばかりか、ガチョウも太らせ、

328

第4の習慣｜Win-Winを考える

セールス・パーソンたちから計り知れないエネルギーと才能を解き放ったのである。その結果生み出されたシナジーの大きさに、彼ら自身も驚いていた。

むろん、市場では競争原理が働いているし、売上の前年比も前年との競争である。特別な相互依存関係がなく、協力する必要のない別の会社や個人だったら、競い合ってもいいだろう。しかし企業にとって、社内の協力は市場での競争と同じように大切である。Win-Winの精神は、勝ち負けの環境では絶対に育たない。Win-Winが機能するには、それを支えるシステムが必要である。社員教育、事業計画策定、コミュニケーション、予算、情報管理、給与体系──すべてのシステムがWin-Winの原則に基づいていなければならない。

別の会社から、社員の能力開発研修を頼まれたことがある。この会社は、問題は人にあると思っていたようだった。社長は次のような話をした。「どの店でもいいですから、行ってみて販売員の接客態度を実際に体験していただきたいのです。うちの店員はただ注文を聞くだけで、親身になってサービスを提供するなんてことはしやしません。商品知識もないし、お客様のニーズに商品を結びつけるセールスの知識もテクニックもないんですから」

そこで私はいくつかの店舗をまわってみた。社長の言うとおりだった。しかし、どうしてここの店員はこのような態度なのだろう、という疑問に対する答えは見つからなかった。

「ほらね、問題は明らかでしょう」と社長は言った。「あそこにいるのは売場主任です。彼らは販売員の鏡ですよ。売

場主任には、売場に立つのは勤務時間の三分の二、残りの三分の一は管理業務に充てるようにと指示しています。それでも主任の売上が一番多いのなら、だから先生には店員の教育をやってもらえればいいんです」

社長の話に私は釈然としないものを感じた。どこかおかしい。「もっとデータを集めましょう」と私は言った。

社長は気分を害したようだった。問題点はもうわかっているのだから、すぐにも研修を始めてほしい、ということらしい。しかし私は折れなかった。二日ほど調べてみて、本当の問題を突きとめた。主任たちが立場上の権限と給与制度をうまく利用して、甘い汁を吸っていたのである。彼らは一日中売り場に出て、自分の売上実績を稼いでいた。小売店は、おそろしく忙しい時間帯と比較的暇な時間帯が半々である。客の少ない時間帯は、本来なら主任は管理業務を処理すべきであるのに、面倒な裏方の仕事は店員に押しつけ、自分はその間も売り場に残り、少しでも自分の売上を伸ばそうとしていた。主任たちの売上が一番多いのも当たり前である。

そこで私たちは、この会社の給与のシステムを変えた。すると一夜にして問題は解消した。売場主任の給与を部下の販売員の売上に連動させたのである。主任と部下のニーズと目標を一致させたのだ。これで能力開発研修の必要はなくなった。問題を解決する鍵はWin-Winの報酬システムをつくることにあったのである。

次の例は、正式な人事考課制度を導入しようとしていた企業である。

その会社の人事部長は、あるマネージャーへの評価点に不満を持っていた。「このマネージャーの評定は三が妥当なのですが、五をつけなくちゃいけない」と彼は言った。五は最高の評定であり、昇進の資格がある優秀な社員とい

第4の習慣｜Win-Winを考える

うことだ。
「なぜなんです？」私は聞いた。
「好成績をあげているからですよ」
「それなら五をつけてもよいのでは？」
「彼のやり方が問題なんです。人のことはお構いなしで成績をあげようというタイプでしてね。人間関係で何かと問題を起こしている。トラブルメーカーなんですよ」
「どうやらP（成果）しか眼中にない人物のようですね。そういう態度に最高評定をつけるというのは、たしかに納得はいきませんよね。どうです、彼と話し合ってみては？ PだけでなくPC（成果を生み出す能力）の大切さも教えてあげたらどうでしょう」

人事部長が言うには、とっくに話しはしてみたものの、効果はなかったという。
「それなら、Win-Win実行協定を結んでみるのはどうでしょうか。給与の三分の二はP、つまり営業成績を基準にする。残りの三分の一はPC、部下や同僚からどう見られているかを基準にする。リーダーシップ、人材育成、チームづくりの観点から評価すればいい」
「そうか、それなら彼も聞く耳を持つだろう」

多くの場合、問題があるのは人ではなくシステムのほうである。いくら優秀な人材でも、悪いシステムに入れたら悪い結果しか出てこない。育ってほしい花には水をやらなくてはならないのだ。

Win－Winの考え方をしっかりと身につけていれば、それを支えるシステムをつくり、組織に定着させることができる。無意味な競争を排除して協力的な環境を育むことで、PとPCの両方を高めることができ、大きな効果を組織全体に波及させることができる。

企業の場合なら、経営陣がWin－Winの精神を持てば、有能な社員たちが一丸となって同業他社と競えるようにシステムを整えることができる。学校なら、生徒一人ひとりが教師と相談して決めた個人目標の達成度合いで成績をつけるシステムにすれば、生徒同士が競争するのではなく、皆で目標達成に向かって頑張る環境ができる。家庭の場合であれば、親は子ども同士が競争するのではなく、協力するような環境をつくることができる。たとえば家族でボウリングに行くこと一つをとっても、家族全員のスコアの合計が前回を超えることを目標にして楽しめるだろう。Win－Win実行協定で家事を分担すれば、親は子どもにいちいち指図する精神的ストレスから解放されるし、自分にしかできないことをする時間もできる。

あるとき、友人からマンガを見せられた。マンガの中では、二人の子どもが「お母さんが早く起こしてくれなかったせいで学校に遅れそうだ」と言っていた。私の友人は、この台詞に気づかされたのだった。責任感を持たせるWin－Winの考え方に従って家庭を営まなければ、いろいろな問題が起こるのである。

Win－Winとは、ガイドラインと使えるリソースをはっきり決め、その範囲内で具体的な結果を達成する責任を個人に持たせる考え方である。任せられた人は、自分で仕事を進め、成果を自分で評価し、報告する。最初に決めたとおりにできた場合に得られるもの、できなかった場合に失うものは、自分自身の行動の当

第4の習慣 | Win−Winを考える

然の結果なのである。Win−Winのシステムは、Win−Win実行協定を結び、定着させる環境をつくり出す。

プロセス

Win−LoseやLose−Winの姿勢のままで、Win−Winの結果に到達することはできない。「なんだっていいからWin−Winでやってくれよ」と丸投げできるわけがない。どうすればWin−Winの解決策までたどりつけるのだろうか。

ハーバード・ロー・スクールのロジャー・フィッシャー教授とウィリアム・ユーリー教授は、『ハーバード流交渉術』という洞察にあふれた本を著している。同書の中で両教授は、彼らのいう「原則立脚型」と「立場駆け引き型」のアプローチを対比させ、鋭い指摘をしている。Win−Winという言葉こそ使われていないが、この本の根底にある考え方はまさにWin−Winのアプローチである。

両教授は、人と問題を切り離して考え、相手の立場ではなく課題に焦点を絞り、お互いの利益になる選択肢を考え出し、双方とも納得できる客観的な基準や原則を強調することが原則立脚型の本質だと言っている。

私の場合、Win−Winの解決策を求める人や組織にアドバイスするときは、次の四つのステップを踏むプロセスを勧めている。

一・問題を相手の視点に立って眺めてみる。相手のニーズや関心事を当の本人と同程度に、あるいはそれ以

二・対処すべき本当の問題点や関心事（立場ではなく）を見極める。
三・どんな結果であれば双方が完全に受け入れられるのかを明確にする。
四・その結果に到達するための方法として新しい選択肢を見つける。

このプロセスの二つのステップについては第5の習慣と第6の習慣の章でそれぞれ詳しく取り上げるが、ここで理解しておいてほしいのは、Win−Winの本質はそのプロセスと強い相関関係にあるということだ。つまり、Win−Winのプロセスを踏まなければ、Win−Winの結果に到達することはできないのである。目標がWin−Winならば、手段もWin−Winでなければならない。

Win−Winは個性主義の表面的なテクニックではない。人と人との関係を総合的にとらえるパラダイムである。このパラダイムは、誠実で成熟し、豊かさマインドを持った人格から生まれ、信頼に満ちた人間関係の中で育っていく。それは、期待することを明確にし、効果的に管理する実行協定になり、Win−Winを支えるシステムによってさらに力強いパラダイムになっていく。そしてこのパラダイムは、次の第5と第6の習慣で詳しく説明するプロセスを経て完成するのである。

第4の習慣 ｜ Win－Winを考える

第4の習慣：Win－Winを考える　実践編

1. 近い将来に誰かと何かを決めなければならない状況、あるいは何かの解決のために交渉することになりそうな状況を一つ思い浮かべる。そして、勇気と思いやりのバランスをとることを心に決める。

2. あなたの生活の中でWin－Winのパラダイムをもっと実践するために取り除くべき障害をリストアップする。それらの障害を取り除くために、自分の影響の輪の中でできることを考えてみる。

3. あなたの人間関係の中でWin－Winの協定を結びたいと思う人を一人選ぶ。その人の立場に身を置いてみて、どんな結果を望んでいるのかを考え、具体的に書き留める。次はあなたの立場から考えてみて、自分にとってWinとなるような結果をリストアップする。そうしたら、相手の人に、お互いのためになる解決策が見つかるまで話し合うつもりがあるかどうか聞いてみる。

4. 人生において大切な人間関係を三つ選ぶ。彼らとの信頼口座にどのくらいの残高があるだろうか。残高を増やすにはどのような預け入れをすればいいか、具体的なアイデアを書き出してみよう。

5. あなたがこれまで持っていた脚本がどのようなものか、深く考えてみる。それはWin－Loseの脚本ではないだろうか。あなたの人間関係にどのような影響を与えているだろうか。なぜその脚本を持つに至ったのか。あなたが現在置かれている状況にふさわしい脚本かどうか考えてみよう。

6. 困難な状況にあっても、お互いのためになる結果を本気で探そうとしている人を手本にする。その人を見習うことで、Win－Winの考え方を身につけられるようにしよう。

THE SEVEN HABITS
OF HIGHLY
EFFECTIVE PEOPLE

第5の習慣
まず理解に徹し、そして理解される
SEEK FIRST TO UNDERSTAND, THEN TO BE UNDERSTOOD

第5の習慣　まず理解に徹し、そして理解される

共感によるコミュニケーションの原則

心には理性ではわからない理屈がある。

——パスカル

視力が落ちてきたので眼科に行ったとしよう。医者は、あなたの話をしばらく聞いてから、自分の眼鏡を外し、あなたに手渡してこう言う。

「かけてごらんなさい。かれこれ一〇年もこの眼鏡をかけていますが、本当にいい眼鏡ですよ。自宅に同じものがもう一つありますから、これはあなたに差し上げましょう」

あなたはその眼鏡をかけるが、ますます見えない。

「だめですよ。全然見えません！」とあなたは訴える。

「おかしいなあ。私はその眼鏡でよく見えるのだから、もっと頑張ってごらんなさい」

「頑張ってますよ。でも何もかもぼやけて見えるんです」

「困った患者さんだ。前向きに考えてみなさい」

「前向きに考えても何も見えません」

「まったく、何という人だ！　私がこんなにもあなたの力になろうとしているのに」と医者はあなたを責める。

あなたは、もうこの医者に診てもらう気にはならないだろう。診断もせずに処方箋を出す医者など信頼でき

第5の習慣 ｜ まず理解に徹し、そして理解される

るわけがない。

ところが、私たちのコミュニケーションはどうだろう。診断せずに処方箋を出すようなまねをどれだけしていることだろうか。

「ねえ、どうしたの。悩み事があるのならお母さんに話してごらんなさい。話しにくいかもしれないけど、お母さんね、あなたのことをわかってあげたいのよ」

「どうかな。お母さんは、きっと馬鹿みたいな話だって言うに決まってる」

「そんなことないわよ。話してちょうだい。お母さんほどあなたのことを大切に思っている人はいないんだから。本当にあなたのことを心配しているのよ。なぜそんなに落ち込んでいるの？」

「別に」

「いいから、お母さんに話してごらんなさい」

「本当のこと言うと、もう学校がいやになったんだ」

「何ですって？！」

そこで母親は急に声を荒げる。「学校がいやって、どういうことなの？ あなたの教育のためにどれだけ犠牲を払ってきたかわかってるの？ 教育はあなたの将来の土台を築くのよ。前にも身を入れなさいと言ったでしょ。お姉ちゃんのように勉強すれば成績も上がるし、そうすれば学校だって好きになるわ。何回言えばわかるの、あなたはね、やればできる子なの。やらないだけなの。もっと頑張りなさい。前向きにならなくちゃ」

少し間をおいて、母親がまた言う。「さあ、お母さんに話してごらんなさい」

私たちはえてして、問題が起きると慌ててしまい、その場で何か良いアドバイスをしてすぐに解決しようとする。しかし、その際私たちはしばしば診断するのを怠ってしまう。まず、問題をきちんと理解せずに解決しようとするのである。

私がこれまでに人間関係について学んだもっとも重要な原則を一言で言うなら、「**まず理解に徹し、そして理解される**」ということだ。この原則が効果的な人間関係におけるコミュニケーションの鍵なのである。

人格とコミュニケーション

あなたは今、私が書いた本を読んでいる。読むことも書くこともコミュニケーションの手段である。話すことも聴くこともそうである。読む、書く、話す、聴く、これらはコミュニケーションの四つの基本である。あなたはこれら四つのうち、どれにどのくらいの時間を費やしているだろうか。効果的な人生を生きるためには、コミュニケーションの四つの基本をうまく行える能力が不可欠なのである。

コミュニケーションは人生においてもっとも重要なスキルである。私たちは、起きている時間のほとんどをコミュニケーションに使っている。しかし、ここで考えてみてほしい。あなたは学校で何年も読み書きを習い、話し方を学んできたはずだ。だが聴くことはどうだろう。あなたは相手の立場になって、その人を深く理解できる聴き方を身につけるために、これまでにどのような訓練や教育を受けただろうか。

聴き方のトレーニングを受けたことのある人は、そう多くはいないはずだ。たとえ訓練を受けたことがあっ

第5の習慣｜まず理解に徹し、そして理解される

ても、ほとんどは個性主義のテクニックであり、それらのテクニックは相手を本当に理解するために不可欠な人格と人間関係を土台としているものではない。

あなたが、配偶者、子ども、隣人、上司、同僚、友人、誰とでも他者とうまく付き合い、影響を与えたいと思うなら、まずその人を理解しなければならない。しかし、それはテクニックだけでは絶対にできない。あなたがテクニックを使っていると感じたら、相手はあなたの二面性、操ろうとする気持ちをかぎとるだろう。「何でそんなことをするのだろう、動機は何だろう」と詮索するだろう。そして、あなたには心を開いて話をしないほうがいい、と身構えることになる。

相手に自分をわかってもらえるかどうかは、あなたの日頃の行い次第である。あなた自身が模範になっているかどうかだ。常日頃の行いは、あなたが本当はどのような人間なのか、つまりあなたの人格から自然と流れ出てくるものである。他の人たちがあなたをこういう人間だと言っているとか、あなたが人にこう見られたいと思っているといったものではない。実際にあなたと接して相手がどう感じるか、それがすべてである。

あなたの人格は、たえず周囲に放たれ、あなたがどのような人間であるかを伝えている。それをある程度感じていれば、長期的にあなたが信頼できる人間かどうか、その人に対する態度が本心からなのかどうか、相手は直観的にわかるようになる。

あなたが熱しやすく冷めやすい人だったら、激怒したかと思うと優しくなるような人だったら、とりわけ人が見ているときとではまるで態度の違う人だったら、相手はあなたに心を開いて話をする気にはなれないだろう。どんなにあなたの愛情が欲しくとも、あなたの助けが必要でも、自分の意見や体験した

こと、心の機微を安心して打ち明けることはできない。その後どんなことになるか、わからないからだ。私があなたに心を開かない限り、あなたが私という人間のことも、私が置かれた状況や私の気持ちも理解できない限り、私の相談に乗ることもアドバイスしようにも無理だということである。あなたの言うことがいくら立派でも、私の悩みとは関係ないアドバイスになってしまう。

あなたは私のことを大切に思っていると言うかもしれない。私だってその言葉をぜひ信じたい。でも、私のことがわかってもいないのに、どうしてそんなことが言えるのだろうか。それは単に言葉だけにすぎないのだから、信じるわけにはいかない。

私はあなたの影響を受けることに対し怒りを覚え身構える。もしかすると罪悪感や恐怖感かもしれない。たとえ心の中ではあなたに力になってほしいと思っていてもだ。

私の独自性をあなたが深く理解し、心を動かされない限り、私があなたのアドバイスに心を動かされ、素直に受け止めて従うことはないだろう。だから、人と人とのコミュニケーションの習慣を本当の意味で身につけたいなら、テクニックだけではだめなのだ。相手が心を開き信頼してくれるような人格を土台にして、相手に共感して話を聴くスキルを積み上げていかなくてはならない。心と心の交流を始めるために、まずは信頼口座を開き、そこにたっぷりと預け入れをしなければならないのである。

共感による傾聴

「まず理解に徹する」ためには、大きなパラダイムシフトが必要である。私たちはたいていまず自分を理解してもらおうとする。ほとんどの人は、相手の話を聴くときも、理解しようとして聴いているわけではない。次に自分が何を話そうか考えながら聞いている。話しているか、話す準備をしているかのどちらかなのである。すべての物事を自分のパラダイムのフィルターに通し、自分のそれまでの経験、いわば自叙伝(自分の経験に照らし合わせ)を相手の経験に重ね合わせて理解したつもりになっている。

「そうそう、その気持ち、よくわかるわ！」とか「ぼくも同じ経験をしたんだ、それはね……」

これでは、自分のホームビデオを相手の行動に投影しているだけである。自分がかけている眼鏡を誰にでもかけさせようとするのと同じだ。

こういう人たちは、息子や娘、配偶者、同僚など身近な人との関係に問題が起きると必ず、「向こうが理解していない」と思うものである。

ある父親が私にこう言った。「息子のことが理解できない。私の言うことをまったく聴こうとしないんですよ」

「今あなたがおっしゃったことを繰り返すと、あなたは息子さんを理解していないからだ、ということですね？」と私は尋ねた。

「そのとおりです」

「もう一度言いますよ。**息子さんがあなた**の話を聴かないから、あなたは息子さんを理解できないのですね？」

「そう言ったはずですが」と彼は苛立たしげに答えた。

「誰かを理解するには、その人の話を聴かなければならないものだと思っていましたが」「**あなたは息子さん**の話を聴く必要があるのです」と私は示唆してみた。

「そうか」と彼は言った。しばらく間をおいてから、「そうか」とまた言った。霧が晴れたようだった。「そうですよね。でも私は息子を理解してはいるんです。息子の今の状況をよくわかっているんです。私も昔同じような経験をしましたから。理解できないのは、なぜ彼が私の話を聴こうとしないのかということなんです」

この父親は息子の頭の中で何が起きているのかまったく見ていなかった。彼は自分の頭の中を見て、そこに息子の世界も見えているものだと思い込んでいたのである。

ほとんどの人がこれと同じようなことをしている。自分が正しいのだと思い、自分の自叙伝を押しつけようとする。まず自分が理解されたいのである。会話しているようで実は独り言を言っているだけなのである。だから、相手の内面で起きていることを理解できずに終わってしまう。

相手が話しているとき、私たちの「聞く」姿勢はたいてい次の四つのレベルのどれかである。一番低いレベルは、相手を**無視**して話をまったく聞かない。次のレベルは、**聞くふり**をすること。「うん、うん」とあいづちは打つが、話の中身はまったく耳に入っていない。三番目のレベルは、**選択的に聞く態度**である。話の部分部分だけを耳に入れる。三～四歳くらいの子どものとりとめもなく続くおしゃべりには、大人はたいていこん

第5の習慣 | まず理解に徹し、そして理解される

なふうにして付き合う。四番目のレベルは、**注意して聞く**。神経を集中して、相手が話すことに注意を払う。ほとんどの人は四番目のレベルが最高なのだが、実はもう一段上、五番目のレベルがある。これができる人はそういないのだが、相手の身になって聴く、**共感による傾聴**である。

ここでいう共感による傾聴とは、「積極的傾聴」とか「振り返りの傾聴」といったテクニックではない。これらのテクニックは、単に相手の言葉をオウム返しにするだけで、人格や人間関係の土台から切り離された小手先のテクニックにすぎない。テクニックを駆使して人の話を聞くのは、相手を侮辱することにもなる。それに、テクニックを使ったところで、相手の立場ではなく自分の立場で聞き、自分の自叙伝を押しつけようとすることに変わりはない。実際に自分の経験は話さないまでも、話を聞こうとする動機がどうしても自叙伝になってしまうからである。神経を集中して熱心に聞いているかもしれないが、頭の中は、次はどう返事しようか、どう言えば相手をコントロールできるかと考えを巡らせているのである。

共感による傾聴とは、まず**相手を理解しよう**と聴くことであり、相手の身になって聴くことである。相手を理解しよう、本当に理解したいという気持ちで聴くことである。パラダイムがまったく違うのだ。

共感とは、相手の視点に立ってみることである。相手の目で物事を眺め、相手の見ている世界を見ることである。相手のパラダイム、相手の気持ちを理解することである。

共感は同情とは違う。同情は一種の同意であり、価値判断である。たしかに、共感よりも同情してあげるほうが適切な場合もある。しかし同情を当てにするようになり、依存心が強くなってしまう。共感の本質は、誰かに同情することではない。感情的にも知的にも、相手を深く理解すること

345

共感による傾聴は、記憶し、反映し、理解する以上のものだ。コミュニケーションの専門家によれば、口から出る言葉は人間のコミュニケーションの一〇％足らずで、三〇％は音や声のトーンによるコミュニケーション、残りの六〇％がボディランゲージである。共感して聴くには、耳だけではなく、もっと大切なのは、目と心も使うことである。相手の気持ちを聴きとる。言葉の裏にある本当の意味を聴きとる。左脳だけでなく右脳も使って、察し、読みとり、感じとるのである。

共感による傾聴の大きな強みは、正確なデータを得られることである。相手の考え、感情、動機を自分の自叙伝に沿って勝手に解釈するのではなく、相手の頭と心の中にある現実そのものに対応できるのである。相手を理解しようと思って聴く。自分ではない人間の魂が発する声をしっかりと受け止めるために、集中して聴くのである。

共感して聴くことは、信頼口座に預け入れできるかどうかの鍵も握っている。預け入れになるためには、あなたがすることを相手が預け入れだと思わなければならない。どんなに身を粉にしても、その人にとって本当に大切なことを理解していなければ、あなたの努力はただの自己満足ととられるかもしれないし、操ろうとしている、脅している、見下している、そんなふうに受け止められるかもしれない。これでは預け入れどころか残高を減らすことになってしまう。

だから、共感して聴くことができれば、それ自体が大きな預け入れになるのだ。相手に心理的な空気を送り

第5の習慣 | まず理解に徹し、そして理解される

込んで、心を深く癒す力を持つのである。

あなたが今いる部屋の空気が突然どんどん吸い出されていったら、この本への興味を持ち続けられるだろうか。本のことなどどうでもよくなるだろう。どうにかして空気を取り込もうと、生き延びることがあなたの最大の動機になる。

しかし今、空気はある。だから、あなたにとって空気は少しの動機づけにもならない。**満たされている欲求は動機づけにはならない**のだ。これは人間の動機づけに関するもっとも的確な洞察の一つである。人の動機になるのは、満たされていない欲求だけなのである。人間にとって肉体の生存の次に大きな欲求は、心理的な生存である。理解され、認められ、必要とされ、感謝されることである。

共感して話を聴いているとき、あなたは相手に心理的な空気を送り込んでいる。心理的な生存のための欲求を満たしてあげることによって初めて、相手に影響を与え、問題の解決へと向かえるのである。

誰しも心理的な空気を必要としている。この大きな欲求こそが、人と人とのあらゆるコミュニケーションで大きな鍵を握っているのである。

あるとき、シカゴで開かれたセミナーでこの考え方を教えたことがあった。セミナーの参加者に、「今晩、共感して話を聴く練習をしてみてください」と宿題を出した。翌朝、ある男性が私のところにやってきた。一刻も早く報告したくてたまらないようすだった。

「昨晩起きたことを聞いてください」と彼は言った。「実はですね、シカゴにいる間にどうしてもまとめたい大きな

347

不動産の取引がありましてね。夕べ、取引相手とその弁護士に会いに行きましたら、他の不動産業者も来ていたんですよ。別の条件を出してきたらしくて。

どうも私のほうが分が悪く、その業者に持っていかれそうでした。この案件は半年以上も前から取り組んでいましたし、はっきり言って、すべてをこの取引に賭けていました。すべてです。だからもうパニックでしたよ。できる限りのことをしました。思いつく限りの手を打って、セールステクニックも駆使しました。そして、最後の手段で『結論を出すのはもう少し先に延ばしてもらえませんか』と頼みました。しかし話はどんどん進んでいましたし、これ以上交渉を続けるのはうんざりだっていう感じでした。ここで話をまとめてしまいたい、という様子がありあり。

そこで私は自分に言い聞かせたんです。『あれを試してみよう。今日教わったことをここでやってみようじゃないか。まず理解に徹する、それから自分を理解してもらう。そう教わったんだ。もう失うものは何もないんだし』とね。

お客さんにこう言ったんです。『お客様のお考えを私がきちんと理解できているか、確認させてくださいませんか。もう一度教えてください。私がちゃんと理解できているとお客様が思われたら、私の案のどこに引っかかっておられるのか、私の案が適当かどうか改めてご検討いただければ……』

私は本気でお客さんの身になって考えようとしました。お客さんのニーズや関心を言葉にしようと努力しました。

すると、お客さんのほうもだんだんと打ち解けてくれましてね。お客さんがどんなことを心配しているのか、どんな結果を予測しているのかを察して言葉にすると、向こうも心を開いてくれたんです。

そのうち会話の途中でお客さんは立ち上がって、奥さんに電話をかけたんです。しばらくして受話器を手で覆い、私の方を見て、『君にお願いすることにしたよ』と言ったんです。

第5の習慣 | まず理解に徹し、そして理解される

「それはもう、びっくりですよ。今でも信じられないですよ」

この男性は、相手に心理的な空気を送り込むことができたのである。結局のところ、このような商取引では、他の条件がだいたい同じならば、テクニックよりも人間性のほうが決め手になるのである。

まず理解に徹すること、処方箋を書く前に診断をすることは、実はとても難しい。自分が何年も具合よく使ってきた眼鏡を押しつけるほうがはるかに簡単なのだ。

しかし、そんなことを長く続けていたら、PとPCの両方をひどく消耗させる。相手の内面にあるものを本当に理解できなければ、その人と相互依存の関係は築かれず、したがって大きな成果も生まれない。そして相手が本当に理解されたと感じない限り、高い信頼残高という人間関係のPCを育てることはできないのだ。

しかし同時に、共感による傾聴にはリスクもある。相手の話を深く聴くには、強い安定性が必要になる。自分自身が心を開くことによって、相手から影響を受けるからだ。傷つくこともあるだろう。それでも相手に影響を与えようと思ったら、自分もその人から影響を受けなければならない。それが本当に相手を理解することなのである。

だからこそ第1、第2、第3の習慣が基礎となるのである。それによって自分の中に変わらざる核、原則の中心が根づき、傷つきやすい部分を外にさらけ出しても、気持ちは少しも揺らがず、深く安心していられるのである。

処方する前に診断する

まず理解に徹すること、つまり処方する前に診断することは、難しいことだし、リスクもある。しかしこれが正しい原則であることは、人生のあらゆる場面に表れている。プロと呼ばれる人たちは、この原則を必ず守っている。医者が患者に処方する前に必ず診断するのと同じである。医者の診断を信用できなければ、その処方も信用できないだろう。

娘のジェニーが生後二ヵ月目に病気になった。具合が悪くなったのは土曜日で、その日はちょうど、私たちが住んでいる地域でアメリカンフットボールの大きな試合が行われており、ほぼすべての住民の頭の中は試合のことでいっぱいだった。大一番を観ようと六万人もの人々がスタジアムに足を運んだ。私も妻も行きたかったが、幼いジェニーを置いていくわけにはいかなかった。そのうち、吐いたり下痢をしたりしているジェニーの容態が心配になり、医者に診せようと電話した。

ところが医者も試合を観に行っていた。その医者はわが家の主治医ではなかったが、彼を呼び出すしかなかった。ジェニーの容態が悪化し、ぜひとも医療的なアドバイスが必要となったのだ。

妻はスタジアムに電話し、医者を呼び出してもらった。試合が山場を迎えたところで、医者は迷惑そうな声で応じた。「はい?どうしました?」とそっけない。

「コヴィーと申します。実は娘のジェニーの具合がひどくて……」

第5の習慣｜まず理解に徹し、そして理解される

「どんな様子ですか？」

妻がジェニーの症状を説明すると、医者は「わかりました。薬局に処方を伝えましょう」と言った。

妻は受話器を置くと、「慌てていたからちゃんと説明できたか不安だわ。でも、たぶん大丈夫」と言った。

「ジェニーが生まれたばかりだということは言ったのか？」と私は聞いた。

「わかっていると思うけど……」

「でもいつもの医者じゃない。この子を診たことはないんだろ？」

「でも、きっと知っていると思うわ」

「はっきり確信が持てないのに、その医者が処方した薬を飲ませるつもりなのか？」

妻は黙りこみ、少し間をおいてから「どうしよう？」と言った。

「もう一度電話したほうがいい」と私は言った。

「今度はあなたが電話してちょうだい」と妻が言うので、私が電話した。「先生、先ほど妻が娘の件でお電話しました が、娘が生後二ヵ月の赤ん坊だということはご存じでしたか？」

「なんですって」と医者は叫んだ。「知りませんでした。電話してくれてよかった。すぐに処方を変えます」

診断を信用できなければ、処方も信用できないのである。

この原則はセールスにも当てはまる。有能なセールス・パーソンは、まず顧客のニーズと関心事を突きとめ、顧客の立場を理解しようとする。素人のセールス・パーソンは商品を売り、プロはニーズを満たし問題点

を解決する方法を売るのである。アプローチの仕方がまったく異なるのだ。プロは、どうすれば診断できるか、どうすれば理解できるかを知っている。顧客のニーズを商品とサービスに結びつける方法も研究している。しかしそれに加えて本物のプロなら、ニーズに合わなければ「私どもの商品（サービス）は、お客様のご要望にはそぐわないのではないでしょうか」と正直に言う誠実さも持っている。

処方する前に診断を下す原則は、法律の基礎でもある。プロの弁護士は、まず事実を集めて状況を理解する。関係する法律と判例を確認してから、裁判をどう進めるか準備する。腕の良い弁護士は、自分の陳述書を書く前に相手方の陳述書が書けるくらいまで、綿密な準備をするものである。

商品開発も同じである。開発担当の社員が「ユーザーのニーズ調査なんかどうだっていいよ。さっさと開発にとりかかろう」などと言うだろうか。消費者の購買習慣や購買動機を理解せずに商品を開発しても、うまくいくわけがない。

優秀なエンジニアなら、橋を設計する前に、どれくらいの力がどのようにかかるかを理解するはずだ。良い教師は、教える前にクラスの生徒の学力を把握しておくだろう。真面目な生徒なら、応用する前に基礎を理解するだろう。賢い親なら、子どもを評価したり判断したりする前に、まず子どもを理解しようとするだろう。正しい判断をするための鍵は、まず理解することである。最初に判断してしまうと、その人をきちんと理解することは決してできない。

まず理解に徹する。これが正しい原則であることは、人生のあらゆる場面で証明されている。それはすべての物事に当てはまる普遍的な原則だが、もっとも力を発揮する分野は、やはり人間関係だろう。

第5の習慣 | まず理解に徹し、そして理解される

四つの自叙伝的反応

私たちはえてして、自分の過去の経験、いわば「自叙伝」を相手の話に重ね合わせてしまうため、人の話を聞く際に次の四つの反応をしがちになる。

- **評価する**――同意するか反対する
- **探る**――自分の視点から質問する
- **助言する**――自分の経験から助言する
- **解釈する**――自分の動機や行動を基にして相手の動機や行動を説明する

これら四つの反応は、自然に出てくるものである。周りを見ても、その実例だらけだ。しかし、こうした反応で相手を本当に理解できるだろうか。

私が息子と話をするとき、息子が話し終らないうちに息子の話を評価しだしたら、心を開いて自分の本当の気持ちを話そうとするだろうか。私は息子に心理的な空気を送っているだろうか。

あるいは、私が根ほり葉ほり質問して詮索したらどうだろう。探るというのは、自分が求める答えを引き出すまで何度でも質問することだ。子どもをコントロールし、自分の経験、自叙伝を押しつけ、子どもの心の中に入り込んでいく。たとえ言葉のうえで論理的であったとしても、相手の気持ちや感情に届かないこともあ

る。一日中質問攻めにしたところで、相手にとって本当に大切なものはわからないだろう。多くの親が子どもとの距離を感じ、子どもが考えていることを理解できずにいるのは、いつもこうして探っていることも大きな原因なのである。

「最近、調子はどうだ？」
「いいよ」
「最近、何か変わったことは？」
「何も」
「学校で面白いことは？」
「別に」
「週末はどうするんだい？」
「さあ」

友だちとは長電話するのに、親の質問には一言で片づけてしまう。子どもにとって家は寝泊りするだけのホテルと変わりない。決して心を開かず悩みを打ち明けることはないのだ。
しかしよく考えてみれば、正直なところそれも当然といえば当然なのである。子どもは傷つきやすい柔らかな内面を見せるたびに、親から一方的に自叙伝を聞かせられ、「だから言っただろう」などと頭ごなしの言葉

第5の習慣｜まず理解に徹し、そして理解される

で踏みにじられてきたのだ。親には絶対に心を開くまいと思うのも無理はない。

私たちはこうした反応の脚本にすっかり染まっているから、意識せずにその脚本を使っている。私はこれまで共感による傾聴の概念をセミナーなどで大勢の人たちに教えてきたが、参加者に実際にロールプレーイングさせると、全員が必ず衝撃を受ける。いつもの自分が自叙伝的な反応をしていることに気づくからだ。しかし自分が普段どのような聞き方をしているかがわかり、相手に共感して聴くことを学ぶと、コミュニケーションに劇的な変化が生まれることに気づくのである。多くの人にとって、**「まず理解に徹し、そして理解される」**習慣は「7つの習慣」の中でもっともエキサイティングな習慣であり、すぐに実生活で応用できるものである。

ここで、父親とティーンエイジャーの息子の典型的な会話をのぞいてみよう。父親の言葉が四つの反応のどれに当てはまるか考えながら読んでほしい。

「父さん、学校なんてもういやだよ。くだらないよ」

「何かあったのか？」（探る）

「全然現実的じゃない。何の役にも立たないよ」

「まだ学校の大切さがわかっていないだけなんだ。父さんもおまえの年頃にはそんなふうに思っていたものさ。こんなのは時間の無駄だと決めつけていた授業もあった。だがな、その授業が今一番役に立っているんだ。だから頑張れよ。もう少し時間をかけてみないと」（助言する）

「もう一〇年も学校に行ってるんだ。XプラスYなんかやったって、自動車の整備士になるのに何の役に立つわけ？」

「自動車整備士になるだって？ 冗談だろ」（評価する）

「冗談なんかじゃない。ジョーだってそうだよ。学校をやめて整備士になったんだ。結構稼いでるんだぜ。そのほうが現実的だと思うけどね」

「今はそう思えるかもしれないが、あと何年か経てば、ジョーだって学校に行っていればよかったと後悔するに決まっている。おまえだって本気で自動車整備士になりたいと思っているわけじゃないだろう。ちゃんと勉強してもっといい仕事を探さなくちゃだめだろう」（助言する）

「そうかなぁ。ジョーはちゃんと将来のことを考えて決めたみたいだけど」

「おまえ、学校で本当に努力したのか？」（探る、評価する）

「高校に入ってもう二年だよ。努力はしてきたさ。でも高校なんて無駄だね」

「立派な高校じゃないか。もっと学校を信用しなさい」（助言する、評価する）

「他のやつだってぼくと同じ気持ちだよ」

「おまえを今の高校に行かせるために、父さんも母さんもどれだけ大変な思いをしたかわかってるのか。せっかくここまで来て、やめるなんて絶対に許さないぞ」（評価する）

「いろいろ大変だったのはわかってる。だけど、ほんとに無駄なんだ」

「テレビばかり見ていないでもっと宿題をしたらどうなんだ」（助言する、評価する）

第5の習慣 ｜ まず理解に徹し、そして理解される

「もういいよ、父さん。これ以上話したくない」

もちろん、父親は息子によかれと思って言っている。息子の力になってやりたいと思って言っているのである。しかし、この父親は息子のことを少しでも理解しようとしただろうか。

今度は息子のほうに注目してみよう。彼の言葉だけでなく、考えや気持ち、自叙伝的な父親の反応が息子にどんな影響を与えているか、（　）に書いていることに注意しながら読んでほしい。

「父さん、学校なんてもういやだよ。くだらないよ」（父さんと話がしたい。ぼくの話を聴いてほしいんだ）

「何かあったのか？」（関心を持ってくれた。いいぞ！）

「全然現実的じゃない。何の役にも立たないよ」（学校のことで悩んでいる。落ち込んでるんだ）

「まだ学校の大切さがわかっていないだけなんだ。父さんもおまえの年頃にはそんなふうに思っていたものさ」

（あーあ、また父さんの自叙伝第三章だ。ぼくはそんな話をしたいんじゃない。長靴も買ってもらえずに雪の日に何マイルも学校まで歩いたって話、ぼくには関係ないんだ。ぼくの問題を話したいんだ）

「こんなのは時間の無駄だと決めつけていた授業もあった。だがな、その授業が今一番役に立っているんだ。だから頑張れよ。もう少し時間をかけてみないと」（時間で解決する問題じゃないんだ。父さんに話せたらなあ。洗いざらい話してしまいたいのに）

「もう一〇年も学校に行ってるんだ。XプラスYなんかやったって、自動車の整備士になるのに何の役に立つわ

「自動車整備士になるだって？　冗談だろ」(ぼくが自動車整備士になるのは、父さんは気に入らないんだ。高校を中退するのも気に入らないんだ。今言ったことを何としても認めさせないと)

「冗談なんかじゃない。ジョーだってそうだよ。学校をやめて整備士になったんだ。結構稼いでるんだぜ。そのほうが現実的だと思うけどね」

「今はそう思えるかもしれないが、あと何年か経てば、ジョーだって学校に行っていればよかったと後悔するに決まっている」(『教育の価値を巡る考察』の第一六回講義を聞かされる)

「おまえだって本気で自動車整備士になりたいと思っているわけじゃないだろう」(何で父さんにわかるわけ？　ぼくの本当の気持ちなんかわからないくせに)

「ちゃんと勉強してもっといい仕事を探さなくちゃだめだろう」

「そうかなぁ。ジョーはちゃんと将来のことを考えて決めたみたいだけど、**落ちこぼれなんかじゃない**したけど、**落ちこぼれなんかじゃない**」(ジョーが落ちこぼれじゃない。学校は中退したけど)

「おまえ、学校で本当に努力したのか？」(これじゃ堂々巡りじゃないか。父さんがちゃんと聴いてくれさえすれば、本当に大切なことを話せるのに)

「高校に入ってもう二年だよ。努力はしてきたさ。でも高校なんて無駄だね」

「立派な高校じゃないか。有名校だぞ。もっと学校を信用しなさい」(これはこれは、今度は信用の話か。何でぼくが話したいことを話させてくれないんだ！)

第5の習慣　まず理解に徹し、そして理解される

「他のやつだってぼくと同じ気持ちだよ」（ぼくの言うことだって信じろよ。低能じゃないんだから）

「おまえを今の高校に行かせるために、父さんも母さんもどれだけ大変な思いをしたかわかってるのか」（おやおや、今度は罪悪感で責める気か。はいはい、ぼくは馬鹿なんでしょう。学校は立派、父さんも母さんも立派。そしてぼくは馬鹿息子ですよ）

「せっかくここまで来て、やめるなんて絶対に許さないぞ」

「いろいろ大変だったのはわかってる。だけど、ほんとに無駄なんだ」（父さんにはわからないだろうね）

「おい、テレビばかり見ていないでもっと宿題をしたらどうなんだ。そんなふうだから……」（父さん、そういう問題じゃないんだよ！　そんなんじゃないんだ！　もう父さんには何も話さない。父さんなんかに相談しようとしたぼくが馬鹿だった）

「もういいよ、父さん。これ以上話したくない」

言葉だけで人を理解しようとしてもうまくいかないことがわかっただろうか。自分の眼鏡を通して相手を見ていたら、なおさらである。何とか自分のことをわかってもらおうとしている人にとって、相手の自叙伝的な反応がどれだけコミュニケーションを妨げているだろうか。

相手と同じ視点に立って、相手が見ているのと同じ世界を見られるようになるには、人格を磨き、本当に理解したいという純粋な気持ちになり、相手との高い信頼残高、共感による傾聴のスキルを育てることが必要である。

共感による傾聴の全体を氷山にたとえるなら、スキルは海面に突き出た一角、いわば表に出る部分である。

359

このスキルには四つの段階がある。

一番効果の低い第一段階は、**相手の言葉をそのまま繰り返すこと**である。これは「積極的傾聴」とか「振り返りの傾聴」などと言われる。人格ができておらず、相手との信頼関係がないと、こういう聴き方は失礼になり、相手はかえって心を閉ざしてしまう。しかし、相手の話を注意して真剣に聴こうとする姿勢を持つという意味で、これが第一段階になる。

言葉をそのまま繰り返すのは簡単である。相手の口から出る言葉をよく聴いて、オウム返しにすればいい。頭を使う必要もないくらいだ。

「父さん、学校なんてもういやだよ」

「学校がいやなんだね」

父親は息子の言葉を繰り返しているだけである。何の評価もしていないし、質問して探っているわけでもなく、自分勝手な解釈もしていない。オウム返しにするだけでも、息子の言葉に注意を向けている姿勢は伝わる。しかし本当に理解しようとするなら、これでは不十分だ。

共感して聴くスキルの第二段階は、相手の言葉を**自分の言葉に置き換えること**である。ただオウム返しにするよりも少しは効果的になるが、まだ言葉だけのコミュニケーションの域を出ていない。

「父さん、学校なんてもういやだよ」

「そうか、学校に行きたくないんだ」

今度は、父親は息子の話したことを自分の言葉で言い直している。息子はどういう意味で今の言葉を口にし

たのだろうと考えている。ここではほとんど、理性と論理をつかさどる左脳だけを働かせている。

第三段階に入ると、右脳を使い始める。**相手の気持ちを言葉にする**のである。

「父さん、学校なんてもういやだよ。くだらないよ」

「なんだかイライラしているようだね」

父親は、息子の言葉よりも、その言葉を口にした息子の気持ちに関心を向けている。

最後の第四段階は、二番目と三番目を組み合わせたものになる。相手の言葉を自分の言葉に置き換えると同時に、相手の気持ちも言葉にするのである。

「父さん、学校なんてもういやだよ。くだらないよ」

「学校に行きたくなくて、なんだかイライラしているようだね」

「学校に行きたくなくて」の部分が話の内容、「イライラしているようだね」の部分が気持ちである。ここでは左脳と右脳の両方を使って、相手が伝えようとしている言葉と気持ちの両方を理解しようとしている。

共感して聴くスキルの第四段階まで身につければ、信じられないような効果がある。本心から理解したいと思って相手の言葉を自分の言葉に置き換え、相手の気持ちも言葉にできれば、その人の心に心理的な空気を送り込むことができる。相手が自分の考えや感情を整理する手助けもできる。あなたが話を真剣に聴こうとしている誠意が伝われば、相手の心の中で思っていることと、実際に口から出てくる言葉の間の壁が消えていく。

こうして、魂と魂の交流が始まる。考え、感じていることとコミュニケーションしていることが一致するようになる。

相手はあなたを信頼し、胸の奥底の傷つきやすい感情や考えをあなたに見せても大丈夫だと思うようになる。

「父さん、学校なんてもういやだよ。くだらないよ」（父さんと話がしたい。ぼくの話を聴いてほしいんだ）
「学校のことでずいぶん不満があるみたいだな」（そうなんだ。そんなふうに感じているんだ）
「そうなんだ。まるっきり現実味がないし、何も役に立たないよ」
「学校には何の価値もないと思っているんだな」
「まあ、そういうことかな。本当に役に立つことなんか何も教えてくれないよ。ジョーなんかさ、学校をやめて自動車の整備士になったんだ。結構稼いでいるんだよ。そのほうが現実的なんじゃないかな」
「ジョーは正しい道を選んだと思っているんだね」（ちょっと待って——ぼくは本当にそう思っているんだっけ？）
「まあ、ある意味ではそうかな……実際、もうお金を稼いでいるんだし。でも何年かしたら、後悔するんじゃないかな」
「ジョーは間違っていたと感じると思うんだね」
「きっとそうだよ。だってさ、ジョーが投げ出したものはすごく大きいんじゃないかな。ちゃんと勉強しとかないと社会に出て困るだろう？」
「そうだな、教育は大切だと考えているんだね」
「そうだよ。高校も出てなくて、就職もできない、大学にも行けないことになったらどうすりゃいいのさ。やっぱりちゃんと勉強しなきゃだめなんだよ」
「教育はおまえの将来に重要だと考えてるんだ」
「うん、そうなんだ。それでね……ぼく今すごく困っているんだ。ねえ、母さんに言わないでくれるかな？」
「母さんに知られたくないんだね？」

第5の習慣 | まず理解に徹し、そして理解される

「うーん、そういうわけでも……まあ、話してもいいよ。どうせばれるだろうし。今日さ、テストがあったんだ。読解力のテスト。そしたらさ、ぼくの成績じゃ小学四年生のレベルらしいんだ。四年生だぜ、高校二年生なのに!」

本心から理解しようと思って聴くと、こんなにも違ってくる。本当の問題を見誤っていたら、相手によかれと思っていくら助言したところで何の意味もない。そして、自分の自叙伝とパラダイムを通してしか物事を見られない人は、本当の問題を突き止めることはできない。相手の視点に立って、相手が見ている世界を見ようとするなら、自分の眼鏡をしばし外さなくてはならないのだ。

「父さん、ぼく落第しちゃうよ。落第するくらいなら中退したほうがマシだよ。でも学校をやめたくはないんだ」

「つらいな。どうしていいかわからないんだね」

「父さん、どうしたらいい?」

父親がまず息子を理解することに徹したから、息子との会話は単なる言葉のやりとりではなく、親子の絆を深める機会となったのである。それは、表面をなぞるだけで手っ取り早く解決してしまえばいいというようなコミュニケーションではなく、息子にも、そして親子関係にも大きな影響を与える機会をつくり出した。自分の経験談、自分の自叙伝を得々と聞かせるのではなく、息子を本当に理解しようという姿勢によって信頼口座にたくさんの預け入れをしたから、息子も心を開き、少しずつ掘り下げ、ようやく本当の問題を打ち明ける勇

気を持てたのである。

今、父親と息子はテーブルの同じ側に並んで座り、同じ視点から問題を見つめて睨み合っているのとは正反対の状況である。息子には、父親の自叙伝を聴いてアドバイスを求める心の余裕が生まれている。

ここで注意してほしいことがある。助言をする段階に入ってからも、父親は息子とのコミュニケーションに細やかに気を配らなければならない。息子が**論理的**に反応している間は、効果的に質問し、助言を与えることができる。しかし**感情的**な反応を見せたら、共感して聴く姿勢に戻らなければならない。

「そうだなあ。こういうことを考えてみたらどうだろう、というようなことはいくつかあると思うが」

「たとえば？」

「読解力をつけるために塾に行くとか。あそこの塾ならそのようなコースがあるんじゃないか？」

「それならもう調べたんだ。夜の授業が週に二日、それに土曜日は一日中なんだ。時間がとられすぎる」

息子の返事が少し**感情的**になったのを察知して、父親は共感して聴く姿勢に戻る。

「負担が大きいよなあ……」

「それもそうだけど、六年生の子たちにコーチになってあげるって約束したんだ」

「その子たちをがっかりさせたくないもんな」

「でもね、読解力のコースが本当にためになるんだったら、毎晩でも行くよ。コーチは誰かに代わってもらってもい

364

第5の習慣｜まず理解に徹し、そして理解される

「父さん、どう思う？」

「勉強はしなくちゃと思ってるけど、そのコースが本当に役立つかどうかわからない、だから迷っているんだな？」

息子は再び心を開き、**論理的**な反応をし始めた。ここでもう一度、父親の自叙伝を聴く機会が再び巡ってきたのである。父親が息子に影響を与え、二人の関係を大きく変化させる機会が再び巡ってきたのである。

私たちは多くの場合、外部の助言がなくとも自分をコントロールできる。心を開くチャンスさえ与えられば、あとは自分の力で自分の問題を解きほぐしていける。すると解決策がその過程ではっきり見えてくるものである。

もちろん、他者のものの見方や助力がどうしても必要な場合もある。そのようなときは、その人のためになることを本気で考え、その人の身になって話を聴く、その人が自分のペースで、自分の力で問題を突きとめ、解決できるように促すことが大切である。タマネギの皮を一枚一枚むくように少しずつ、その人の柔らかい内面の核に近づいていくのである。

人が本当に傷つき、深い痛みを抱えているとき、心から理解したいという純粋な気持ちで話を聴いてやれば、驚くほどすぐに相手は心を開く。その人だって胸の中にあることを話したいのである。とりわけ子どもは、心を開いて自分の思いを打ち明けたい気持ちでいっぱいなのだ。そしてその切実な思いは、友だちよりも、実は親に対して向けられている。親は自分を無条件に愛している、悩みを打ち明けたら必ず味方になって

365

くれる、自分の悩みを馬鹿にしたり、批判したりしない。そう確信できれば、子どもは親に何でも包み隠さず話すものだ。

偽善や下心からではなく、純粋に相手を理解しようと努力すれば、相手のあるがままの想い、理解が流れ出てきて、聴いているほうは文字どおり言葉を失うことがあるはずだ。相手の身になって共感するのに、言葉など要らないこともある。むしろ言葉が邪魔になることさえある。だからテクニックだけではうまくいかないのだ。このような深い理解には、テクニックではとても到達できるものではない。テクニックだけに頼っていたら、かえって理解を妨げてしまう。

共感による傾聴のスキルを詳しく見てきたのは、どんな習慣においてもスキルは大切な部分だからである。スキルは必要である。しかしここでもう一度言っておきたいのだが、本当に理解したいという真摯な望みがなければ、いくらスキルを使っても役には立たない。あなたの態度に偽善や下心を少しでも感じとったら、相手は絶対に心を開かないし、逆に反発するだろう。相手が親しい間柄の人なら、話を聴く前に、次のようなこと話しておくのもよいだろう。

「私はこの本を読んで、共感して聴くことを知った。そしてあなたとの関係について考えてみて、今まであなたの話を本当の意味では聴いていなかったことに気づいた。でも、これからはあなたの身になって話を聴きたい。簡単にできることではないだろう。うまくできないときもあるかもしれない。でも頑張ってみようと思う。私はあなたのことを大切に思っている。だからあなたを理解したい。あなたにも協力してほしい」こうしてあなたの動機を相手に対して宣言するのは、大きな預け入れになる。

第5の習慣　｜　まず理解に徹し、そして理解される

しかし、あなたに誠意がなかったら、相手を傷つけるだけである。このような宣言をして相手に話をするよう促し、相手が心を開いて傷つきやすい心の中を見せてから、実はあなたに誠意がないとわかったら、その人は弱い部分をさらけ出したまま放り出され、傷はいっそう深くなる。氷山の一角であるテクニックは、その下にある人格という巨大な土台から生まれたものでなければならないのだ。

相手の身になり共感して話を聴くといっても、時間がかかってまどろっこしいと反発する人もいるだろう。たしかに最初は時間がかかるかもしれない。しかし先々まで考えれば、大きな時間の節約になる。仮にあなたが医者で、確実な治療を施したいと思えば、時間をかけてでも正確な診断を下すことが一番効率的である。医者が「今日は忙しくて診断を下す時間がないんです。この薬でも飲んでてください」と言わないだろう。

あるとき、ハワイのオアフ島で原稿を書いていた。涼しいそよ風を入れようと、机の前と脇の窓を開けていた。私は原稿を章ごとに分けて大きな机の上に並べた。すると突然、風が強くなり、原稿を吹き飛ばした。原稿は部屋中に散らばり、まだページ番号を入れていない原稿も多かったので、私はすっかり慌ててしまった。私は必死にすぐに原稿を集めてまわった。ここでようやく、最初に一〇秒かけて窓を閉めたほうがよかったのだと気づいたのである。

共感して話を聴くのはたしかに時間がかかる。しかし、相手に心理的な空気を送らず未解決の問題を抱えた

完訳 7つの習慣

まま、ずっと先に進んでから誤解を正したり、やり直したりすることに比べれば、たいした時間ではない。洞察力があり、共感して話を聴ける人は、相手の心の奥底で何が起きているかをいち早く察し、相手を受け入れ、理解してあげることができる。だから相手も安心して心を開き、薄皮を一枚ずつ剥いでいき、やがて柔らかく傷つきやすい心の核を見せ、そこにある本当の問題を打ち明けられるのである。

人は誰でも、自分のことをわかってもらいたいと思っている。だから、相手を理解することにどんなに長い時間を投資したとしても、必ず大きな成果となって戻ってくる。なぜなら問題や課題が正しく理解された感じたとき、人が深く理解されていると感じたときに増える信頼口座の残高があれば、解決に向かって進めるようになるからだ。

理解ととらえ方

人の話を深く聴けるようになると、とらえ方は人によって大きく異なることがわかってくる。そしてその違いこそが、相互依存の状態において他者と力を合わせて何かをするときにポジティブな効果を与えることもわかってくる。同じ一枚の絵が、あなたには若い女性に見える。私には老婆に見える。その両方が正しい、そう思えるようになるのだ。

あなたは配偶者中心の眼鏡で世の中を見ているかもしれない。私は経済やお金中心の眼鏡で見ているかもしれない。

第5の習慣 ｜ まず理解に徹し、そして理解される

あなたは豊かさマインドに脚本づけられているかもしれない。私は欠乏マインドに脚本づけられているかもしれない。

あなたは、視覚的、直観的、全体的に物事をとらえる右脳タイプで、私は分析的に系統立てて考え、論理的に物事をとらえる左脳タイプかもしれない。

あなたと私とでは、これほどものものとらえ方が違うかもしれないのである。それでも、あなたも私もそれぞれのパラダイムで何年も生きてきて、自分に見えていることが「事実」だと思い、その事実が見えない人は人格や知的能力に欠点があるんじゃないかと疑ってしまう。

人はそれぞれ違いがあるのに、家庭でも会社でも、地域社会の奉仕活動でも、決められたリソースをうまく使って結果を出すために力を合わせなくてはならない。そのためにはどうすればいいのだろうか。自分のもののとらえ方の限界を超え、他者と深いコミュニケーションをとって協力して問題に取り組み、Win−Winの解決策に到達するには、どうすればいいのだろうか。

第5の習慣がその答えである。それが、Win−Winに至るプロセスの第一歩である。たとえ相手がWin−Winのパラダイムを持っていなくとも、むしろそのような相手であればこそ、こちらがまず相手を理解する努力をすることが大切なのである。

ある会社の重役の体験談を紹介しよう。この原則の力強さを知ることができる。

うちはほんの小さな会社なのですが、ある大手銀行と契約の話が進んでいました。銀行側は、サンフランシスコか

ら弁護士をわざわざ飛行機で呼び寄せ、オハイオからは交渉担当者もかけつけ、大きい支店の支店長二人まで加わり、総勢八人の交渉団でやってきたのです。私たちは、Win-Win or No Dealで交渉を進めることにしていました。こちらはサービス水準を大幅に引き上げ、コスト面でもかなりいい条件を提示していたのですが、銀行側はそれをはるかに上回る要求を出してきたのです。

うちの社長は交渉の席に着くと、こう切り出しました。『まずお客様のほうで納得のいくように契約書を書いていただけますか。そうすれば、私どももお客様のご要望をよく理解できます。それに従って交渉を進めさせていただきたいと思います。値段についてはその後で交渉することにしましょう』と。

これには銀行の交渉団も度肝を抜かれたようでした。自分たちが契約書を書くことになるとは思ってもいなかったでしょうからね。銀行側はそれから三日後に契約書の文面を持ってきました。

契約書が提示されると、うちの社長は「まずお客様の望んでいることを、こちらが理解しているかどうか確認させてください」と言って契約書を読み始めました。条項を一つずつ追いながら自分の言葉に置き換え、相手の気持ちを察し、銀行にとって重要なことを自分がちゃんと理解しているか確認しながら、最後まで目を通しました。銀行の交渉団はきちんと聴いてくれましたよ。こちらの話を聴く気になっていたんですね。戦闘的な気配は微塵もありませんでした。

社長は銀行側の考えをすっかり理解すると、今度は私たちから見た問題点を説明し始めました。銀行の交渉団はきちんと聴いてくれましたよ。こちらの話を聴く気になっていたんですね。戦闘的な気配は微塵もありませんでした。

交渉が始まったときは形式ばっていて、疑心暗鬼で、まるで敵同士みたいな感じでしたが、力を合わせて良い結果を出そうという空気になっていました。

こちらの説明が終わると、銀行の交渉団は、『御社にお願いしたい。そちらの言い値でサインしましょう』と言っ

てきましたよ。

そして理解される

まず理解に徹し、そして**理解される**。理解されることが第5の習慣の後半だ。同様にWin-Winの結果に到達するためにも不可欠である。

第4の習慣のところで、成熟さとは勇気と思いやりのバランスであると定義した。相手を理解するには、思いやりが要る。そして自分を理解してもらうには、勇気が要る。Win-Winを実現するには、思いやりと勇気の両方が高いレベルで必要だ。相互依存の関係において、自分をわかってもらうことも重要なのである。

古代ギリシャには素晴らしい哲学があった。それは、**エトス、パトス、ロゴス**という三つの言葉のまとまりで表される哲学である。この三つの言葉には、まず理解に徹し、それから自分を理解してもらうこと、効果的に自分を表現することの本質が含まれていると私は思う。

エトスは個人の信頼性を意味する。他者があなたという個人の誠実さと能力をどれだけ信頼しているか、つまりあなたが与える信頼、信頼残高である。**パトス**は感情、気持ちのことである。相手の身になってコミュニケーションをとることだ。**ロゴス**は論理を意味し、自分のことを筋道立てて表現し、相手にプレゼンテーションすることである。

エトス、パトス、ロゴス。この順番に注意してほしい。まず人格があり、次に人間関係があり、それから自

371

分の言いたいことを表現する。これもまた大きなパラダイムシフトである。自分の考えを相手に伝えようとするとき、ほとんどの人は真っ先にロゴスに飛びつき、左脳を使っていきなり理屈で攻めようとする。エトスとパトスには見向きもせずに、自分の論理がいかに正しいかを述べ立てるのである。

ひどくストレスを抱えている知人がいた。上司が非生産的なリーダーシップ・スタイルを曲げようとしないからだという。

「なぜ変わろうとしないのだろう？」と、知人は私に聞いてきた。「話し合いを持ち、彼はわかったと言った。それなのに何もしようとしない」

「君が**効果的**なプレゼンテーションをすればいいじゃないか」と私は言った。

「したさ」と彼。

「効果的という言葉の意味をどうとらえている？ セールス・パーソンの成績が振るわないのは、誰のせいだろう？ お客さんではないはずだ。効果的というのは、PとPC両方のことなんだ。君は自分が望んでいた変化を起こしたかい？ その過程で信頼関係を築いただろうか？ 君のプレゼンテーションの結果はどうだった？」

「僕が言っているのは、上司のことだ。彼は何もしない。聞く耳を持たないんだよ」

「それなら、君の考えを**効果的**なプレゼンテーションで伝えることだ。まず彼の身になって考えてみる。自分の言いたいことを簡潔にまとめて、目で見えるかたちでプレゼンする。相手が望んでいることを相手よりもうまく説明しなくちゃいけない。ある程度の準備が要るよ。やれるかい？」

第5の習慣 | まず理解に徹し、そして理解される

「なぜそこまでしなくちゃいけないんだ?」と彼は納得しない。

「つまり、君は上司にはリーダーシップ・スタイルを変えてほしいと思っていながら、自分のプレゼンテーションのスタイルは変えようとしないのかい?」

「そういうことかな……」と彼は答えた。

「なら、笑顔で今の状況を我慢するしかないね」

「我慢なんかできるものか。そんなことをしたら自分に嘘をつくようなものだ」

「それなら、効果的なプレゼンテーションをするしかないよ。それは君の影響の輪の中にあることだよ」

結局、知人は何もしなかった。あまりに投資が大きすぎると思ったのだろうか。

大学教授である別の知人のほうは、しかるべき努力をした。ある日、彼は私のところに来て、こう言った。「私の研究分野はこの学部の主流じゃないから、予算をもらおうにもこちらの話を聴いてくれないんだ。困ったよ」

私は、彼が置かれた状況をしばらく聴いてから、エトス、パトス、ロゴスのプロセスで効果的なプレゼンテーションを行ってはどうかとアドバイスした。「君が誠実な人間であることはよくわかっているし、君の研究に大きな価値があることもわかった。相手が望むような代替案を相手よりもうまく説明するんだ。君が相手を深く理解しているとが伝わるようにする。それから、君の要求を論理的に説明する」

「わかった。やってみるよ」

「私を相手に練習してみるかい?」と持ちかけると、彼は喜び、リハーサルしてみた。

本番のプレゼンテーションで、彼はこう切り出したそうだ。「まず、学部の現在の研究目標が何か、私の予算申請に対して学部が何を懸念しているのか、私自身がきちんと理解しているか確認させてください。それから私の提案をお話しさせていただきます」

彼は時間をかけ、丁寧に話した。彼が学部側の事情と立場を深く理解し、尊重していることが伝わると、主任教授は他の教授に向かってうなずき、彼の方を向いてこう言った。「研究費を出そう」

相手のパラダイムや関心事を最初に深く理解し、その理解に沿って、自分の考えをはっきりとわかりやすく、目に見えるかたちで表現すれば、あなたのアイデアに対する相手の信頼は格段に上がる。あなたは自分の立場から離れないわけでもなく、虚飾の言葉を弄して自分勝手な理屈を並べ立てているわけでもない。あなたは本当に理解している。あなたのプレゼンテーションは、最初に考えていたものとは違ってくるかもしれない。相手を理解しようと努力するうちに、自分でも何かを学ぶからである。

第5の習慣が身につくと、自分の考えをより正確に、誠実な態度で表現できるようになる。それは周りの人たちにも伝わる。知りうるすべての事実、関係者全員のものの見方を考慮して、全員のためになる案を誠意を持って提示していることが、周りの人たちにもわかるようになるのだ。

第5の習慣 | まず理解に徹し、そして理解される

一対一

　第5の習慣の効果が大きいのは、あなたが自分の「影響の輪」の中心に働きかけるからである。他者と関わり合いを持つ相互依存の状況では、自分の力では解決できない問題や対立、自分には変えることのできない事情や他人の行動など、影響の輪の外のことが多くなる。輪の外にエネルギーを注いでいても、ほとんど何の成果もあげられず、ただ消耗するだけである。

　しかし、まず相手を理解する努力なら、いつでもできる。これならば、あなたの力でどうにかできる。自分の影響の輪にエネルギーを注いでいれば、だんだんと他者を深く理解できるようになる。相手の正確な情報に基づいて問題の核心を素早くつかめる。信頼口座の残高を増やし、相手の心に心理的な空気を送り込める。そうして、一緒に問題を効果的に解決できる。

　これはまさにインサイド・アウトのアプローチである。内から外への努力を続けていくと、影響の輪の外にあるさまざまなことにまで影響を及ぼすようになる。相手を本気で理解しようと思って聴くから、あなた自身も相手から影響を受ける。しかし、自分も心を開いて他者から影響を受けるからこそ、他者に影響を与えることもできるのである。こうしてあなたの影響の輪は広がり、やがて関心の輪の中にあるさまざまなことにまで影響を及ぼすようになっていく。

　あなた自身に起こる変化にも注目してほしい。周りの人たちへの理解が深まるにつれ、その人たちの人間的価値が見え、敬虔な気持ちを抱くようになる。他者を理解し、その人の魂に触れることは、神聖な場所に足を

第5の習慣は、今すぐにでも実行に移すことができる。今度誰かと話をするとき、自分の自叙伝を持ち出すのはやめて、その人を本気で理解する努力をしてみる。その人が心を開いて悩みを打ち明けなくとも、その人の身になり、共感することはできる。その人の気持ちを察し、心の痛みを感じとって、「今日は元気がないね」と言ってあげる。その人は何も言わないかもしれない。それでもいい。あなたのほうから、その人を理解しようとし、その人を思いやる気持ちを表したのだから。
　無理強いしてはいけない。辛抱強く、相手を尊重する気持ちを忘れずに。その人が口を開かなくとも、共感することはできる。表情やしぐさを見ることによって相手に共感することができる。その人の胸のうちを敏感に察してあげられれば、自分の経験談を話さずとも、寄り添うことはできるのだ。
　主体性の高い人なら、問題が起こる前に手立てを講じる機会をつくるだろう。息子や娘が学校で大きな問題にぶつかるまで手をこまねいている必要はないのだ。あるいは、商談が行き詰まってから手を打つのではなく、次の商談からすぐにでも、まず相手を理解する努力をしてみる。
　早速、子どもと一対一で話す時間をつくってみよう。子どもを本気で理解するつもりで、真剣に耳を傾ける。家庭のこと、学校のこと、あるいは子どもが直面している人生の試練や問題を、子どもの目を通して見る。信頼口座の残高を増やす努力をし、子どもの心に空気を送り込むのである。
　あるいは、配偶者と定期的にデートしてみる。食事に行くのもいいだろうし、わかり合う努力をする。お互いの話に耳を傾け、お互いの目を通して、二人で楽しめることをするのもいいだろう。

第5の習慣 | まず理解に徹し、そして理解される

妻のサンドラと過ごす毎日の時間は、私にとってかけがえのないものである。お互いを理解する努力はもちろんだが、子どもたちときちんとコミュニケーションをとれるように、共感して聴くスキルの練習をすることもある。

お互いのもののとらえ方を話し合ったり、より効果的に家族の難しい人間関係へのアプローチをロールプレイで練習したりもする。

たとえば私が息子か娘の役をやり、家族の一員としての基本的な義務を果たしていないのに、何かの権利を要求する。妻はどう対処すればよいか練習するのである。

私と妻が手本となって子どもたちに正しい原則を教えられるように、さまざまな状況を思い描き、役を交替しながらロールプレイをするわけである。子どものことで両親のどちらかがうまく対応できなかったり、しくじったりした状況を再現し、ロールプレイで練習しておけば、後々役に立つ。

愛する人たちを深く理解するために投資した時間は、開かれた心と心のコミュニケーションという大きな配当になって返ってくる。家庭生活や結婚生活に影を落とす問題の多くは、深刻な問題に発展する前に解決できるものである。家庭の中に何でも話し合えるオープンな雰囲気があれば、問題になりそうな芽はすぐに摘み取れる。

たとえ大きな問題が持ち上がっても、家族同士の信頼口座の残高がたっぷりあれば、対処できるのである。

ビジネスにおいても、部下と一対一で向かい合う時間をつくり、話を聴いて、理解しようと努力する。人事関係の問題に対処する窓口やステークホルダーから情報を集めるシステムを確立して、顧客や仕入れ先、スタッフから率直で正確なフィードバックを受ける仕組みを社内に設置することもできる。資金や技術と同じく

らい、それ以上に人を大切にする。会社のあらゆるレベルの人の力を引き出すことができれば、時間もエネルギーも資金も大幅に節約できるだろう。自分の部下や同僚の話を真剣に聴き、彼らから学び、そして彼らの心に心理的な空気を送り込む。そのような会社であれば、九時から五時までの勤務時間の枠を超えて一生懸命に働く忠誠心も育つのである。

まず理解に徹する。問題が起こる前に、評価したり処方したりする前に、自分の考えを主張する前に、まず理解するよう努力する。それは、人と人とが力を合わせる相互依存に必要不可欠な習慣である。

お互いに本当に深く理解し合えたとき、創造的な解決策、第3の案に通じる扉が開かれる。私たちの相違点が、コミュニケーションや進歩を妨げることはなくなる。それどころか、違いが踏み台になって、シナジーを創り出すことができるのである。

第5の習慣：まず理解に徹し、そして理解される　実践編

1. 信頼口座が赤字になっていると思うような相手を一人選ぶ。その人の視点に立って現状を眺め、気づいたことを書き留めておく。今度その人と話す機会があったら、本気で理解するつもりで話を聴き、書き留めておいた内容と比べてみる。相手の視点に立って考えたことと合っていただろうか。その人の考えを本当に理解していただろうか。

2. 共感とはどういうことか、身近な人と共有する。その人に、「共感して話を聴く練習をしたいから、私の様子を一週間観察して、フィードバックしてくれないか」と頼んでみる。どんなフィードバックをもらっただろうか。その人はあなたの態度にどんな印象をもっただろうか。

3. 人々が話をしている様子を観察する機会があったら、両耳をふさいで数分間眺めてみる。言葉だけでは伝わらない感情を読みとることができるだろうか。

4. 今度誰かの話を聴いていて、つい自分の経験談、自叙伝を持ち出し、質問して探ったり、自分勝手な評価や助言、解釈をしてしまったら、素直にそれを認めて謝る（「ごめんね。君の話を本当に理解するつもりで聴いていないことに気づいた。最初からやり直してもいいかな？」）。このような態度は信頼口座への預け入れになる。

5. 今度自分の意見を述べるとき、共感したうえで行ってみる。相手の考え、立場を相手以上にうまく説明する。それから、相手の視点に立って自分の考え、立場を説明し、理解してもらう。

THE SEVEN HABITS
OF HIGHLY
EFFECTIVE PEOPLE

第6の習慣
シナジーを創り出す
SYNERGIZE

第6の習慣　シナジーを創り出す

創造的協力の原則

> 私は、聖人の願いを己の指針としたい。
> 危機的な問題においては結束を、
> 重要な問題においては多様性を、
> あらゆる問題においては寛容を。
>
> ——大統領就任演説　ジョージ・H・W・ブッシュ

ウィンストン・チャーチル卿は、第二次世界大戦時下にイギリス首相に任命されたとき、「私のこれまでの人生は、まさにこのときのためにあった」と語った。同じ意味で、ここまで学んできた習慣はすべて、シナジーを創り出す習慣の準備だったと言える。

シナジーを正しく理解するなら、シナジーは、あらゆる人の人生においてもっとも崇高な活動であり、他のすべての習慣を実践しているかどうかの真価を問うものであり、またその目的である。

どんなに困難な試練に直面しても、人間だけに授けられた四つの能力（自覚・想像・良心・意志）、Win-Winの精神、共感の傾聴のスキル、これらを総動員すれば、最高のシナジーを創り出すことができる。そうすると、奇跡としか言いようのない結果に到達できる。それまで考えてもみなかった新しい道が拓けるのである。

第6の習慣 | シナジーを創り出す

シナジーは、原則中心のリーダーシップの神髄である。人間の内面にある最高の力を引き出し、一つにまとめ、解き放つ。ここまで学んできたすべての習慣は、シナジーの奇跡を創り出すための準備だったのである。

シナジーとは、簡単に言えば、全体の合計は個々の部分の総和よりも大きくなるということである。各部分の関係自体が一つの「部分」として存在するからである。しかもそれは単なる部分ではなく、触媒の役割を果たす。人に力を与え、人々の力を一つにまとめるうえで、もっとも重要な働きをするのである。

しかし創造のプロセスに歩み出すときは、とてつもない不安を感じるものだ。これから何が起こるのか、どこに行き着くのか、まったく見当がつかず、しかもどんな危険や試練が待ち受けているのかもわからないからだ。冒険心、発見しようとする精神、創造しようとする精神を持ち、一歩を踏み出すには、確固とした内面の安定性が必要となる。居心地のよい自分の住処を離れて、未知なる荒野に分け入って行くとき、あなたは開拓者となり、先駆者となる。新しい可能性、新しい領土、新しい大地を発見し、後に続く者たちのために道を拓くのである。

自然界はシナジーの宝庫だ。たとえば二種類の植物を隣り合わせて植えると、根が土中で入り組み、土壌を肥やし、一種類だけを植えた場合よりもよく育つ。二本の木材を重ねれば、一本ずつで支えられる重量の和よりもはるかに重いものを支えられる。全体は各部分の総和よりも大きくなるのである。一プラス一が三にも、それ以上にもなる。

ところが、自然から学べるこの創造的協力の原則を人間関係に応用するのはそう簡単なことではない。家庭

には、シナジーを観察し練習する多くの機会がある。男女の結びつきがこの世に新しい命を送り出すことこそが、まさにシナジーである。シナジーの本質は、お互いの違いを認め、尊重し、自分の強みを伸ばし、弱いところを補うことである。

男と女、夫と妻の肉体的な違いは誰でも認めるところである。しかし社会的、精神的、情緒的な違いはどうだろうか。これらの違いもまた、充実した人生を生きるため、お互いのためになる豊かな環境を生み出す源となるのではないだろうか。これらの違いこそが、お互いの自尊心を育み、価値を生かし、一人ひとりが成熟して自立し、やがて相互依存の関係を築く機会を与えてくれる環境をつくるのである。シナジーは他者と社会に奉仕し、貢献する、次の世代のための新しい脚本を創り出すことができるのではないだろうか。防衛的でもなく、敵対的でもなく、自己中心的でもない脚本だ。保身だけを考えて政治的に立ち回る脚本ではなく、心を開いて人を信じ、分かち合う生き方の脚本である。所有欲に縛られ、何でも自分勝手に決めつけて生きる脚本ではなく、人を愛し、人のためを思って生きる脚本なのではないだろうか。

シナジーを創り出すコミュニケーション

他者とのコミュニケーションが相乗効果的に展開すると、頭と心が開放されて新しい可能性や選択肢を受け入れ、自分のほうからも新しい自由な発想が出てくるようになる。それは第2の習慣（終わりを思い描くことから始める）に反するのではないかと思うかもしれないが、実際にはその正反対であり、第2の習慣を実践してい

第6の習慣 | シナジーを創り出す

ることに他ならない。たしかに、シナジーを創り出すコミュニケーションのプロセスでは、先行きがどうなるか、最後がどのようなものになるのかわからない。しかし内面に意欲がみなぎり、心が安定し、冒険心が満ちてきて、前に考えていたことよりもはるかに良い結果になると信じることができるはずだ。それこそが最初に描く「終わり」なのである。

そのコミュニケーションに参加している人たち全員が洞察を得られるという。そして、お互いの考えを知ることで得られる興奮がさらに洞察力を深め、新しいことを学び成長していけるという確信を持って、コミュニケーションを始めるのである。

家庭でもその他の場面でも、ささやかなシナジーさえ体験したことのない人は大勢いる。このような人たちは、自分の周りに殻をつくり、防衛的なコミュニケーションの仕方や人生も他人も信用できないと教わり、脚本づけられているからである。だから、第6の習慣を受け入れられず、創造的協力の原則を信じようとしない。持って生まれた潜在能力のほとんどが手つかずのまま、生かされることもなく人生が過ぎていってしまうからである。効果的でない人生を送る人は、自分の潜在能力を発揮することなく日々を過ごしている。たとえ人生の中でシナジーを経験することがあったとしても、些細なことであり継続もしない。

あるいは記憶を手繰りよせれば、信じられないほど創造力を発揮した体験が呼び起こされるかもしれない。あるいは何か緊急事態に遭遇し、自分のわがままやプライドを捨て、居合わせた人たちと結束して人命を救ったり、危機的状況を

385

解決する方法を考え出したりした記憶かもしれない。

多くの人は、これほどのシナジーは自分の人生には起こるはずもない奇跡のようなものだと思っていることだろう。だが、そうではない。このようなシナジーを創り出す経験は日常的に生み出せるのであり、毎日の生活で経験できるのだ。しかし、そのためには、内面がしっかりと安定し、心を開いて物事を受け入れ、冒険に心躍らせる必要がある。

創造的な活動のほとんどは、予測のつかない出来事がつきものである。先が見えず、当たるのか外れるのかもわからず、試行錯誤の連続である。だから、こうした曖昧な状況に耐えることができる安定性、原則と内なる価値観による誠実さがなければ、創造的な活動に参加しても不安を感じるだけで、楽しくもないだろう。こういう人たちは、枠組み、確実性、予測を過度に求めるのだ。

教室でのシナジー

本当に優れた授業はカオスのほんの手前で行われる――これは教師としての長年の経験から私自身が実感していることである。「全体は各部分の総和よりも大きくなる」という原則を教師も生徒も本当に受け入れているかどうかが、シナジーを生むための試金石になる。

教師も生徒も、授業がどのように展開していくのかわからない局面がある。そのためにはまず、誰もが自分の意見を安心して述べ、全員が他者の意見に耳を傾け、受け入れ、学び合う環境をつくることが大切だ。それ

第6の習慣　シナジーを創り出す

がブレーンストーミングに発展する。ここでは人の意見を「評価」したい気持ちを創造力と想像力、活発な意見交換によって抑える。すると、普通では考えられないようなことが起こる。新しい発想や考え方、方向性に教室全体が湧きたち、興奮の渦と化すのだ。この雰囲気を言い表すぴったりの言葉は見つからないが、そこにいる全員が興奮を感じとることができる。

シナジーとは、グループの全員が古い脚本を捨て、新しい脚本を書き始めることだと言ってもいい。

大学でリーダーシップに関する教鞭をとっていた頃、忘れられない体験をした。新学期が始まって三週間ほど経ったときのことである。一人の学生が個人的な体験をクラスの全員に話して聞かせた。洞察に富み、感情を揺さぶる話だった。その体験談を聞いた全員が謙虚で敬虔な気持ちになり、勇気を出して話した学生に尊敬と感謝の念を抱いた。

これがきっかけとなって、教室の中にシナジー効果を生もうとする創造的で豊かな土壌ができた。他の学生たちも、自分の体験や意見を次々と述べた。自信をなくしているのだと、率直に打ち明ける学生もいた。クラスに信頼関係ができ、安心して発言できる環境ができあがっていたから、誰もが心を開いて自分の考えを話し、皆が真剣に耳を傾けた。学生たちがそれぞれ準備していた発表を行う予定だったが、授業が思いもかけない展開をみせたので、予定を変更し、そのままディスカッションを進め、お互いの考えを膨らませ、洞察を深めていった。かくしてリーダーシップ論の授業は、まったく新しい脚本に沿って進められることとなったのである。

このプロセスに私自身も深く引き寄せられ、夢中になっていた。まさに創造的なプロセス、まるで魔法のような展

開に、すっかり魅了されてしまったのである。あらかじめ用意していた授業に戻そうという気はいつの間にかすっかり消え失せ、新しい可能性を感じ始めていた。そのプロセスは単なる絵空事ではなかった。一人ひとりが成熟し、内面が安定し、発言内容もしっかりしていた。私が用意していた授業プランをはるかにしのぐものだったのだ。

私たちはそれまでのシラバスや教科書、研究発表のスケジュールをすべて捨て、授業の新しい目的、プロジェクト、課題を設定した。あまりに強烈な体験だったため、それから三週間ほど経ってから、私も学生たちもその体験を他の人たちにどうしても知ってもらいたくなった。

そこで、このリーダーシップ論の授業でお互いに学んだことや考えたことを、一冊の本にまとめることにした。新たな課題を決め、新しいプロジェクトを立ち上げ、新しいチームを編成した。まったく新しい学習環境を得て、学生たちは以前のクラスでは考えられないほど熱心に研究に取り組んだ。

この経験を通して、高い独自性、クラスの一体感、シナジー文化を創り出した。シナジーの文化は学期が終わっても途絶えることはなく、卒業後も同期会が開かれた。あれから何年も経った今でも、集まればあの授業の話になる。あのとき起こったこと、シナジーが創られた理由の話に花が咲く。

私が不思議に思うのは、あれほどのシナジーを創り出すためには強い信頼関係が必要であるのに、それがほんのわずかな時間で確立されたことである。その大きな理由は、学生たちがそれだけ人間的に成熟していたからだろう。最終学年の最終学期に入っており、単に教室で講義を聞くのではなく、何か別の体験を求めていたのだろう。自分たちで創造できる有意義で新しい何か、エキサイティングな何かを求めるハングリー精神が

第6の習慣 | シナジーを創り出す

あったのだと思う。彼らにとっては、「機が熟した」瞬間だったのだ。
さらに、彼らの中で正しい「化学反応」が起きたのだ。シナジーとは何かという講義を聴かされ、それについて話し合うよりも、実際に体験するほうがはるかに強烈だったのだろうし、彼らにしてみれば、教科書を読むよりも自分たちで新しいものを生み出すほうが納得のいく体験だったのだろう。

これとは逆に、あと一息でシナジーに到達するところでカオスの淵に引っかかったまま進まず、結局はただの混乱で終わってしまった体験もある。ほとんどの人がこのような体験をしているのではないだろうか。残念なことに、一度このような苦い経験をしてしまうと、次に何か新しい経験のチャンスに巡り合っても、以前の失敗が頭をもたげるのである。シナジーなど絶対に無理だと最初から決めつけ、シナジーに通じる道を自分から断ち切ってしまうのだ。

それは、ごく一握りの生徒の悪い行いを理由に規則をつくる管理者のようなものだ。他の大勢の生徒たちの自由や創造的可能性を抑えつけてしまう。あるいは、可能な限り最悪の脚本ばかりを想定し、そんな脚本を法律用語で書き上げ、創造力や起業精神を抑え込み、シナジーを創り出す可能性を摘んでしまう企業経営者もいる。

これまで多くの企業の経営陣にコンサルティングしてきた経験を振り返ってみて、記憶に鮮やかに残っているのは、ほとんどがシナジーの効果が得られたときのことだと断言できる。シナジーに至るには、そのプロセスの早い段階で必ずと言っていいほど大きな勇気を必要とする瞬間があった。自分の本当の姿を見せ、自分の内面、あるいは組織や家族の状況に正面から向き合い、その結果、どうし

ても言わなければならないことに気づくからである。それを口にするのは、大きな勇気と本当の愛情がなければできることではない。だから、相手も心を開いて正直になり、自分自身をさらけ出す。その瞬間からシナジーのコミュニケーションが始まる。こうしてコミュニケーションはどんどんクリエイティブになり、やがて、最初は思ってもみなかった洞察が生まれ、斬新な計画となって実を結ぶのである。

カール・ロジャース（訳注：米国の心理学者）は「もっとも個人的なことはもっとも一般的なことである」と教えている。自分の本当の姿を見せ、自信を失った経験も含めて自分のことを率直に話すほど、それを聴いている人たちは、自分の経験を正直に話しても大丈夫なのだという気持ちになる。するとあなたの正直さが相手の精神を養い、そこに真の創造的な共感が生まれ、新たな洞察や学びがもたらされる。こうして次第に気持ちが高揚していき、冒険心が刺激されて、コミュニケーションのプロセスはシナジーへと向かっていく。

ここまでくれば、短い言葉でも会話が成り立つようになる。ときにはつじつまの合わない言葉を言ったとしても、お互いに何を言わんとしているかすぐにわかる。そこから新しい世界が見えてくる。新しい理解、新しいパラダイムから、それまでになかった選択肢を生み出し、新しい可能性を開き、全員で新たな案を検討し始める。このようなプロセスから生まれたアイデアは、宙ぶらりんのまま具体的に実現しないこともあるかもしれないが、たいていは現実に即した有意義な解決策になるものだ。

第6の習慣 | シナジーを創り出す

ビジネスでのシナジー

同僚たちと会社のミッション・ステートメントを作ったとき、とても印象深いシナジーを体験した。社員のほぼ全員で山に登り、雄大な自然の中で最高のミッション・ステートメントに仕上げようと、まず第一稿を書くために話し合いを始めた。

最初はお互い尊敬し合い、ありきたりな言葉で慎重に話していた。しかし、会社の将来についてさまざまな案や可能性、ビジネスチャンスを話し合ううちに、だんだんと打ち解け、自分の本当の考えをはっきりと率直に話せるようになってきた。ミッション・ステートメントを書くという目的が、いつの間にか全員が自由にイマジネーションを働かせ、一つのアイデアが別のアイデアに自然とつながっていく活発なディスカッションの場となっていた。全員がお互いに共感しながら話を聴き、それと同時に勇気を持って自分の考えを述べた。お互いを尊重し、理解しながら、シナジーを生む創造的なコミュニケーションをしていたのだ。

そのエキサイティングな雰囲気を誰もが肌で感じていた。そして機が熟したところで、全員で共有できるビジョンを言葉にする作業に戻った。言葉の一つひとつが私たち全員にとって具体的な意味を持っていた。一人ひとりが決意できる言葉に凝縮されていた。

完成したミッション・ステートメントは、次のようになった。

我々のミッションは、個人や組織が、原則中心のリーダーシップを理解し実践することにより、価値ある目的を達

成する能力を大きく高められるようにエンパワーすることである。

シナジーのプロセスがミッション・ステートメントとなって実を結び、その場にいた者たちの心と頭にその一言一句がくっきりと刻まれた。このミッション・ステートメントは、私たちが仕事を進めるうえでの基準となり、どうあるべきか、どうあるべきでないかを明確に示す道標となったのである。

　もう一つ、素晴らしい成果につながったシナジーを体験したときの話をしよう。ある大手保険会社から、年間の事業計画を決める会議のアドバイザーを頼まれた。活発なディスカッションにしたいので助言してほしいということだった。会議にはすべての役員が出席し二日間にわたって行われることになっていた。会議の数ヵ月前に準備委員会のメンバーと会い、打ち合わせをした。彼らの説明によると、事前に質問用紙に記入してもらったり、直接話を聴いたりして、四つか五つの重要課題を決め、それぞれの課題について役員が対応策を準備し、会議で発表するのが例年のパターンだということだった。それまでの会議では、お互いに遠慮して率直な意見交換ができず、議論が白熱することはたまにあっても、保身と面目をかけたWin-Loseの展開になっていたという。たいていは決まりきったプロセスをたどるだけの創造的ではない退屈な会議だった。

　準備委員会のメンバーにシナジーの威力のことを話すと、彼らもその可能性の大きさを感じたようだった。最初はかなり尻込みしていたものの、例年のパターンを変えてみようと決心した。準備委員会は、重要課題について匿名で「提案書」を作成し提出するよう各役員に依頼し、集まった提案書を役員全員に配り、会議の前によく読んで、それ

第6の習慣 | シナジーを創り出す

それぞれの課題をさまざまな角度から理解しておくよう伝えた。さらに、自分の考えを述べるよりも人の意見を聴くことに重点を置き、自分の立場を守ろうとするのではなく、皆で協力しシナジーを発揮して、より良いものを生み出そうとする姿勢で会議に臨んでほしいとも伝えておいた。

私は会議初日の午前中を使って、第4、第5、第6の習慣の原則とスキルを役員たちに手ほどきした。それ以降の時間は、会議を創造的なシナジーの場にすることに使った。

シナジーの力が解き放たれると、信じられないほどのエネルギーを生み出した。例年のお決まりのパターンはきれいに消えてなくなり、会議は熱気に包まれた。一人ひとりが心を開いて発言を熱心に聴き、受け止める。そこに新しい洞察が加わり、それまで思ってもみなかった選択肢が次々と出てきた。会議が終わる頃には、会社が直面する重要課題を全員が、まったく新しい視点から理解していた。あらかじめ作成されていた提案書は、もはや不要となっていた。お互いの考え方の違いを尊重し、それを乗り越えて、全員が共有できる新しいビジョンがかたちをなしていったのである。

人は一度でも本物のシナジーを経験すると、それ以前の自分に戻ることはない。あれほど心が広がり、胸躍る冒険にまた出会えることを確信できるからである。

だからといって、以前に経験したシナジーをそっくりそのまま再現しようとしても、うまくいくものではない。しかし創造的なことを成し遂げようという目的意識ならば、いつでも再現できる。東洋に「師を真似ることを求めず、師の求めたものを求めよ」という至言がある。これにならえば、過去のシナジー体験を真似るのでは

なく、それとは異なる目的、より高い目的を達成するための新しいシナジーを求めることができるのである。

シナジーとコミュニケーション

シナジーは心を湧き立たせる。創造することは心を湧き立たせる。心を開いたコミュニケーションが生み出すものには、驚くべきものがある。シナジーは、大きな成果、意味のある進歩につながる。それは否定しようのないことである。だから、リスクを負ってでもシナジーを起こす努力はする価値があるのだ。

第二次世界大戦後、アメリカ合衆国は新設された原子力委員会の委員長にデビッド・リリエンソールを任命した。リリエンソールは各界の実力者を集めて委員会を組織した。どの委員もそれぞれの分野で強い影響力を持ち、自らの揺るぎない信念に基づいて行動する人物だった。

それぞれに強烈な個性を放つ人物で構成された原子力委員会は、きわめて重要な任務を帯び、メディアも大きな期待を寄せる中、委員は皆、一刻も早く仕事に取りかかろうと意欲的になっていた。

ところが、リリエンソールは委員同士の信頼口座の構築に数週間を費やし、委員たちがお互いの興味、希望、目標、懸念、経歴、判断基準、パラダイムを知り合える機会を設けた。立場を超えた人間同士の交流を促し、絆を強めることに時間を使ったのである。彼のこうしたやり方は、「効率的ではない」とみなされ、厳しい批判にさらされた。

第6の習慣｜シナジーを創り出す

だが結果的には、委員同士が結束し、全員が心を開いて率直に話し合える環境ができ、意見の相違があっても、かたくなになって対立することはなく、お互いに本気で理解しようとした。お互いを心から尊敬していたから、意見の相違があっても、実にクリエイティブでシナジーにあふれた委員会ができたのである。委員一人ひとりが、「あなたほど知性と能力に優れ、責任感の強い方が私とは違う意見を持っているからには、私がまだ理解していないことがあるのでしょう。それをぜひとも知りたい。あなたのものの見方、考え方を教えてください」という態度を持つようになっていた。率直に話し合える人間関係が生まれ、素晴らしい組織文化が形成された。

下の図は、信頼関係がコミュニケーションの質にどのように影響するかを示したものである。

もっとも低いレベルのコミュニケーションは低い信頼関係から生じる。自分の立場を守ることしか考えず、揚げ足をとられないように用心深く言葉を選び、話がこじれて問題が起きたときの用心に予防線を張り、逃げ道をつくっておく。このようなコミュニケーションでは、結果はWin−LoseかLose−Winのどちらかしかない。P／PCバランスがとれていないから、コミュニケーションの効果は

コミュニケーションのレベル

まったく期待できず、さらに強く自分の立場を防衛しなければならない状況をつくり出すという悪循環に陥ってしまう。

中間のレベルはお互いを尊重するコミュニケーションである。それなりに成熟した人間同士のやりとりである。相手に敬意は払うけれども、面と向かって反対意見を述べて対立することを避け、そうならないように注意して話を進める。だから、相手の身になって共感するところまでは踏み込めない。知的レベルでは相互理解が得られるかもしれないが、お互いの立場の土台となっているパラダイムを深く見つめることなく、新しい可能性を受け入れることはできない。

一人ひとりが別々に何かをする自立状態においては、お互いを尊重するコミュニケーションのレベルでもうまくいく。複数の人間が協力し合う相互依存の状況でも、ある程度まではやっていけるだろう。しかしこのレベルでは、創造的な可能性が開かれることはない。相互依存の状況でお互いを尊重するコミュニケーションをとると、たいていは妥協点を見つけて終わりである。妥協とは、一プラス一が一・五にしかならないことである。どちらも二を求めていたけれども、お互いに〇・五ずつ諦めて一・五で手を打つことだ。たしかにこのレベルのコミュニケーションでは、それぞれが自分の立場を守ろうとするかたくなな態度はないし、相手に腹を立てることもなく、自分のいいように相手を操ろうという魂胆もなく、正直で誠意あるやりとりができる。しかし、個々人のクリエイティブなエネルギーが解き放たれず、シナジーも創り出せない。低いレベルのWin－Winに落ち着くのがやっとだ。

シナジーとは、一プラス一が八にも、一六にも、あるいは一六〇〇にもなることである。強い信頼関係から

第6の習慣 ｜ シナジーを創り出す

生まれるシナジーによって、最初に示されていた案をはるかに上回る結果に到達できる。しかも全員がそう実感でき、その創造的なプロセスを本心から楽しめる。そこには小さいながらも完結した一つの文化が花開く。その場限りで終わってしまうかもしれないが、P/PCのバランスがとれた完璧な文化なのである。

シナジーに到達できず、かといってNo Deal（取引きしない）を選択することもできない、そんな状況になることもあるだろう。しかしそのような状況であっても、真剣にシナジーを目指していれば、妥協するにしても、より高い妥協点が見つかるものである。

第3の案を探す

コミュニケーションのレベルが相互依存関係の効果にどう影響するのか、もっと具体的に考えてみよう。次のような場面を想像してみてほしい。

ある男性が、今年の長期休暇は家族と湖に旅行して、キャンプと釣りを楽しみたいと思っているとしよう。彼にとっては一年前から温めてきた大切な計画だ。湖畔のコテージを予約し、ボートのレンタルも手配してある。息子たちもこのバカンスを心待ちにしている。

ところが妻は、この休暇を利用して年老いて病床にある母親を見舞いたいと思っている。母親は遠く離れた場所に住んでいるから、頻繁に会いに行くことはできない。彼女にとって長期休暇は絶好のチャンスなのである。

夫と妻の希望の違いは、大きな争いの原因になりかねない。

「もう計画はできているんだ。息子たちも楽しみにしている。湖畔旅行に行くべきだ」と夫は言う。
「でも母はいつまで元気でいられるかわからないのよ。少しでもそばにいてあげたいの。母とゆっくり過ごせる時間は休暇のときしかとれないわ」と妻が応じる。
「一年も前からこの一週間の休暇を楽しみにしてきたんだ。子どもたちにしてみたら、おばあちゃんの家に行って一週間も過ごすなんて退屈だろう。騒ぎたいだけ騒ぐだろうから、お母さんに迷惑をかけるだけだ。それにお母さんは今すぐどうこうっていう病状じゃないんだし。近くにきみの姉さんも住んでいて、ちゃんと世話だってしてくれているじゃないか。大丈夫だよ」
「私の母親でもあるのよ。そばにいたいの」
「毎晩電話すればいいじゃないか。クリスマスには家族全員が集まって一緒に過ごす計画になっているだろう？」
「そんなのまだ五ヵ月も先の話じゃない。それまで母が元気でいられる保証なんかないのよ。とにかく、母は私を必要としているの。行ってあげたいのよ」
「お母さんは大丈夫だって。僕と息子たちだって君を必要としているんだよ」
「母のほうが釣りより大事だわ」
「君の夫と息子たちのほうがお母さんより大事だと思うがね」

こんなふうに話は平行線をたどり、行きつ戻りつしながら、そのうち妥協点を見出すかもしれない。たとえ

第6の習慣 | シナジーを創り出す

ば休暇は別々に過ごし、夫は子どもたちを連れて湖に行き、妻は母親を見舞う。そしてお互いに罪悪感と不満だけが残る。子どもたちは両親のそんな気持ちを感じとり、休暇を思いきり楽しめなくなる。あるいは夫のほうが折れて、しぶしぶ妻の母親の家に行くかもしれない。そして、その一週間が家族全員にとってつまらない休暇になるという自分の確信を裏づける証拠を、意識的にせよ無意識にせよ、妻にあてつけることになるだろう。

逆に妻が譲歩し、湖への家族旅行に同行するかもしれない。むろん、彼女は釣りもキャンプも楽しもうとしない。その後、母親の病状に少しでも変化があろうものなら、過剰に反応するだろう。万一容態が悪化し亡くなるようなことにでもなれば、夫はずっと罪悪感を抱くだろうし、妻も夫を許すことができないだろう。どの妥協案を選択しようと、それから先何年にもわたって、このときの休暇がことあるごとに持ち出され、相手の無神経さ、思いやりのなさ、優先順位の決め方の甘さを裏づける証拠に使われることになる。ケンカの火種はずっとくすぶり続け、夫婦の絆を断ち切ってしまいかねない。自然に湧き出る愛情に満ち、しっかりとした絆で結ばれていた家族が、こうした出来事が積み重なり、やがて憎み合う関係に変わってしまうのは珍しいことではない。

夫と妻はこの状況をそれぞれ違う目で見ている。その違いがあってこそ、二人がもっと近づき、絆を強くすることもできるのである。関係にヒビを入れている。しかし、その違いがあってこそ、二人がもっと近づき、絆を強くすることもできるのである。高いレベルのコミュニケーションがとれるようになるのだ。効果的な相互依存の習慣を身につけ、実践すれば、新しいパラダイムを土台にしてお互いの違いを認め、より

夫婦はお互いの信頼口座にたくさんの残高を持っているのだから、相手を信頼し、心を開いて率直にコミュニケーションをとることができる。夫婦ならWin-Winを考え、お互いのためになる決断を下すことができる。お互いが最初に出した案よりも良い第3の案があるはずだと信じられる。夫婦は相手の身になり共感して話を聴き、まず相手を理解しようと努力できるのだから、相手の価値観や関心事の全体像をとらえ、それを踏まえ、お互いのためになる決断を下すことができる。

高い信頼口座の残高、Win-Winを考える姿勢、まず相手を理解しようとする努力、いまって、シナジーを創り出す理想的な環境ができあがる。

仏教ではこれを**中道**と言い表している。この言葉の本質は妥協ではない。たとえるなら三角形の頂点であり、より高い次元の選択を意味する。

夫婦は、「中道」すなわち、より高次の道を探し求めるとき、お互いの愛情そのものがシナジーを創り出す要素であることを実感するはずだ。

お互いのコミュニケーションが深くなるにつれ、夫は母親に会いたいという妻の願いを深く理解する。母親の世話を姉に任せきりにしていることに対して、少しでも負担を軽くしてあげたいという妻の思いを察する。母親がいつまで元気でいられるかわからないのだから、妻にしてみれば釣りよりも母親を見舞うほうが大切なのももっともだと理解するのである。

そして妻のほうも、家族で旅行し息子たちに一生の思い出に残る経験をさせてあげたいという夫の気持ちを理解する。夫が息子たちと釣りのバカンスを楽しむために道具を揃え、釣りの教室に通っていたことも知って

第6の習慣 | シナジーを創り出す

いる。この旅行を家族のかけがえのない思い出にする大切さも強く感じている。

だから、二人はお互いの望みを一つに合わせることにする。向かい合って対立するのではなく、同じ側に立って問題を眺めてみる。お互いの希望を理解して、両方の希望をかなえられる第3の案を見出す努力をする。

「近いうちにお母さんを見舞ったらどうだろう。週末の家事は僕が引き受けるし、週明けだけちょっと人を頼めば、家のことは心配ないよ。行ってきたらいい。君にとってお母さんと過ごす時間がどれだけ大事か、僕にもよくわかっているから。

それとも、ひょっとしたらお母さんの家の近くにキャンプと釣りができる場所があるかもしれないね。計画していた湖ほどの場所じゃなくても、屋外で楽しめることに変わりはないんだし、君の希望もかなえられる。子どもたちだってお母さんの家の中で暴れまわることもないしね。それに親戚と一緒に楽しめることだってあるかもしれないよ」

こうして二人はシナジーを創り出す。話し合いを続けて、お互いが納得できる解決策を見つけ出す。それは最初に出していたそれぞれの案よりも良い解決策になるはずだ。妥協ではなく、二人とも満足する解決策になる。シナジーから生まれる解決策は、PとPCの両方を高めることができるのだ。

お互いの希望を出して取引し、ほどほどのところで妥協するのではない。シナジーは二人が望むものを与え、そして二人の絆を強めるのである。シナジーのプロセスは、二人の関係をも変える力を持っているのである。

ネガティブなシナジー

白か黒かの二者択一でしか物事を考えられない人にしてみれば、第3の案を探すのはそれこそ途方もないパラダイムシフトだろう。しかし、その結果の違いは驚くほどである。

人間同士の相互依存で成り立つ現実の世界で生きているにもかかわらず、それに気づかずに問題を解決したり、何かを決定したりするとき、人はどれほど多くのエネルギーを無駄に使っていることだろう。他人の間違いを責める。政治的な工作に奔走する。ライバル心を燃やして対立する。保身に神経をとがらせる。陰で人を操ろうとする。人の言動の裏を読もうとする。こうしたことにどれだけの時間を浪費しているだろうか。まるで右足でアクセルを踏みながら左足でブレーキを踏んでいるようなものである。

しかし多くの人はブレーキから足を離そうとせず、さらに強くアクセスを踏み込む。もっとプレッシャーをかけ、自分の主張を声高に叫び、理屈を並べて自分の立場をより正当化しようとするのだ。

こんなことになるのは、依存心の強い人が相互依存の社会で成功しようとして、他人の地位の力を借りて相手を負かそうとするWin-Lose、あるいは相手に好かれたいがために迎合するLose-Winの二つに一つしか選択肢がないのである。Win-Winのテクニックを使ってみたりはするものの、本当に相手の話を聴きたいわけではなく、相手をうまく操りたいだけなのだ。このような状況でシナジーが創り出される可能性はゼロである。

内面が安定していない人は、どんな現実でも自分のパラダイムに当てはめられると思っている。自分の考え

方の枠に他者を押しこめ、自分のクローンに改造しようとする。自分とは違うものの見方、考え方を知ることこそ人間関係がもたらす利点であるのに、その事実に気づかないのだ。同一と一致は違うのである。本当の意味での一致というのは、補い合って一つにまとまることであって、同一になることではない。同一になることはクリエイティブではないし、つまらないものである。自分と他者の違いに価値を置くことがシナジーの本質なのである。

シナジーに関して、私は一つの確信を持つに至っている。それは、人間関係からシナジーを創り出すには、まず自分の中でシナジーを創り出さなければならないということだ。そして自分の内面でシナジーを起こすには、第1、第2、第3の習慣が身についていなければならない。これらの習慣の原則を理解し実践できている人なら、心を開839き、自分の脆い部分をさらけ出すリスクを負っても、内面がぐらつくことはないし、Win―Winを考える豊かさマインドを育て、第5の習慣の本質を体現できるのである。

原則中心の生き方によって得られる非常に現実的な成果の一つは、過不足なく統合された個人になれることである。論理と言語をつかさどる左脳だけに深く脚本づけられた人は、高度な創造力がなければ解決できない問題にぶつかったとき、自分の思考スタイルの物足りなさを痛感することだろう。そして、右脳の中で新しい脚本を書き始めるのである。そもそも、右脳がなかったわけではない。ただ眠っていただけなのだ。右脳の筋肉がまだできていなかったのかもしれないし、あるいは子どもの頃には右脳の筋肉をよく使って鍛えていたのに、左脳を重視する学校教育や社会のせいで、すっかり萎縮していたのかもしれない。

直観的、創造的、視覚的な右脳、論理的、言語的な左脳、この両方を使いこなせれば、脳全体をフルに働か

せることができる。つまり、自分の頭の中で心理的なシナジーを創り出せるのだ。そして左脳と右脳の両方を使うことが、現実の人生にもっとも適したやり方なのである。人生は論理だけで成り立つものではない。半分は感情によって成り立っているのだ。

フロリダ州オーランドにある企業で「左脳でマネジメント、右脳でリーダーシップ」と題したセミナーを行ったときのことである。休憩時間に、その企業の社長が私のところにやってきて、次のような話をした。

「コヴィー博士、おかしなことを言うようですが、今日のセミナーを聴いていて、会社で実践するのはもちろんですが、実は妻との関係にも使えるかどうか考えていたんですよ。妻とのコミュニケーションがどうもうまくいかなくて困っています。どうでしょう、妻を交えて一緒に昼食をとりながら、私たちの会話がどんなふうに見ていただけませんでしょうか」

「いいですよ」と私は答えた。

私たち三人は昼食の席に着き、挨拶を交わして二言三言おしゃべりをすると、社長は奥さんにこう言った。

「今日はね、先生にお願いしたんだ。一緒に昼食をとりながら、我々のコミュニケーションのことでアドバイスをしていただきたいと。私がもっと思いやりのある優しい夫になってほしい、君がそんなふうに思っていることはわかっているんだ。私にどうしてほしいのか、具体的に話してくれないか」

彼は左脳派のようだ。いきなり事実や数字、具体例、各部分の説明を求める。

「前にも言ったけど、具体的にどこがどうというわけではないのよ。何て言ったらいいのかしら、お互いのプライオ

404

第6の習慣 ｜ シナジーを創り出す

リティの違いよね。全体的に物事の優先順位が違うような気がするのよ」

どうやら奥さんの方は右脳派だ。感覚的に全体をとらえ、部分と部分の関係性を見る。

「どういうことなんだ、そのプライオリティが違うというのは？ 君は私にどうしてほしいんだ？ はっきり言ってくれないと、私としてもどうしようもないじゃないか」

「だから、何となくそんな感じがするのよ」奥さんは右脳だけを働かせて、イメージと直感で話をしている。「あなたは口で言うほど結婚生活を大切に思っていないような気がするの」

「じゃあ、大切にするためには何をすればいいんだい？ 具体的に話してくれよ」

「言葉にするのは難しいわ」

そこで彼はもうお手上げだという表情をして、私のほうを見た。彼の表情は「先生、わかるでしょう？ 先生だって、奥さんがこんなに話の通じない人だったら耐えられないでしょう？」と訴えていた。

「そんな感じがするの。本当に」

「そこが君の悪いところなんだよ。君のお母さんもそうだ。まあ実際、女性というものはおしなべてそうなんだが」

彼は、まるで宣誓供述書をとるための尋問さながら、奥さんに質問し始めた。

「住んでいる場所が気に入らないのか？」

「そうじゃないわ。全然そんな問題じゃないの」と彼女はため息をつく。

「そうか」彼は必死で自分を抑えている。

「でも、何が問題なのかはっきり言ってくれないなら、一つひとつ確かめていくしかないじゃないか。何が問題で、

何が問題じゃないのか。住んでいる場所が気に入らないのか?」
「そうねぇ……」
「先生がせっかく時間を割いてくださっているんだから、『はい』か『いいえ』ではっきり答えてくれよ。今の家は好きか?」
「はい」
「よし。それははっきりしたな。じゃあ、欲しいものは全部あるかい?」
「はい」
「わかった。やりたいことはやっているかい?」

こんな調子がしばらく続いたところで、私は二人のためにまだ何のアドバイスもしていないことに気づいた。そこで私は口を挟んで、こう聞いてみた。

「お二人はいつもこんなふうに会話をしているのですか?」
「毎日こうですよ」と彼が返事した。
「結婚してからというもの、ずっとこうです」彼女はそう言って、またもため息をつく。

私は二人を見ていて、脳の片方づつしか使っていない者同士が一緒に暮らしているのだなと思った。

「お子さんはいらっしゃいますか?」と聞いてみた。
「はい、二人います」
「本当に?」 私はわざと驚いたような声をあげた。「どうやってつくったんです?」

第６の習慣｜シナジーを創り出す

「どういう意味です？」
「お二人はシナジーを創り出したのですよ。普通なら、一プラス一は二です。しかしお二人の場合は一プラス一が四になったのです。それがシナジーなんです。全体が各部分の和より大きくなった。ですから、お二人はどうやってお子さんをつくったんです？」
「そんなことはご存じでしょう」と彼は言った。
「お二人はお互いの違いを尊重した。つまり、お互いの違いに価値を置かなければならないんですよ」と私は大声で言った。

違いを尊重する

違いを尊重することがシナジーの本質である。人間は一人ひとり、知的、感情的、心理的にも違っている。そして違いを尊重できるようになるためには、誰もが世の中をあるがままに見ているのではなく、「自分のあるがまま」を見ているのだということに気づかなくてはならない。

もし私が世の中をあるがままに見ていると思い込んでいたら、自分との違いを尊重しようと思うだろうか。「間違っている人」の話など聴くだけ無駄だと切り捨ててしまうだろう。「私は客観的だ、世の中をあるがままに見ている」というのが私のパラダイムなのだ。「他の人間は皆些末なことにとらわれているけれども、私はもっと広い視野で世の中を見渡している。私は立派な視野を持っている。だから私は上に立つ者としてふさわ

407

しい人間なのだ」と自負しているのである。

私がそういうパラダイムを持っていたら、他者と効果的に協力し合う相互依存の関係は築けない。それどころか、自立した人間になることさえおぼつかないだろう。自分の思い込みで勝手に条件づけしたパラダイムに縛られているからである。

本当の意味で効果的な人生を生きられる人は、自分のものの見方には限界があることを認められる謙虚さを持ち、心と知性の交流によって得られる豊かな資源を大切にする。そういう人が個々人の違いを尊重できるのは、自分とは違うものを持つ他者と接することで、自分の知識が深まり、現実をもっと正確に理解できるようになるとわかっているからなのである。自分の経験したことしか手元になければ、データ不足であることは明らかである。

二人の人間が違う意見を主張し、二人とも正しいということはありうるだろうか。論理的にはありえないが、**心理的**にはありえる。そしてそれは、現実にはよくあることなのである。一枚の絵を見て、あなたは若い女性に見えると言い、私は老婆に見えると言う。私たちは同じ白地に同じ黒線で描かれた同じ絵を見ているのだが、解釈の仕方が私とあなたとでは違うのである。この絵を見る前に、違う見方をするように条件づけられていたからである。

お互いのものの見方の違いを尊重しなければ、また、お互いを尊重し合い、どちらの見方も正しいのかもしれないと思わなければ、自分の条件づけの中にずっととどまることになる。人生は「あれかこれか」の二者択一で決められるわけではない、答えは白か黒のどちらかだけではない、必ず第3の案があるはずだと思えない

408

限り、自分だけの解釈の限界を超えることはできないのである。

私にはどうしても老婆にしか見えないかもしれない。しかし私は、その同じ絵があなたの目には映っていることはわかる。私はあなたのその見方を尊重する。そして私は、あなたの見方を理解したいと思う。

だから、あなたが私とは違うものの見方をしているなら、私は「よかった。あなたは違うふうに見えるんだね。あなたに見えているものを私にも見せてほしい」と言えるのである。

二人の人間の意見がまったく同じなら、一人は不要である。私と同じように老婆にしか見えない人と話をしても、得るものはまったくない。私とまったく同じ意見を持つ人とは、話す興味は湧いてこない。あなたは私とは違う意見だからこそ、あなたと話してみたいのだ。私にとっては、その違いこそが大切なのである。

違いを尊重することによって、私自身の視野が広くなるだけでなく、あなたという人間を認めることにもなる。私はあなたに心理的な空気を送り込むのである。私がブレーキから足を離せば、あなたが自分の立場を守ろうとして使っていたネガティブなエネルギーも弱まる。こうして、シナジーを創り出す環境ができていく。

教育学者R・H・リーブス博士が著した『動物学校』というおとぎ話には、違いを尊重する大切さがよく描かれている。

昔々、動物たちは「新しい世界」のさまざまな問題を解決するために、何か勇敢なことをしなければならないと考え、学校をつくりました。学校では、かけっこ、木登り、水泳、飛行を教えることにしました。学校の運営を円滑にするために、どの動物も全部の教科を学ぶことになりました。

アヒルは、水泳の成績は抜群で、先生よりも上手に泳げるくらいでしたが、かけっこは苦手です。かけっこの成績が悪いので、放課後もかけっこの練習をさせられました。そうしているうちに、水かきがすり減ってきて、水泳の授業中もかけっこの練習をさせられました。学校では平均点ならば問題ないので、アヒルの水泳の成績が落ちたことは、アヒル本人以外は誰も気にかけませんでした。

ウサギは、かけっこはクラスでトップでした。ところが水泳が苦手で居残りさせられているうちに、すっかり神経がまいってしまいました。

リスは木登りの成績が優秀だったのですが、飛行の授業で、木の上からではなく地上から飛べと先生に言われて、ストレスがたまってしまいました。練習のしすぎでヘトヘトになり、肉離れを起こし、木登りの成績はCになり、かけっこもDに落ちたのです。

ワシは問題児で、厳しく指導しなければなりませんでした。木登りの授業ではどの動物よりも早く上まで行けるのですが、決められた登り方ではなく、自分のやり方で登ってしまうのです。

学年末には、水泳が得意で、かけっこ、木登り、飛行もそこそこという少々風変わりなウナギが一番高い平均点をとり、卒業生総代に選ばれました。

学校が穴掘りを授業に採用しなかったので、プレーリードッグたちは登校拒否になり、その親たちは税金を納めようとしませんでした。プレーリードッグの親は子どもに穴掘りを教えてくれるようアナグマに頼み、その後、タヌキたちと一緒に私立学校を設立して、成功を収めました。

力の場の分析

相互依存の状況では、成長と変化を妨げるネガティブな力に対抗するときにこそ、シナジーが特に強力になる。

社会心理学者のクルト・レヴィンは、「力の場の分析」というモデルを構築した。それによると、現在の能力や状態は、上向きの推進力とそれを妨げようとする抑止力とが釣り合ったレベルを表しているという。

一般的に推進力はポジティブな力である。合理的、論理的、意識的、経済的な力が働くわけである。それに対して抑止力はネガティブな力であり、感情的、非論理的、無意識、社会的・心理的な力が働く。自分だけでなく周りの人たちを見ても、両方の力が働いていることはよくわかる。変化に対応するときには、推進力と抑止力の両方を考慮しなければならない。

たとえば、どんな家庭にも「場の雰囲気」というものがある。あなたの家庭の「場の雰囲気」を考えてみよう。ポジティブな力とネガティブな力のかかり具合で、家族同士で気持ちや心配事をどこまで安心して話せるか、どこまでお互いを尊重して話ができるかがおおよそ決まり、家庭の雰囲気を作っている。

あなたは今、その力関係のレベルを変えたいと思っているとしよう。もっとポジティブな力が働き、家族がお互いをもっと尊重し、もっとオープンに話ができ、信頼感に満ちた雰囲気をつくりたいとしよう。そうしたいと思う理由、論理的な理由そのものが、釣り合いのレベルを押し上げる推進力になる。

しかし推進力を高めるだけでは足りない。あなたの努力を抑え込もうとする抑止力があるからだ。それは兄弟同士の競争心かもしれないし、夫と妻の家庭観の違いかもしれない。あるいは家族の生活習慣かもしれない

し、あなたの時間や労力をかけなければならない仕事やさまざまな用事も抑止力になるだろう。推進力を強めれば、しばらくは結果が出るかもしれない。しかし、抑止力がある限り、徐々に推進力を強めることは難しくなっていく。バネを押すようなもので、強く押せば押すほど強い力が必要になり、そのうちバネの力に負けてしまい、元のレベルに突然跳ね返ってしまうのである。ヨーヨーのように上がったり下がったりを繰り返しているうちに、「しょせんこんなもの。そう簡単には変われない」と諦めムードになっていく。

しかし、ここで諦めずにシナジーを創り出すのである。Win−Winを考える動機（第4の習慣）、まず相手を理解することに徹し、それから自分を理解してもらえるようにするためのスキル（第5の習慣）、他者と力を合わせてシナジーを創り出す相互作用（第6の習慣）、これらを総動員して抑止力に直接ぶつけるのだ。抑止力となっている問題について、心を開いて話し合える雰囲気をつくる。するとがちがちに固まっていた抑止力が溶け始め、ほぐれていき、抑止力が推進力に一変するような新しい視野が開けてくる。人々を問題の解決に巻き込み、真剣に取り組ませる。すると誰もが問題に集中し、自分のものとしてとらえ、問題解決の一助となる。

そうすることで、全員が共有できる新しい目標ができ、誰も予想していなかった方向へ話が進んでいき、上向きの力が働き始める。その力が興奮の渦を

第6の習慣 | シナジーを創り出す

もたらし、新しい文化が生まれる。興奮の渦の中にいた全員がお互いの人間性を知り、新しい考え方、創造的で斬新な選択肢や機会を発見して、大きな力を得るのである。

私はこれまで、心底憎み合い、それぞれに弁護士を立てて自分の正当性を主張する人たちの仲裁を何度も引き受けたことがある。しかし裁判に訴えれば、話し合いは紛糾するばかりで、事態は悪化するばかりだった。そうはいっても信頼関係はないに等しいから、法廷で決着をつけるしか方法はないと当事者は思い込んでいる。

そういうとき私は当事者双方に、「お互いが満足できるWin-Winの解決策をお互い見つける気はありますか?」と聞く。

「私が相手の合意を取りつけたら、双方とも、そんな解決策などあるわけがないと思っている。Win-Winの解決をめざしてお互い本気で話し合いますか?」と私は聞く。

これもまた、答えはイエスである。

たいていは肯定的な答えが返ってくるが、ほとんどのケースで、驚くような結果になる。何ヵ月も法廷で争い、心理的にも当事者双方を苦しめていた問題が、ものの数時間か数日で解決してしまう。しかもその解決策というのは、裁判所が当事者に提示するような妥協ではない。当事者同士で話し合い、シナジーのプロセスから生まれる解決策は、それぞれの当事者が主張していた解決策よりも優れたものになる。それだけではない。当初は修復不可能なほど破綻していたかに見えた関係が、この解決策をきっかけにして関係が長く続いていくケースがほとんどなのである。

413

私たちの会社が行っている能力開発セミナーで、あるメーカーの経営者から、債務不履行で長年の得意先から訴えられているという話を聞いた。メーカーも得意先もそれぞれの立場の正当性を主張して譲らず、相手のほうこそ倫理観に欠け、信用できないと思い込んでいた。

このメーカーが第5の習慣を実践してみると、二つのことが明らかになった。一つ目は、そもそもの発端は話の行き違いによる誤解で、非難し合っているうちに問題が大きくなったこと。二つ目は、双方とも最初は悪意などなく、裁判に持ち込んで余計な費用を使いたくはなかったが、それ以外の方法が見つからなかったことだった。

この二つがはっきりしたら、第4、第5、第6の習慣の精神が発揮され、問題はあっという間に解決し、両社の取引関係は今もうまくいっているという。

もう一つの例を紹介しよう。

ある日の早朝、宅地開発業者から電話がかかってきた。切羽詰まった声で助けを求めていた。銀行から借りた金の元金と利息を期日どおりに支払わなかったために、銀行が差し押さえに出ようとしていて、彼はそれを阻止するために仮処分を申請しているという。銀行に返済するためには、追加融資を受けて土地の造成を終え、宅地を販売しなければならないのだが、銀行側は、返済期日を過ぎている貸付金が返済されるまでは追加融資には応じられないの一点張りらしい。ニワトリが先か卵が先かの堂々巡り、答えの出ない膠着状態になっていた。

その間、宅地開発プロジェクトは一歩も進まず、そのうち、道路には雑草が生え、造成を終えた数少ない区画に家を

第6の習慣 | シナジーを創り出す

建てていた人たちは、こんな状態では不動産の資産価値が下がってしまうと腹を立てていた。市当局も、一等地の開発が遅れに遅れ、見苦しい状態になっていることを問題視していた。訴訟費用は銀行と開発業者の両方ですでに何十万ドルにも膨れ上がっているにもかかわらず、審理が始まるのは数ヵ月先の予定だという。

万策尽きていた開発業者は、第4、第5、第6の習慣の原則を試してみることにしぶしぶ同意した。再度の話し合いを持ちかけられた銀行は、彼以上にしぶっていたが、仕方なく応じた。

話し合いは、銀行の会議室で朝八時からスタートした。ピリピリとした緊張と双方の不信感が手に取るように伝わってきた。銀行の役員たちは、何もしゃべるなと弁護士から口止めされていた。法廷で不利になるような言質をとられないように、銀行側は弁護士が全部引き受け、役員たちは黙って聴くだけの姿勢で臨んでいた。

私は話し合いが始まってから最初の一時間半を使って、第4、第5、第6の習慣について説明した。九時半、私は黒板のところへ行き、開発業者から聴いた話をもとにまとめておいた銀行側の懸念事項を書き出した。最初のうち、役員たちは何も話さなかったが、Win-Winの解決策を見つけたいのだというこちらの意向を繰り返し伝え、まずそちらの立場を理解してもらえたらしいと感じ始めると、彼らも次第に態度を軟化させ、銀行側の立場を説明し始めた。自分たちの考えを理解してもらいたいのだと熱心に訴えると、会議室の雰囲気は一変した。問題を平穏に解決できるのではないか、そんな期待感に出席者たちの気持ちが高揚し、話し合いの場が活気づいてきた。役員たちは、弁護士の制止を振り切ってさらに心を開いて話し始め、銀行としての立場を説明するだけでなく、「この会議室を出たら、頭取から真っ先に『金は回収できたか』と聞かれます。何と答えればいいでしょうね?」と個人的な不安まで口にする役員もいた。

一一時の時点ではまだ、役員たちは銀行側の主張のほうが正しいのだという態度は変えていなかったものの、言い分はきちんと理解されていると思うようになっていた。徐々にかたくなな態度は消えていった。その頃には銀行側も開発業者の言い分に耳を傾ける余裕が出てきたように見えたので、私は黒板の反対側に開発業者の主張を書き出した。その結果、双方とも相手の立場をよく理解でき、それまでのコミュニケーション不足が誤解を生み、お互いに相手に対して現実からかけ離れた期待を抱いていたことに気づいたのである。Win-Winの精神でコミュニケーションをとっていたら、問題がこれほどこじれることはなかったという反省も生まれた。

双方がこれまで感じていた慢性の痛みと急性の痛みを共有できたことに加え、問題を前向きに解決したいという熱意が話し合いを推し進めた。会議終了予定の正午頃には、会議室はシナジーの熱気に包まれ、創造的なアイデアが湧くように出てきた。全員が、このまま話し合いを続けたい気持ちになっていた。

開発業者が最初に出していた案をたたき台にして、全員でWin-Winの解決策を目指すことになった。シナジーから生まれたアイデアを加え、原案をより良いものに磨き上げていった。一二時四五分頃、開発業者と銀行の役員は、できあがった計画を携えて住宅所有者協会と市当局に向かった。その後もいろいろと面倒なことが出てきたものの、法廷での争いは避けることができ、宅地開発プロジェクトは無事に完了した。

私はなにも、裁判に持ちこむのがいけないと言っているのではない。状況によっては法的手段に訴えなければならないこともある。しかしそれはあくまでも最後の手段である。あまりに早い段階から裁判を視野に入れたら、たとえ予防策のつもりでも、ときには、恐れと法律のパラダイムに縛られ、シナジーとは逆の思考と行

動プロセスを生み出してしまう。

自然界のすべてはシナジーである

　生態系という言葉は、基本的には自然界のシナジーを表している。すべてのものが他のすべてのものと関係し合っている。この関係の中で、創造の力は最大化する。「7つの習慣」も同じである。一つひとつの習慣が持つ力は、相互に関係し合ったときに最大の力を発揮するのである。

　部分と部分の関係は、家庭や組織にシナジーの文化を育む力でもある。問題の分析と解決に積極的に関わり、自分のものとして真剣に取り組むほど、一人ひとりの創造力が大きく解き放たれ、自分たちが生み出した解決策に責任を持ち、実行できるようになる。そしてこれはまさに、世界市場を変革した日本企業の力の神髄であると断言できる。

　シナジーの力は実際に存在する。それは正しい原則である。シナジーは、ここまで紹介してきたすべての習慣の最終目的であり、相互依存で成り立つ現実を効果的に生きるための原則なのである。チームワーク、チーム・ビルディング、人々が結束して創造力を発揮すること、それがシナジーである。

　相互依存の人間関係においては、他者のパラダイムをコントロールすることはできないし、シナジーのプロセスそのものも自分ではコントロールできない。しかし、あなたの影響の輪の中には、シナジーを創り出すための多くの要素がある。

あなたが自分の内面でシナジーを創り出すとき、その努力は影響の輪の中で完全になされる。自分自身の分析的な側面と創造的な側面の両方を意識して尊重し、その二つの側面の違いを生かせば、あなたの内面で、創造的なエネルギーが解き放たれるのだ。

敵対心を向けられるような厳しい状況にあっても、自分の内面であればシナジーを創り出すことはできる。侮辱を真に受ける必要はないし、他者が発するネガティブなエネルギーは身をかわしてよければいい。他者の良い面を探し出し、それが自分とはまるで異なっていればなおさら、そこから学んで視野を広げていくことができる。

相互依存の状況の中で、あなたは勇気を出して心を開き、自分の考え、気持ち、体験を率直に話すことができる。そうすれば、他の人たちもあなたに触発されて心を開くだろう。

あなたは他者との違いを尊重することができる。誰かがあなたの意見に反対しても、「なるほど。君は違う見方をしているんだね」と言えるのだ。相手の意見に迎合する必要はない。相手の意見を認め、理解しようとすることが大切なのだ。

自分の考えと「間違った考え」の二つしか見えないときは、あなたの内面でシナジーを創り出して、第3の案を探すことができる。ほとんどどんな場合でも、シナジーにあふれた第3の案は見つかる。Win−Winの精神を発揮し、本気で相手を理解しようとすれば、当事者全員にとってより良い解決策が見つかるはずだ。

第6の習慣:シナジーを創り出す 実践編

1. あなたと考え方のまるで違う人を一人思い浮かべてみる。その人との違いを土台にして第3の案を見つけるにはどうしたらよいか考えよう。今あなたが進めているプロジェクトや直面している問題について、その人に意見を求めてみる。自分とは違う考え方を尊重して耳を傾けてみよう。

2. あなたをイライラさせる人の名前をリストアップする。あなたの内面が安定していて、自分と他者の違いを尊重できるなら、その人との違いを生かしてシナジーを創り出せるだろうか。

3. もっとチームワークを高めてシナジーを創り出したいと思う状況を一つ挙げる。シナジーを創り出すためには、どのような条件が必要だろうか。それらの条件を揃えるために、あなたにできることは何だろうか。

4. 今度、誰かと意見が違ったり、対立したりしたとき、相手の立場の裏にある事情を理解するように努力してみる。その事情を考慮して、お互いのためになる創造的な解決策を話し合ってみよう。

THE SEVEN HABITS OF HIGHLY EFFECTIVE PEOPLE

第四部
再新再生
RENEWAL

The Seven Habits
of Highly
Effective People

第7の習慣
刃を研ぐ
Sharpen the Saw

第7の習慣 刃を研ぐ

バランスのとれた再新再生の原則

> ときに小さなことから大きな結果が生み出されるのを目にするとき、こう考えてしまう。小さなことなど一つもないのだ。
>
> ——ブルース・バートン

森の中で、必死で木を切り倒そうとしている人に出会ったとしよう。

「何をしているんです?」とあなたは聞く。

すると男は投げやりに答える。「見ればわかるだろう。この木を切っているんだ」

「疲れているみたいですね。いつからやっているんですか?」あなたは大声で尋ねる。

「もう五時間だ。くたくただよ。大変な仕事だ」

「それなら、少し休んで、ノコギリの刃を研いだらどうです? そうすれば、もっとはかどりますよ」とあなたは助言する。すると男ははき出すように言う。

「切るのに忙しくて、刃を研ぐ時間なんかあるもんか!」

第7の習慣は、刃を研ぐ時間をとることである。成長の連続体の図では、第7の習慣が第1から第6までの習慣を取り囲んでいる。第7の習慣が身につけば、他のすべての習慣を実現可能にする。

再新再生の四つの側面

第7の習慣は個人のPC(成果を生み出す能力)である。あなたの最大の資産、つまりあなた自身の価値を維持し高めていくための習慣である。あなたという人間をつくっている四つの側面(肉体、精神、知性、社会・情緒)の刃を研ぎ、再新再生させるための習慣である。

表現の仕方は違っていても、人生を巡る哲学のほとんどは、何らかのかたちでこれら四つの側面を取り上げている。哲学者のハーブ・シェパードは、バランスのとれた健全な生活を送るための基本価値として、**観点**(精神)、**自律性**(知性)、**つながり**(社会)、**体調**(肉体)の四つを挙げている。「走る哲学者」と呼ばれたジョージ・シーハンは、人には四つの役割——よき動物(肉体)、よき職人(知性)、よき友人(社会・情緒)、よき聖人(精神)——があると説いている。組織論や動機づけの理論の多くも、経済性(肉体)、処遇(社会・情緒)、育成や登用(知性)、社会に対する

組織の貢献・奉仕（精神）のかたちで四つの側面を取り上げている。「刃を研ぐ」というのは、基本的に四つの側面すべての動機を意味している。人間を形成する四つの側面のすべてを日頃から鍛え、バランスを考えて磨いていくことである。

そのためには、私たちは主体的であらねばならない。刃を研ぐのは第Ⅱ領域の活動であり、第Ⅱ領域は、あなたが主体的に行うべき活動の領域である。第Ⅰ領域の活動は緊急であるから、自分から主体的に動かなくとも、活動のほうからあなたに働きかけてくる。しかしあなたのＰＣ（成果を生み出す能力）は、自分から働きかけなくてはならない。習慣として身について意識せずともできるようになるまで、いわば「健康的な依存症」の域に達するまで、自分から主体的に実践しなければならないのだ。その努力はあなたの影響の輪の中心にあるから、他の誰かに代わりにやってもらうことはできない。自分のために、自分でしなければならないのである。

「刃を研ぐ」ことは、自分の人生に対してできる最大の投資である。自分自身に投資することだ。人生に立ち向かうとき、あるいは何かに貢献しようとするときに使える道具は、自分自身しかない。自分という道具に投資することが「刃を研ぐ」習慣なのである。自分自身を道具にして成果を出し、効果的な人生を生きるためには、定期的に四つの側面すべての刃を研ぐ時間をつくらなければならない。

肉体的側面

肉体的側面の刃を研ぐというのは、自分の肉体に効果的に気を配り、大切にすることである。身体によいものを食べ、十分な休養をとってリラックスし、定期的に運動する。

運動は第Ⅱ領域に入る波及効果の大きい活動だが、緊急の用事ではないから、続けようと思ってもそう簡単にはいかない。しかし運動を怠っていると、そのうち体調を崩したり病気になったりして、第Ⅰ領域の緊急事態を招くことになりかねない。

多くの人は、「運動する時間なんかない」と思っている。しかしこれは大きく歪んだパラダイムだ。「運動せずにいてもよい時間などない！」と思うべきなのである。せいぜい週に三〇分くらい身体を動かせばいいのである。週の残り一六二時間から一六五時間を万全の体調で過ごせるのだから、たったこれだけの時間を惜しむ理由などないだろう。

特別な器具を使わなくとも運動はできる。ジムに通ってトレーニングマシンで肉体を鍛えたり、テニスやラケットボールなどのスポーツを楽しむこともいいだろう。しかし、肉体的側面で刃を研ぐのに、そこまでの必要性はない。

理想的なのは、自宅でできて、持久力、柔軟性、筋力の三つを伸ばせる運動プログラムである。

持久力をつけるには、心臓血管の機能を高める有酸素運動が適している。心臓が肉体に血液を送り出す機能

を強化するわけである。

心臓は筋肉でできているが、心筋を直接鍛えることはできない。脚の筋肉など大きな筋肉群を動かす運動をして鍛えるしかない。だから、早歩きやランニング、自転車、水泳、クロスカントリースキー、ジョギングなどの運動が非常に効果的なのである。

一分間の心拍数が一〇〇を超える運動を三〇分続けると、最低限の体調を維持できると言われている。少なくとも自分の最大心拍数の六〇％になれば理想的だ。最大心拍数というのは、一般的には、二二〇から年齢を差し引いた数値だと言われ、心臓が全身に血液を送り出すときのトップスピードのことである。たとえば四〇歳の人なら、最大心拍数は二二〇－四〇＝一八〇だから、一八〇×〇・六＝一〇八まで心拍数を上げる運動が理想的である。最大心拍数の七二～八七％になる運動であれば、「トレーニング効果」が表れるとされている。

柔軟性にはストレッチが最適である。ほとんどの専門家は、有酸素運動の前にウォーミングアップ、後にクールダウンとしてストレッチを行うよう勧めている。運動の前にストレッチすると、筋肉がほぐれて温まり、激しい運動をする準備ができる。運動の後のストレッチは、筋肉にたまった乳酸を散らすので、筋肉の痛みや張りを防ぐ効果がある。

筋力をつけるには、筋肉に負荷をかける運動がよい。シンプルな体操、腕立て伏せや懸垂、腹筋運動、ある

第7の習慣 | 刃を研ぐ

いはウェイトを使った運動などである。どのくらいの負荷をかけるかは人それぞれである。肉体労働者やスポーツ選手であるなら、筋力をつけることがそのままスキルアップにつながるが、デスクワークが主体で、それほど強い筋力は必要ないのなら、有酸素運動やストレッチのついでに、筋肉に負荷をかける運動を少しやる程度で十分だろう。

あるとき、運動生理学博士である友人とジムに行った。筋肉強化に取り組んでいた彼は、ベンチプレスをするときに手伝ってほしいと頼んできた。ある時点まできたら、バーベルを一緒に戻してほしいという。「でも私が声をかけるまでは手を出さないでくれ」と彼はきっぱりと言った。

私は彼の様子を見ながら、いつでも手助けできるように構えていた。彼のバーベルは、アップ、ダウンを繰り返した。そのうち、バーベルを上げづらくなってきたように見えた。しかし彼は続けた。いよいよ辛そうになり、それでも続けようとしたが、私はもはや限界だろうと思った。だが予想に反して、彼は持ち上げた。上げたバーベルをゆっくり戻すと、また上げ始める。アップ、ダウン、アップ、ダウン。

彼の顔を見ていると、ついに血管が今にも破裂し飛び出してくるかに思え、「いくら何でも今度こそ駄目だ。バーベルが落ちて彼の胸をつぶしてしまうかもしれない。バーベルを支えないと。彼は気がおかしくなって、自分のしていることがわからなくなったのだろう」とまで考えた。だが、彼はしっかりとバーベルを下ろした。そして再び上げ始めた。信じられなかった。

そしてようやく、彼はバーベルを元に戻してくれと私に声をかけた。「なぜそこまでやるんだい?」と私は思わず

聞いた。

「運動の効果のほとんどは最後にこそくるんだよ、スティーブン。私は筋肉を強化しようとしているのだから、筋肉繊維が破れて、神経がその痛みを感知するまで続けなくちゃいけない。そこまでやれば、肉体は自然と過剰反応して、その繊維は四八時間以内に以前より強くなるんだ」と彼は答えた。

これと同じ原則が、忍耐など情緒的な筋肉にも作用している。自分のそれまでの限界を超えるまで我慢し続けると、精神の筋肉繊維が破れ、自然と過補償され、次にそれと同じ負荷がかかっても耐えられるようになる。精神力が強くなるのである。

私の友人は筋力をつけたかった。そして彼は、どうすれば筋力をつけられるかよく知っていた。しかし多くの人は、効果的になるために、そこまで筋力アップに精を出す必要はない。むろん、「痛みがなければ効果なし」という考え方が当てはまる場合もあるが、それは効果的な運動プログラムの本質となるものではない。肉体的側面の再新再生の目的は、仕事をして、周りの環境に適応し、生活を楽しめる肉体的能力を維持し高めることである。そのために定期的に運動して、刃を研ぐ。

運動プログラムを組むときは、よく考えなければならない。たいていの人はやりすぎてしまうもので、これまでまったく運動していなかった人は特にそうである。そのせいで肉体のあちこちが痛んだり、怪我をしたり、ひどい場合には回復不能な損傷を負うことにもなりかねない。だから少しずつ始めるのがよい。自分の肉体と相談しながら、最新の研究にも注意し、かかりつけの医師のアドバイスに従って運動プログラムを組むこ

第7の習慣　｜　刃を研ぐ

とが大切である。

あなたがこれまで運動をしていなかったのであれば、甘やかし、衰えていた肉体は、突然の変化に明らかに抵抗するはずだ。最初のうちは、運動を楽しめないだろう。むしろ嫌で嫌でたまらないかもしれない。しかし、そこで主体的になろう。とにかく実行する。ジョギングする日の朝に雨が降っていても、決行する。「雨か。よし、肉体だけでなく精神も鍛えるぞ！」と張り切って外へ出よう。

運動は応急処置ではない。長い目で見て大きな成果をもたらす第Ⅱ領域の活動である。コンスタントに運動している人に尋ねてみるといい。少しずつ地道に続けていれば、心臓と酸素処理系統の機能が向上し、休息時心拍数が徐々に下がっていく。肉体の耐えられる負荷が大きくなり、普通の活動もはるかに快適にこなせるようになる。午後になっても体力が落ちず、新たなエネルギーが肉体を活性化し、それまではきついと感じていた運動も楽にできるようになる。

運動を継続することで得られる最大のメリットは、第1の習慣の主体的な筋肉も鍛えられることだろう。運動を行うことを妨げるすべての要因に反応せずに、健康を大切にする価値観に基づいて行動すると、自信がつき、自分に対する評価や自尊心、誠実さが大きく変わっていくはずである。

精神的側面

精神的側面の再新再生を行うことは、あなたの人生に対してリーダーシップを与える。これは第2の習慣と

深く関係している。

精神的側面はあなたの核であり、中心であり、価値観を守り抜こうとする意志である。きわめて個人的な部分であり、生きていくうえで非常に大切なものである。精神的側面の刃を研ぐことは、あなたを鼓舞し高揚させ、人間の普遍的真理にあなたを結びつけてくれる源泉を引き出す。それを人はそれぞれまったく異なった方法で行う。

私の場合は毎日聖書を読み、祈り、瞑想することが精神の再新再生になっている。聖書が私の価値観をなしているからである。聖書を読んで瞑想していると、精神が再生され、強くなり、自分の中心を取り戻し、人に仕える新たな決意が湧いてくる。

偉大な文学や音楽に没入して精神の再新再生を感じる人もいるだろう。雄大な自然との対話から再新再生を見出す人もいるだろう。自然に抱かれると、自然の恵みがひしひしと伝わってくるものである。都会の喧騒から逃れて、自然の調和とリズムに身を任せると、生まれ変わったような気持ちになる。やがてまた都会の喧騒に心を乱されるにしても、しばらくは何事にも動じることのない平穏な心でいられる。

アーサー・ゴードンは、『The Turn of the Tide（潮の変わり目）』という小説の中で、彼自身の精神の再新再生を語っている。

彼はある時期、人生に行き詰まり、何もかもがつまらなく無意味に思えた。熱意は失せ、執筆にも身が入らず、何も書けない日々が続いた。状況は日ましに悪くなるばかりだった。

彼はついに意を決し、医者の診察を受ける。診察してみてどこにも悪いところはないと判断した医者は、「一日だけ私の指示に従えるかね」とゴードンに聞いた。

ゴードンが「できます」と答えると、こう指示した。「明日、あなたが子どもの頃一番幸せを感じた場所に行って過ごしなさい。食べ物は持って行ってもいいですよ。しかし誰とも話してはいけない。本を読んでもいけないし、文章を書くこともだめだ。ラジオを聞くのもだめ」医者は四枚の処方箋を書いて彼に手渡し、それを一つずつ九時、一二時、三時、六時に開くように言った。

「先生、これは何かの冗談ですか？」とゴードンは言った。

「そのうち請求書を送りますよ。それを見れば、とても冗談とは思わないでしょうな」と医者は答えた。

次の日の朝、ゴードンは海岸に行った。九時、一枚目の処方箋を読む。「耳を澄まして聴きなさい」と書いてある。あの医者のほうこそおかしいんじゃないか、と彼は思った。いったい三時間も何が聴けばいいんだ？ しかし指示に従うと約束した手前、とにかく聴くことにした。ごく普通の海の音、鳥の鳴き声しか聴こえない。だがしばらくすると、最初は気づかなかったさまざまな音が耳に入ってくる。聴きながら、子どもの頃に海が教えてくれたいろいろなことに思いを巡らせた。忍耐、尊敬、あらゆるものは相互に依存しつながり合っていること。それらの音を聴き、そして音と音の間の静寂を聴くうちに、穏やかな気持ちに満たされてきた。

正午、二枚目の処方箋を開く。「振り返ってみなさい」としか書いていない。何を振り返るんだ？ 子どもの頃のことだろうか、幸せだった日々のことだろうか。彼は昔のことを思い出してみた。小さな喜びの瞬間が次々と蘇る。それらを正確に思い出そうとした。思い出しているうちに、心の中に温もりが広がった。

三時、三枚目の処方箋を開く。一枚目と二枚目の処方箋は簡単だったが、これは違った。「自分の動機を見つめなさい」と書いてある。彼は思わず身構えた。成功、名声、生活の安定……今まで追い求めてきたものを一つずつ思い返し、自分の動機に間違いはなかったと自分に言い聞かせた。しかし、そこではたと気づく。これらの動機では足りないのかもしれない。自分が今行き詰っている原因もそこにあるのかもしれない。

ゴードンは自分の動機を深く見つめた。昔の幸福だった日々に思いをはせた。そしてついに、答えが見つかった。

「一瞬のひらめきで確信した」と彼は書いている。「動機が間違っていたら、何をやっても、どれも正しくはない。どんな仕事でも同じだ。郵便配達人だろうと、美容師だろうと、保険の外交員だろうと、主婦であろうと関係ない。自分が人のためになっていると思える限り、仕事はうまくいく。自分のことしか考えずにやっていると、うまくいかなくなる。これは万有引力と同じくらいに確かな法則なのだ」

六時になった。最後の処方箋を開く。この指示を実行するのに時間はさほどかからなかった。「悩み事を砂の上に書きなさい」ゴードンは貝殻を拾い、しゃがんで、いくつかの言葉を足元の砂の上に書きとめた。そして立ち上がって、きびすを返して歩いていった。後ろは振り返らなかった。そのうち潮が満ちて、すべてを消し去るだろう。

精神の再新再生には、時間を投資しなければならない。これは決して無駄にすることのできない第Ⅱ領域の活動である。

偉大な宗教改革者マルティン・ルターは、「今日はあまりにもすべきことが多いから、一時間ほど余分に祈りの時間をとらなければならない」と言ったという。ルターにとって、祈りは単なる義務ではなかった。自ら

のうちに活力を蓄え、そしてそれを解き放つために必要な源だったのである。

「どんなに大きなプレッシャーにさらされても動じず、平静でいられる禅僧に、「どうしたらあなたのように平静心を保てるのですか？」と誰かが尋ねた。禅僧は「私は座禅の場を離れない」と答えたという。禅僧は朝早く座禅を組み、そのときの平静な精神を一日中、どこにいても頭と心の中に置いているのである。

自分の人生を自分で導くために、リーダーシップを生活の中心に置き、人生の方向、人生の究極の目的を見つめる時間をとると、その効果は傘のように大きく広がり、他のあらゆるものすべてに影響を与える。それによって私たちの精神は再新再生され、新たな気持ちになれるのである。

私が人生のミッション・ステートメントを大切にしている理由もここにある。自分の中心と目的を明確にし、ステートメントにしておけば、たびたびそれを見直し、決意を新たにできる。精神を再新再生する毎日の活動の中で、ミッション・ステートメントに記された価値観に沿ってその日行うことを思い描き、頭の中で「予行演習」することができるのである。

宗教家のデビッド・O・マッケイは「人生の最大の闘いは、日々自らの魂の静けさの中で闘われるものである」と教えている。あなたがこの闘いに勝ち、心の中の葛藤を解決できれば、平穏な気持ちになり、自分が目指すものを見出せる。そうすれば公的成功は自然とついてくる。自分の力を生かせると思う分野で他者の幸福のために貢献し、他者の成功を心から喜べるようになるのである。

知的側面

ほとんどの人は、正規の学校教育で知性を伸ばし、勉学する姿勢を身につける。しかし学校を卒業するなり、知性を磨く努力をぱったりとやめてしまう人が少なくない。真剣に本を読まなくなり、自分の専門外の分野を探求し知識を広げようとせず、分析的に考えることもしなくなる。文章を書くこともしない。少なくとも、自分の考えをわかりやすく簡潔な言葉で表現する能力を試そうともしないのだ。その代わりにテレビを見ることに時間を使っているのである。

ある調査によれば、ほとんどの家庭で週に三五時間～四五時間もテレビがついているという。これは一般的な週の労働時間とほぼ同じであり、子どもたちが学校で勉強する時間よりも長いのである。テレビほど社会的影響力の強いものはない。テレビを見ると、そこから流れてくる価値観にいとも簡単に引き寄せられる。実に巧妙に、知らず知らずのうちに、私たちを強烈に感化しているのである。

テレビを賢く見るには、第3の習慣に従ってセルフ・マネジメントをしっかりと行う必要がある。自分の目的のためになり、自分の価値観に合う番組、適切な情報を得られ、楽しめて、インスピレーションを刺激してくれる番組を選ぶようにする。

わが家では、テレビの時間は週に約七時間までと決めている。一日平均一時間ほどである。あるとき家族会議を開き、テレビが家庭に及ぼしている弊害を示すデータを見ながら話し合った。家族全員が素直に、かたくなにならずに話し合うことができ、連続ドラマにはまったり、テレビをつけっぱなしにしたりする「テレビ中

第7の習慣｜刃を研ぐ

毒」は依存症の一種だということを、家族の一人ひとりが自覚できるようになった。

ただし、私はテレビの存在に感謝しているし、質の高い教育番組や娯楽番組を楽しんでもいる。そういう番組は生活を豊かにしてくれるし、自分の目的や目標に役立つこともある。しかしその一方で、時間と知性の浪費にしかならない番組、ただ漫然と見ていたら悪い影響しか及ぼさないような番組もたくさんある。自分の肉体がそうであるように、テレビはよい下僕にはなっても、よい主人になることはない。自分の人生のミッションを果たすために使える資源を最大限効果的に活用するには、第3の習慣を実践し、自分自身をきちんとマネジメントできなければいけない。

継続的に学ぶこと、知性を磨き広げていく努力をすることは、知的側面の再新再生には不可欠である。学校に通うとか、体系的な学習プログラムを受講するなど、外からの強制的な教育が必要な場合もあるだろうが、たいていはそのようなものは不要である。主体的である人なら、自分の知性を磨く方法をいくらでも見つけられるだろう。

知性を鍛え、自分の頭の中のプログラムを客観的に見つめることはとても大切である。より大局的な問題や目的、他者のパラダイムに照らして、自分の人生のプログラムを見直す能力を伸ばすことこそ、教育の定義だと私は考えている。このような教育もなく、ただ訓練を重ねるだけでは視野が狭くなり、その訓練をどのような目的で行うのか考えることができなくなる。だから、いろいろな本を読み、偉人の言葉に接することが大切なのだ。

日頃から知識を吸収して知性を広げていこうと思ったら、優れた文学を読む習慣を身につけることにまさる

方法はない。これもまた波及効果の大きい第Ⅱ領域の活動である。読書を通じて、古今東西の偉大な知性に触れることができる。ぜひ一ヵ月に一冊のペースで読書を始めてみてほしい。それから二週間に一冊、一週間に一冊というようにペースを上げていくとよいだろう。「本を読まない人は、読めない人と何ら変わらない」のである。

優れた古典文学や自伝、文化的な視野を広げてくれる良質の雑誌、現代の多様な分野の書籍を読むことによって、自分のパラダイムが広がり、知性の刃を研ぐことができる。本を読むときにも第5の習慣を実践しよう。まず理解に徹しようと思いながら読めば、知性の刃はいっそう鋭くなる。著者が言わんとしていることを理解しないうちに、自分の経験に照らして内容を判断してしまったら、せっかくの読書の価値も半減してしまう。

文章を書くことも、知性の刃を研ぐ効果的な手段である。考えたことや体験したこと、ひらめき、学んだことを日記につけることは、明確に考え、論理的に説明し、効果的に理解できる能力に影響を与える。手紙を書くときも、ただ出来事を書きならべて表面的な話に終始するのではなく、自分の内面の奥底にある考えや思いを文章で伝える努力をすることも、自分の考えを明確にし、相手からわかってもらえるように論理的に述べる訓練になる。

スケジュールを立てたり、何かを企画したりすることも、第2、第3の習慣に関わる知性の再新再生になる。計画を立てるのは、終わりを思い描くことから始めることであり、その終わりに至るまでのプロセスを頭の中で組み立ててみることである。知力を働かせ、始めから終わりまでのプロセスを思い描き、想像してみる。一つひとつのステップを事細かく思い描くことまでしなくとも、全体の道筋を見渡してみればいい。

第7の習慣｜刃を研ぐ

「戦争の勝敗は将軍の天幕の中で決まる」と言われる。最初の三つの側面——肉体、精神、知性——の刃を研ぐ努力を、私は「毎日の私的成功」と呼んでいる。あなたの内面を磨く時間を毎日一時間とることを勧めたい。これから一生、毎日一時間でよいから、ぜひそうしてほしい。

一日のうちわずか一時間を自分の内面を磨くことに使うだけで、私的成功という大きな価値と結果が得られるのである。あなたが下すすべての決断、あらゆる人間関係に影響を与えるだろう。一日の残り二三時間の質と効果が向上する。睡眠の質までよくなり、ぐっすりと眠って肉体を休ませられる。長期的に肉体、精神、知性を日々鍛え、強くし、人生の難局に立ち向かい乗り越えられるようになるのだ。

フィリップス・ブルックス（訳注：米国の宗教家）は次のように言っている。

これから何年か先、君が大きな誘惑と格闘しなければならない日がくるだろう。あるいは人生の深い悲しみを背負い、その重さにうちふるえる日がくるだろう。しかし本当の闘いは、今ここですでに始まっている。大きな悲しみや誘惑にぶつかったとき、惨めな敗北を喫するか、栄光の勝利を手にするか、それは**今**決まりつつある。人格をつくるには、こつこつと努力を重ねていく以外に方法はないのだ。

社会・情緒的側面

肉体、精神、知性の側面は、パーソナル・ビジョン、パーソナル・リーダーシップ、パーソナル・マネジメ

ントの原則を中心とした第1、第2、第3の習慣と密接に関わっている。それに対して社会・情緒的側面は、人間関係におけるリーダーシップ、共感による相互理解、創造的協力の原則を中心とした第4、第5、第6の習慣と関係するものである。

社会的側面と情緒的側面は結びついている。私たちの情緒は主に人との関係によって育まれ、表に出てくるからである。

肉体、精神、知性の再新再生には時間がかかるが、社会・情緒的側面については、それほど時間をかけなくとも再新再生できる。普段の生活で人と接する中で十分にできるからだ。しかし、訓練は必要となる。他者との関係を築く第4、第5、第6の習慣を実行するために必要な私的成功のレベルを獲得し、さらに公的成功のスキルを身につけていなければならない。

たとえば、あなたが私の人生で重要な位置を占める人物だとしよう。上司、部下、同僚、友人、隣人、配偶者、子ども、親類など、どうしても接しなければならない人物、無視することのできない人物で、あなたと私は、何かの目的を達成するために、重要な問題を解決するために、あるいは難局を切り抜けるために、話し合い協力しなければならない状況にあるとしよう。しかし私たちはものの見方が違っている。あなたと私は違う眼鏡をかけている。あなたには若い女性に見える絵が、私には老婆に見えるのだ。

そこで私は第4の習慣を実践して、あなたにこう提案する。「あなたと私とでは、この問題に対する見方が違うようですね。よく話し合って、お互いに満足できる道を探しませんか? どうでしょう?」こう言われれば、ほとんどの人は「やってみましょう」と答えるはずである。

次に私は第5の習慣に移り、「最初にあなたの考えを聴かせてください」と言う。次に何と答えようかと考えながら聞くのではなく、あなたの主張をあなたの身になって共感しながら聴く。あなたのパラダイムを深く、隅々まで理解するつもりで聴く。あなたの考えをあなたと同じくらい正確に説明できるようにかってもらえるように自分の考えを述べる。

私とあなたがお互いに満足できる解決策を求めようという決意を持ち、お互いの観点を深く理解私たちは第6の習慣に進むことができる。認め合った意見の違いを踏まえたうえで、あなたと私がそれぞれ最初に提示していた案よりも優れた第3の案を見つけるために力を合わせるのである。

第4、第5、そして第6の習慣において成果を出すには、基本的に知性の問題ではなく感情の問題である。心の安定と密接に関係しているのである。

心の安定を自分の内面にあるものから得ている人は、公的成功の習慣を実践できる強さを持っている。内面が安定していない人は、知力がどれほど高くとも、人生の難しい問題で自分とは違う考えを持つ相手に対して、第4、第5、第6の習慣を実践してみたところで、自分との違いを脅威に感じて尻込みしてしまうだろう。

心の安定の源はどこにあるのだろうか。他の人たちにどう見られているかとか、自分がどんな扱いを受けるかというようなことから得られるのではない。他者から渡された脚本から得られるのでもない。周りの環境や自分の地位も心の安定を与えてはくれない。

心の安定は自分自身の内側から生まれる。頭と心に深く根づいた正確なパラダイムと正しい原則から生まれる。心の奥深くにある価値観と一致する習慣を日々実践する誠実な生き方、内から外へ、インサイド・アウト

の生き方から生まれるのである。

自分の価値観に誠実に生きることが、自尊心を呼び起こす源だと私は確信している。昨今売れている本の中には、自尊心は気の持ちようだとか、考え方や態度次第でどうにでもなるとか、その気になれば心の平和は得られるといったようなことが書いてあるものも多いが、それは違うと思う。

心の平和は、自分の生き方が正しい原則と価値観に一致していて初めて得られるものであり、それ以外はないのである。

他者との相互依存の関係から得られる心の平和もある。Win-Winの解決策がきっとある、人生は白か黒かの二つの一つではない、お互いのためになる第3の案が必ず見つかるはずだ。そう思えば内面は安定していられる。自分の考え方を否定しなくとも、そこから一歩出れば相手を理解できるのだと思えば、心は安定する。本当の自分を見せて、他者と創造的に協力し、相互依存の習慣を実践して新しいものを見つける体験をすれば、心は少しもぐらつかず、しっかりと安定していられるのである。

人に奉仕し、人の役に立つことも心の安定をもたらす。その意味からすれば、あなたの仕事も心の安定を与える源になる。創造力を発揮して仕事に取り組み、世の中に貢献していると思えるとき、あなたは心の安定を得られるはずだ。人知れず奉仕活動をすることも同じである。誰もそのことを知らないし、誰かに知らせる必要もない。人に褒めてもらうことではなく、他の人たちの人生が豊かになるように奉仕することが大切なのである。目的は人に働きかけ、良い影響を与えることであって、認められることではない。

ヴィクトール・フランクルも、人生に意味と目的を見出すことがいかに重要であるか力説している。それに

第7の習慣｜刃を研ぐ

よって自分の人生を超越し、自分の内面にある最高の力を発揮できるのである。ストレスの研究で名高い故ハンス・セリエ博士は、健康で幸せに長生きする鍵は、世の中に貢献し、人のためになり、自分の気持ちも高揚する有意義な活動に身を捧げ、人の生活に喜びをもたらすことだと述べている。博士の座右の銘は、「汝の隣人に愛されるように努めよ」であった。

ジョージ・バーナード・ショー（訳注：英国の劇作家）は次のように語っている。

これこそ人生の真の喜びである——自らが大切だと信じる目的のために働くことである。それは自然の力と一体になることであって、世界が自分を幸せにしてくれないと嘆いたり、不平を言ってばかりいる利己的な愚か者になることではない。私は自分の人生がコミュニティ全体に属するものであると考える。したがって、命ある限りコミュニティのために尽くすことは私の名誉なのだ。死ぬときには自分のすべてを使い果たしていたい。なぜなら働けば働くほど、より生きているということだからだ。私は生きることにこの上ない歓びを感じる。私にとって人生とは短いろうそくではない。それは私に手渡され、私が今このときに掲げている松明のようなものだ。だからそれを次の世代に手渡すまで、できる限り赤々と燃やし続けたいのである。

同じように、N・エルドン・タナー（訳注：米国の宗教家）はこう言っている。「奉仕とは、この地球に住む特権を得るための家賃である」人に奉仕する方法はいくらでもある。教会や奉仕団体に属していようがいまいが関係ない。多くの人のためになる仕事に就いているかどうかも関係ない。少なくとも一人の誰かに無条件の愛

を注ぐ機会なしに一日が終わることはないはずだ。

他者への脚本づけ

ほとんどの人は、自分の周りの人たちの意見やものの見方、パラダイムに脚本づけされている。そのような社会通念の鏡に映った自分の姿が本当の自分だと思っている。しかし、相互依存の状態にいる人は、他者にとっては自分自身も社会通念の鏡の一部であることを自覚している。

私たちは、その鏡に歪みのない鮮明な他者の姿を映してあげることができる。相手の主体性を認め、責任ある個人として接すれば、その人の本来の姿を映し出すことができる。その人が、原則を中心に置き、自分の価値観を大切にして自立し、世の中のためになる人間として生きていく脚本を書く手助けができる。豊かさマインドを持っている人なら、相手のポジティブな部分を映し出してあげても何も損なうものはない。それどころか、あなたの手助けによって本来の主体性が引き出された人と接する機会が増えるのだから、あなたにとってもプラスになるのである。

あなたのこれまでの人生を振り返ってみてほしい。すっかり自信をなくしていたとき、あなたを信じていてくれた人がいたはずだ。その人はあなたに良い脚本を与えてくれた。それがあなたの人生にどれだけ大きな影響を及ぼしただろうか。

もし、あなたが他者の良いところを認め、その人に良い脚本を与えることができるとしたらどうだろう。社

第7の習慣｜刃を研ぐ

会通念の鏡に映った自分が本当の自分だと思い込み、人生の坂道を転げ落ちようとしている人がいたら、あなたはその人の可能性を信じて、坂道を登っていける上を向かせることができる。その人の話に耳を傾け、その人の身になって共感する。その人の責任を肩代わりしてやるのではなく、その人が主体的な人間になって責任を果たせるように励ますのである。

『ラ・マンチャの男』というミュージカルをご存じだろうか。中世の騎士がアルドンサという娼婦に出会う美しい物語である。娼婦であるアルドンサは、人々から見下され、ふしだらな女と決めつけられていた。

しかし、詩人の心を持つ騎士は、彼女の中にまったく違う姿を見出していた。彼の目には、美しく気高い女性が映っていたのである。騎士はアルドンサの素晴らしさを何度も彼女に伝えた。そして彼女にドルシネアという新しい名前を与えた。それを機に、彼女の人生に新しいパラダイムがもたらされる。

最初のうち、騎士にいくら認められても、彼女は騎士をかたくなに拒絶していた。騎士を頭のおかしい空想家だと思い、軽くあしらっていた。しかし、騎士は諦めずに無条件の愛を注ぎ続け、彼女の古い脚本に少しずつ入り込んでいった。騎士の態度が彼女の本来の姿を呼び戻し、彼女の内面に眠っていた可能性を引き出す。やがて彼女も騎士の態度に反応し始める。少しずつ、彼女は自分の人生のあり方を変えていく。騎士が映し出してくれる自分の姿を信じ、その新しいパラダイムに従って生き、周りの人たちがため息をつくほど変わっていくのである。

その後、彼女が以前のパラダイムに戻りかけたとき、騎士は彼女を自分の病床に呼び、「見果てぬ夢」という美し

い歌を唄い、彼女の目をじっと見つめてささやいた。「君はドルシネアだ。それを忘れてはいけない」

自己達成予言にまつわる有名な逸話を紹介しよう。イギリスの学校で起こった話である。コンピューターのプログラミングを間違ったために、成績の優秀なクラスが「劣等」となり、成績の劣るクラスが「優等」となってしまった。このコンピューターから出力されるデータは、学年度の初めに教師に手渡され、教師はその資料をもとに受け持つクラスの学力を把握して授業の準備をした。

五ヵ月半後にようやくプログラミング上のミスが判明したのだが、学校側はその事実を伏せたまま、生徒たちに知能テストを実施することにした。結果は驚くべきものだった。本当の「優等生」たちのIQははかり下がってしまっていた。知力が劣り、非協力的で教えにくい生徒というレッテルを貼られ、そのような扱いを受けてきた結果だった。教師の間違ったパラダイムが実際に生徒たちに影響を与え、自己達成予言となったのである。

一方、本当は「劣等生」だったはずの生徒たちのIQは上がっていた。教師はこの生徒たちを優等生として扱い、一人ひとりの生徒に対する教師の期待が生徒自身にも伝わり、子どもたちは熱意と希望を持って積極的に授業に取り組んだ結果だった。

教師たちは、新学年になって最初の数週間の印象を尋ねられて、「どういうわけか、それまでの指導方法がうまくいかなかったので、教え方を変えてみました」と答えている。渡されたデータでは優秀な生徒たちなのだから、うまくいかないのは教え方に問題があるのだと思い、教え方を工夫したのである。教師たちは主体的

第7の習慣｜刃を研ぐ

になり、影響の輪の中に力を注いだ。要するに、生徒の学力が劣っているように見えるなら、それは教師の側に問題があるのであって、柔軟な対応が欠如しているからなのである。

私たちは他者に対して、そこにどんな姿を映してあげているだろうか。他者の姿は、その人の人生に計り知れない影響を及ぼしているのである。ものの見方を変えれば、他の人たちの信頼口座に大きな預け入れができる。配偶者、子ども、同僚、部下と接するとき、相手の内面に眠っている潜在能力が見える人は、記憶よりも想像力を使う。相手にレッテルを貼ろうとせず、会うたびに新鮮な目でその人を見ることができる。そうしてその人自身が自立し、深い満足感を持ち、豊かで生産的な人間関係を育てていけるように手助けするのである。

ゲーテは次のような言葉を残している。

「現在の姿を見て接すれば、人は現在のままだろう。人のあるべき姿を見て接すれば、あるべき姿に成長していくだろう」

再新再生のバランス

自分を再新再生するプロセスを行うためには、肉体、精神、知性、社会・情緒の四つの側面すべてにわたってバランスよく刃を研がなくてはならない。

447

四つの側面はそれぞれに大切だが、四つのバランスを考えて磨くことによって最大の効果が得られる。どれか一つでもおろそかにしたら、他の三つの側面に必ず悪影響が及ぶ。

これは個人に限らず組織でも同じである。組織の場合で言えば、肉体的側面は経済性である。知的側面は、人材を発掘して能力を開発し、有効に活用することだ。社会・情緒的側面は、人間関係やスタッフの処遇である。そして精神的側面は、組織の目的や貢献、組織としての一貫した姿勢を通して存在意義を見出すことである。

これら四つのうちどれか一つでも刃が鈍っていたら、組織全体に悪影響が波及していく。大きくポジティブなシナジーを創り出すはずの創造的なエネルギーが、組織の成長と生産性を妨げる抑止力になってしまうのだ。経済的側面の刃しか研がない組織は少なくない。金儲けだけを考えている組織だ。もちろん、その本音をおおっぴらには言わない。表向きには聞こえのよい目的を掲げている場合もある。しかし一皮むけば、金を儲けることしか眼中にない。

このような企業では必ず、ネガティブなシナジーが創り出されている。部門間の争い、保身優先で建前だけのコミュニケーション、政治的な駆け引き、策略などが横行している。たしかに利益がなければ組織は効果性を発揮できなくなるが、組織の存在意義はそれだけではない。人は食べなければ生きてはいけないが、食べるために生きているわけではないのだ。

これと対極にあるのが、社会・情緒的側面の刃だけをせっせと研いでいる組織である。このような組織は、組織の価値基準から経済性を排除したらどうなるかという社会的実験を行っているようなものである。組織の効果性を測る基準を設定していないから、あらゆる活動の効率が落ち、非生産的になって、しまいには市場か

ら追い出されるのである。

四つの側面のうち三つまでなら刃を研いでいるが、四つ全部まで手がまわらない組織が多いのではないだろうか。たとえば、組織としてのサービス水準（精神的側面）、高い経済性（肉体的側面）、良い人間関係（社会・情緒的側面）はうまく再新再生できていても、才能を見出し、能力を伸ばして有効に活用し、認める知的側面は手薄になっているというようなケースだ。この知的側面の刃が鈍っている組織のマネジメント・スタイルは、見た目は穏やかだが内実は独裁で、その結果、組織内の反発や抗争、高い離職率など深刻で慢性的な文化の問題を抱えることになる。

個人だけでなく組織においても効果的に力を発揮するためには、四つの側面すべてをバランスよく伸ばし、再新再生する努力が必要である。どれか一つでも刃が鈍っていたら、それが組織の効果性と成長を妨げる抑止力として働く。組織でも個人でも、四つの側面のすべてをミッション・ステートメントに盛り込めば、バランスのとれた再新再生の枠組みになるだろう。

このような継続的改善のプロセスがTQC（Total Quality Control：全社的品質管理）の核をなすものであり、日本経済の発展を支えているのである。

再新再生のシナジー

バランスのとれた再新再生そのものが、シナジーを創り出す。四つの側面は密接な相関関係にあるから、ど

れか一つの側面の刃を研げば、他の側面に良い影響を与える。肉体の健康は精神の健康に影響し、精神の強さは社会・情緒的な強さに影響する。一つの側面の刃が鋭くなれば、他の三つの側面の刃も鋭くなる。「7つの習慣」によって四つの側面のシナジーが創り出される。四つの側面のどれか一つの刃を研ぐと、「7つの習慣」のうち少なくとも一つを実践する能力が高まる。習慣には順番があるとはいえ、どれか一つの習慣が改善されると、シナジー的に他の六つの習慣を実践する力も高まっていくのである。

たとえば、あなたが主体的に行動するほど（第1の習慣）、自分の人生を自分で導くパーソナル・リーダーシップ（第2の習慣）と自分を律するパーソナル・マネジメント（第3の習慣）の能力が向上する。パーソナル・マネジメントの能力が高まれば、第Ⅱ領域に属する再新再生の活動（第7の習慣）を実行できるようになる。そして、まず相手を理解する努力をするほど（第4、第5の習慣）、お互いの間にシナジーが創り出され、Win─Winの結果を効果的に見出せるようになる（第4、第5、第6の習慣）のどれか一つでもしっかり身につけば、相互依存の関係を育む習慣（第4、第5、第6の習慣）を効果的に実践できるようになる。そして再新再生（第7の習慣）は、他の六つの習慣すべてを再新再生させるプロセスなのである。

肉体的側面を再新再生する活動は、あなたの自信を強くし、自覚と意志、主体性を向上させる（第1の習慣）。周りの環境から影響を受けるのではなく、自分から働きかけること、どんな刺激に対しても反応を自分で選択することで、主体的に行動できるようになるのだ。おそらくはこれが、定期的に運動して肉体的側面の刃を研ぐ最大のメリットだろう。毎日の私的成功の一つひとつが、心の安定口座への預け入れになるのである。

精神的側面を再新再生する活動は、あなたのパーソナル・リーダーシップを育てる（第2の習慣）。記憶だけ

第7の習慣｜刃を研ぐ

に頼らず、想像力を働かせ、良心に従って生きる能力が向上するのである。あなたの内面の奥底にあるパラダイムと価値観を深く理解し、正しい原則を内面の中心に据え、自分の人生のミッションを明らかにし、正しい原則と一致した生活を送れるように人生の脚本を書き直し、内面の強さの根源を生かして生きていけるようになる。精神の再新再生によって私生活が豊かになることも、心の安定口座への預け入れになる。

知的側面を再新再生する活動は、あなたのパーソナル・マネジメント能力を高める（第3の習慣）。一週間なり一日なりの計画を立てることで、波及効果の高い第Ⅱ領域の活動に意識が向き、優先すべき目標、自分の時間と労力を投じるべき活動をはっきりと認識し、優先順位に従って活動を計画し実行できるようになる。継続的に自己研鑽を行うことによって、知識が豊かになり、選択肢が広がっていく。個人の経済的安定は仕事や社会からもたらされるのではなく、自らの生産能力──自分で考え、学び、創造し、変化に対応する力──から得られる。それが本当の意味での経済的自立である。経済的自立とは富を持つことではなく、富を生み出す能力を持つことであり、その能力は自分自身の内面で育てるべきものなのだ。

毎日の私的成功は、「7つの習慣」を身につけ実践する鍵である。毎日少なくとも一時間、肉体、精神、知性の刃を研ぎ、日々私的成功を重ねていくことは、あなたの影響の輪の中でできる努力である。この毎日の一時間は、「7つの習慣」を生活に根づかせ、原則中心の生き方をするために必要な第Ⅱ領域の活動に投資する時間なのである。

また、毎日の私的成功の刃を研ぐ土台にもなる。内面がぐらつかず安定していてこそ、相互依存の社会において自情緒的側面の刃を研ぐことができるからである。毎日の私的成功の土台があれば、相互依存の社会において自

451

分の影響の輪に力を注ぐことができ、豊かさマインドのパラダイムを通して他者を見られるようになり、自分と他者の違いを尊重し、他者の成功を心から喜べるようになり、他者を本気で理解してシナジーを創り出し、Win-Winの解決策を見つける努力ができるようになり、相互依存の現実の中で第4、第5、第6の習慣を実践する土台ができるのである。

上向きの螺旋

再新再生は、成長と変化を繰り返しながら、螺旋階段を登るようにして自分自身を継続的に高めていく原則である。

この螺旋階段を確実かつ継続的に登っていくためには、再新再生に関するもう一つの側面について考える必要があり、それによって人は螺旋階段を降りるのではなく、上へ上へと登っていけるのである。それは人間だけに授けられた能力の一つ、良心である。フランスの小説家スタール夫人の言葉を借りよう。

「良心の声はいかにも細く、もみ消すことは簡単である。しかしその声はあまりにも明解で、聞き間違えることはない」

良心とは、心の声が聞こえる限り私たちが正しい原則に従っているかどうかを感じとり、正しい原則に近づかせてくれる持って生まれた才能なのだ。

スポーツ選手にとっては運動神経と肉体を鍛えることが不可欠であり、学者にとっては知力を鍛えることが

第7の習慣｜刃を研ぐ

不可欠であるように、真に主体的で非常に効果的な人間になるためには良心を鍛えなければならない。しかし良心を鍛えるには、より高い集中力、バランスのとれた自制心が必要であり、良心に誠実であることを常に心がけなければならない。精神を鼓舞するような書物を定期的に読み、崇高な思いを巡らせ、そして何より、小さく、か細い良心の声に従って生きなければならないのである。

ジャンクフードばかり食べ、運動しない生活を続けていれば肉体の調子がおかしくなるのは当然である。それと同じように、下品なもの、猥褻なもの、卑劣なものばかりに接していたら、心に邪悪がはびこって感受性が鈍り、善悪を判断する人間本来の自然な良心が追いやられ、「バレなければかまわない」という社会的な良心が植えつけられてしまう。

ダグ・ハマーショルドは次のように語っている。

己の中の野性が暴れるとき、人は完全に動物になっている。嘘をつくとき、人は真理を知る権利を放棄している。きれいな庭をつくりたい者は、雑草の生える場所を残しておきはしないのだ。

残酷な行為を働くとき、人は知性の感覚を失っている。

私たち人間は、いったん自覚を持ったなら、自分の人生を方向づける目的と原則を選択しなければならない。その努力を怠ったら、刺激と反応の間にあるスペースは閉ざされ、自覚を失い、生存することと子孫を残すことだけを目的に生きる下等動物と同じになってしまう。このレベルで存在している人は、生きているとは

言えない。ただ「生かされている」だけである。人間だけに授けられた能力は自分の中でただ眠っていて、それらを意識することもなく、動物のように刺激に反応して生きているにすぎないのである。

人間だけに授けられた能力を引き出し、発揮するのに近道はない。収穫の法則はここでも働いている。種を蒔いたものしか刈り取れないのであって、それ以上でもそれ以下でもない。正義の法則は時代を超えて不変であり、自分の生き方を正しい原則に近づけるほど、判断力が研ぎ澄まされ、世の中の仕組みがよく見えてくるし、私たちのパラダイム——私たちが生きる領域を示す地図——も正確になっていくのである。

上向きの螺旋を登るように成長していくためには、良心を鍛え、良心に従って再新再生のプロセスを一歩ずつ進んでいく努力をしなければならない。良心が鍛えられれば、私たちは自由、内面の安定、知恵、力を得て、正しい道を歩んでいくことができる。

上向きの螺旋階段を登るには、より高い次元で**学び、決意し、実行する**ことが求められる。このうちのどれか一つだけで十分だと思ったならば、それは自分を欺いていることになってしまう。たえず上を目指して登っていくには、学び、決意し、実行し、さらにまた学び、決意し、実行していかなくてはならないのである。

454

成長の螺旋

第7の習慣：刃を研ぐ　実践編

1. 肉体を健康的な状態に維持する活動をリストアップしてみる。自分のライフスタイルに合っていて、楽しみながら長く続けられる活動を考えてみよう。

2. 1でリストアップした活動の中から一つ選び、来週のスケジュール表に自分を高めるための目標として書き込んでおく。週末に自己評価してみる。目標を達成できなかったら、その目標よりも重要な用事ができて、それを優先しなければならなかったからなのか、それとも自分で決めたことを守れず、自分の価値観に忠実でなかったからなのか考えてみよう。

3. 精神的側面と知的側面についても、同じように再新再生の活動のリストをつくってみる。社会・情緒的側面では、改善したい人間関係や、公的成功においてより大きな効果性をもたらす具体的な状況をリストアップしてみる。それぞれのリストから一週間の目標を一つ選び、実行し、自己評価する。

4. 毎週、四つの側面のそれぞれについて「刃を研ぐ」活動を書いて決意し、実行する。結果を自己評価する。

再び、インサイド・アウト

主は心の内側から外側に向けて働きかけるが、
この世は外側から内側に向けて働きかける。
この世は貧民窟から人々を連れ出そうとするが、
主は人々から邪悪や汚れた面を取り去り、
自分自身で貧民窟から抜け出られるようにする。
この世は環境を変えることにとって人間を形成しようとするが、
主は人間自体を変え、それによって人間が自らの手で環境を変えられるようにする。
この世は人の行動を変えようとするが、
主は人の性質を変えることができる。

――エズラ・タフト・ベンソン

ここで、この本のエッセンスとも言える私自身の体験を話そう。私の体験談の根底にある原則をあなたに重ね合わせてほしい。

数年前、私はまだ大学で教鞭をとっていたが、執筆活動に専念するために一年間の休暇をとり、家族とも

にハワイのオアフ島の北海岸にあるライエという町で過ごした。かの地に落ち着いてしばらくすると、快適この上なく、しかも非常に生産的な生活パターンができていった。朝早く砂浜をジョギングした後、半ズボンに裸足の子どもたち二人を学校に送る。それから、サトウキビ畑の隣にあるビルに借りたオフィスに行き原稿を書く。そこはとても静かで、景色も美しく、心休まる場所だった。電話も会議も急ぎの用事もない。

ある日、オフィスからほど近くにある大学の図書館に出かけていった。図書館の奥に山積みになっていた書籍の間を歩いていて、その中の一冊に何となく興味をひかれた。手に取って開き、読んでいるうちに、ある一節に目が止まった。そこに書いてある言葉が、その後の私の人生を大きく変えることになったのである。私は何度もその文章を読んだ。簡単に言えば、刺激と反応の間にはスペースがあり、そのスペースをどう使うかが人間の成長と幸福の鍵を握っているということだった。

その考え方が私にどれほど大きな影響を与えたか、とても言葉では言い表せない。たしかに私が受けてきた教育も自分の将来は自分で決められるという自己決定論であったが、「刺激と反応の間にはスペースがある」と表現された一節はとても斬新であり、信じられないほど強烈な力で私の脳裏に刻まれた。それはまるで「初めて真実を知った」ような、あるいは「自分の中で革命が起きた」ような感じだった。満を持して私の前に現われた一節であるように思えたのである。

私はこの考え方を繰り返し反芻した。そして、私自身の人生のパラダイムそのものが大きく変わり始めた。まさに自分が自分を観察していた。刺激と反応の間にあるスペースに立ちどまり、自分を取り巻くさまざまな

刺激を見つめ始めた。そうするうちに、自分の反応は自分で選べるという自由の感覚が私の内面を満たした。実際、私自身が周囲に与える刺激にもなれるのだし、あるいは少なくとも刺激に影響を与え、まったく別の刺激に転換することもできる。まさしく選択の自由なのだった。

それから間もなく、この革命的な考え方のおかげもあって、私と妻は深く充実したコミュニケーションをとるようになった。昼少し前に私はオフィスから古い赤のホンダのバイクに乗って妻を迎えに行って、幼稚園に通っていた二人の子どもを迎えに行き、一人は私と妻の間に、もう一人は私の左ひざに乗せて、オフィスの隣に広がるサトウキビ畑を走った。私たちは会話を楽しみながら、一時間ほどのんびりと走り回ったものである。

子どもたちはバイクに乗るのを楽しみにしていて、いつもおとなしくしていた。他のバイクや自動車を見かけることもほとんどなく、私たちのバイクも静かだったから、妻と私は大きな声を出さずともおしゃべりできた。いつも最後は人気(ひとけ)のない海岸まで行き、バイクを停めて二〇〇メートルほど歩いて、静かな砂浜でピクニックをした。

その砂浜と島から海に流れ込んでいた小さな川が子どもたちの大のお気に入りだった。子どもたちがそこで遊んでいる間、妻と私は静かに話ができた。ハワイで過ごしたその一年間、私たち夫婦は毎日たっぷり二時間いろいろな話をして、誰にも想像できないほどお互いを理解し、信頼を深めたのである。

最初の頃は、気の向くままにさまざまな話題がのぼった。関わりある人たちのこと、家庭のこと、将来の計画……。しかし少しずつその日の出来事、子どもたちのこと、私が書いている本のこと、

コミュニケーションが深まるにつれ、お互いの内面の世界を話すようになった。どんな育てられ方をしたのか、どのような脚本に沿って生きてきたのか。あるいは心情や自己不信。このような会話に深く入り込んでいるとき、私たちは自分自身の内面を、そして相手の内面を見つめていた。私たちは刺激と反応の間のスペースを意識して使い始めた。するとそのうち、自分たちがどのようにプログラミングされているのか、それらのプログラムが自分のものの見方にどんな影響を与えているのかを考えるようになっていった。

私と妻が歩み出した内面世界への冒険は、それまで体験していた外の世界への冒険よりも発見と洞察に満ち、驚きと興奮を与えてくれ、もっと奥深くへ進んでいきたい気持ちにさせた。

とはいえ、すべてが甘く輝かしいものではない。相手の気に障るようなことを言ってしまったり、心が痛んだり、気まずい思いをしたり、露呈したりもした。心を開いてコミュニケーションをとっていたからこそ、お互いに自分の弱さをさらけ出すこともあった。それでも私たちは、この内面世界は何年も前から足を踏み入れてみたかった場所だったことに気づいた。深く分け入っていき、心の奥底の傷つきやすい部分に足を踏み入れ、そして出てきたときには、まるで心が癒されたような気持ちになったものだ。

お互いに助け合い、支え合い、励まし合い、相手の話に共感していたからこそ、お互いにこの自己発見のプロセスをつくりあげ、導き合った。

そのうち、私たちの間には二つの不文律ができた。一つは、詮索し探ろうとしないこと。相手が脆く傷つきやすい部分を話し始めたら、質問せず、ただひたすら共感して聴くことに徹した。相手を詮索し探るのは、その人の心の中にずかずかと入っていくことだ。相手をコントロールし、こちらの理屈を押しつけようとするも

のである。私と妻はお互いの内面世界に新しい領域を開拓していた。そこは不安や怖れに満ち、先が見えず、本人でも簡単には進んでいけない領域だった。もっと相手の内面世界の奥へ入っていきたくとも、相手の気持ちを尊重して、相手が自分のペースで打ち明けるのを待つことにした。

二つ目の不文律は、あまりにも心が痛むような話になったら、その日の会話はそこで終わりにすることだった。翌日は前日の続きでもいいし、相手がその話を続けてもいいと思えるようになるまで待つことにした。解決しないままにしておいても、いつか話す日がくるだろうと思って、急がないことにしたのだ。時間はたっぷりあったし、助けとなる環境もあった。それに私たちはお互いの内面世界を冒険し、結婚生活の中で自分を成長させていくことに高揚感を覚えていたから、最後まで終わっていない話があっても、いずれ時期がくれば展開していくだろうと思っていた。

妻と私の毎日のコミュニケーションでもっとも難しく、それがゆえにもっとも実り多かったのは、お互いの脆い部分が重なり合う問題を話すときだった。相手の脆さに自分の脆さを見てしまうせいで、刺激と反応の間のスペースがなくなってしまい、すぐに怒りや苛立ちを表に出してしまうこともあった。しかし私たちは、お互いにきちんと話をしたいと強く望んでいたから、そこでいったん話を打ち切り、気持ちを落ち着かせてからもう一度話し合う暗黙の了解ができていた。

このような厳しい局面になる話題の一つに、私の性格に関わるものがあった。私の父は内向的な性格で、自制心が強く、何かにつけて慎重な人だった。父とはまるで対照的に、母はとても社交的でオープンな人であ␣␣る。私は両親どちらの性質も受け継いでいると思うが、何か不安なことがあると父のように内向的になり、自

分の殻に閉じこもり、周りを注意深く観察する傾向がある。

妻は私の母のような女性で、社交的で自分を飾らず、自然体で人と接する。結婚してから何年間も、私たちはお互いの性格のことで幾度となくぶつかっていた。私は妻のオープンな率直さが時と場合によっては不適切だと感じていたし、妻のほうは、私がややもすると内にこもり、人とのコミュニケーションをシャットアウトしているように見え、人付き合いにマイナスだと言っていた。こうしたお互いの性格で気になっている点も、砂浜での毎日のコミュニケーションの話題にのぼった。私は妻の洞察をありがたく思い、彼女の助言を素直に受け入れ、人の気持ちに敏感で、もっとオープンで社交的な人間になろうという気持ちになった。

もう一つの厳しい話題は、私がずっと気になっていた妻の「こだわり」だった。妻はフリジデア社の電化製品に強いこだわりがあったのだが、私には妻の執着ぶりがどうしても理解できなかった。他社の製品を買うことなど考えようともしないのだ。結婚したばかりで家計もまだ苦しかった頃のこと、私たちが住んでいた小さな大学町にはフリジデア社の製品を扱う店がなく、妻は七〇キロも離れた「大都市」まで車で行ってでも買ってくると言い張ったこともあった。

これは私にとって何とも不愉快な問題だった。幸い、これほどの執着は電化製品を買うときにしか出てこないが、何か電化製品を買わなければならないとき、私の我慢も限界を超えそうになる。妻の異常なこだわりという刺激が私の怒り反応のボタンを押してしまいそうになるのだ。このたった一つの問題で、妻が不合理な考え方をする人間だと決めつけ、私の中に妻に対する否定的な感情が広がっていくのである。電化製品の問題が浮上すると、私はたいてい内にこもり、黙っていることにしていた。この問題に対処する

には口を閉ざすしか方法はないと思っていたからだ。少しでも口を開こうものなら、自制心を失ってしまい、後々後悔するようなことを言ってしまうに違いないからだ。実際、言わなくてもいいことを口走り、後で謝ったことも一度や二度ではない。

私はなにも、妻がフリジデア社の製品を好きだということにイライラしていたわけではない。フリジデア社の電化製品の良さを強調しようとして、何の根拠もなく、私にしてみればまるで理屈に合わないことをまくし立てることだった。妻が自分の発言を単なる感情的なものだと認めさえすれば、私の態度も違っていただろう。しかし絶対に意見を引っ込めず、無理にでも正当化しようとするから、私としても腹が立っていたのだ。フリジデア社の一件が砂浜での会話の話題にのぼった。それまで続けてきた会話のすべてを通してこの話をする準備が整ったのだ。探らない、心に痛みを感じたらそこでいったん打ち切りにして時間をおくという不文律もできていた。

この問題を話し合った日のことを私は生涯忘れないだろう。その日は海岸には向かわなかった。延々とサトウキビ畑を走り続けた。たぶん、私たちはどちらも、お互いの目を見て話したくなかったのだと思う。何しろこの問題に関しては、嫌な感情を蘇らせる苦い経験があまりにも多かった。長いこと、お互いの胸の奥底でわだかまりとなって残っていたのだ。夫婦関係を壊してしまうほど深刻な問題ではなかったにせよ、ハワイで楽しく緊密な関係を築こうとしているとき、不和となるような話題にふれることが必要だった。話しているうちに、まさにシナジーが創り出された。妻自身も、このときの話し合いでかけがえのないことを学んだ。彼女は父親のことを話し始め妻も私も、自分の「こだわり」の原因に初めて気づいたようだった。

た。父親は高校の歴史の教師をしていたが、その給料だけでは家計を支えられなかったため、電化製品の販売店を開いたのだった。ところが時代は不景気に入り、経営状態がひどく悪化した。そんなときに何とか事業を続けられたのは、フリジデア社の融資のおかげだった。

彼女はありえないほど父親思いの娘だった。毎日くたくたに疲れて帰宅し、長椅子に横になっている父親の脚をさすりながら、歌を唄ってあげたという。父と娘のそんな心温まる時間が何年も続いた。父親は仕事の悩みや心配事を娘に話した。経営難に陥ったときにフリジデア社の融資のおかげで倒産せずにすみ、どれほど感謝しているか、包み隠さず娘に話したそうだ。

父娘のコミュニケーションはごく自然なかたちで行われたからこそ、妻の人となりを方向づけた脚本の中でもっとも強烈なものになったのだろう。自分の殻をすべて取り払い、リラックスした状態で自然に行われるコミュニケーションで、さまざまなイメージや考えが無意識のうちに心に刻まれる。おそらく、あの砂浜での私とのコミュニケーションがだんだんと深まり、安心して何でも自然に話せるようになるまで、妻自身、父親とそのようにして過ごした日々のことを忘れていたのだろう。

妻は自分自身の心の奥底を見つめ、そしてフリジデア社に対するこだわりの源泉がどこにあるのかを初めて知ったのである。妻に対する私の理解も深まり、新たな気持ちで妻の思いを尊重するようになったのだ。妻はフリジデア社の製品にこだわっていたのではない。父親の製品にこだわっていたのだ。妻はフリジデア社の製品のことを話していたのではなく、父親を大切に思う気持ちを話していたのである。あの日、私たちはどちらも目に涙をためていた。妻が遠い昔のことを思い出し、自分の今でも憶えている。

感情の根源を見出したこともももちろんだが、それ以上にお互いに対する敬虔な気持ちに満たされたからだ。はたから見ればどうということもない過去の経験かもしれない。しかしそれは妻の心に深く根を下ろした大切な経験だったのだ。人の内面の奥底に潜んでいるもっとも傷つきやすい部分を見ずに、表面に現れる他愛のない行為だけに反応するのは、人の心という聖域を踏みにじることなのである。

あのハワイでの日々から、私たち夫婦はたくさんの豊かな実りを得ることができた。砂浜での深いコミュニケーションのおかげで、お互いの胸のうちをすぐに察することができるようになった。ハワイを後にするとき、この習慣を続けることを決めた。その後も一緒にホンダのバイクに乗り、天気が悪ければ車で走りながら話をしている。お互いに愛情を持ち続ける鍵は、話をすることだ。それも感情について話すことが大切だと私たちは思っている。妻と私は今も毎日会話の時間をとる。出張しているときは出先から毎日数回は妻に電話する。心の故郷に戻り、幸福、心の安定、大切な価値を毎日手にするのである。

『汝再び故郷に帰れず』というトーマス・ウルフの小説がある。彼は間違っていると思う。再び故郷に帰ることはできるのだ。家庭が豊かな人間関係とふれあいの場であるならば。

世代を超えて生きる

私たち夫婦は、あの素晴らしい一年を通して、刺激と反応の間のスペースをうまく使うことを学んだ。それによって、人間だけに授けられた四つの能力を発揮し、自分の内面から力を得るインサイド・アウトの原則を

身につけたのである。

私たちも以前はアウトサイド・インで日々の生活を送っていたのである。愛し合っているのだから、自分たちの態度や行動をコントロールすれば、外から働きかける力に頼っていたのであると思っていた。しかし、それはしょせん絆創膏を貼ったり、鎮痛剤を飲んだりするような応急処置であって、痛みの根源を完全に取り除けるわけではない。自分自身の内面にある基本的なパラダイムに働きかけてコミュニケーションをとれるようになるわけでなく、慢性的な問題は残ったままだったのである。

インサイド・アウトのアプローチをとるようになってからは、お互いを信頼して心を開ける関係を築き、個性の違いを心から認められるようになった。それはアウトサイド・インのアプローチでは絶対にできなかったことである。Win−Winの充実した関係、深い相互理解、奇跡のようなシナジー、これらの美味しい果実は、私たちがそれぞれに持つプログラムを見つめ、それを自分たちで書き換え、深いコミュニケーションという第Ⅱ領域の重要な活動に意識的に時間を割き、「根」を育てたからこそ実ったのである。

果実はそれだけではない。私たち夫婦がそれぞれの両親から強い影響を受けているのと同じように、私たちも知らず知らずのうちに子どもたちに影響を与え、彼らの生き方を形成しているのだということを深く実感できたのである。両親から与えられた脚本が自分の人生にいかに大きな力を持っているかを理解できたから、次の世代の子どもたちに正しい原則を教え、模範を示す決意を新たにすることができたのである。

私たちはさまざまな脚本に従って生きている。この本では主に、自らが主体的な人間になって書き直すべき脚本を取り上げた。しかし自分が持っている脚本を見つめてみると、書き換える必要のない素晴らしい脚本も

あることに気づくだろう。前の世代から引き継ぎ、特に意識することもなく当たり前のように受け止めてきた脚本の中には、私たちに良い影響を与えているものも少なくないのである。真の自覚とは、そのような脚本に感謝することである。原則中心の生き方を教え、今ある自分を育ててくれた先人たち、自分の将来の可能性を気づかせてくれた先人たちに感謝することなのだ。

世代を超えて強い絆で結ばれた家族には、卓越した力がある。子どもたち、両親、祖父母、叔父叔母、いとこなどが良い関係にあり、相互依存のしっかりとした結びつきを維持している家族には、自分が何者であるのか、自分という人間をかたちづくっているものは何なのか、自分にとって大切なものは何かをはっきりと気づかせてくれる大きな力がある。

子どもにとって、自分は何らかの「一族」の一員であるという意識を持てるのは幸せなことだ。たとえはるか遠くに住んでいても、大勢の親類が自分を知っていて、大切に思ってくれていると感じられる子どもは幸せであるし、親にとってもありがたいことである。あなたの子どもが何か悩みを抱えていて、親とは話したがらない時期で何の相談もしてこないなら、あなたの兄弟が親代わりになって相談に乗り、進むべき道を示してあげることもできる。

孫にとって、自分は何らかの「一族」の一員であるという意識を持てるのは幸せなことだ。たとえはるか遠くに住んでいても、大勢の親類が自分を知っていて、大切に思ってくれていると感じられる子どもは幸せであるし、親にとってもありがたいことである。あなたの子どもが何か悩みを抱えていて、親とは話したがらない時期で何の相談もしてこないなら、あなたの兄弟が親代わりになって相談に乗り、進むべき道を示してあげることもできる。

孫に温かい愛情を注ぐおじいちゃんやおばあちゃんは、子どもたちの良いところや可能性をきちんと映し出せる歪みのない鏡なのだ。私の母もそうである。八〇代後半になった今でも、子どもや孫たち一人ひとりを深く気にかけていて、愛情あふれる手紙を書いてくれる。先日も、母からもらった手紙を飛行機の中で読んでいて涙が止まらなかった。母に今晩電話し

たら、どんな言葉をかけてくれるかおおよそ見当がつく。「スティーブン、母さんがどれほどあなたのことを愛しているのか、あなたをどれだけ素晴らしいと思っているのか知ってほしいのよ」母はいつも私の価値を認めてくれる存在なのである。

世代を超えて強く結びついている家族は、もっとも実り多い報いがあり、満ち足りた相互依存関係を築ける。そのような家族関係の大切さは、誰しも感じているものである。以前『ルーツ』という本がベストセラーになったが、私たち一人ひとりにルーツがあり、今の自分まで続いてきた道のりをさかのぼり、自分の祖先、自分のルーツを知ることができる。

それを知ろうとする最大の動機は、自分のためではない。自分の後に続く子孫たち、全人類の次の世代のためなのである。次の世代に言葉を残した人がいる。「子どもたちに後々まで遺してやれるものは二つしかない。一つは〝ルーツ〟であり、もう一つは〝翼〟である」

流れを変える人になる

子どもたちに「翼」を与えるというのは、前の世代から引き継いできた悪い脚本、効果的とはかけ離れた生き方を乗り越える自由を与えることだと思う。私の友人で同僚でもあるテリー・ワーナー博士の言葉を借りれば「流れを変える人」になることだ。実りのない生き方の脚本を次の世代にそのまま手渡すのではなく、その脚本を変えるのである。脚本を書き直し、その過程で人間関係を育てていくのだ。

仮にあなたが子どもの頃に両親に虐待されて育ったからといって、あなたも自分の子どもを虐待する必要はない。ところが現実には、親に虐待されて育った子どもは、自分が親になって同じようにわが子を虐待する例が非常に多い。しかし、あなたは主体的な人間なのだから、自分からその脚本を書き直すことができる。子どもを虐待しないことを選択できる。そして、子どもを一人の人間として認め、子どもが前向きに生きていく脚本を書いてやることができる。

　そのことを自分の人生のミッション・ステートメントに書き、頭と心に刻みつける。そのミッション・ステートメントに従って生活し、毎日の私的成功を実現している自分の姿を思い描く。さらに、自分の両親を愛し、許し、まだ健在であるなら、まず両親を理解する努力をして、関係を築き直す道を歩み始めることもできる。

　あなたの家族に何世代にもわたって受け継がれてきた悪い流れを、あなたの代で止めることができるのだ。あなたは流れを変える人となり、過去と未来をつなぐ人となる。あなた自身が変わり、流れを変えれば、その後に続く何世代もの人々の人生に大きな影響を与えられるのである。

　二〇世紀の流れを大きく変えた人物として、アンワル・サダトを挙げよう。彼の生き方から、流れを変えることの本質を深く理解することができる。不信、恐怖、憎悪、誤解の巨大な壁をアラブ人とイスラエル人の間につくり出した過去、対立と孤立の増幅が避けられそうにもない将来、その間にサダトは立っていた。話し合いの努力はことごとく摘み取られた。合意案を形成する手続きや書式、果てはコンマやピリオドをどこに打つかまで、あらゆることに難癖がつき争いの火種になっていた。誰も彼も葉っぱだけに斧を向ける中で、サダトだけは、刑務所の独房での経験を生かして根っこに働きか

けた。そしてついに、何百人もの人々のために歴史の流れを変えたのである。サダトは自伝の中で次のように書いている。

私はほとんど無意識に、カイロ中央刑務所の五四番の独房で培った内面の強さを引き出し始めた。その強さとは、変化を起こす能力と言えるものである。私が直面していた状況は複雑をきわめ、心理的、知的な能力で自分自身を武装しなければ、とても変えられる望みはなかった。あの孤独な場所で人生や人間の本質を深く見つめ、自分自身の思考の構造そのものを変革できない者は、決して現実を変革することはできず、したがって、決して進歩することもないのである。

根本的な変化はインサイド・アウトから始まるものである。葉っぱだけをいじる応急処置的な個性主義のテクニックで態度や行動だけを変えればすむものではない。根っこに働きかけなくてはならないのだ。自分の根本的な考え方を見つめ、自分の人格を形成し、世界を見るときのレンズとなっているパラダイムを変えなければ、本当の変化は生まれない。このことを哲学者のアンリ・フレデリック・アミエルは次のように表現している。

人間は道徳的真理を頭で考え、理解することができる。感覚的にとらえることもできる。そのとおりに生きようと決意することもできる。しかし、ここまでして理解し身につけたつもりでも、道徳的真理は私たちの手からするりと逃げていくことがある。意識よりももっと深いところに、私たち人間の存在そのもの、人間の実体、本質があるから

470

である。この一番奥の場所まで到達して自分自身と一体になり、随意的にも不随意的にも、あるいは意識的にも無意識的にもできるようになった真理だけが、本当に自分のものとなるのである。真理と自分自身との間に少しでも距離があるうちは、私たちはまだ真理の外にいる。人生について考えていること、感じていること、望んでいること、自覚していることは、人生そのものもとから逃れないかもしれない。人生の目的は神と一体化することなのである。そうなって初めて、真理は二度と私たちのもとから逃れない。私たち自身が真理であり、真理が私たち自身の外側に存在するものでもなく、内側に存在するものでもなくなる。私たち自身が真理であり、真理が私たち自身なのである。

自分自身と一つになること、愛する人たちや友人、同僚と一つになることが「7つの習慣」の最高で最良、もっとも実りある果実である。誰しも、過去に一度や二度は心を一つにする果実を味わったことがあるだろう。逆に、心がばらばらに離れてしまった寂しく苦い果実も味わっているはずだ。だからこそ私たちは、心が一つになることがいかに貴重で、また同時に壊れやすいものであるかを知っているのである。

このように心を一つにまとめるためには、誠実な人格を築き、愛と奉仕の人生を送らなくてはならないのは言うまでもないことだが、それはたやすいことではない。応急処置でどうにかなるものではないのだ。人生の中心に正しい原則を置き、他の中心から生まれたパラダイムと訣別し、無益な習慣の安心領域から出ることによって実現するのである。だが、毎日の私的成功を積み重ね、イン間違うこともあるだろう。気まずい思いをすることもあるだろう。

サイド・アウトの生き方を一歩ずつ進んでいけば、結果は必ずついてくる。種を蒔き、辛抱強く雑草を抜き、大切に育てれば、本当の成長の喜びを実感できるようになる。そしていつか必ず、矛盾のない効果的な生き方という最高の果実を味わえるのである。

最後にもう一度エマーソンの言葉を借りよう。「繰り返し行うことは、たやすくなる。行う作業の質が変わるのではなく、行う能力が増すのである」

人生の中心に正しい原則を置き、行うことと行う能力のバランスを考えて努力を続けていくと、効果的で有益な、そして心安らかな生き方ができる力がついてくる。それは私たち自身のためであり、私たちの後に続く者たちのためでもあるのだ。

私信

この本の締めくくりに、正しい原則の根源について私個人の思いを少し述べさせていただきたい。正しい原則は自然の摂理であると私は考えている。正しい原則の根源、そして良心の根源は、私たち人間を創造した父なる神にあると信じている。神から授かった良心に忠実に生きる限り、人は自らの天分を存分に生かすことができ、良心の声に耳を傾けない人ほど、動物のような人生を送ることになると信じている。

法律や教育だけではどうにもできない部分が人間にはあり、そのような部分については神の力に頼らざるを得ないのだと、私は考えている。人間である以上、完全無欠な存在にはなれない。正しい原則に従って生きる

努力をするほどに、人間は天賦の才を発揮でき、この世に授かった命を余すところなく生きられるのである。イエズス会士のテイヤール・ド・シャルダンはこのように言っている——「我々は、霊的体験をしている人間ではない。人間的体験をしている霊なのである」。

私は今も、この本に書いたことを実践するために必死に努力している。このような努力は価値があるし、必ず満たしてくれる。それは私の人生に意味を与え、人を愛する力、奉仕する力、挫折しても何度でも立ち上がる力を与えてくれる。

最後に、T・S・エリオットの言葉を紹介したい。私自身の発見と確信を見事に言い表していると思う。

「探究に終わりはない。すべての探究の最後は初めにいた場所に戻ることであり、その場所を初めて知ることである」

私がよく受ける質問

ここで紹介するような個人的な質問をよく受けるのだが、正直に言うと、いつも少したじろいでしまう。しかし、ことあるごとにこうした質問を受けるし、皆さんも興味を持つだろうと思うので、ここにまとめておくことにした。

『7つの習慣』は一九八九年に出版されました。それ以降のご自身の経験を踏まえて、どこか書き換えようとは思いますか？　書き加えたいこと、逆に削除したい箇所はありますか？

軽々しく答えるつもりはないのですが、どこも変えるつもりはありません。もっと深く掘り下げ、広く応用する可能性はあると思いますが、そうした試みについては、後から出版した別の本で取り上げています。

たとえば、『7つの習慣』の中で多くの人が苦手としているのは第3の習慣「最優先事項を優先する」なのですが、この習慣について二五万人以上の人たちをプロファイリングしました。その結果を基に『7つの習慣　最優先事項』という本で第2の習慣と第3の習慣をさらに深く掘り下げ、他の習慣についても具体例を加えました。

474

『7つの習慣 ファミリー』では、絆が強く幸福で、効果的に営まれる家庭を築くことに「7つの習慣」の考え方を応用しています。

また息子のショーンは、一〇代のニーズや関心事、問題に「7つの習慣」のフレームワークを当てはめ、若者の興味を惹くような図版を多用して、『7つの習慣 ティーンズ』を出版しました。

さらに、「7つの習慣」を身につけることで創造的に人生を送れるようになったという話を何万人もの人たちに語ってもらいました。その体験談が『7つの習慣 実践ストーリー集』に詳しく収録されています。私たちに勇気を与え、鼓舞してくれるエピソードです。境遇や組織内での地位、それまでの人生に関わらず、あらゆる個人、家族、組織において、原則の力、変化を起こす力が働いたことを教えてくれます。

『7つの習慣』が出版されてから、何か新たに気づいたことはありますか？

多くのことを学びました。さらに認識を深めた、と言ったほうがいいかもしれません。

一・原則と価値観の違いを理解することが大切です。原則は自然の法則です。私たちの外にあり、私たちの行動の結果を最終的に決めるものです。価値観は私たちの内面にあり、主観的なものです。自分の感情をもっとも強く動かすものが行動を導くのです。原則を自分の価値観にできれば理想的です。そうであれば、今欲しい結果を手にし、将来はさらに良い結果を得ることができます。私はそれを「効果性」と定義しています。誰

でも価値観を持っています。犯罪者にも価値観はあります。それに対して原則は行動の結果を支配します。価値観は人間の行動を支配します。価値観は私たちの外に存在する独立したものなのです。原則を意識していようがいまいが、受け入れていようがいまいが、忠実に従っていようがいまいが関係ありません。原則は常に働いています。好きであろうがなかろうが、信じていようがいまいが、原則は働いています。好きであろうがなかろうが、信じていようがいまいが、原則は働いています。私は、謙虚さはあらゆる美徳の母だと信じています。謙虚であれば、物事を支配しているのは原則であって自分ではないと言えます。だから原則に従うことができるのです。傲慢な人は、物事を支配しているのは自分だと考えます。自分の価値観が自分の行動を支配するのだから、好きなように人生を送ればいいのだと考えるのです。しかし行動の結果を決めるのは、価値観ではなく原則です。だから原則を自分の価値観にし、原則を大切にすべきなのです。

二・「7つの習慣」に関して世界中から寄せられた体験談を読んで、原則の普遍性が「7つの習慣」を支えているのだと確信しました。これらの人々の実例や実践方法はそれぞれに異なりますし、文化的背景も異なっています。しかし原則は同じです。世界の六大宗教のどれにも、「7つの習慣」に述べられている原則がみられます。実際、これらの宗教圏で講演するときは、その宗教の聖典から引用することもよくあります。中東でも、インド、アジア、オーストラリア、南太平洋、南米、ヨーロッパ、北米、アフリカ、世界各地でそうしてきました。ネイティブアメリカンなどの原住民の文化圏でもそうします。性別も関係なく誰もが同じような問題に悩み、同じようなニーズを持っています。だから基本の原則の話は誰の心にも響くのです。
―Winの原則は、誰もが内面に持っている感覚です。責任の原則、目的意識の原則、誠実さ、他者を敬う気

持ち、協力、コミュニケーション、再生は、誰もが理解できる道徳観です。これらは普遍の原則なのです。しかしその原則をどう実践するかは文化圏によって異なります。それぞれの文化圏が普遍の原則を独自に解釈しているのです。

三．組織において「7つの習慣」がどのような意味を持つのか明確ではありませんでした。もちろん、厳密に言えば組織に「習慣」というものはありません。ノルマや行動規範のような組織文化、それがいわば組織の習慣です。組織はまた、システム、プロセス、手順も確立しています。これらも習慣です。しかし結局、どんな行動も個人の行動であることに変わりはありません。組織構造やシステム、プロセス、手順に関して経営者が下した決定に沿った集団行動の一部であっても、一人ひとりの行動なのです。あらゆる業界、職業の何千もの組織を見てきましたが、『7つの習慣』に書いてあるのと同じ基本の原則が組織の中でも働いていて、それが効果性を左右していることがわかりました。

四．「7つの習慣」を教えるときは、どの習慣から始めてもかまいません。どれか一つの習慣を教えて、そこから他の六つの習慣に結びつけていくこともできます。「7つの習慣」はホログラムのようなもので、全体が部分に含まれ、部分が全体に含まれているのです。

五．「7つの習慣」はインサイド・アウトのアプローチをとっていますが、自分の外側にある問題、アウト

サイドの問題にインサイド・アウトのアプローチで取り組めば非常に効果的です。コミュニケーションや信頼関係など、人間関係に問題を抱えているなら、インサイド・アウトのアプローチはおのずと決まります。その問題を解決し公的成功を果たすために、まず私的成功を成し遂げるアプローチをとればよいのです。だから私はよく、第1、第2、第3の習慣を教える前に第4、第5、第6の習慣を教えています。

六・相互依存は自立よりも一〇倍は難しいものです。Win−Loseの態度をとる相手に対してWin−Winを考えます。心の中では自分を理解してほしいと叫んでいるのに、まず相手を理解することに徹します。妥協するほうが簡単なのに、より良い第3の案を探す努力をします。これらができるようになるためには、感情面でも知性面でも自立できていなければなりません。言い換えれば、他者と創造的に協力し成功するためには、内面が安定し、自分を律することができなくてはならないのです。しっかりと自立した人間でなくてはなりません。自立していなければ、相互依存のつもりで行動しても、それは実際には反依存の状態にすぎず、自分が自立しているのだと主張したいがために、相手と正反対の言動に走っているのです。あるいは、相手の弱点をあげつらうことで自分の欲求を満たし、自分の弱点を正当化するような共依存関係になってしまいます。

七・第1の習慣から第6の習慣までは「問題に他者と一緒に取り組み、協力して解決策を見つける」と言い換えることができます。第4の習慣から第6の習慣までは「約束をし、それを守る」という一言で言い表せるでしょう。第4の

八、『7つの習慣』は新しい言語です。この本に出てくる個性的な言葉やフレーズはそれほど多くはありませんが、そのどれもが、重要なことを伝える符号のようなものになったと思います。「あれは預け入れだったろうか、それとも引き出し？」「これは反応的な行動か、それとも主体的な行動か？」「これはシナジーだろうか、妥協だろうか？」「この状況はWin-Winなのか、Win-Loseなのか、それともLose-Winなのか？」「最優先事項を優先するのか、優先しなくてもよいことを優先するのか？」「手段を思い描くことから始めるのか、終わりを思い描くことから始めるのか？」といった問いかけを、他者にも、自分にもすることができるのです。これらの言葉で表現される原則と概念を深く理解し、実践することによって、根本から文化が変わった組織や家庭の実例をたくさん知っています。

九、誠実さは忠誠心よりも大切です。というより、誠実は忠誠心の最高位のかたちである、と言ったほうがよいかもしれません。中心に据えるのは、他人でも組織でもありません。誠実とは、原則を中心にして生活することです。誰でも自分が抱えている問題の根を見つめれば、あくまでも原則です。家族ですらありません。

「それは他者に受け入れられることなのか（あるいは政治的に受け入れられるのか）、それとも正しいことなのか？」と自分に問うことになります。正しいと思うことをせず、他人や組織に忠誠であることを優先していたら、誠実とは言えません。その場では他者に受け入れられ、好かれるかもしれないし、忠誠心を得られるかもしれません。しかし誠実さを欠いていたら、やがてはその人間関係にヒビが入るでしょう。たとえば誰かの関心を買いたいために、その場にいない人の悪口を言ったとしましょう。そこでは相手と意気投合したように見えて

も、その人はあなたが別の場所で自分の悪口を言うのではないかと思うはずです。ある意味では、第1から第3の習慣は誠実さを表し、第4から第6の習慣は忠誠心を表しています。誠実さと忠誠心は完全に一体なのです。誠実であれば、いずれは他者の忠誠心を得られます。しかし最初に忠誠心を求めようとしたら、それと引き換えに誠実さを捨てることになるでしょう。好かれるよりも信頼されるほうがよいのです。人を信頼し、尊重することこそが、愛を生み出すのです。

一〇.「7つの習慣」を実践するのは、誰にとっても大変なことです。「7つの習慣」の全部を毎日きちんと実践できている人などいないでしょう。それどころか、どれ一つとして実行できない日もあるはずです。実際、理解するのは簡単でも、日々実践するのは大変なことです。「7つの習慣」は常識です。しかし常識だからといって、必ず実行できるとは限らないのです。

「7つの習慣」の中で身につけるのが一番難しいのはどれでしょうか?

第5の習慣ですね。とても疲れているときや、自分が正しいと確信しているときなどは、本気で相手の話を聴こうとしてもできません。聞くふりをすることさえあります。理解しようと思って聴いているのではなく、どう返答しようか考えながら聞いているのです。これではいけません。私自身、「7つの習慣」の全部を実践するのは大変です。悪戦苦闘の毎日です。どれ一つとして制覇できていません。「7つの習慣」というのは、完全

には習得できない人生の原則だと思います。もうそろそろ到達かと思ったら、まだまだ道は続いているというような感じです。知れば知るほど、自分にはまだわかっていないことが多いのだと思い知らされるのです。

私は、大学で受け持っている学生に評価をつけるとき、五〇％は彼らがしてくる質問の内容、あとの五〇％はその質問に対する彼ら自身の回答の内容で評価しています。こうすれば本当の習熟度がわかるからです。

これと同じように「7つの習慣」も上向きの螺旋のようなものと言えます。

もっともレベルの高い第1の習慣は、一番下のレベルにある第1の習慣とはまるで異なります。最初のレベルで主体的である習慣を実践するのは、せいぜい刺激と反応の間にあるスペースを意識できるくらいです。次のレベルでは、仕返しはしない、やり返さない、というような選択ができるようになるでしょう。次のレベルでは、許しを求めるようになります。そして次のレベルでは他人を許せる。その次は、親を許せる。さらに次は、すでに亡くなった親を許せる。そして次のレベルで、他者に腹を立てないことを選択できるようになるのです。

成長の螺旋

あなたはフランクリン・コヴィー社の副会長ですが、フランクリン・コヴィー社では「7つの習慣」を実践していますか？

努力しています。自分たちが教えることを日々実践するのは、私たちにとっては基本の価値観です。とはいえ、完璧にできているわけではありません。他の企業と同じように、当社もめまぐるしく変化する市場環境に対応しなければなりません。一九九七年にコヴィー・リーダーシップ・センターとフランクリン・クエストが合併しましたが、二つの組織文化を統合する努力も必要でした。原則を実践するには時間も忍耐力も要ります。成功かどうかは長い目で見て判断すべきでしょう。スナップショットでは正確なことはわからないのです。

どんな飛行機も軌道からずれている時間は結構あります。しかし必ず飛行プランに戻り、最終的には目的地に到着します。個人の場合も、家族や組織にも、同じことが言えます。「終わりを思い描くことから始める」ことが大切なのです。そして日頃からフィードバックを受けることを心がけ、思い描いた終わりに到着できるように軌道修正するのです。

なぜ七つなのですか？ 六つの習慣でも、八つの習慣でもいいでしょうし、一五の習慣でもかまわないのでは？「7」には何か神聖な意味があるのですか？

神聖な意味などありません。私的成功の習慣が三つ（選択の自由、選択、行動）に公的成功の習慣が三つ（尊

この質問を受けると、私はいつも「習慣にしたいような望む特質があるのなら、あなた自身の価値観の一つとして第2の習慣に加えてください」と答えています。たとえば約束を守ることを習慣にしたいなら、第2の習慣の価値観になるでしょう。どんなことでも第2の習慣に加えられるのです。第2の習慣はあなたの価値体系です。第1の習慣は、自分の価値体系を持つことです。第2の習慣は、あなたがどのような価値観を選ぶかであり、第3の習慣はその価値観に従って生活することです。このように、どの習慣も基本的なことなのです。そしてそれぞれが相互に結びついています。

今このあとがきを書いている時点で、ちょうど『第8の習慣　効果から偉大へ』という新しい本を執筆し終えました。「第8の習慣」と聞くと、先ほどの私の答えとは違うのではないかと思う人もいるでしょう。しかし、この新作の第一章でも述べているのですが、『7つの習慣』が一九八九年に出版されてから世界は大きく変わりました。私生活や人間関係、家庭や職場で私たちが直面している問題や複雑な状況は、以前とはまるで違います。そもそも一九八九年には多くの枕詞（まくらことば）がつきます。ベルリンの壁が崩れた年、情報時代幕開けの年、新しい現実の誕生、大転換……あの年から、まさに新しい時代が始まったのです。入場券のようなものであった、個人や組織としての効果性の高さは、今の世界ではもはや当然求められることです。

しかし、この新しい現実の中で生き残り、成功し、イノベーションし、卓越した成果をあげ、リーダーシップを発揮するには、効果性を土台として、もっと高いレベルに到達しなければなりません。新しい時代が求めているのは、遂行です。明日への情熱的な希望、意味のある貢献、そして偉大さです。これらは、効果

性とは異なる領域、異なる次元にあります。意味が違うのです。成功の度合いではなく、成功の意味が違うのです。人が持つ才能と動機、いわば内面の声をより高い次元で一致させるには、新しいマインドセット、新しいスキルセット、新しいツールセットが必要です。新しい習慣が必要なのです。

ですから、「第8の習慣」は「7つの習慣」の次に加わるものではありません。「第8の習慣」は、いわば忘れられていた習慣です。第三の次元を見出し、それを「7つの習慣」に結びつけ、新しい知識労働者時代の中心的な問題に対応しようというものです。

有名になって、何か影響はありますか？

いろいろとありますね。個人的には光栄なことだと思っています。教師としての立場から言えば、謙虚にならなくてはいけないと思います。これらの原則のどれ一つとして、私が考え出したものではありません。私個人が高い評価を受けるべきではないことを強く自覚しなくてはなりません。謙虚な人間とみられたいから言ってい

484

のではありません。そう信じているから言っているのです。私は皆さんと同じように真実を追求し、理解したいと思う一個人です。私は師ではありません。そのように呼ばれたくありませんし、弟子が欲しいとも思いません。私は、人々が自らの心の中にすでに持っている原則を師とし、良心に従って生きられるように促しているだけなのです。

人生をやり直せるとしたら、実業家としての自分をどう変えたいですか？

そうですね、もっと戦略的に、先を見て主体的に行動を選択したいですね。緊急の用事に埋もれて、空中に飛び交ういくつものボールに対応していれば、その時どきにどの場所に立てばよいのかわかっていて、何にでもうまく対処できる人間に見えるものです。しかし実際には、自分の置かれた状況や行動パターンを深く考えているわけではなく、そのときの自分の役割や職務で満たすべき基準をよく考えて設定しているのではなく、長い目で見て主体的に行動する。つまり、その瞬間に受けるプレッシャーに対応するのではなく、自分の行動を戦略的に選択する。つまり、その瞬間に受けるプレッシャーに対応しているのではなく、長い目で見て主体的に行動すれば、いずれ大きな果実が得られると私は確信しています。ある人がこんなことを言っていました。「強く望んでいることは、いとも簡単に信じられる」ですから、自分の人格と能力の両方を深く見つめなくてはならないのです。どちらかに欠点があれば、その欠点がいずれは人格にも能力にも表れることになります。トレーニングや能力開発研修も大切ですが、自分の行動は自分で選択するほうがはるかに重要なのです。

人生をやり直せるとしたら、親としての自分をどう変えたいですか？

日頃から打ち解けて話す時間をもっと持ち、親として子どもたちの成長の段階に合わせて、非公式なWin─Win実行協定を結びたいですね。私は仕事で家をあけることが多いので、つい子どもたちを甘やかしてしまい、Lose─Winの結果になってしまうことが少なくありません。理にかなった健全なWin─Winの合意を見出せるように、それにふさわしい関係を築く努力を日頃からもっとすべきだと思っています。

テクノロジーはビジネスの環境をどのように変えていくのでしょうか？

スタン・デイビスが「インフラストラクチャーが変わると、何もかもが揺れ動く」と言っています。まったくそのとおりだと思います。しかも、技術的なインフラはすべてのものの中心にありますから、良い流れも悪い流れも加速させます。だからこそ、人間的な要素がますます重要なると確信しています。高度な技術をうまく使うには人間性が不可欠です。テクノロジーの影響力が増せば増すほど、そのテクノロジーをコントロールする人間性が重要になるのです。とりわけ、テクノロジーをどう利用するかは文化的な背景を踏まえて決めていかなくてはならず、そこには必ず人間性が求められるのです。

『7つの習慣』は、国、文化圏、世代、性別を超えて世界中に広まりましたが、驚いていらっしゃいますか？

イエスでもあり、ノーでもあります。これほどまでに世界的な現象になるとは予想していませんでしたし、この本で使われている言葉のいくつかがアメリカの風物にもなりました。その意味では驚いています。しかし、この本に書かれていることは二五年にわたってテストし、効果を確かめました。その意味では驚くことではないですね。そもそも原則に基づいているのですから、うまくいくと確信していました。これらの原則は私が考え出したものではありません。普遍の原則なのです。

「7つの習慣」を子どもたちに教えるにはどうしたらよいでしょう？

アルベルト・シュバイツァーは、子育てには三つの基本ルールがあると言っています。第一に、手本を示す。私もそのようにしたいと思いますが、とてもそこまでいきませんね。第二に、手本を示す。第三に、手本を示す。そこで私が考える三つのルールは、「第一に手本を示す。第二に愛情深く思いやる関係を築く。第三に、『7つの習慣』というものの基本と用語を理解させ、自分自身の体験を原則に従って進めていく方法を教えるのです。自分の生活の中で、どのような原則と習慣を実践できるのか教えてあげればよいと思います。

私の上司（配偶者、子ども、友人）にぜひとも「7つの習慣」を実践してほしいのですが、この本を読むように勧めるにはどうしたらよいと思いますか？

あなたがどれほどその人のことを思っているか本人に伝わらなければ、あなたの忠告には耳を貸さないでしょう。あなた自身が信頼される人格を磨いて、その人と信頼関係を築く。そうして、「7つの習慣」が自分にとってどのように役立ったか話して聴かせれば、耳を傾けてくれるはずです。その後、タイミングを見計らってトレーニングプログラムに誘ったり、本をプレゼントしたり、機会をとらえて基本的な考え方を教えてあげたりすればよいでしょう。

経歴をお聞かせください。また、どのような経緯から『7つの習慣』を書くに至ったのですか？

若い頃は、自分は父の跡を継いで家業に就くものだと何となく思っていました。しかし、ビジネスよりも教えることやリーダーを育てる仕事のほうに面白味を感じました。ハーバード・ビジネス・スクールで学んでいたとき、組織で働く人間に強く興味を持ったのです。後にブリガム・ヤング大学でしばらく経営学を教え、この分野のコンサルティング、アドバイス、トレーニングにも携わりました。その間、バランスのとれた一連の原則を順序だてて、リーダーシップとマネジメントの総合的な能力開発プログラムの開発に関心を持ったのです。これらがやがて「7つの習慣」となり、それを組織に応用していくうちに、原則中心のリーダーシップの

概念に発展していきました。私は大学を辞め、あらゆる組織の経営者のコンサルティング、トレーニングを専業にする決心をしました。一年をかけて研修のカリキュラムを綿密に計画してから会社を立ち上げ、世界中の人々にマテリアルを提供できるようになったのです。

成功の方程式があると主張する人に対して、どう思われますか？

二つあります。まず、原則あるいは自然の法則に基づいた主張であるなら、私もそれを学びたいですし、他の人たちにも推薦したいと思います。次に、基本の原則や自然の法則を違う言葉で表現している場合もあるでしょう。

効率性のためにスキンヘッドにしているというのは本当ですか？

あなたが忙しく髪をブローしているとき、私はもう家を出てクライアントと仕事しているのですからね。実のところ「ハゲって美しい」という言葉を初めて聞いたとき、それはもううれしかったですよ！

※本稿は二〇〇四年に書かれたものです。

THE SEVEN HABITS
OF HIGHLY
EFFECTIVE PEOPLE

APPENDIX

付録A

さまざまな中心から生まれるものの見方

あなたの人生の中心がここにあるとしたら	人生を形成する要素をこのように見ている				
	配偶者	家族	お金	仕事	所有物
配偶者	・自分のニーズを満たす最大の源	・それなりに良いもの ・夫婦関係よりも大切ではない ・夫婦が協力して築くもの	・配偶者を養うために必要なもの	・配偶者を養うためのお金を稼ぐ手段	・配偶者に感謝の気持ちを表したり、喜ばせたり、あるいは操ったりする手段
家族	・家族の一員	・もっとも優先すべきもの	・家族を経済的に支えるもの	・目的を達成する手段	・家族の楽しみを増やすもの
お金	・金儲けの助けになる、あるいは邪魔になる存在	・お金のかかる存在	・心の安定と充足感を得る源	・お金を手に入れるために必要な活動	・経済的な成功の証
仕事	・仕事の助けになる、あるいは邪魔になる存在	・仕事の助けになる、あるいは邪魔になる存在 ・仕事の大切さを教えるべき対象	・重要度はそれほどでもない ・一生懸命努力した証	・充足感と満足感をもたらす最大の源 ・最高の倫理	・仕事の効率をあげる道具 ・働いた成果
所有物	・主たる所有物 ・所有物を手にするために力を貸してくれる人	・自分が利用し、支配し、搾取する所有物 ・世間に誇示する所有物	・所有物を増やすために欠かせないもの ・管理している所有物の一つ	・地位、権威、評価を得る場	・ステータスシンボル

付録A　さまざまな中心から生まれるものの見方

あなたの人生の中心がここにあるとしたら → 人生を形成する要素をこのように見ている

	配偶者	家族	娯楽	友人
娯楽	お互いの関係を強める活動、そうでなければ関心はない	・家族全員でできる活動、そうでなければあまり関心はない	愉快に生きるためのパートナー、あるいはそれを邪魔する存在	・友人にもライバルにもなる ・社会的ステータスシンボル
友人	・配偶者が親友、あるいは唯一の友人 ・夫婦共通の友人しか友人ではない	・家族ぐるみで付き合える友人、あるいは競争相手 ・家族の絆をおびやかす存在	・娯楽を得るための手段、あるいは障害	・友人にもなれば、自分の友人関係を妨げる障害にもなる ・社会的ステータスシンボル
敵	配偶者は自分を敵から守ってくれる人、あるいは共通の敵を持つことが夫婦関係の基盤であり、絆を強める	・家族にとっての敵 ・家族の結束力を強める存在 ・家族の絆をおびやかす存在	・娯楽を得る機会を増やす手段	・経済的・社会的な財をもたらす源
教会	・夫婦で一緒に楽しむ活動 ・夫婦関係ほど重要ではない	・家族の力の源	・楽しい仕事ならOK	・社交の場
自己	・自分の価値は配偶者次第 ・配偶者の態度や行動に大きく影響を受ける	・家族の大切な一員だが、自分よりも家族のほうが大切であり、家族に従う	・目的を達成する手段	
原則	・配偶者との関係を築き維持していくための理念	・家族の強い絆を維持するルールを持つ ・時と場合によっては家族のために原則を曲げる	・楽しみの対象 ・楽しみを増やす手段	・友情を買う手段 ・友人をもてなしたり、楽しく付き合うための手段

友人	娯楽	所有物	仕事	お金
・いつも友人と楽しむこと ・主に社交の場	・人生の最大の目的 ・満足感を得られる最大の源	・物を買ったりクラブの会員になったりすること	・時間の無駄 ・仕事の邪魔	・金がかかる、あるいは経済的負担
・自分の幸福に必要不可欠な存在 ・仲間の一員であること、受け入れてもらうこと、仲間に好かれることが何よりも重要	・遊び仲間	・自分のもの ・利用できる存在	・職場の同僚や利害を共有する人 ・基本的には要らない	・経済力や影響力を基準にして選ぶ
・自分の仲間以外 ・共通の敵を持つことが友情を強める	・真面目すぎる人 ・楽しむことに罪悪感を持つ人、楽しみをぶち壊しにする人	・泥棒など、財産を奪う人 ・自分よりも財産を持っている人、名声の高い人	・仕事の妨げになる存在	・経済的安定を脅かす存在 ・経済面でのライバル
・社交の場	・融通がきかず、娯楽の妨げになる存在 ・罪悪感を押しつける存在	・「私の教会」というステータスシンボル ・自分の所有物に対して不当な批判をする存在	・自分の会社のイメージアップに役立つ存在 ・時間をとられる ・人脈を広げる場	・節税対策に利用する ・自分からお金をかすめとっていく存在
・自分の価値は友人との付き合いによって決まる ・人前で拒絶されたり、人前で恥をかいたりすることを恐れる	・快楽を追求するための道具	・自分の所有しているものによって決まる ・自分の価値は社会的地位や名声によって決まる	・自分の価値は仕事上の役割で決まる ・仕事の成功につながる考え方 ・仕事の状況によっては原則を曲げる	・自分の価値は資産価値で決まる
・人とうまくやっていくための基本的な法則	・満たさなければならない自然の欲求や本能	・所有物を増やすのに役立つ考え方		・お金を稼ぎ管理するのに役立つ考え方

付録A　さまざまな中心から生まれるものの見方

あなたの人生の中心がここにあるとしたら / 人生を形成する要素をこのように見ている

	配偶者	家族	お金	仕事	所有物
敵	・自分に賛同してくれる人、あるいは敵の身代わりにして感情のはけ口にする相手	・逃げ場（気持ちの支え）、あるいは敵の身代わりにして感情のはけ口にする	・敵と闘うための手段、あるいは敵よりも優位に立つための手段	・逃避先、憤慨を晴らす場	・敵と闘うための手段 ・味方を確保する手段 ・逃避、逃げ場
教会	・奉仕活動の仲間、協力者、あるいは自分の信仰の強さが試される存在	・教義に忠実に生きていることを世間に見せるための存在、あるいは自分の信仰の強さが試される場	・教会の活動や家族を支える手段 ・奉仕活動や教義よりも優先させたら邪悪なもの	・現世で生きるために必要なもの	・現世で所有するものはほとんど価値がない ・重要なのは世間体やイメージ
自己	・所有物 ・自分を満足させ、喜ばせてくれる存在	・所有物 ・自分のニーズを満たしてくれる存在	・自分のニーズを満たしてくれる源	・自分のやりたいことをする機会	・自分の価値を決め、自分を守り、自分を高めてくれるもの
原則	・お互いが満足できる相互依存の関係を築くパートナー	・友人、奉仕、貢献、自己実現の場 ・世代を超え、脚本を書き直し、流れを変える人になる機会	・重要な優先事項や目標を達成させてくれるリソース	・自分の才能を有意義に発揮できる場 ・経済的なリソースを確保するための手段 ・他の用件との時間的バランスを考え、人生における優先事項や価値観との調和をとりながら自分の時間を投じる	・さまざまなことに使えるリソース ・適切に管理すべきものの、人のほうが重要

495

完訳 7つの習慣

あなたの人生の中心がここにあるとしたら	あなたの人生を形成する要素に対する見方		
	敵	教会	自己
娯楽	・次の闘いに備えるための休養	・組織のメンバーと集まるのは「罪のない」娯楽 それ以外の楽しみは罪深く時間の無駄だと決めつける	・自分が得て当然の満足 ・「私の権利」「私のニーズ」
友人	・精神的な支え、同調してくれる人 ・共通の敵がいるから友人になる場合もある	・同じ教会のメンバー	・「私」を支持し、「私」に必要なものを提供してくれる人
敵	・憎しみの対象 ・自分が抱える諸々の問題の根源 ・自己弁護や自己正当化を助長する刺激	・無神論者、自分の教会の教義に賛同しない人、教義に反した生き方をしている人	・自分の立場を明確にし、自分を正当化するための源
教会	・自分を正当化する源	・生き方の指針を示してくれるもっとも重要な存在	・自分の利益を追求する手段
自己	・被害者意識 ・敵に縛られ、身動きがとれない	・自分の価値は、教会での活動、寄付、教義を実践する度合いによって決まる	・自分は他者よりも善人で、頭がよく、正しい ・自分が満足するためなら何をしてもよい
原則	・敵にレッテルを貼ることを正当化してくれるもの ・敵が間違っていることを証明する根拠	・自分を正当化するための根拠 ・教会が説く教えと自分の利益と一致する考え方。自分のニーズに合わせて変えてもかまわない	・教会の教義のほうが重要

496

付録A さまざまな中心から生まれるものの見方

原則
・原則中心の生き方では、あらゆる活動に喜びを見出せる ・バランスがとれ一貫性のあるライフスタイルでは、娯楽も重要な部分である
・相互依存の生き方のパートナー ・分かち合い、助け合い、支え合う親友
・他者を「敵」とみなすことはない。 ・パラダイムや目標が自分とは異なる人に対しては、理解しようと努める
・正しい原則を学ぶ場 ・奉仕や貢献する場
・人は誰しも唯一無二の才能に恵まれた創造的な個人であり、自分自身も同じである。皆が自立し、同時に相互依存の関係を築いて協力し合えば、大きな成果を達成できる
・不変の法則。これに反すれば必ず報いがある ・尊重すれば誠実な生き方ができ、本当の意味での成長と幸福に結びつく

付録B 職場で実践する第Ⅱ領域の一日

ここでは、第Ⅱ領域を重視するパラダイムがビジネスでどれほど大きな影響を与えるか理解するために、具体的な状況を設定して分析し、演習を行ってみよう。

あなたが大手製薬会社のマーケティング担当役員だと仮定しよう。あなたは今出社したところであり、いつもと同じような一日が始まろうとしている。その日に待ち受けている仕事の予定を見て、それぞれの仕事にどれくらいの時間がかかりそうか見積もる。

仕事のリストは次のとおりだが、優先順位はまだつけていない。

一 本部長と昼食をとりたい（一時間〜一時間半）

二 来年度のメディア予算を策定するよう昨日指示された（二〜三日）

三 「未決箱」の案件が「既決箱」のほうまであふれている（一時間〜一時間半）

四 先月の売上高について販売部長と話し合う（四時間）

五 秘書から早急に書くよう言われている手紙が数通ある（一時間）

六 デスクにたまっている医療雑誌に目を通したい（三〇分）

七 来月に予定されている販売会議でのプレゼンテーションを準備する（二時間）

Appointment Schedule

```
 6 _____
 7 _____
 8 _____
 9 _____
10 _____
11 _____
12 _____
 1 _____
 2 _____
 3 _____
 4 _____
 5 _____
 6 _____
 7 _____
 8 _____
 9 _____
10 _____
11 _____
12 _____
```

八 製品Xの前回出荷分が品質管理に引っかかったという噂を耳にした

九 食品医薬品局の担当者が製品Xについて電話がほしいとのこと（三〇分）

一〇 午後二時から役員会があるが、議題は不明（一時間）

第1、第2、第3の習慣で学んだことを応用して、どのようにスケジューリングすれば一日を有効に使えるか考えてみてほしい。

完訳 7つの習慣

この演習では一日のスケジュールを計画するので、第四世代の時間管理に不可欠な一週間単位のスケジューリングは省いている。とはいえ、一日一九時間のスケジュールを立てるだけでも、第Ⅱ領域の原則中心のパラダイムがいかに重要であるかは理解できるだろう。

リストにある仕事のほとんどが第Ⅰ領域の用件であることは明らかだ。六番目の「たまっている医療雑誌に目を通す」以外は、重要で緊急な用件に思われる。

第三世代の時間管理テクニックを使うなら、優先度の高い順にA、B、Cをつけ、さらにAのグループの中で1、2、3というように順番をつけていくだろう。相手の都合や昼食にかかる時間なども考慮するはずだ。こうして、いろいろな事情を勘案して一日のスケジュールを立てるわけである。

第三世代の時間管理の考え方でスケジュールを組んでいる人たちの多くが、私が今説明したのとまったく同じアプローチをとっている。朝の時点でわかっている事情や状況を前提にして何時に何をするかを決め、その日の用件の大半を片づけ、少なくともその日のうちに手をつけるようにするわけである。

たとえば、ほとんどの人は朝八時から九時の間に役員会の議題を確認して準備し、お昼に本部長と会う約束を取りつけ、それから食品医薬品局の担当者に電話を入れる。その後の一～二時間は、販売部長との話し合い、緊急かつ重要な手紙の処理、品質管理に引っかかったらしい製品Xの前回出荷分に関する噂の確認などに充てるだろう。午前中の残りの時間は、本部長との昼食会で話し合うことを準備したり、午後の役員会に備えて資料などを揃えたりする。あるいは、製品Xの噂や前月の売上に関して対処しなければならない問題が起こ

れば、それらに時間がとられるかもしれない。

本部長との昼食会が終わってから午後の時間は、午前中に予定していた仕事で終わっていないものを片づけたり、他の緊急かつ重要な手紙を書いたり、「未決箱」にあふれかえっているものを整理したり、今日になってから入ってきた緊急かつ重要な用件に対応したりするだろう。

ほとんどの人は、来年度のメディア予算の策定と来月の販売会議の準備は、今日のように第Ⅰ領域の用件がたてこんでいない日にまわせばよいと考えるだろう。どちらも緊急ではなく、長期的な判断や計画が関係する第Ⅱ領域に入る活動である。医療雑誌もデスクに積み上げたまま、今日のところは手をつけない。これも第Ⅱ領域に入る活動であるし、予算の策定と販売会議の準備に比べても重要度は低そうに見えるからである。

何時に何をするかは人によって異なるだろうが、第三世代の時間管理の考え方はおおよそこのようになる。あなたは一から一〇までの仕事をどのようにスケジューリングしただろうか。第三世代のアプローチと同じだろうか。それとも第Ⅱ領域を重視する第四世代のアプローチで予定を組んだだろうか。

第Ⅱ領域を重視するアプローチ

今度は第Ⅱ領域を重視するアプローチでリストの仕事を一つずつ見ていこう。ここで紹介するのはあくまで例である。第Ⅱ領域に重点をおいたスケジューリングは他にも考えられるが、これから紹介する例では、このアプローチのポイントがよくわかると思う。

あなたが第Ⅱ領域の大切さをわかっている役員ならば、Pに関係する活動のほとんどが第Ⅰ領域に入り、PCに関係する活動のほとんどが第Ⅱ領域に入ることは知っているはずだ。日頃から第Ⅱ領域に意識を向け、緊急事態が発生しないように早め早めに手を打ち、チャンスをつかめる態勢を整え、第Ⅲ領域と第Ⅳ領域の用事には勇気を持って「ノー」と言うこと、これが第Ⅰ領域の仕事を処理しやすく効率的に対応できるようにする唯一の方法であることも知っている。

● **二時からの役員会**——午後二時からの役員会については、出席する役員に議題が知らされていない。あるいは会議室に入ってから議事内容のプリントが配布されるのかもしれない。

しかし、これでは出席者は何の準備もできず、ろくに考えずその場で発言しなければならない。これはなにも珍しいことではない。このような会議はきちんと段取りできておらず、主として第Ⅰ領域の問題に議論が集中する。しかも第Ⅰ領域の案件は緊急かつ重要でありながら、出席者はたいてい十分な情報を持っておらず、状況があやふやなまま議論が進むことになる。当然ながら、会議はたいした成果の上がらない時間となり、担当役員の独りよがりだけで終わってしまうものである。

ほとんどの会議で、第Ⅱ領域に入る案件は「その他」に分類される。「仕事の量は、完成のために与えられた時間をすべて満たすまで膨張する」というパーキンソンの法則のとおり、「その他」の議題を話し合う時間が残ることはまずない。時間が余ったとしても、第Ⅰ領域の案件で疲れ果ててしまっているから、「その他」を話し合う気力はほとんど残っていない。

そうであなたは、会議で第Ⅱ領域の議題をきちんと話し合えるようにするために、役員会をもっと効果的に進めるにはどうしたらよいか、会議の席で問題提起してみる。午前中の一～二時間をその問題提起の準備に充てることもできるだろう。発言の時間は数分しかないかもしれないが、準備をして臨めるようにすべきだと発言すれば、他の役員たちの注意を引くはずだ。次回の会議からは出席者が十分な準備に貢献するためにも、毎回の会議の目的を明確にし、議題を前もって知らせておくことの重要性を指摘する。全員が有意義なかたちで会議役員会の議長が最終的な議題を確認し、機械的に処理できる第Ⅰ領域の用件よりも、創造的な思考が求められる第Ⅱ領域の議題に時間を充てることも提案しておくとよいだろう。

さらに、議決内容とその実行期限を明記した議事録を会議終了後速やかに出席者に配ることも提案する。そうしておけば、次回の会議からは必要に応じてこれらの懸案事項も議題に含まれ、しかるべき時間を割いて討議できるようになるだろう。

リストの一〇番「二時からの役員会」一つとっても、第Ⅱ領域のレンズを通して見れば、やるべきことは多いのだ。主体的な人間でなければ行動は起こせないし、役員会の議題の準備をスケジュールに組み込むこと自体、果たして妥当なのかどうか検討してみる勇気も必要だ。このような提案を発言し、会議の場を険悪なムードにしないようにする配慮も要るだろう。

リストにある他の項目も、同じように第Ⅱ領域のレンズを通して見ることができる。ただし、食品医薬品局への電話はそうはいかないだろう。

● **食品医薬品局の担当者への電話** —— 食品医薬品局とのこれまでの関係を踏まえて、相手からどんなことを告げられても適切に対処できるように部下には任せず、自分で午前中に電話すべきだろう。相手の組織は第Ⅰ領域中心で動いているのかもしれないしあなたを指名しているからだ。あなたは役員として自社の組織文化に直接働きかけられる立場にあるとしても、あなたの影響の輪は食品医薬品局の組織文化に影響を与えるほど大きくはなっていないだろうから、相手の要求には従うべきだろう。電話で告げられた問題がこれまで何度も発生した慢性的なものなら、第Ⅱ領域の考え方で再発防止策を検討する。ここでも、食品医薬品局との関係を良くし、あるいは問題の再発を防止する対策をとる機会とするには、あなたが主体性を発揮しなければならない。

● **本部長との昼食** —— 本部長と昼食をとるのは、リラックスした雰囲気の中で長期的な視点から第Ⅱ領域の問題を話し合えるまたとない機会である。これについても、午前中に三〇分～一時間ほどかけて準備できる。あるいは何も準備せず先入観を持たずに、本部長との会話を楽しみ、相手の話をまず注意深く聴くことにするのもよいだろう。どちらにするにしても、本部長との関係を良くする絶好の機会になる。

● **メディア予算の策定** —— この二番目の項目については、メディア予算の策定に直接的に携わっている部下を二～三人呼び、あなたが承認のサインをすればよいところまで予算案を作成し、「完全なかたち」で提出するよう指示する。あるいは、いくつかの案を練らせ、それぞれの選択肢で考えられる結果も添えて提出させ、そ

504

付録B｜職場で実践する第II領域の一日

の中からあなたが選ぶようにしてもよいだろう。

あなたが望む成果、ガイドライン、リソース、アカウンタビリティ、評価の結果を詳しく説明するには、たっぷり一時間はとる必要があるだろう。しかし、この一時間を使うことによって、それぞれに異なる視点を持つ担当者の能力を引き出せる。これまでにこのようにして仕事を任せたことがないなら、説明の時間はもっと必要かもしれない。彼らに予算策定を任せるのはなぜか、「完全なかたち」とはどのくらいのレベルなのか、彼らがお互いの意見を出し合ってシナジーを創るにはどうしたらよいか、複数の選択肢を用意するには何が必要かなどを丁寧に話しておく。

● 「未決箱」と「手紙の返事」──未決箱があふれかえっているのを見てすぐに手を出したくなっても、ここはぐっとこらえて、今後は未決箱の整理や手紙の処理を秘書に任せられるように、三〇分〜一時間とって、やり方を教えるとよいだろう。あなたの秘書が結果重視の考え方をしっかりと身につけるまで、トレーニングは数週間、場合によっては数ヵ月かかるかもしれない。しかし多少時間がかかってもやり方を教えておけば、秘書が手紙類や未決箱の中身に目を通し、内容によって自分で処理できるものは処理するようになる。判断のつかないものは優先度の高い順に並べ、あなたにしてほしいことをメモにして添付し持ってくるよう指示しておく。こうすれば、数ヵ月のうちには手紙類や未決箱の八〇％〜九〇％は秘書が処理するようになる。あなたは第II領域の活動に意識が向いていて、第I領域の用事に忙殺されたくないのだから、この仕事は秘書に任せたほうがスムーズに運ぶだろう。

505

- **先月の売上高について販売部長と話し合う**——四番目の項目も第Ⅱ領域のレンズを通して見ることができる。話し合いに臨むにあたってはまず、販売部長とのこれまでの関係は第Ⅱ領域の考え方を土台にしていたか、お互いに合意した売上目標が第Ⅱ領域重視で設定されているかどうかをよく考えてみる必要がある。販売部長と話し合う内容についてはリストに何も書いていないが、第Ⅰ領域の問題だとするなら、その緊急の問題を片づけて終わりにせず、第Ⅱ領域のアプローチで問題の慢性的な原因に働きかけることができる。

秘書を教育しておいて、あなたが関与する必要のない用件は秘書のところで処理してもらい、あなたが本当に知っておかなければならない用件だけが上がってくるようにすれば理想的である。販売部長をはじめ、あなたに報告義務のある部下たちに第Ⅱ領域の活動の重要性をよく説明し、あなたの職務はマネジメントではなくリーダーシップであることを理解させなくてはならない。そうすれば部下たちも、あなたを煩わせずに秘書とやりとりしたほうが問題を速やかに解決できることがわかってくるし、あなた、第Ⅱ領域のリーダーシップの仕事に時間を割けるようになる。

まず秘書に話を持っていくようにと販売部長に指示したら、販売部長が気を悪くするのではないかと心配ならば、第Ⅱ領域重視の考え方がお互いのためになることをよくわかってもらえるように、まずは販売部長との信頼関係を築くことから始める必要があるだろう。

- **医療雑誌に目を通す**——医療雑誌を読むのは第Ⅱ領域に入る活動であり、ついつい後まわしにしたくなる。しかし長い目で見れば、専門誌から最新の情報を仕入れていてこそ、役員という職責を果たす能力や自信を保

ているのである。そこでたとえば、部下との会議の席で、医療雑誌を手分けして読むことを提案してみる。複数の雑誌を分担して読み、要点を会議で発表するシステムを確立するのである。さらに、全員が読んでおくべき重要な記事や論文はコピーして配ることもできるだろう。

● **来月に予定されている販売会議の準備**——七番目の項目に第II領域重視の姿勢で臨むには、たとえばあなたの部下を何人か集め、セールス・パーソンのニーズを徹底的に分析するよう指示し、一週間か一〇日をめどに提案事項を完全なかたちにまとめて提出させる。そうすればあなた自身が部下の提案書を読み、販売会議でプレゼンテーションできるように手を加える時間もできる。あなたの部下たちは、提案書を作成するためにセールス・パーソン一人ひとりから不安やニーズを聴き出さなくてはならないだろうし、あるいは販売部門に会議の議事内容の原案を見せ、予定している議題が適切かどうか判断してもらい、会議の前に時間的余裕を持って最終的な議事内容を送付することも必要になるかもしれない。

なにも販売会議をあなた一人で準備する必要はない。さまざまな視点を持ち、販売活動の問題点も現場でよく知っている部下たちに任せることができる。彼らがお互いに建設的かつ創造的に話し合い、提案書を作成してあなたのところに持ってくるまで待っていればいいのである。部下たちがこういう仕事に慣れていないのであれば、あなたも何度か彼らのミーティングに顔を出し、なぜこのようなアプローチをとるのか、このように仕事を任せることで彼らにどんなメリットがあるのかを説明し、教育するとよいだろう。そうしているうちに、部下たちも長期的な視点に立ち、任された仕事を最後まで遂行する責任感が育ち、相互依存の関係を築い

て力を合わせ、期限までに質の高い成果をあげられるようになるはずだ。

- **製品Xと品質管理**──最後に八番目の項目を見てみよう。製品Xが品質検査に引っかかったというものだ。第Ⅱ領域重視の姿勢で取り組むには、問題の原因が慢性的なものなのかどうか調査する。もし慢性的な原因があるなら、解決策の提案書をまとめるよう指示する。あるいは解決策をそのまま実施させ、結果を報告させてもよいだろう。

第Ⅱ領域に重点をおいて一日のスケジュールを立てると、あなたの時間のほとんどは、部下に仕事を任せ、教育し、役員会の準備をし、電話を一本かけ、生産的な昼食会に充てることになる。PCを長期的に育てるアプローチをとることによって、可能なら数週間で、長くても数ヵ月のうちには、第Ⅰ領域の用件ばかりをスケジューリングするような状態は解消するだろう。

付録Bをここまで読んできて、こんなのは理想論だと思っているかもしれないし、第Ⅱ領域を重視しても、第Ⅰ領域の仕事がなくなるわけがないと疑っているかもしれない。

たしかに、これが理想であることは認めよう。しかしこの「7つの習慣」の目的は、効果の上がらない人生を生きる人の習慣ではなく、効果的な人生を生きる人の習慣を紹介することであり、効果的に生きるというのは、理想的な生き方を目指すことに他ならない。

もちろん、第Ⅰ領域に時間を割かなくてはならないこともある。第Ⅱ領域を重視して最善のスケジュールを

組んでも、そのとおりに実行できないことはあるだろう。だが、第Ⅰ領域の仕事を短時間で処理できる程度に減らすことならできる。第Ⅰ領域の緊急の仕事に一日中追いまくられて、体調を崩したり判断力が鈍ったりする心配はなくなる。

第Ⅱ領域重視のアプローチを実践するには相当な根気が必要となる。最初に挙げたような一〇個の項目のすべてを今すぐに第Ⅱ領域のレンズで見て対応するのは難しいかもしれない。しかし、その中の一つでも二つでもいいから、まずは取り組んで、あなただけでなく部下や同僚にも第Ⅱ領域のマインドセットを培っていけば、やがて大きな成果が表れるはずだ。

家族経営の会社や小規模な会社では、このようなデリゲーションは難しいかもしれない。だからといって、第Ⅱ領域のマインドセットが不要なわけではない。第Ⅱ領域を重視する意識を持って仕事を続けていれば、あなた自身の影響の輪の中で第Ⅰ領域の緊急かつ重要な用件を創造的な方法で減らせるようになるのである。

問題解決のための索引

　この索引の目的は、深く根づいた問題を手っ取り早く解決する「応急処置」を見つけることではない。本書の中でこれらの問題を具体的に述べている箇所を参照し、深く洞察して、前向きに取り組んでいただきたい。
　ここに挙げられているページは、『7つの習慣』の全体的、統合的なアプローチの一部であるから、個別にとらえるのではなく、全体の流れの中で理解し、実践して初めて効果がある。

「本当に忙しいんだ」—だから？
·· p.119～120
▶「成功」しているのに惨めな気分だ
真の成功と表面的な成功 ················ p.12～15
絵空事 ·· p.32～36
アウトサイド・イン ······················ p.44～45
「成功の梯子」が間違った壁に掛かっていたら
·· p.119～120
▶何をやっても結果に結びつかない
インサイド・アウト ······················ p.3～46
▶上辺を取り繕って生きている
自分を偽る生き方を続けていると ······· p.33～36
▶揺るぎない中心がない
灯台を動かすことはできない ············ p.28～32
「原則中心」の生き方 ···················· p.155～164
▶人生の目的や意味を見出せない
逆境を乗り越える ·························· p.85～86
第2の習慣：終わりを思い描くことから始める
·· p.115～190
自己を超えて ································ p.442～443
ルーツと翼 ···································· p.465～472
▶状況や周囲の人たちに振り回されている気がする
自分を変えるときの相棒 ················ p.68～70
第1の習慣：主体的である ·············· p.73～113
第2の習慣：終わりを思い描くことから始める
·· p.115～190
第3の習慣：最優先事項を優先する
·· p.191～249
▶自分の脚本を理解する
わずか10秒の体験の威力 ··············· p.16～23
第1の習慣：主体的である ·············· p.73～113
第2の習慣：終わりを思い描くことから始める
·· p.115～190
再び、インサイド・アウト ·············· p.457～473
付録A：さまざまな中心から生まれるものの見方
·· P.492～497

個人の効果性

●成長と変化
▶自分の人生に本当に変化を起こせるのか？
見方を変えれば、自分のあり方も変わる ···· p.3～46
あなたを押しとどめている引力 ········· p.47～50
「あなた」から「私」へ、そして「私たち」へ
·· p.51～57
自分を変えるときの相棒 ················ p.67～68
「変化の扉」を開く ························ p.68～70
主体的に自分を変える ···················· p.73～113
あなた自身の第一創造者となる ········· p.126～131
頭を使いなさい ····························· p.87～88
上向きに進む ································ p.452～455
▶変化が定着しない
不変の中心をつくる ······················ p.134～135
▶悪い脚本に従って生きてきた
脚本を書き直す ······ p.126～131、p.171～189
新しい脚本を他者に渡す ················ p.468～472
▶「変わるといっても、難しい！」
意志の力 ······································ p.194～196
「イエス」と言うべきとき、「ノー」と言うために
必要なもの ··································· p.208～212
▶自分自身以外のものになろうとしている
根のない木に実はつかない
·· p.12～15、p.307～308
絵空事 ··· p.32～39
▶目標を立てたらそれで燃え尽きてしまう
自制心を持つ ································ p.110～111
目標は自分のミッションと役割から生まれる
·· p.175～179
週単位の実行 ································ p.220～221

●セルフ・リーダーシップ
▶自分の生き方が効果的かどうかわからない
そもそも「効果性」とは何か？ ········· p.57～67

▶成功した……しかしそのために自分自身を押し殺している
効果性はバランスにある ············· p.57 〜 67
第7の習慣：刃を研ぐ ············· p.423 〜 456
▶自分は不幸だと思う
幸福とは？ ························· p.48 〜 50
「持つ」と「ある」 ······················ p.105 〜 108
自分自身の幸福に責任を持つ ··············· p.112
▶間違いをしてしまったら
棒の反対側も持ち上げる ············ p.108 〜 110
間違いをしたらすぐに謝る ············ p.273 〜 276

人間関係における効果性

◉家族
▶家族の絆を強くしたい
管理のパラダイムにとらわれている親 ········ p.126
家族のミッション・ステートメントを書く
·································· p.179 〜 181
「力の場の分析」を応用する ··········· p.411 〜 413
ルーツと翼 ························· p.465 〜 472
▶「そうはいっても、家族と過ごす時間がない！」
第2の習慣：終わりを思い描くことから始める
·································· p.115 〜 190
第3の習慣：最優先事項を優先する
·································· p.191 〜 249
一人の個人と大勢、どっちが大事なのか？
·································· p.279 〜 281
一対一で話す時間をつくる ··········· p.375 〜 378
一緒に過ごす時間をつくる ··········· p.457 〜 465
▶家族の雰囲気が良くない
管理のパラダイムにとらわれている親 ········ p.126
雰囲気を変える ···················· p.411 〜 413
流れを変える人になる ··············· p.468 〜 472
▶自分の幸福は家族に左右されている
家族中心 ·························· p.140 〜 141

◉結婚生活
▶愛情を感じない
夫・妻の短所を助長していないだろうか？
···································· p.41 〜 42
持ちたいのなら、まずは「なる」 ············· p.43
奥さんを愛しなさい ··················· p.94 〜 95
▶夫・妻が問題なら
持ちたいのなら、まずは「なる」 ············· p.43
影響の輪の中で働きかける ············ p.95 〜 108
▶夫・妻に影響を与える
まずは自分が「ある」 ················ p.107 〜 108
三〇日間テスト ···················· p.111 〜 112

◉セルフ・マネジメント
▶システムがうまく機能しない
「効率性」が答えではないこともある ········ p.41
時間管理の四つの世代 ············· p.197 〜 199
第Ⅱ領域——新世代 ················· p.212 〜 231
▶本当に重要なことを見失う
第2の習慣：終わりを思い描くことから始める
·································· p.115 〜 190
第3の習慣：最優先事項を優先する
·································· p.191 〜 249
▶どうしても「ノー」と言えない
「ノー」と言うために必要なもの ······ p.208 〜 212
▶もし逃げ出したくなったら
娯楽中心 ·························· p.144 〜 145
次々と押し寄せる波をかわす ·········· p.201 〜 204

◉バランスと心の平和を維持する
▶何かで成功しても、それ以外のことすべてが犠牲になっている
バランスのとれた成功に必要な揺るぎない中心
·································· p.136 〜 164
役割と目標を明確にする ············· p.175 〜 179
時間管理の第四世代を活用する
························· p.215 〜 218, p.229 〜 231
▶家庭のニーズと仕事のニーズが衝突する
自分の憲法をつくる ················· p.131 〜 135
優先順位をつける ····················· p.142
役割と目標を明確にする ············· p.175 〜 179
▶心の安定を得られない
心の安定をもたらす源泉は何か？ ····· p.136 〜 164
自分を好きになって初めて他者を好きになれる
·· p.255
内的安定の源泉 ···················· p.441 〜 444
▶気分をコントロールする
人間を人間たらしめているのは気分ではない
·· p.75
自分の気分に振り回されないためには
·································· p.110 〜 111
▶厳しい問題に対処する
逆境をチャンスに変える ·············· p.85 〜 86
自分から動くのか、動かされるのか ··· p.88 〜 91
自分の問題を明確にする：直接的、間接的にコントロールできる問題、コントロールできない問題
·································· p.100 〜 101
▶決意する
自分の人生のミッション・ステートメントを書くことの価値 ························ p.134 〜 135
▶ポジティブ・シンキングでもうまくいかない
現実を直視する ····················· p.90 〜 91

完訳 7つの習慣

▶子どもに影響を与える
何かをさせるのに「お願いする」のではなく、それをするための力を与える ………… p.36〜39
子どもが幼いからといって必要以上に指図する親 ………………………………… p.60〜61
信頼口座に預け入れをする ………… p.253〜284
第5の習慣：まず理解に徹し、そして理解される ………………………………… p.337〜379

▶子どもの主体性を育てる
ガチョウを養いながら黄金の卵を得る ………………………………… p.57〜62
「緑色できれい」 ……………………… p.236〜243

▶子どもとWin-Winの関係を築く
「No Deal（今回は取引しない）」——選択肢を残す ………………………………… p.301〜305
運転する権利——Win-Winの機会 … p.326〜327

▶子どもの責任感を育てる
ガチョウを養いながら黄金の卵を得る ………………………………… p.57〜62
「緑色できれい」 ……………………… p.236〜243
Win-Winの関係を築く ……………… p.326〜327
「お母さんが早く起こしてくれないから……」 ………………………………… p.332
子どもを促す：「RとIを使いなさい」 ……… p.88

▶子どもとの関係を築くには
スターウォーズ ………………………… p.62〜63
主体性：三〇日間テスト ……… p.111〜112
信頼口座に預け入れをする ………… p.253〜284
第5の習慣：まず理解に徹し、そして理解される ………………………………… p.337〜379

▶自分のやり方が親子関係に悪影響を与えている
親としての誠実さよりも親はこうあるべきだという「イメージ」のほうが先行する ……… p.36〜39
子どもが幼いからといって必要以上に指図する親 ………………………………… p.60〜61
ガチョウを養いながら黄金の卵を得る ………………………………… p.57〜62
過剰反応の脚本を書き直す ………… p.129〜131
一方が勝ち他方が負けなら、両方とも負け ………………………………… p.290〜301

▶子どもと自分の考え方が違う
「貸したくない！」 …………………… p.36〜39
スターウォーズ ………………………… p.62〜63
「反抗的な」息子に対処する ……… p.277〜279
第5の習慣：まず理解に徹し、そして理解される ………………………………… p.337〜379

▶子どもが学校でうまくいかない
自分がどんなレンズを通して物事を見ているか考える ………………………………… p.6〜12

信頼口座に預け入れをする ………… p.253〜284
影響力を発揮するための鍵 ………… p.341〜342

▶結婚生活に嫌気がさしている
自立の名のもとに責任を放棄する …………… p.54

▶関係が悪化している／壊れてしまった
黄金の卵が欲しいばっかりにガチョウを殺してしまったら ………………………………… p.57〜58
信頼口座に預け入れをする ………… p.253〜284

▶自分の幸福は夫・妻に左右されている
配偶者中心 ……………………………… p.139〜140

▶お互いの違いに対処する
夫・妻中心の生き方なら …………… p.139〜140
第5の習慣：まず理解に徹し、そして理解される ………………………………… p.337〜379
第6の習慣：シナジーを創り出す … p.381〜419
フリジデア社の製品へのこだわり … p.462〜465

▶信頼関係が築けていない
信頼口座に預け入れをする ………… p.253〜284

▶「そうはいっても、顔を合わせる時間もない！」
一対一で話す時間をつくる ………… p.375〜378
一緒に過ごす時間をつくる ………… p.457〜465

▶コミュニケーションがとれない
コミュニケーション、協力、シナジー ………………………………… p.395〜401
徹底的に話し合う時間を持つ ……… p.457〜465

▶お互いの「罪」を暴きあってしまう
敵中心 ………………………………… p.145〜147
ネガティブなシナジー ……………… p.402〜407

●子育て

▶子どもの悪さに過剰反応してしまう
新しい脚本を書く ……………………… p.127〜131
家族中心 ………………………………… p.140〜141
視点を変えてみる ……………………… p.169〜170
間違いをしてしまったら …………… p.273〜276

▶親としての自分を好きになれない
自分の脚本を書き直す ……………… p.129〜131
視点を変えてみる ……………………… p.169〜170
不安に思っていることをロールプレーイングする ………………………………… p.377〜378

▶自分や夫・妻が精神的に未熟だ
変わることを嫌がる …………………… p.35
親としての誠実さよりも親はこうあるべきだという「イメージ」のほうが先行する ……… p.36〜39

▶子どもに好かれたい
家族中心 ………………………………… p.140〜141
黄金の卵をほしがる …………………… p.57〜58

かけている眼鏡が違えば見え方も違う
……………………………………… p.159 〜 164
違いは頭の中にある……………… p.167 〜 168
ある人のミッションは別の人にとっては些細なことかもしれない ……………………… p.262 〜 264
第5の習慣：まず理解に徹し、そして理解される
……………………………………… p.337 〜 379
「でも言われたとおりにやりました」
……………………………………… p.267 〜 269
愛の法則と人生の法則 …………… p.276 〜 281
第6の習慣：シナジーを創り出す … p.381 〜 419

▶コミュニケーションがとれない
「老婆」を見る努力をする ………… p.16 〜 23
信頼口座に預け入れをする ……… p.253 〜 284
第5の習慣：まず理解に徹し、そして理解される
……………………………………… p.337 〜 379
シナジーとコミュニケーション …… p.395 〜 397

▶協力しあえない
協力、コミュニケーション、信頼 …………p.395

▶他者に影響を与える
「心の奥底を探ってみれば……」 …… p.6 〜 12
持ちたいのなら、まずは「なる」 ……… p.43
人間のPとPC ……………………… p.59 〜 62
影響の輪の中で努力する ………… p.95 〜 110
信頼口座に預け入れをする ……… p.253 〜 284
Win-Win のコミュニケーションを開く
……………………………………… p.313 〜 317
影響を与える鍵 …………………… p.341 〜 342
他者に影響を与えるには、あなた自身が影響を受けなくてはならない ……………………… p.349

▶ Win-Win に到達できないなら
「No Deal（今回は取引しない）」──選択肢を残す
……………………………………… p.301 〜 305
すべての決定が Win-Win である必要はない
……………………………………… p.316 〜 317
競争には競争に適した場所がある ………p.329

▶どうしても「相容れない」違い
裁判に持ち込む必要はない ……… p.413 〜 417

▶信頼関係がない
信頼口座に預け入れをする ……… p.253 〜 284

▶強固な関係を築く
持ちたいのなら、まずは「なる」 ……… p.43
不変の中心をつくる ………………………p.69
強固な関係を築くためのツール …… p.215 〜 218
信頼口座に預け入れをする ……… p.253 〜 284
人間関係──Win-Win の鍵 ……… p.314 〜 317
原子力委員会の結束 ……………… p.394 〜 395
社会・情緒的側面の再新再生 …… p.439 〜 444

▶わが子を見ると、自分は失敗者だと思ってしまう
子どもの行動を自分の姿を映す社会通念の鏡にする
………………………………………… p.6 〜 12
親としての誠実さよりも親はこうあるべきという「イメージ」のほうが先行する ……… p.36 〜 39
家族中心 …………………………… p.140 〜 141

▶子どもが自尊心を持てない
子どもに対する見方を変える ……… p.6 〜 12
分かち合うことの前に自分で所有することを教える
……………………………………… p.36 〜 37
社会通念の鏡に映るもの ………… p.75 〜 78
第5の習慣：まず理解に徹し、そして理解される
……………………………………… p.337 〜 379
他者を映す鏡 ……………………… p.444 〜 447

▶わが子を理解できない
第5の習慣：まず理解に徹し、そして理解される
……………………………………… p.337 〜 379

▶子どものやる気を引き出す
「緑色できれい」 …………………… p.236 〜 243

▶子どもがコミュニケーションをとらない
聴き方を学ぶ ……………………… p.353 〜 368

◉他者との人間関係

▶良い人間関係を築けない
根のない木に実はならない ……… p.12 〜 15
「あなた」から「私」へ、そして「私たち」へ
……………………………………… p.51 〜 57
信頼口座に預け入れをする ……… p.253 〜 284

▶他者を理解できない
第5の習慣：まず理解に徹し、そして理解される
……………………………………… p.337 〜 379

▶他者から理解してもらえない
そして理解される ………………… p.371 〜 374

▶他者に抱く悪感情、非難したり責めたりしたい気持ちを抑える
他者に依存する反応 ……………… p.51 〜 53
自分の言葉に耳を傾けてみる …… p.91 〜 95
悪感情は生き埋めにされている ………p.294
豊かさマインドを持つ …………… p.310 〜 313

▶どうしても Win-Win の行動ができない
Win-Win の手本になる人を見つける
……………………………………… p.313 〜 314

▶フィードバックしたいけれども、相手を傷つけてしまうかもしれない
勇気と思いやり：バランスをとる …… p.308 〜 310

▶違いに対処する
二人が違う見方をしていても、二人とも正しい
……………………………………… p.16 〜 22
スターウォーズ …………………… p.62 〜 63

第5の習慣：まず理解に徹し、そして理解される
　……………………………………………… p.337 〜 379
第6の習慣：シナジーを創り出す ……… p.381 〜 419
ビジネスでの再新再生のバランス …… p.448 〜 449
▶組織にチームワークが欠如している
相互依存の前に自立する
　…………………………… p.53 〜 57、p.253 〜 257
組織のミッション・ステートメントを書く
　……………………………………………… p.181 〜 189
第4の習慣：Win-Win を考える ……… p.285 〜 335
第6の習慣：シナジーを創り出す ……… p.381 〜 419
▶組織内のライバル心、政治的駆け引き、対立
ネガティブなシナジー ………………… p.402 〜 407
▶周囲の環境が Win-Lose なら
会社が報いようとする行動をとるのは当たり前
　……………………………………………… p.327 〜 333
▶カスタマーサービスの質が低い
薄めたクラムチャウダー ………………… p.64 〜 65
「P」の問題は「PC」を高める機会 … p.282 〜 284
「うちの店員はただの注文とりだ」…… p.329 〜 330
▶経済の変化に振り回されている
自分から動くのか、動かされるのか …… p.88 〜 91
このジャングルは違うぞ！ …………… p.123 〜 126
▶「甘い汁を吸っている」
「うちの店員はただの注文とりだ」…… p.329 〜 330
▶生産性は高いが対人関係に問題のあるスタッフ
育ってほしい花に水をやる …………… p.330 〜 331

マネジメントの効果性

▶リーダーシップではなくマネジメントをしている
このジャングルは違うぞ！ …………… p.123 〜 126
▶やることが多すぎる
「効率性」が答えではないこともある ……… p.41
第3の習慣：最優先事項を優先する
　……………………………………………… p.191 〜 249
職場で実践する第Ⅱ領域の一日 ……… p.498 〜 509
▶非効果的なミーティング
午後二時からの役員会 ………………… p.502 〜 503
来月に予定されている販売会議の準備
　……………………………………………… p.507 〜 508
▶手紙類を処理する
「未決箱」と「手紙の返事」………………… p.505
▶業界誌に目を通す
医療雑誌に目を通す …………………… p.506 〜 507
▶予算
メディア予算の策定 …………………… p.504 〜 505

▶壊れた人間関係を修復する
信頼口座に預け入れをする …………… p.253 〜 284
▶ Win-Lose しか考えない人に Win-Win で対処する
Win-Lose に対処する――Win-Win の試金石
　……………………………………………… p.315 〜 316
▶他者の脚本を書く
認知力の影響の大きさ …………………… p.6 〜 12
他者を映す鏡 ……………………………… p.75 〜 78
その人の本当の姿を映してあげる …… p.444 〜 447
▶無条件に愛する
愛の法則と人生の法則 ………………… p.276 〜 281
▶「でも聴き方ならわかっている！」
本当に聴いている？ …………………… p.353 〜 368
▶コミュニケーションが感情的になってしまう
自分が話すよりも相手の話を聴く …… p.364 〜 365

◉職場の人間関係

▶上司が独裁的
持ちたいのなら、まずは「なる」………………… p.43
主体的な使い走りになる ……………… p.102 〜 104
▶同僚の妬みに対処する
主体性――鍵 …………………………… p.102 〜 104
▶仕事の内容が不確かだったら
「でも言われたとおりにやりました」… p.267 〜 269
▶上司とうまくいかない
効果的なプレゼンテーションをする … p.372 〜 374
▶職場の難しい人間関係に対処する
相手と向き合う ………………………… p.280 〜 281
▶経営陣が変化に抵抗する
主体的な使い走りになる ……………… p.102 〜 104
結果にフォーカスする ………………… p.320 〜 323
▶上司にビクビクしている
金を稼ぐ能力――もっとも重要な金銭的資産
　………………………………………………… p.59 〜 60

▶職を得るためには
「RとI」を使う ……………………………… p.87 〜 88

組織の効果性

◉質の高い組織をつくる

組織のPC ………………………………… p.63 〜 67
二度測って一度で切る ………………… p.120 〜 121
組織のミッション・ステートメントを書く
　……………………………………………… p.181 〜 189
ビジネスでシナジーを生み出す ……… p.391 〜 394
全面的なデリゲーション――結果にフォーカスする
　……………………………………………… p.235 〜 236
トップ層の人間関係―鍵 ……………… p.280 〜 281
第4の習慣：Win-Win を考える …… p.285 〜 335

問題解決のための索引

▶コストがかさむうえに時間を浪費するだけの研修プログラム
セルフ・コントロール型研修と結果重視
.... p.320〜323

▶やる気のないスタッフ
「緑色できれい」............................... p.236〜243
Win-Winのマネジメント・トレーニング
.... p.320〜323
Win-Winの実行協定.................... p.323〜327

▶監督しなければならない部下が多すぎる
Win-Winの実行協定で管理の幅を広げる
.... p.323〜327
販売部長——デリゲーションできる仕事は何か
....p.506

▶厳しい交渉局面
もっとも実現性の高い選択肢——Win-Win
.... p.299〜301
「No Deal（今回は取引しない）」——実現性の高い選択肢................................... p.301〜305
「まずはお客様のほうで納得のいくように契約書を書いていただけますか」................ p.369〜371
裁判に持ち込む必要はない................ p.413〜417

▶勤務評定の問題
自己評価させる............................... p.323〜327
育ってほしい花に水をやる................ p.331〜333

▶無責任なスタッフ
問題は「彼ら」なのか、「私」なのか？
....p.40〜41
スタッフを得意客と同じように扱う......p.64〜65
「でも言われたとおりにやりました」‥p.267〜269

▶職場の人間関係がぎくしゃくしている
第Ⅱ領域にかける時間を5％から20％にする
.... p.206〜208
悪感情は生き埋めにされている...................p.294

▶創造性や革新性の欠如
全面的なデリゲーション——最高の力を引き出す
.... p.231〜244
第4の習慣：Win-Winを考える...... p.285〜335
第6の習慣：シナジーを創り出す...... p.381〜419

▶信頼関係の度合いが低い組織文化を改善する
信頼関係の度合いが高い組織文化の価値
....p.35〜36
信頼を制度化する...p.43
信頼口座に預け入れをする................ p.253〜284
第4の習慣：Win-Winを考える...... p.285〜335

▶Win-Winに到達できない
「No Deal（今回は取引しない）」——選択肢を残す
.... p.301〜305
すべての決定がWin-Winである必要はない
.... p.316〜317
競争には競争に適した場所がある................p.329

訳者あとがき

『7つの習慣 成功には原則にあった！』を一九九六年に発刊してから一七年、原典に忠実に訳し直した『完訳 7つの習慣 人格主義の回復』を二〇一三年に発刊しました。完訳に取り組んだ背景には、二〇一二年七月一六日に永眠したスティーブン・R・コヴィー博士の真意を、一人でも多くの方々にお伝えしたいという想いからです。

ポイントは副題からもわかるように、コヴィー博士が『7つの習慣』の中でもっとも言いたかったこと、「個性主義」ではなく「人格主義」のパラダイムを持つことを再確認し強調したことです。スキルやテクニックも重要ですが、言行一致という誠実さを持ち、人として成熟し、欠乏ではなく豊かさマインドを兼ね備えた人格の上に立つスキル・テクニックでなければ、効果的な人生にとって意味はありませんし、長期的に望む結果を得続けることはできません。

この新しい『完訳 7つの習慣 人格主義の回復』を手に取ることによって、多くの人が本当の意味での持つべき「人格」に気づき、生きる勇気をもらい、新たな気づきを得ることで螺旋状の階段をまた一歩登って成長し、仕事でもプライベートでも他者の才能を見出し、より大きな成果を生み出すことが可能になると確信しています。

また、コヴィー博士の『7つの習慣』は、フランクリン・コヴィー社によってワールドワイドでビジネスや

教育の分野で研修プログラムとしても展開しています。『7つの習慣』は個人としての効果性はもちろんのこと、組織においても「個人の主体性に基づくWin-Winの人間関係づくり」や「シナジーを生み出す組織文化の構築」に大変有効な考え方です。原則に基づいたチームビルディングや戦略実行こそが、コンプライアンスを担保しつつ成果を上げ続けることを可能にします。

私たちは、辛いとき、うまくいかないときには、常にコヴィー博士の『7つの習慣』に立ち返っています。読者の皆様においても、本書を読み込まれることで、長期的に望む結果を得続けられることを祈念しております。

二〇一八年八月吉日

フランクリン・コヴィー・ジャパン株式会社

人生を変えるミッション・ステートメント

本書はAudio＆Book版『完訳 7つの習慣 人格主義の回復』です。

本書に添付されている巻末の袋とじオーディオブックダウンロードカードを使って、オーディオブックをダウンロードし、「7つの習慣」を聴いて、読むことでよりよく理解して実践することができます。

「Audio＆Book版」には、『完訳 7つの習慣』に加えて、スティーブン・R・コヴィー博士の「人生を変えるミッション・ステートメント」に関する講演を収録しています。

オーディオブックを聴き、人生の目的、意義を考えながらミッション・ステートメント作成の参考にしていただければ幸いです。

スティーブン・R・コヴィー

終わりを思い描くことから始める

個人のミッション・ステートメントは、「第2の習慣　終わりを思い描くことから始める」に基づいている。人生において終わりを思い描くことから始めるもっとも効果的な手段は、ミッション・ステートメントを書くことだ。どのような人格になりたいのか、どのような貢献をし、何を達成したいのかを書く。このようなミッション・ステートメントは、自分の価値観や原則を基盤とする。まず、個人が自らの人生のリーダーであるために、ミッション・ステートメントをつくることがもっとも重要である理由を説明しよう。

かつてヴィクトル・ユーゴーは「時を得たアイデアほど強いものはない」と言っており、ミッション・ステートメントはまさにそのアイデアだ。信条や理念と言い換えてもいいし、目的声明文と名づけてもいいかもしれない。呼び名は何でもかまわない。

そこに書かれるビジョンと目的、価値観は、これまでに起こったあらゆるものよりも、また今現在起こっているさまざまな事よりも力強く、意味があり、影響力を持つ。なぜだろうか？ビジョンや目的、価値観が決定し、進むべき方向を示す。皆さんが自分の人生のリーダーとしてこれから行うべきもっとも重要なことは、ミッション・ステートメントを書くことなのだ。

ミッション・ステートメントを書かなければならない理由、とりわけ今の時代に必要である理由をさらに探ってみよう。私はよく飛行機のたとえ話をする。最後に飛行機に乗ったときのことを思い出してほしい。パ

イロットは目的地をはっきりわかって離陸する。もちろん乗客の目的地に向けてだ。そこに到達する飛行計画もある。飛行機はその目的地に向かって予定時刻に飛び立つ。

実際には、飛行している間の九〇％以上は計画した航路をずれている。気象条件や乱気流などいろいろな要因に邪魔されるからだ。しかしパイロットは常にフィードバックを受け、航路を修正し、正しい飛行計画、本来の航路に戻り、予定どおり目的地に着く。驚くべきことだ。考えてみてほしい。定刻に出発し、定刻に到着する。しかしその間九〇％は、予定どおりには進んでいないのだ。

飛行機の目的地と飛行計画にたとえれば、自分が最後にはどうなりたいのか、つまり目的地と生活の指針となる価値観がわかっていれば、家族やあなたがたとえコースから外れても、希望とビジョンを失わずにいる限り最後には目的地に到着できる。それもたいていは定刻どおりだ。そこが肝心なのだ。コースに確実に戻ることができる。

この考え方、「終わりを思い描くことから始める」という原則は、すべてのものは二度つくられるという概念に基づいている。最初は頭の中でつくられる。思考、知性による創造だ。そして二度目は実際につくられる。身体による創造だ。飛行計画は知的創造であり、それはフライトが実現するという希望を生む。

ノーマン・カズンズ（米国のジャーナリスト、広島市特別名誉市民）は、希望を持てることが人生でもっとも重要だと教えている。希望は人に方向感覚を与える。一歩を踏み出すエネルギーを与える。私がここで伝えたいのは、ミッション・ステートメントを書くことには大きな希望と励まし、そして楽しさと幸福があるということ

だ。本当に楽しめるプロセスであり、それと同時にリーダーシップを確立するプロセスでもある。

しかし、よく注意して考えなくてはならないこともある。ミッション・ステートメントの正反対にあるものだ。終わりを思い描くことから始めることの正反対は、何も目的を持たずに始めることだ。知的創造をせず、将来のビジョンを持たずに始めること。いわば成り行き任せの人生だ。羅針盤も、地図も、ビジョンも目的もなく、社会の価値観や世の中の流れのままに生きること。ある意味では、あなたのミッション・ステートメントを他人が書き、あなたは意識するともなく、与えられた台本どおりに進んでいく。それは生きているのではなく、生かされている状態に他ならない。企業であれスポーツチームであれ、有能な組織はゲームプランを立て、目的地というビジョンを持っている。

身体は、この考え方にぴったり一致する。私たちの身体の細胞全部にあるDNAの染色体構造は、染色体とは何か、身体とは何か、どう機能し、お互いにどう作用し合い、どのようなものになるのかというミッション・ステートメントを持っている。

これは自然界に見られるもっとも基本の原則だ。これこそが終わりを思い描くことから始める習慣だ。この習慣は、すべてのものは二度つくられるという原則に成り立っている。まずは最初の創造に取り組もう。それを自分でしなければ、他人があなたの代わりにすることになるからだ。

ヴィクトール・フランクルは、私のインスピレーションを強くかきたてる人物だ。オーストリアの精神科医で、第二次世界大戦中、ナチス・ドイツの死の収容所に入れられていた。科学者であり、知識欲旺盛で科学的

方法論を熟知していた。あれほど過酷な状況にありながらも生き延びた人々がおり、フランクルは彼らがなぜ生き延びることができたのか分析している。命を落とした数え切れない人々がいた一方で、彼らが生き延びた理由を理解しようとした。身体が丈夫だったからだろうか？ フランクルは、その要因は二次的だとしている。では、生き延びる技能を持っていたのか？ それも二次的だ。頭の良さか？ それもまた二次的なものだ。フランクルはあらゆる仮説を探り、そしてこれらはどれも二次的な要因だと結論づけた。

これらすべてを超える第一の要因は実に簡単なものだった。生存者たちは将来を意識していた。目的を持ち、人生に意味を見出していた。そしてフランクルは、名著『意味への意志』（春秋社）を書き上げた。生き延びた人たちは、まだなされていない重要な仕事があるという意識を持っていた。フランクルはこれについて、意義はつくるのではなく発見するのだと言う。人生は私に何を求めているのか？ この状況における私の責任は何か？ 私は将来に対してどのような貢献ができるのか？ 彼らはこうした問いを自分に投げかけ、答え、その目的に向かうことで強くなり、励まされた。だから生き延びることができたのだ。

「傷は癒える」私はフランクルのこの言葉を一生忘れない。将来に対するこの意識が、彼らの心と身体の中で、その大きな体系の中で、癒しのメカニズムを動かし始めた。より良い未来をつくるという意識が、強い希望を与えた。フランクルは「なぜ生きるか知っている者はどのように生きることにも耐える」というニーチェの言葉を引用する。

フランクルは、私たち人間は肉体、知性、精神の三つを持っているとの前提を立てている。しかし彼のもつ

とも深い確信は、全部とは言わないまでもほとんどの病は、精神にその根源があり、虚無感、目的意識のなさ、ミッションもビジョンもなく将来像を描けない、その空虚さが知性と肉体にも及ぶというものだった。

私がここで言いたいのは、ミッション・ステートメントによって将来に焦点を当て、希望を持ち、意味のある目的を深く持てるようになるということだ。先ほどの飛行機のたとえ話を思い出してほしい。目的地があり、意味のある重要な行き先がある。飛行中のほとんどは航路を外れても、この希望があれば必ず本来の航路に戻ってくる。何度でも戻ってこられる。過去に対する意識、過去のトラウマ、社会的な病、過去の失敗に対する意識よりも、あるいは現在の状況を把握することよりも力強く、影響力を持つ。過去に対する意識、過去と現在に向き合うしっかりとした価値体系の持つ力のほうが大きい。

力よりも、将来に対する深い意識、将来に対する意識だ。

したがって、ミッション・ステートメントを考えるとき、私たちは基本的に二つのことに取り組まなくてはならない。まずビジョン。これは将来に対する意識、過去と現在に向き合うしっかりとした価値体系の持つ力のほうが大きい。二つ目は生活していくうえでの指針となる原則、何に価値を置いているかとなる。ビジョンは目的であり、飛行機でいえば目的地だ。原則は手段であり、飛行計画となる。ビジョンとは、自分が本当はどのような人間で、どのような人間になれるのかを言い表したものだ。

原則とは、自分が強く意識し、何ものにも代えられない真実であり、自分の価値観として進んで受け入れるもの。ラルフ・ワルド・エマーソン（米国の思想家、哲学者）は「価値観ほど人生に方向性を与えてくれるものはない」と言う。

視野を広げて全体を見渡し、じっくりと時間をかけ、忍耐強く取り組んでほしい。ビジョンを描いて目的意

識を養い、不朽の文化や宗教のすべてが持つ普遍で自明の自然の法則、これに基づく原則中心の深い価値観を養うことは、きっと喜びであるはずだ。

私は皆さんにミッション・ステートメントを書くことを勧めているのだが、それは終わりを思い描いてから始めるという習慣がもっとも具体的に現れたものであり、実行する価値があるからだ。ミッション・ステートメントは絵でもよいし、何か強いイメージでも表現できる。絵であれ言葉であれ、ミッション・ステートメントを作成するのは強烈な心理的プロセスであり、脳に刻み込まれる。何かを見ると脳に印象が残る。書くことも同じだ。また、書くことで考えが具体的になり、学習したことや洞察を言葉にすることもできる。言葉は、生活においても他者との関係においても強いインパクトを持つ。誰でも何かを書くときには、自分の考えを注意深くたどらなくてはならない。哲学者フランシス・ベーコンの言葉を借りれば、「読書は人間を豊かにし、書くことは人間を正確にする」。

ミッション・ステートメントの四つの基準

では、効果的なミッション・ステートメントの四つの基準を見ていこう。

第一に、ミッション・ステートメントは時間を超越したものでなくてはならない。いつまでも変わらないものだという前提で書いてほしい。もちろん、あなたが成長し、成熟していけば、あなた自身は変わるかもしれない。ミッション・ステートメントはいつまでも変わらないものとして書かなくてはならない。これは目標で

はない。目標は変わることもある。目標というのは状況次第だ。しかし原則は基本のルールであって、私たちの人生の全体に関わるものだ。

第二に、ミッション・ステートメントには目的と手段の両方がなくてはならない。目的地と、そこに到達するための手段だ。具体的に言えば、まず目的あるいはビジョンを立て、次に、それを実現させる価値観を明確にする。この価値観は原則中心でなければならない。

第三に、ミッション・ステートメントは原則中心なので、人生における自分の役割のすべてに関わるものでなければならない。

第四に、ミッション・ステートメントは私たち人間の四つの側面を取り上げなくてはならない。四つの側面とは何だろう？ 一つ目は肉体。自分自身の肉体の健康、そして愛する人たちの肉体の健康のためにはお金が必要なので、肉体は経済活動と結びつく。二つ目は人間関係。これは社会・情緒的側面となる。三つ目は知性、知的側面。四つ目は精神的側面だ。肉体、社会・情緒、知性、精神の四つだ。

これら四つのニーズの本質は「生きること、愛すること、学ぶこと、貢献すること」という言葉でとらえることができる。

まず、生きること。これは私たちの肉体のニーズ、経済的なニーズだ。誰しも何らかのかたちで、家族の経済的・肉体的幸福のために生きている。愛すること、これは他者との関係。他者とどのような関係を持つのか、どう接するのか。親切、尊重、支援、というような行動だ。学ぶこと、これは他者との関係の中でお互いに学び合うこと。お互いが経験から学び、才能を見出し、伸ばし、生かし、認められるように助け合うことだ。貢献すること、これは基本的に人生の意義を求める精神的ニーズだ。何かに貢献したい、役に立ちたい、影響を与えたい、人間存在の永遠にして神聖な部分と深く結びついていたいというニーズだ。

アルベルト・シュバイツァーはこんな言葉を残している。

「あなたの運命がどうなるのか私にはわからない。しかし一つだけわかっている。本当に幸福になれる人は、人に奉仕する道を探し求め、ついにそれを見出した者である」

ヘレン・ケラーは、「たくさんの人が本当の幸せがどういうものであるか誤解している。幸せは自己欲求を満足させることではなく、価値ある目的に忠実に取り組むことを通して得られるのである」という言葉を残している。

ミッション・ステートメントを書くときは、この四つのニーズをすべて考えてほしい。目的と手段に焦点を当て、時間を超えた不朽のものにし、生活全体に当てはまる原則を考えることが大切だ。

潮の変わり目とミッション・ステートメント

私たちは皆三つの生活圏を生きている。公的生活、私的生活、そして内面的生活だ。

公的生活とは、地域社会など公的な場での生活であり、他者と交流する場だ。

私的生活は、公的生活から離れている。一人で過ごすときもあれば、友人や家族と一緒のこともある。

内面的生活は、私たちにとってもっとも重要な生活圏だ。そこには心がある。そこで自分の動機を探り、考えや欲求を吟味し、自分の問題点やニーズを分析する。公的生活や私的生活の場にあるときでも、この深い内面的生活に入っていくことができる。秘密の生活と言ってもいい。人間が持つ四つの独特の能力、自覚、良心、想像力、自由意思の力を働かせることのできる秘密の生活圏だ。

個人のミッション・ステートメント、いわば自分の憲法を書くときは、深い内面的生活、秘密の生活の場に入っていかなくてはならない。内面的生活は、他の二つの生活圏に影響を及ぼす。人生のもっとも基本的なことを決める場所だ。「自らの心を熱心に探せ。その中から命の泉は出ずるからである」という箴言を引用しよう。それはまさに秘密の生活の場だ。あなたの心の中の考えや意図は誰にもわからない。あなただけがそれを自覚している。あなたは自分の深い内面的生活に入っていける。それを調べ、探り、変えることができる。多くの人は、気にかけていることが満たされず、痛みを覚えなければ、深い内面的生活に入ろうともしない。そのではただ生かされているだけだ。生きているのではなく、公的生活でも私的生活でも生かされているだけなのだ。

私は映画「ガンジー」が大好きだ。彼はこう言う。「人生のある側面で悪事を行いながら、違う側面で善を行うことはできない。人生は一個の不可分な全体である」ミッション・ステートメントをどのようなものにするか決めるとき、自問してみてほしい。私的生活圏でも公的生活圏でもこれを実行する心構えができているだろうか、と。これは自分の内面の奥深くで問いかける質問だ。

私たちは皆、二つのこと、ビジョンと原則に取り組まなくてはならない。これは深い内面的な作業となる。それだけの代償を払わねばならない。なぜだろうか？ あなたの人間性には多くの要素があるからだ。あなたの中にはすでに、社会的、精神的な長い歴史があるからだ。あなたの人間性のさまざまな部分、習慣や価値観、直感、こうした側面すべてとの深い調和と統一を図ることもあるかもしれない。目をそむけたい人生のポケット、良心に照らして最重要とはいえない動機を発見することもあるかもしれない。要するに、内面へ、自分だけの深い生活、秘密の生活の中へ入っていくなら、ビジョン、目的意識、原則中心の価値観との深い結びつきを得るために代償を払う覚悟がいる。

ヴィクトール・フランクルが残した言葉に、ミッション・ステートメントを書くことについての見事な洞察と思えるものがある。

「私が学んだのは、人生におけるミッション（使命）は、つくるのではなく発見するものだということである」

人は、すでにあったミッションを発見する。人は皆、特別な天賦の才、独自の資質、個性を持っているので

あり、自分のミッションを発見するには、自分の内面を奥深くまで探っていかなければならない。

私が長年来折りに触れて話す物語を紹介しよう。全体を見渡す感覚、開放感、謙虚さをテーマにした話だ。ある男性が、倦怠感があったので、友人の医師を訪ねた。倦怠感の原因がわからず、医師である友人に診てもらおうとした。医師は診察し、症状を聞いた。そして「医学的に悪いところは見つからないが、何が良くないのかはわかる。四枚の処方箋を書いたから、実行してほしい。いいか、処方箋の指示に必ず従うんだぞ」と言い、こんな質問をした。「子ども頃に好きだった場所は?」

「砂浜に行くのが好きだったかな」と男は答えた。

「なら、また砂浜に行ってみる。一枚目の処方箋は朝九時に見て実行する。次は正午、次は午後三時、四枚目は六時だ」

「薬は?」

「この処方箋に従えばいい」

「冗談だろ?」

「まあやってみろ。ただし、他のものを見たり聞いたりしてはいけない。ラジオもだめだ。本や雑誌を読んでもいけない。ひたすら自然とともにあること。一枚目の処方箋は朝九時だ、忘れちゃだめだぞ」

かくして男は、砂浜に行った。車から降りて砂浜を歩き、一枚目の処方箋を出した。耳を澄ますこと、と書いてある。耳を澄ますこと。どういう意味なのだろう? 彼は今、私的生活圏にいる。そして「何を聞けとい

「今、私には何だって聞こえている。聞き終わったぞ。それなのにまだ三時間もやらなくちゃいけないのか？ いいだろう。鳥のさえずりが聞こえている。ほう、いいもんだな。初めて聞いたよ。波だ、波の寄せる音が聞こえる。あれ、耳を澄ますとスナガニの音も聞こえる。風の音、海草がサラサラと揺れる音も聞こえる。面白いじゃないか、耳を澄ますといろいろな音が聞こえてくる」

彼はだんだんと落ち着いて、せわしない公的生活と夢破れた私的生活は遠のいていった。実際、しばらく周囲の音を聞いているうちに、それらの音の下にある音、聞くこともなかった音が聞こえてくるではないか。やがて気持ちがとても静かになり、ほとんど陶酔感を覚えるほどだ。とても穏やかだ。そんなふうに感じたのは本当に久しぶりだった。彼はだんだんと、深い内面的生活へ入っていく。正午が近づく頃にはまるで平穏で静かな気持ちになっていた。一枚目の処方箋の指示を心から楽しみ、二枚目の処方箋を出すのが嫌になるほどだった。

しかし医師と約束していたので、正午に二枚目の処方箋を出した。今度は、記憶を遡る、と書いてある。記憶を遡る？ 彼はポカンとした。「記憶を遡る？ 昔のことを思い出してみろ、ということだろうな」と彼は考え、記憶の中へと入っていく。

「子どもの頃、放課後にこの砂浜に下りてきてほんとに楽しかった。みんなで叫んで、うれしくて、幸せだった。兄貴と来たときのことも憶えている」

しかし、その連想は彼にとって辛いものだった。兄のことを思い出し、ひどく感傷的になった。彼の兄は戦

争で亡くなり、今はもういない。しかし彼は、兄と放課後ここに来て、原始人みたいに叫びながら追いかけっこしたことを思い出した。この自由、新鮮な空気、興奮、それはいくらあっても足りないほどだった。二人で踊り回り、抱き合ったものだ。ここには家族みんなで来ることもよくあった。兄弟、父、母、家族全員で海水浴をした。砂の城を作り、水をかけあった。友人や家族、とりわけ兄とここで過ごした楽しい時間、その大切な思い出にすっかり浸っているうち、三時間が過ぎた。三時になったら次の処方箋に移らなくてはならないが、それがますます嫌になった。彼は、大切な思い出と感情の詰まった内面の生活に深く入り込んでいたからだ。

ともあれ三枚目の処方箋を出した。これは厳しい指示だった。もっとも重要な処方箋だった。ある意味、前の二枚の処方箋はその準備だった。三枚目の処方箋は、彼をとてつもない力で内面的生活の奥深くへ引き入れた。処方箋には、君の動機を検討し直せ、と書いてある。三時間で自分の動機を検討する？ 私の核は何だろう？ 私の人生の目的は？ 私のミッション、ビジョンは何だろう？ いったい、私とは何者だろう？ 実に厳しい処方箋だった。深く考え始めると、あるパターンが見えてきた。人生の中心に置いていたのは、実は利己的な動機からだった。いわゆる奉仕活動や無私の活動も、ニーズを満たすことであり、基本的には利己的であったことに気づいた。今にして思えば、そのような活動は匿名でやっていたわけではない。そういう人間と見られたかったのだ。自分の内と外がまったく違っていたことに、彼は気づいた。外面では他者を思いやる態度を装い、内面には、自分が満足するために奉仕しようという利己的な動機があった。

そして彼は、今のこの不快感、倦怠感、病は、精神的なものであることに思い至る。動機全体が、真の奉

仕、真の貢献ではなく、利己的な人生だった。このことを考え、自分の人生を再編成し、方向づけをし直し、より高い原則と一致する新しい動機、欲求を計画して、三時間のほとんどが過ぎた。とても創造的な時間だった。思い出に生きるのではなく想像力を使い始め、良心に突き動かされるようになった。思い出に生きているときは、過去にあるものよりも、将来にフォーカスしている。想像力を働かせているときは、将来にあるもののほうが重要だ。

とはいえ、この自己分析、自覚、自己探求に備え、自分の内にあるものや将来にあるものを持てるようになるには、最初の二つの処方箋が必要だった。彼には、今の生活と精神を静める処方箋、幸せだった頃を思い出す処方箋が必要だった。六時になり、三つ目の処方箋を終えた。彼は初めて、心の中でこう言った。

「自分の人生の意味がわかった。病気が何なのかわかった。自分が何者なのかもわかった。問題の原因がわかり、どうすべきかわかった。まだ癒えてはいないけれども、進むべき道は見えた」

六時、彼は最後の処方箋を出した。砂に君の問題点を書く、とある。彼は考え、処方箋を手放し、されてゆくがままにした。しゃがんで貝殻を拾い、高潮線のところまで行き、砂に数語書いた。そして踵を返し、二度と振り返らなかった。

物語の結びはこうだ。「潮が満ちてきた」

この物語の作者はアーサー・ゴードンで、タイトルは「潮の変わり目」という。多くのことを教えてくれる素

晴らしい物語だ。ここで教えているのは、ミッション・ステートメントはすぐに書いてはいけない、書くための準備をしなければいけないということだ。ひょっとしたら、あなたはもう長い時間をかけて準備してきたのかもしれない。深く十分に内省し、ミッション・ステートメントを書く準備はすでにできているかもしれない。

しかし、他の人たちの段階はそれぞれに異なる。他の人と一緒にミッション・ステートメントを書く準備ができていたら、ビジョンとミッションに取り組むなら、全員の準備ができていなくてはならない。全員にその準備ができていないかもしれない。自分だけのミッション・ステートメントを書くなら、独自の天賦の才は何か、とさらに深く自問する。あなたの中に可能性を見出している人々の声に耳を傾け、彼らがあなたの何を認めているのか感じとる。あなたを鼓舞した人、あなたにとってのヒーローの本を読み、なぜ彼らを素晴らしいと思うのか探る。

すると、土台に据えたい原則が見えてくる。不朽にして不変のミッション・ステートメントを書きたくなる。それは実際には変わるかもしれない。しかし永遠に変わらないものとの前提で書いてほしい。自分の意思、自由意思でミッション・ステートメントに従って行動し、生活してほしい。それはあなたの誠実さの究極の源だ。そして誠実さは、あなたの力の真の源だ。

ミッション・ステートメントを書くプロセス

次に『パワーの原則──影響力を発揮しつづけるパワーとは』(キングベアー出版) の著者であるブレイン・

リー博士の個人のミッション・ステートメントを書くプロセスを紹介しよう。

ブレイン・リー

私は文字どおり何千人もの人々にミッション・ステートメントの書き方、使い方を教えてきた。こうして教えることが楽しくてならない。人々が自分自身を、自分の人生の変化を、最大限かつ最善に生かせるようになるからだ。あなたの人生の目的は何だろうか？　エネルギーを注ぐ対象は何だろうか？　情熱を注ぐものは何だろうか？　人生の指針となる原則を凝縮すれば、あなたの世界を変えることができる。ミッション・ステートメントは、あなたが人生の指針とする原則を凝縮したものだ。

ミッション・ステートメントについて考えるとき、私は宗教家ロバート・シュラーの次の言葉を思い出す。

「絶対に失敗しないとわかっていたら、あなたはどんな人生を送るだろうか？　生活のために働かなくともよいなら、どんな人生を送るだろうか？」

これは興味深い問いかけだ。自分が何者であるかわかるとき、私たちはたいてい、選択ではなく発見のプロセスをたどるからだ。それは自分の内面で発見するものであり、目的が見えると人生に活力が生まれ、生活に中心ができる。

「ブレイン、ずいぶん考えたのだけれど、特別なことも具体的なことも何も思い浮かばない。どうすればいい？」というような質問を受けることがある。そういうとき、ある人のこんな言葉を思い起こす。

「座って考えることもある。ただ座っていることもある」

ミッション・ステートメントを書くプロセスは、単に座っている以上のものだ。自分の内面を見つめるのだ。イン

サイド・アウトのアプローチだ。人生の目的を知るのに、なにも本を読んだり、誰かに質問したりする必要はない。自分を形作っている層を一枚ずつ剥がしていくと、その過程で素晴らしい発見がある。

よく知っている人、尊敬している人や、あなたのためを考えて賢明なアドバイスをしてくれそうな人のところに行って、「どのように決断を下し、どのように人生を送るか、その指針になるものを言葉にしようと思っているんです」と言ったとしよう。その人はどんなアドバイスをくれるだろうか。あなたをよく知っている人、あなたの中にある本当の能力が見えている人、問題点も限界も知っている人、あなたの外側だけではず、あなたが世界で善いことをし、善い人間になる可能性も、見えている人だ。

祖父母かもしれない。あなたより年上で人生経験を積み、もう日常のあれやこれやに腹を立てない人だ。そういう人はあなたに、自分に問いかけてみなさいとアドバイスするだろう。そしてあなたが自分自身の中で発見したものを、それでよいのだと肯定してくれるはずだ。そうか、それが自分の中心だったのか。やっぱりそうなんだ、いつもそのことを考えていたんだ、とあなたは確信する。

セミナーで出会ったある男性のことを話そう。彼は航空宇宙企業の重要なポストに就けなかった。二人で話しているとき、彼は憤懣やる方ない様子だった。そのポストに就けるものと思っていたからだ。「航空宇宙の何に関心があったのですか？」と私は聞いた。すると彼の目が輝き、表情が生き生きとしてきて、四歳の頃のことを話してくれた。カリフォルニアにあった家の裏庭に出て星空を見上げ、まだ小さな子どもでありながら、あそこまで行けるのだろうか、行ってみたい、と思ったという。彼は天文学に夢中になり、高校では科学の授業をとり、航空宇宙工学の学位をとり、そしてついにその会社に入社した。その大企業のCEOのポストを逃した彼は、私たちのリーダーシップ

ウィークに参加し、皆さんがまさにこれから行うことに取り組んだ。自分の人生の目的は何か？ 今日は自分のこれからの人生の一日目だ。人生のバランスをとるためにはどうしたらいいだろう？ 何もかも放り出してモンタナの農場にでも行くか？

その一週間、彼は自らの魂を探求した。私には答えを出してあげることはできなかった。それを言うなら、誰に対しても答えを教えることなどできない。あなたを最大限かつ最善に生かす方法を、私が教えてあげることはできないのだ。しかしセミナーが終わって二ヵ月後、合衆国大統領が、その男性、ダン・ゴールデン氏をNASAの新しいトップに指名したというニュースを読み、私はとてもうれしかった。ダンは現在、航空宇宙産業に注力するだけでなく、このプログラムを最大限に生かす道を探しながら、人類に恩恵がもたらされるよう、宇宙に関わるあらゆる事柄について、世界中の国々の努力を調整している。

あなたの人生の中心は、あなたが自分の内面を見つめて発見するものだ。消防士かカウボーイになりたかったんだ、と思い至る人もいるだろう。ときには、なぜ自分の中にそういう部分があったのか不思議に思えるかもしれない。それは冒険的な要素なのかもしれないし、命を救うこと、あるいは影響を与えるという要素なのかもしれない。年齢を経てきて見えてくるそうした小さな断片が、あなたのビジョン、個人のミッション・ステートメントの一部となる。

私はここまで何度か、最大限かつ最善に自分を生かす、というフレーズを使った。この言葉を教えてくれたのは、不動産会社にいる友人だった。彼がある日、「ブレイン、我々がどうやって不動産の査定をするか知っているかい？」と聞くのだ。私は考え、「面積を測り、同じような不動産と比較するんだろう？」と答えたら、彼はこう言った。

「むろんそれもする。だが今現在どう使われているか見て、その不動産の最大限かつ最善の使い方を考えてみるんだよ。一〇エーカーの土地を持っているが、どのくらいの価値があるか、と聞かれたら、まずその土地がどこにあるか確かめなくちゃいけない。砂漠の真ん中にあってヤマヨモギに覆われ、おまけに有毒廃棄物まであるとしたら、価値はおのずと明らかだ。だが、その一〇エーカーが成長中の都市の郊外にあるとしたら、価値はかなりある。開発に適した場所だ。できたばかりのショッピングモールのそばにあるとしたら、価値はさらに上がる。モールのそばじゃなかったら? あるいはモール開発計画に含まれる土地だったら? 高層マンションの建設予定地のすぐそばだったら? 香港の市街地にある土地だったら? 最大限かつ最善の使い方は、その土地をどれだけ生産的に、どれだけうまく使えるかどうかで変わってくるんだ。わかっただろう?」

この考え方をあなたにも当てはめてみてはどうだろう。あなたが自分の人生でできることはたくさんある。子どもに関することを何かしたいとずっと思っていた、という人がいるとしよう。だとしたら、孤児院を開くのも一つの可能性であり、自分の子どもをつくる、あるいは発達障害の子どもを養子にすることも考えられる。スラム街で暮らす子どもたちのために、一週間か二週間よそでの生活を体験するサマープログラムの資金を集める、というアイデアもある。音楽を熱心に習っている子どもたちが数週間大学で学べる奨学金を設けるというのはどうだろうか。子どもに対する関心を具体的なものにする方法は山ほどある。選んでも選びきれないほどだ。自分のうちにある欲求、情熱を満たす方法はいろいろある。

しかしそれには一歩を踏み出さなくてはならない。考えているだけではだめだ。誰かのミッション・ステートメン

ミッション・ステートメントは自己リーダーシップに基づいている

次は、『7つの習慣 最優先事項』（キングベアー出版）の共著者、ロジャー・メリルのミッション・ステートメントを紹介しよう。

トを見て、使えそうだと拝借するのではだめ。自分で深く掘り下げなくてはならない。あなたを気遣ってくれている人と話してみるのもいいだろう。ミッション・ステートメントを書くには時間がかかる。書き終えたとき、それはこれからの人生の指針となるからだ。本気で取り組み、考え抜き、明確な言葉で書かれたミッション・ステートメントを見せられると、私は必ず、この仕事を始めた頃に指導してくれた人の言葉を思い出す。「ブレイン、人の精神に接するときは靴を脱がなくちゃいけないよ。聖なる地に立つのだから」とその恩師は言った。

ミッション・ステートメントに書かれている言葉、自分の人生の目的、大きくなったら何になりたいか、どんな人生を送りたいか、自分の存在意義を書き表した言葉を前にすると、私は必ずそのような気持ちになる。普通は、そのステートメントが良いとも悪いとも言わない。私にはそんな判断はできない。それは英語の先生に提出するために書かれたわけでも、両親を喜ばせるために書かれたものでもないからだ。自分のために書くのであり、それが唯一の基準だ。詩で表現する、絵に言葉を添える、文章にする、箇条書きにする。どんな形式でもかまわない。大切なのは、それに取り組むときのあなたの意図、あなたの心なのだ。

ロジャー・メリル

私はかれこれ三〇年以上も前に自分のミッション・ステートメントを書いた。それに従って生きてきて、多くのアドバイスをすることができる。時折立ち返りながらどのように活用すればよいのか、あるいは苦労があるのか。ミッション・ステートメントに関する本を書き、いろいろな場所でのワークショップで大勢の人たちと接してきたが、これは非常に興味深い分野だ。学ばされることが常にある。

でも、ほとんどの人は、二つの理由からミッション・ステートメントを書いていないようだ。一つ目の理由は、大きな荷物がまた一つ増えるからだ。たとえば、私が数日中にやろうと思っている仕事がそうだ。誰かにせかされているわけではないから、期限のある仕事でもない。誰もが重要なことだと思ってはいるけれど、外的な圧力がかかっているわけではないから、つい先延ばしにしてしまうような仕事だ。ミッション・ステートメントもそれと同じ。

そして、いざミッション・ステートメントに取り組む段になると、理想はこうだ、自分はこんなふうになりたい、自分の基本的な価値観はこれだ、と書いてみる。ほとんどの人は、理想、基本的な価値観と、現実の自分とのギャップを感じる。それが二番目の理由だ。書いてはみたものの、目の前に置いて眺めてみるとギャップだけが目立つ、そんなふうになってしまう。こうして、いろいろ理由をつけてミッション・ステートメントを書かないの罪悪感にまみれ、不愉快になってくる。

ミッション・ステートメントは罪悪感を抱かせるものように思えるかもしれない。しかし私の経験から言えば、決してそういうものではない。

私はこれまで大勢の人々にミッション・ステートメントの書き方を教えてきたが、うまくいく方法はこれだ。まず

家の中を歩き回り、自分が持っている本の中で一番気持ちを奮い立たせるものを選ぶ。あるいはテープでもいいだろう。気持ちを奮い立たせる本、思考を刺激する本、前向きな本、お気に入りの本、そうした本を手に取り、腰を下ろして一〇分ほど読んでみる。何か発見しようとか、アンダーラインを引くとか、そんなことは必要ない。ただリラックスして楽しみながら読む。あるいはテープを聴いてみる。

そのあとで、紙でもラップトップのクリップボードでも、何でも自分が使いやすいものに、今ここでミッション・ステートメントを書き始めるとして、どんなものになりそうか、とりあえず書いてみる。ミッション・ステートメントを書きなさいと言っているのではない。今感じていること、考えていること、いずれミッション・ステートメントに書きそうなことを何でもいいから書き留めてみるだけでいい。すぐにもやってみてほしい。

それをやったら、書いたものを見てみよう。目的意識のようなものが表れているだろうか? あなたの中にある最高のものが出ているだろうか? 書いた紙を手帳に貼り付けるか、またはその言葉を壁に書き留めてみよう。両方でもいい。とにかく自分の考え、言葉を別の場所に移すのだ。これでひとまずミッション・ステートメントはできた。もちろん、完全なミッション・ステートメントではない。もっと膨らませていきたいだろう。見直してみて、書き加えたいこともあるだろう。もっと練り上げたいかもしれない。推敲して適切な言い回しにしたくなるはずだ。

私の経験からして、あなたはきっと、自分の本当のミッションの種をそこに見出すだろう。たしかにそこにある。私たちはミッションを創造するのではない。気づくのであり、発見するのだ。それはすでに自分の一部になっている。それを重荷に感じることもあれば、少し注意を向けるだけで納得できることもある。ひとたび種を植え、それに

注意を向ければ、種は自然と育っていく。重く厄介な作業になるとは限らない。きっと楽しい作業になるはずだ。書いたものを恐れずに見直してほしい。前向きで良いことが書いてあると思えば、それはそのとおりだ。うまくいかなかったとしても、べつに多くを失うわけではない。

もう一つ、多くの人が抱く疑問がある。どうしたら核心に近づいているのだろうか、という疑問だ。これは本当にミッション・ステートメントなのだろうか、違うものなんじゃないか。経験から言えば、しばらく寄り添ってみればわかってくる。これは自分を引き上げてくれるだろうか、自分にフォーカスしているだろうか、と自問してみればよい。

その間に、自分の本当の中心を見きわめるために問いかけることもできる。ミッション・ステートメントとは何かといえば、それはあなたが望む自分の中心を表現する言葉。中心とは、内面のもっとも奥深くにあるものだ。あなたの一部であり、他のすべてを決めるものだ。たとえば、セルフ・アイデンティティ、自分は自分だという安心感をあなたは何から得るだろう？ 外見の良さだろうか、お金だろうか？ 話す能力、創造性、身体的能力だろうか？ セルフ・アイデンティティを生む自分の強みは何だろう？

それを見きわめる一つの方法は、失うかもしれないと死ぬほど恐ろしいものは何かと自問してみることだ。誰も人員整理で仕事を失うということのなら、仕事がセルフ・アイデンティティと安心感の源なのかもしれない。あるいは、他の人員整理になどあいたくない。しかし、仕事が人生の核であるように思えているだけかもしれない。あなたは何から得るだろう？ 威嚇するだろうか、相手が根負けするまでに影響力を与えようとするとき、あなたはどんな手段に頼るだろうか？ 向こうが折れるまでじっと待つのだろうか？ 他者に対して影響力を及ぼそうとするときの自分の行

動を考えてみることも、自分の中心を見きわめる経路になる。自分の中心を発見する問いかけはもう一つある。この人と結婚しよう、ここの職に就こう、というような重要な決断を下すときの基本的な姿勢を考えてみるのだ。あなたを突き動かす要因は何だろう、最低の状態だろうか、周囲からの期待、失敗への恐れだろうか？ あなたにとって、何が最高の状態なのだろう、満たされた状態はどういうものだろう？ 内面の奥深くで考えたとき、あなたを本当に突き動かすものは何だろう？ 重要な決断であなたを動かすものは何か、人に影響力を与えるときに頼る手段は何か、セルフ・アイデンティティの本当の源は何か。これらを考える経路に、自分自身の本当の中心、こうあってほしいと望む中心ではなく、ありのままの中心を発見するカギがある。

そして、盤石でもっとも確かな中心、有意義で、安定と平和をもたらす中心は、原則あるいは自然の法則から生まれるものだ。あなたという人間がより深い内面から生まれる安心感は、自分が信じる原則に対して誠実であることによって得られるのだ。

ミッション・ステートメントを書くときに犯す大きな間違いは、生涯の目標になってしまうことだ。五二歳までに何百万ドルもためたい、こうなってほしい、あれが欲しい。これでは窮屈だ。個人の中にある可能性や自由を解き放つことはできない。もっと深いレベルまで掘り下げなくてはならない。ミッション・ステートメントを書いた人の中には、「全然役に立たなかった」と言う人もいる。そういう人たちのミッション・ステートメントを見てみると、たいてい問題がある。外的な目標の羅列になっているからだ。これが欲しい、あれをしたい、どこそこに行ってみたい。素晴らしい目標かもしれない。しかし、自分は自分であるという自覚、本当の幸せは、果たしてそこにあるのだろ

ろうか？　おそらく違うだろう。もっと深いところにあるはずだ。

ミッション・ステートメントが、利己的、自己中心的、自己愛的なリストになっていることだ。私はこうなりたい、私はこれをしたい。私が、私が、私が、となっているのだ。

世界の歴史が教えているように、私たち人間の喜びは得ることでは生まれない。与えること、貢献すること、付加することによって生まれるのだ。与えれば与えるほど、充実して生きられる。何かを良くすることに関わるほど、自分よりも崇高なもののために生きることができる。私たちが尊敬する偉大な人物は皆そうだ。彼らは与えるのだ。世界に、他者の人生に影響を与えた。それは名前も知られていない人かもしれない。あなたの祖父母や両親、おじさんかもしれない。他者のために本心から何かをした人だ。彼らには力があり、包容力がある。私たちは彼らを尊敬し、彼らは私たちの人生に影響を与える。知恵文学の歴史は、世界に一石を投じた人々、貢献することに、与えることに、何かをより良くすることに注力した人々の歴史に他ならない。

ここで、私の人生とミッション・ステートメントについて簡単に話したいと思う。学生時代、私は人間関係と心理学を専攻した。その頃はずっと、家族を持ったらうまくやっていける人間になるはずだと思っていた。ところが私は非常に批判的な人間で、よく考えもせずに人のアラ探しをしてしまう。家に帰ると、犬に餌はやったか、ピアノの練習はしたか、宿題は終わったか、ベッドメークはしたのかと言いたてたものだ。家の中では九〇デシベルの音量で「ギリガン君」の再放送をやっていたり、息子たちがダンクシュートの練習でもしたのか、壁の一〇フィートの高さ

543

のところにピザソースがべったりくっついたりしているありさま。白状するが、息子たちの悪さなら、一〇分間息もつかずに述べることができる。ああいう学問を勉強したのに、自分の子どもともうまくつき合えないのかと思われても仕方ない。

ミッション・ステートメントを書くプロセスで、私はロバート・ルイス・スティーヴンソン（英国の作家）の言葉に巡り合った。彼は、「自分がいることで家族をもっと幸せにしたい」と書いていた。この言葉に強く打たれ、私は恥じ入る他なかった。なにせ私はガミガミ屋だったので、帰宅しても家族が喜んでくれたとはとても言えない。そこで私はこの言葉を頼りにミッション・ステートメントを書いた。そして、度を越して小言を言ったり、説教したり、講釈をたれたりせず、人のアラ探しをせず、私がいることで家庭が明るくなるように努力することにした。

私のミッション・ステートメントがどのようなものか、教えよう。

「思慮深く、理性的に生活する。慈悲の心をもって、親切に、公平に人に接する。毎日、快活に、創造的に、ユーモアをもって生活する。リラックスすることを忘れない。生活の中に常に喜びを見出す。仕事ばかりせず、文学と音楽のための時間を作る。

家族としての役割‥私がいることで家の中が明るくなるように行動する。私がいると家族が喜ぶようになる。家族のリーダーになる。

仕事について‥原則中心の生き方を実践し、手本となって他者に影響を与える。

世界市民としての役割‥次の原則を守る──神の恵み、寛容、エンパワーメント、従業員の育成、人種と文化のダ

544

イバーシティ。私は、肉体、知性、情緒、精神の四つの側面における生活を維持する。自分の努力を認め、努力を怠らない」

私はこのミッション・ステートメントを家族に見せ、自分の生活がこれと調和するように心がけた。一九歳の息子イサクはこう言ったものだ。

「このミッション・ステートメントで、ぼくらに新しいお父さんができた」

原則中心のミッション・ステートメント

「スターウォーズ」で、こんな場面があった。「照準を維持、照準を維持。だめだ、できない。キツイ。照準を維持。ダメだ。できない。疲れた。照準を維持」

大切なのは、目的地までの正しい航路に戻り、本来の航路を常に維持することだ。ミッション・ステートメントを憲法のようにして使ってほしい。そのように使われたとき初めて、それは力を持つ。ミッション・ステートメントの力は、自然の法則である原則に基づいているからだ。原則がミッション・ステートメントを生きたものにし、真の力、影響力を持たせる。

昨年のクリスマスに、ある人からすてきな時計をプレゼントされた。彼は私がコンパスを好きなことを知っているので、美しい時計を片側から引き上げると、その下に素晴らしいコンパスがある仕掛けだ。人は皆内面の奥深くに、目的地へと導いてくれる方向感覚を持っているという考え方そのものだ。

その目的地を「真北」と言うことができるだろう。コンパスの蓋を閉めると、時計になる。それは日々の生活だ。毎日の現実だ。時計という日常に関わる決定はすべて、その下にあるコンパスに基づいて下していることは、あなた以外は誰も知らない。コンパスはあなたの方向感覚であり、ビジョンと目的に基づいて、自分の道徳的行動を矯正し、原則と価値観だ。頻繁にコンパスを確認し、ミッション・ステートメントを確認して、自分の道徳的行動を矯正し、原則と価値観の遺産、運命感、目的意識、意義、影響力、貢献、人生の本当の価値を高める意識を矯正するのだ。

それがコンパスの力だ。私はよくこのコンパスを見て、「照準を維持」と自分に言い聞かせる。要するに、最優先事項を優先する、ということだ。ミッション・ステートメントはすぐに見られる場所に置いてほしい。ゲーテはこう言う。自分の行動に照らし、それに従って生活しているかどうか確かめられる場所に置いてほしい。ゲーテはこう言う。

「あなたにできること、あるいはできると夢見ていることがあれば、今すぐ始めなさい。向こう見ずは天才であり、力であり、魔法です。さあ、今すぐ始めなさい」

ロバート・ルイス・スティーヴンソンのミッション・ステートメントは、「自分がいることで家族をもっと幸福にする」だった。

湾岸戦争後にノーマン・シュワルツコフ大将が受けていたインタビューは忘れられない。「墓碑銘はどのように書きたいですか？ ご自身の人生を一文で言い表すとどうなりますか？」という質問を受け、しばし間をおき、「国家に奉仕し、家族を愛した善き兵士」と答えた。この言葉には、私たちを導く価値観、原則がたくさん含まれている。国家に奉仕し、家族を愛した善き兵士。奉仕、愛、善という原則。国家、家族という、彼の人生におけるさまざまな役割。これが彼の最優先事項だ。たくさんの意味が込められた素晴らしいミッショ

ン・ステートメントだ。

ここでもう一度、「照準を維持する」というフレーズを思い出してほしい。航路を計画する、目的地に向かって進む、必要に応じて修正する、目指す先を常に確認する。

最後にいくつかアドバイスしよう。個人のミッション・ステートメント、家族のミッション・ステートメント、どちらからでも始められる。この二つは関連性が深く、どちらかを作成すると、もう一方もつくりたくなる。関心の強いほう、必要性の高いほうから始めてほしい。必ずもう一方も作成したくなるはずだ。有意義な目的を達成し、有意義なビジョンを実現し、原則に基づいた有意義な価値観を実践するための強力なミッション・ステートメントを、時間をかけてじっくりと構築してほしい。

結びに米国の政治家ダニエル・ウェブスターの言葉を引用する。ここまで話してきたことを見事に言い表している。

「大理石に細工をしても、いつか滅びる。真鍮に細工を施しても、やがて錆びてしまうだろう。しかし私たち人間の不滅の魂に働きかけ、原則を教え込めば、それは心の銘板に刻まれ、時によって風化されず、永遠に輝きを増し続ける」

これは大いに刺激的な試みだ。皆さんの健闘を祈りたい。

オーディオブック ダウンロードの方法

『完訳 7つの習慣 人格主義の回復』のオーディオブックダウンロードは、株式会社オトバンクの運営するオーディオブック配信サービス audiobook.jp から行うことができます。

audiobook.jp のオーディオブックは、Webサイト上で音声をダウンロードしてパソコンで聴いたり、iPod や Walkman 等の MP3 プレイヤーや、iPhone 等のスマートフォンに入れて持ち歩くことも可能です。

● ご利用の手順

① スマートフォンでQRコード読み取りアプリを起動し、本書に添付されている巻末の袋とじ内のQRコードを読み取ってください。

※ QRコードが読み取れない方はブラウザから「https://audiobook.jp/otoca」にアクセスしてください。

② ダウンロードには、オーディオブック配信サービス audiobook.jp への会員登録が必要です。「無料会員登録」というボタンをタップして、audiobook.jp に会員登録をしてください。

③ audiobook.jp への登録が完了すると、「OTOCA シリアルコード交換」のページが表示されます。ここで、巻末の袋とじ内に記載されている5桁のシリアルコードを入力してください。

④ 入力後、「交換する」をタップすると、『完訳 7つの習慣』をライブラリに追加しました、というメッセージが表示され、その下のライブラリ内に『完訳 7つの習慣』の書籍画像が表示されます。

⑤ ライブラリに入った音源は、PCからでも、iPhone や Android のスマートフォンからでも再生が可能です。MP3音源をご利用可能なアプリやソフトウェアでご利用ください。

オーディオブックダウンロードの方法

※スマートフォンの場合は、アプリ「オーディオブック（audiobook.jp）」が便利です。「オーディオブック（audiobook.jp）」をご利用の場合は、アプリからシリアルコード入力時に登録したメールアドレス・パスワードでログインして、音源をダウンロードしてお聴きください。

② 会員登録画面

③ 「OTOCA シリアルコード交換」のページが表示されたら、ダウンロードカードに記載されている5桁のシリアルコードを入力する。

④ シリアルコード入力後「交換する」をタップすると、『完訳 7つの習慣』がライブラリに入る。

【ご注意】
・この商品は、購入後にインターネットから音声ファイルをダウンロードしてお楽しみいただくコンテンツとなります。
・ダウンロードには、オーディオブック配信サービス audiobook.jp への会員登録（無料）が必要です。
・PCからでも、iPhoneやAndroidのスマートフォンからでも音声を再生いただけます。
・音声は何度でもダウンロード・再生いただくことができます。

著者紹介　スティーブン・R・コヴィー

自分の運命を自分で切り拓くための奥深いアドバイスをわかりやすく教えることに生涯を捧げ、『タイム』誌が選ぶ世界でもっとも影響力のあるアメリカ人25人の一人に選ばれている。国際的に高く評価されるリーダーシップ論の権威、家族問題のエキスパート、教育者、組織コンサルタントとして活躍した。著書『7つの習慣』は全世界で販売部数4,000万部を超え（44カ国語に翻訳）、20世紀にもっとも影響を与えたビジネス書の1位に輝いている。他にも、『原則中心リーダーシップ』『7つの習慣 最優先事項』『第8の習慣』『子どもたちに「7つの習慣」を』『第3の案』などベストセラー多数。フランクリン・コヴィー社の共同創設者。ユタ州立大学商経学部終身教授、リーダーシップ学において同大学の名誉職ジョン・M・ハンツマン・プレジデンシャル・チェアに就く。妻、家族とともに米国ユタ州で暮らした。

https://www.franklincovey.com/stephenrcovey.html

訳者紹介　フランクリン・コヴィー・ジャパン

フランクリン・コヴィー・ジャパンは、『完訳7つの習慣　人格主義の回復』の翻訳のほか、戦略実行、顧客ロイヤリティ、リーダーシップ、個人の効果性の分野において、コンサルティングおよびトレーニング・サービスを個人や法人に提供している。

フランクリン・コヴィー社は、世界46都市に展開するオフィスを通して、147ヵ国でプロフェッショナル・サービスを提供している。米国では顧客に『フォーチュン』誌が指定する最優良企業上位100社のうち90社、同じく500社の4分の3以上が名を連ねるほか、多数の中小企業や政府機関、教育機関も含まれている。

https://www.franklincovey.co.jp

キングベアー出版について

キングベアー出版は『The 7Habits of Highly Effective People』を日本に紹介するために1992年に立ち上げた出版ブランドである。2013年に『完訳7つの習慣 人格主義の回復』として出版した。

現在、キングベアー出版は、『7つの習慣』の著者であるスティーブン・R・コヴィー博士が創設した米国フランクリン・コヴィー社との独占契約により、コヴィー博士の著作である『第8の習慣』『原則中心リーダーシップ』『7つの習慣 最優先事項』や、フランクリン・コヴィー社のコンテンツである『実行の4つの規律』『5つの選択』などを出版している。

キングベアー出版は『7つの習慣』を核にして、その関連コンテンツ、さらに、リーダーシップ、組織、ビジネス、自己啓発、生き方、教育といったジャンルの、海外の優れた著作物に限定して翻訳し、「変革を目指す組織」や「より良い人生を送りたいと考える個人」を対象に出版している。

キングベアー出版の事業会社である株式会社FCEパブリッシングはFCEグループの一員である。

http://fce-publishing.co.jp

FCEグループについて

"働く"と"学ぶ"が抱える問題をビジネスで解決し続ける企業家集団。「ビジネスパーソンが自分自身の強みを発揮して、イキイキと働く世界の実現」「未来を担う子どもたちが、人生を自ら切り拓く力を身につける」というテーマに向かって、子どもたちから社会人まで、幅広く人財育成・教育領域でのビジネスを展開している。

事業内容は、国内1,300社が受講する管理職向け「7つの習慣® Innovative Mind」研修と若手向け「7つの習慣® Next Leader」研修、実践を通して目標達成力を身に付けるトレーニング研修「xDrive」、全国500教室、2万人の子どもたちが受講するセルフリーダーシップ育成プログラム「7つの習慣J®」などを展開。その他、人材育成・研修事業、教育事業、RPA事業、外食事業など、幅広く展開している。

http://www.fce-group.jp

完訳 7つの習慣
人格主義の回復　オーディオブック ダウンロードカード付

2015年7月31日　初版第一刷発行
2022年12月18日　初版第二刷発行

著　者	スティーブン・R・コヴィー
訳　者	フランクリン・コヴィー・ジャパン株式会社
装　丁	重原 隆
組　版	南 貴之
翻訳協力	坂本美鶴
編集協力	猪口 真
	佐原 勉
発行者	石川淳悦
発行所	株式会社 FCE パブリッシング
	キングベアー出版
	〒163-0810
	東京都新宿区西新宿 2-4-1 新宿 NS ビル 10 階
	Tel：03-3264-7403
	Url：http://fce-publishing.co.jp
印刷・製本	大日本印刷株式会社

ISBN 978-4-86394-039-0

当出版社からの書面による許可を受けずに、本書の内容の全部または一部の複写、複製、転記載および磁気または光記録媒体への入力等、並びに研修等で使用すること（企業内で行う場合も含む）をいずれも禁じます。

Printed in Japan

「7つの習慣」研修について

スティーブン・R・コヴィー博士が著した『7つの習慣』は書籍だけでなく、ワールドワイドでビジネスや教育の分野で研修プログラムとしても展開されている。

『7つの習慣』は組織においても有効である。厳密に言えば組織に「習慣」というものはなく、ノルマや行動規範のような組織文化、システム、プロセス、手順、これらが、組織の習慣となる。原則は組織の中で確実に作用しており、それが効果性を左右している。

そこで、企業とビジネス・パーソンを対象にした「7つの習慣」研修を開発・展開している。

また、コヴィー博士は、絆が強く幸福で効果的に営まれる家庭を築くことに『7つの習慣』の考え方を応用した『7つの習慣ファミリー』を著した。また、息子のショーンは、一〇代のニーズや関心事、問題に『7つの習慣』のフレームワークを当てはめた『7つの習慣 ティーンズ』を出版した。

「7つの習慣」は家庭や学校においても効果を発揮することは自明であり、学校・塾／子ども向けの「7つの習慣」研修を開発・展開している。

いずれも「7つの習慣」を熟知した講師による研修を受講することで、確実に「7つの習慣」を身につけることができ、ビジネスや教育分野においても大きな効果を発揮することができる。

企業 / ビジネス・パーソン向け研修

研修名	効果	問い合わせ先
7つの習慣® SIGNATURE EDITION4.0	米国フォーチュン100社の90％、グローバル・フォーチュン500社の75％に導入され、147ヵ国で展開している。個々人がリーダーシップを発揮し、人間関係や組織でのシナジーを創り出す。	フランクリン・コヴィー・ジャパン株式会社 https://www.franklincovey.co.jp
7つの習慣® innovative Mind	「7つの習慣」の原理原則を企業で実践すると、組織はどう変わるのか？事業の成長スピード鈍化させない組織をつくるための、中小企業の経営者・リーダー向けの「7つの習慣」研修。	株式会社FCEトレーニング・カンパニー http://www.training-c.co.jp

学校・塾 / 子ども向け研修

研修名	効果	問い合わせ先
リーダー・イン・ミー	リーダー・イン・ミーは、子どもたち向けのプログラムではなく、教員・保護者の意識改革や学校の問題解決を目的とした学校改革プログラムである。リーダー・イン・ミーを導入することで、授業をより効果的に実施できるようになる。	フランクリン・コヴィー・ジャパン株式会社 http://www.edu-franklincovey.jp
7つの習慣J®	小・中・高・大学生向けの「7つの習慣」プログラムである。全国の学校や学習塾でアクティブラーナーを育成する。	株式会社FCEエデュケーション http://www.fc-education.co.jp

キングベアー出版の本

情報社会に生きる知識労働者一人ひとりが身につけるべき習慣

完訳第8の習慣 「効果性」から「偉大さ」へ
スティーブン・R・コヴィー 著
定価：3,000円＋税　四六判640頁　ISBN 978-486394082-6

『第8の習慣』は「自分のボイス（内面の声）を発見し、ほかの人たちも自分のボイスを発見できるように奮起させる」習慣である。新しい時代の中で、苦痛と不満の状態を脱し、生涯にわたって社会に関わり、貢献し、真の充足感を得るまでのロードマップを示してくれる。

原則に基づいたコンパスはリーダーに広い視野と方向性を示してくれる

7つの習慣原則中心リーダーシップ
成功を持続するリーダーの中心には原則があった！

スティーブン・R・コヴィー 著
定価：2,300円＋税　四六判496頁　ISBN 978-486394060-4

2004年発刊の『原則中心リーダーシップ』のリニューアル版。スティーブン・R・コヴィー博士が原則を中心に置いたリーダーシップの理論と手法を詳しく解説したリーダー必読の一冊である。

コンパスに基づいた最優先事項の実現方法を伝授

7つの習慣最優先事項
生きること、愛すること、学ぶこと、貢献すること

スティーブン・R・コヴィー／A・ロジャー・メリル／
レベッカ・R・メリル 著
定価：2,200円＋税　四六判560頁　ISBN 978-486394040-6

最も重要なことを実現する実行の原則が、15年振りに完訳版として再登場！ どれだけ多忙でも、自分を見失わず、最優先事項を実行することができる。

キングベアー出版の本

世界2,000校以上に導入されたリーダーシップ教育の全貌を紹介

リーダー・イン・ミー
「7つの習慣」で子どもたちの価値と可能性を引き出す!

スティーブン・R・コヴィー／ショーン・コヴィー／
ミュリエル・サマーズ／デイビッド・K・ハッチ 著
定価:2,000円+税　四六判436頁　ISBN 978-486394029-1

世界中の小学校に導入されたリーダーシップ・プログラム「リーダー・イン・ミー」。「7つの習慣」を中心としたこのプログラムが、小学生にリーダーシップを育む過程をさまざまな角度から紹介。

十代の子どもや家族で身につけられる「7つの習慣」

リニューアル版　7つの習慣　ティーンズ

ショーン・コヴィー 著
定価:1,600円+税　四六判454頁　ISBN 978-486394028-4

十代の若者にもわかる言葉で原則の力を解き明かし、親子のコミュニケーションをよりよいものにするための絶好の道標であり生きる力を導く書。

ティーンズがハッピーな人生を送るための習慣を身につけることを応援

7つの習慣ティーンズ　ワークブック

ショーン・コヴィー 著
定価:1,600円+税　B5判216頁　ISBN 978-486394038-3

ティーンズが自分で人生のハンドルを握ることを学べるワークブック。運命を他人に操られることなく、ハッピーな人生を送るための「7つの習慣」を身につけることができる。

キングベアー出版の本

「7つの習慣」を初めて学ぶ子どもたちや大人の頼もしい味方

ぼくに7つの習慣を教えてよ！

フランクリン・コヴィー・ジャパン 編著
定価：1,400円＋税　四六判208頁　ISBN 978-486394037-6

ある小学校で行われた「7つの習慣」の授業を再現。イラストやわかりやすい演習も豊富な本書で学んで、子どもたちに「7つの習慣」を教えよう！

何をなすべきはわかっている。問題はどうやってするかだ！

実行の4つの規律
行動を変容し、継続性を徹底する

クリス・マチュズニー／ショーン・コヴィー／
ジム・ヒューリング／竹村富士徳 著
定価：2,200円＋税　四六判450頁　ISBN 978-486394064-2

本書は、日常業務などの竜巻に抗して戦略を着実に実行するために、組織に実行文化を定着させる原則と方法を明らかにする。

『実行の4つの規律』を図解でわかりやすく解説

図解でわかる　戦略実行読本

クリス・マチュズニー／ショーン・コヴィー／
ジム・ヒューリング 著
定価：1,500円＋税　四六判156頁　ISBN 978-486394027-7

『実行の4つの規律』をわかりやすく図解することで、誰でも4つの規律を実践できるようにしたワークブック。